Das Tennis-Handbuch

CV-Sportbücher

DONNAY

Das Tennis-Handbuch

von

PAUL DOUGLAS

Vorwort von John McEnroe
Farbfotos von Gerry Cranham

ChristianVerlag

Aus dem Englischen übertragen von Dr. Dieter Dörr
Redaktion: Vera Murschetz
Korrekturen, Register: Irmgard Perkounigg
Herstellung: Dieter Lidl
Satz: Josef Fink GmbH, München
Schutzumschlag: Ludwig Kaiser, München

Die Originalausgabe unter dem Titel *The Handbook of Tennis* wurde entwickelt und realisiert von Dorling Kindersley Limited, 9 Henrietta Street, London WC2E 8 PS und erstmals 1982 veröffentlicht von PELHAM BOOKS LIMITED, 44 Bedford Square, London WC1B 3DU

Druck und Verarbeitung: Arnoldo Mondadori, Verona

Printed in Italy

ISBN 3-88472-077-5

Inhalt

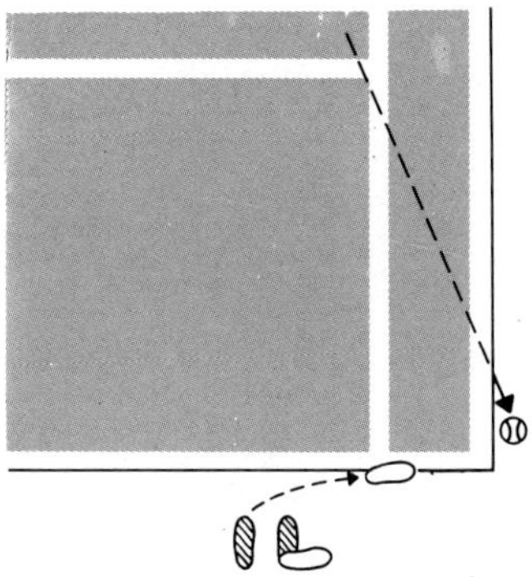

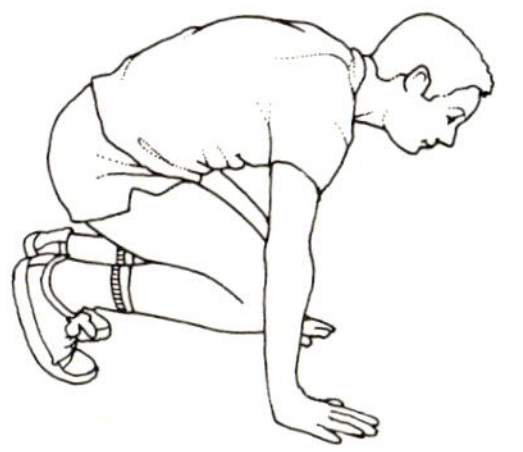

Vorwort

Ich lernte Paul Douglas bei den Wimbledon-Meisterschaften 1981 kennen und war von seiner Tennis-Lehrmethode sehr beeindruckt. Sie gefiel mir vor allem deswegen, weil sie auf sehr soliden Kenntnissen aufbaut, die die Beherrschung einer zuverlässigen Schlagtechnik garantieren. Außerdem – und das ist nicht so selbstverständlich, wie viele vielleicht annehmen – ermutigt er die Spieler, ihr technisches Können zur Entwicklung ihrer eigenen Stärken einzusetzen. Ich kenne eine ganze Reihe von Spielern, die es nur deswegen nicht bis zur Spitze geschafft haben, weil sie zu Tennisrobotern abgerichtet wurden und ihren individuellen Stil nicht entsprechend entwickeln konnten.
Paul Douglas hat nun in diesem phantastischen und alles umfassenden Tennisbuch seine Lehrmethode dargestellt, von der ich glaube, daß sie Spielern jeder Leistungsstufe etwas zu bieten hat. Jedes Kapitel, sei es über Schlagtechnik oder Spieltaktik, ist ausführlich illustriert. Es enthält außerdem vortreffliche Ratschläge, um sich körperlich und geistig in Höchstform zu bringen. Ich möchte dieses Buch vor allem den Spielern empfehlen, die nicht das Glück haben, einen wirklich guten Trainer zu haben – für sie bietet das *Tennis-Handbuch* eine glänzende Alternative.

Viel Erfolg!

John McEnroe

Einleitung

Das heute bekannte Rasen- oder Lawn-Tennis ist kaum mehr als hundert Jahre alt. Um die Mitte des 19. Jahrhunderts experimentierten viele Sportbegeisterte – darunter vor allem Major H. Gem und J. B. Perara – mit neuen Formen eines alten, unter dem Namen »Real«- bzw. »Royal-Tennis« bekannten Spiels. Doch der eigentliche Vorläufer des heutigen Tennis ist das von Major Walter Clopton Wingfield erfundene Spiel »Sphairistiké«, das er 1873 zum ersten Mal auf einem Rasenplatz in Wales vorführte. Ursprünglich spielte man »Sticky« auf Plätzen, die in der Mitte, am Netz, schmaler waren als an der Grundlinie. Als Lawn-Tennis fand das Spiel rasch viele Freunde, die es überall auf Englands grünem Rasen ausübten. Sein Erfolg war so groß, daß der 1868 gegründete »All England Croquet Club« im Februar 1875 einen seiner Plätze ausschließlich für Rasentennis reservierte. Und im selben Jahr stellte der »Marylebone Cricket Club« – die oberste Autorität für »Real-Tennis« und »Rackets« – Regeln für das neue Spiel auf.

Ernest (links) und William Renshaw

Die ersten Wimbledon-Meisterschaften
Im April 1877 änderte der »All England Croquet Club« seinen Namen offiziell in »The All England Croquet and Lawn-Tennis Club«. Bald darauf wurde beschlossen, daß im Juli desselben Jahres die ersten Meisterschaften im Rasentennis ausgetragen werden sollten. Der dafür ernannte Oberschiedsrichter Henry Jones arbeitete die Wettspielregeln aus. Die bisher übliche Spielordnung für »Rackets« wurde durch revolutionäre Änderungen, vor allem im Zählsystem, ersetzt. Danach mußten die Spieler nach jedem Satz die Seiten wechseln; außerdem waren drei Gewinnsätze für den Sieg erforderlich. Sogenannte *Advantage Sets* (Sätze, die mit zwei Spielen Vorsprung, aber nicht weniger als sechs Spielen gewonnen werden) blieben dem Finale vorbehalten. Bei vorausgehenden Runden mit einem Spielstand von 5:5 entschied das nächste Spiel den Satz. Diese »Kurz-Sätze« entsprachen in etwa dem heutigen »Tie-Break«-Spiel. Zur gleichen Zeit bekam der Platz seine Rechteckform; die neuen Maße stimmten mit den heutigen weitgehend überein. Trotz einiger nachträg-

Reggie (links) und Laurie Doherty

Maud Watson

Blanche Bingley

Lottie Dod

Arthur Gore (Wimbledon-Sieger 1901, 1908–9)

Anthony Wilding (Wimbledon-Sieger 1910–13)

licher Änderungen wurden also die heute geltenden Tennisregeln im wesentlichen durch Henry Jones festgelegt.
Die Spieler wurden damals noch nicht »gesetzt«, sondern die Gegner wurden ausgelost (vgl. S. 277). Für den ersten Wettkampf meldeten sich 22 Männer. Die Auslosung fand am 7. Juli statt, zwei Tage vor dem Turnier. Der erste gezogene Name war der von Mr. H. T. Gillson, gefolgt von Mr. Spencer Gore, der den Wettkampf schließlich für sich entschied und damit der allererste Tennis-Champion wurde. Die Zahl der zugelassenen Bewerber für das Herren-Einzel wurde 1919 auf 128 Spieler begrenzt.
Da es in der ersten Runde noch keine Rasten wie bei der heutigen Auslosung (vgl. S. 277) gab, erreichten drei Spieler das Semi-Finale. Doch Spencer Gore gelang es, seine beiden Gegner zu besiegen, ohne einen Satz abzugeben. Diese Leistung, vor allem aber sein offensives Spiel am Netz, mit dem er seine Gegner einschüchterte, gingen in die Geschichte des Tennis ein. Der Flugball während des Spiels war noch weitgehend unbekannt, und es dauerte noch Jahre, bis sich Aufschlag- und Volleyball-Attacken über das ganze Spiel hinweg durchsetzten - und von den Spielern physisch durchgehalten wurden.
Dann, 1878, gewann Frank Hadow den All-comers Event, jenes Turnier, bei dem ein bisher Unbekannter A. T. Myers den Überkopfaufschlag einführte. In der Herausforderungsrunde besiegte Hadow den am Netz angreifenden Gore vor allem dadurch, daß er ihn mit hochgeschlagenen Bällen überspielte. Das waren die ersten Lobs. Nachdem es bei diesem Spiel zu Streitigkeiten gekommen war, wurden wesentliche Änderungen bei den Tennisregeln vorgenommen. So war es den Spielern nicht mehr erlaubt, den Ball als Volley zu schlagen, bevor er das Netz überquert hatte. Außerdem durfte das Netz nicht berührt werden, solange der Ball im Spiel war.

Die Renshaw-Brüder

Im Wimbledon-Turnier von 1880 dominierten die englischen Brüder Ernest und William Renshaw. Zusammen sorgten sie dafür, daß Tennis von einem breiteren Publikum als seriöser Sport ernstgenommen wurde.

Champions ganz individuell 1

Amerikas Maureen Connolly und Australiens Rod Laver gehören zu den außergewöhnlichen Persönlichkeiten in der Geschichte des Tennis.
Maureen Connolly wurde in Balboa durch Wilbur Folson entdeckt, der die Linkshänderin ermutigte, mit der Rechten zu spielen. »Little Mo« gewann 1951 die US Singles Championship im Alter von 16 Jahren. Ein Jahr darauf errang sie ihren ersten von drei aufeinanderfolgenden Wimbledon-Siegen. Und 1953 war Maureen Connolly der erste weibliche Grand-Slam-Gewinner.
Rod Laver, trainiert von Charlie Hollis und Harry Hopman, errang den ersten seiner zwei Grand-Slam-Erfolge fast zehn Jahre später, nämlich 1962, als er Roy Emerson im Finale der Australischen, Französischen und Amerikanischen Meisterschaft und Marty Mulligan in Wimbledon schlug. Im gleichen Jahr gewann er auch die Deutsche und Italienische Meisterschaft. Er beherrschte das Tennis durch seinen aggressiven »Continentalstyle«, diesen überaus hart geschlagenen Topspin Drives und heimtückischen Slices. Seine Aufschläge waren fast nicht zu retournieren.

Maureen Connolly

Rod Laver

Durch ihre hochentwickelte Schlag- und Spieltechnik beeinflußten sie weitgehend die Entwicklung dieses Sports und setzten vor allem neue Maßstäbe. William Renshaw, der siebenmal das Herren-Einzel in Wimbledon gewann, demonstrierte die oft spielentscheidende Bedeutung des Schmetterballs oder Smash. Außerdem zeigte er – wahrscheinlich als erster – die Taktik, den »Rising Ball« (steigenden Ball) einzusetzen. 1881 wurde die »United States Lawn Tennis Association« (USLTA) gegründet und noch im selben Jahr das erste amerikanische Turnier im Herren-Einzel abgehalten. Sechs Jahre später, 1887, fand die erste amerikanische Meisterschaft für Damen statt. Gegen Ende der neunziger Jahre gab es dann auch in Australien, Frankreich und Deutschland nationale Herren- und Damenmeisterschaften im Einzel.
Inzwischen hatten sich die Clark-Brüder als erste Amerikaner für Wimbledon qualifiziert. Sie forderten 1883 die Renshaw-Brüder im Herren-Doppel und wurden geschlagen. Auffällig bei diesem Match war, daß beide Renshaws den Kampf am Netz zu entscheiden suchten, während von den Clarks einer vorn und einer an der Grundlinie spielte. Und das sind bis heute die maßgebenden Angriffspositionen im Doppel geblieben. Im darauffolgenden Jahr wurden in Wimbledon zum ersten Mal offiziell Meisterschaften im Herren-Doppel ausgetragen und von den Renshaws gewonnen.

Bill Tilden

Die Baddeley- und die Doherty-Brüder

Die Renshaw-Ära ging 1889 zu Ende, die Spitzenposition wurde von einem anderen eineiigen Zwillingspaar eingenommen – von Herbert und Wilfred Baddeley. Erst 19, gewann Wilfred Baddeley, ein brillanter Taktiker, zum ersten Mal 1891 das Herren-Einzel. 1892 und 1895 ging er erneut als Sieger aus dem Einzel-Wettkampf hervor. Zusammen mit seinem Bruder gewann er 1891, 1894, 1895 und 1896 das Herren-Doppel. Zwischen 1897 und 1906 lösten die Doherty-Brüder die Baddeleys als Wimbledon-Champions ab. Reggie oder »Big Do«, wie er genannt wurde, errang zwischen 1897 und 1900 viermal hintereinander den Sieg in Wimbledon. Sein Bruder Laurie bzw. »Little Do« gelang dies zwischen 1902 und 1906 sogar fünfmal. Zu-

Fred Perry

Susanne Lenglen

Jean Borotra

sammen übertrafen die Dohertys sogar die Renshaw-Brüder, als sie zwischen 1897 und 1905 achtmal das Doppel für sich entschieden.
1894, noch während der Doherty-Ära, erreichte der Amerikaner Clarence Hobart als erster Spieler aus Übersee in Wimbledon das Semi-Finale im Herren-Einzel. Und 1907 wurde dann der Australier Norman Brookes (abgesehen von den irischen Spielern Hamilton, Pimm und Mahoney) der erste Wimbledon-Sieger aus Übersee.

Internationale Wettbewerbe
Ab 1900 wurde Rasentennis international. Der neue Sport etablierte sich in vielen Ländern, darunter Kanada, Südafrika, Frankreich, Deutschland, Belgien, Österreich, Australien und den Vereinigten Staaten. Dieses weltweite Interesse manifestierte sich in der 1912 gegründeten »International Lawn Tennis Federation« (ILTF) in Paris, wodurch die »National Lawn Tennis Associations« nicht mehr die einzigen Autoritäten darstellten.
Im August 1900 fand im »Longwood Cricket Club« in Boston die erste Austragung des Davispokals statt, und zwar zwischen Großbritannien und den Vereinigten Staaten. Der Davis Cup ist noch heute der bedeutendste Mannschaftswettbewerb, an dem sich mehr als fünfzig Länder beteiligen. Dieses erste Match wurde von dem Pokalstifter Dwight Davis angeregt, der zusammen mit Halcombe Ward und M. Whitman die britische Mannschaft schlug. 1923 folgte – unter internationalem Beifall – der Wightman Contest der amerikanischen und britischen Damen. Die Cup-Stifterin, Mrs. Hazel Hotchkiss Wightman, war selbst mehrfache amerikanische Meisterin.

Wimbledon und die Damen
Die erste Meisterschaft im Damen-Einzel wurde 1884 in Wimbledon ausgetragen. Nur 13 Bewerberinnen nahmen daran teil. Die Vikarstochter Maud Watson, sie galt als Favoritin, schlug im Finale ihre Schwester Lilian. Zwischen 1884 und 1900 gab es bei den Damen nur fünf Champions: Maud Watson, die auch 1885 ihren Titel erfolgreich verteidigen konnte; die wundervolle Blanche Bingley; Lottie Dod, die bereits mit 15 zum erstenmal das Turnier gewann; Helena Rice und

Champions ganz individuell 2

Obwohl sie sich stilistisch stark voneinander unterscheiden, können Björn Borg und Billie Jean King als Beispiele dafür gelten, wie Entschlossenheit und voller Einsatz zu sportlichen Höchstleistungen führen.
Björn Borg gab sein Davis-Cup-Debüt 1972 mit fünfzehn Jahren. 1976 wurde er Wimbledon-Sieger, eine Position, die er fünf Jahre lang behaupten konnte. Diese Leistung erscheint noch bewundernswerter, wenn man weiß, daß er Sandplätze bevorzugt. Unter Anleitung von Lennart Bergelin wurde er zu einem der meistgefürchteten Grundlinienspieler. Die extrem hohe Ausholschleife seiner beidhändigen Rückhand kombiniert Wucht und Spin auf vielfältige Weise. Auch sein erster Aufschlag erreicht sehr viel häufiger das Ziel als der seiner Rivalen.
Billie Jean King, eine sehr begabte Netzspielerin, entwickelte unter Anleitung von Clyde Walker ihr Grundlinienspiel. Ihr hauptsächlich auf »Eastern«-Stilelementen basierendes Spiel gibt ein Beispiel perfekter Technik, die sich jeder Platzbeschaffenheit anpaßt. Ihre sechs Wimbledon-Siege sind nur ein Teil ihrer über fünfzig Titel bei großen Meisterschaften.

Billie Jean King

Björn Borg

Charlotte Sterry. Bis 1900 blieb die Zahl der Bewerberinnen niedrig, doch dann wuchs das Interesse rasch; vor allem, nachdem man 1899 das Damen-Doppel eingeführt hatte. Im Jahr 1901 feierte man einen Rekord von 30 Bewerberinnen, und von 1903 an wurde Wimbledon von Miß Dorothea Douglass, der späteren Mrs. Lambert Chambers, beherrscht, der größten Tennisspielerin vor dem Ersten Weltkrieg. Sie erreichte elfmal das Finale, aus dem sie siebenmal als Siegerin hervorging.

Jack Kramer

Die Vorherrschaft der Amerikaner und Franzosen von 1919–1930

Das Herren-Einzel von 1919 wurde noch von dem Australier Gerald Patterson gewonnen, doch schon im selben Jahr trat eine ganze Reihe großartiger amerikanischer Spieler in den Vordergrund. Unter ihnen wahrscheinlich der beste Spieler aller Zeiten, »Big Bill« Tilden. 1920 besiegte Tilden Patterson, nachdem er in diesem Turnier acht Einzel hatte absolvieren müssen.

Ein Jahr später wurde das Turnier in die Church Road in Wimbledon verlegt, und 1924 führte man dann endlich auf nationaler Ebene das »Seeding« (das Setzen von Spielern, vgl. S. 277) ein. Im selben Jahr übernahmen in Wimbledon die Franzosen für sechs Jahre die Vorherrschaft im Herren-Einzel. Bis 1929 dominierten die sogenannten »Vier Musketiere« – Jean Borotra, Henri Cochet, René Lacoste und »Toto« Brugnon – das Spiel. Bei den Damen beherrschten in den zwanziger und dreißiger Jahren die Französin Suzanne Lenglen und die Amerikanerin Helen Wills die Plätze, obwohl sie es mit Spielerinnen wie Elisabeth Ryan, Mrs. Mallory, Kitty McKane, der Siegerin von 1924 (und 1926 als Mrs. L. A. Godfree), Lili de Alvarez, Helen Jacobs und Dorothy Round zu tun hatten. 1939 wurde dann Alice Marble Wimbledon-Siegerin im Damen-Einzel.

1930 gelang es Tilden, durch einen Sieg über Borotra im Semi-Finale, die Franzosen von der Spitze zu verdrängen. Im Endspiel besiegte er Texan Wilmer Allison, der, ohne gesetzt gewesen zu sein, überraschenderweise in die Endrunde gelangt war.

In den dreißiger Jahren gab es noch eine ganze Reihe anderer großer Spieler, darunter Ellsworth Vines, Jack Crawford und Don

Frank Sedgman

Lew Hoad

Ken Rosewall

Angela Mortimer (Wimbledon-Siegerin 1961)

Budge aus den Vereinigten Staaten, Fred Perry aus Großbritannien, Jack Crawford aus Australien und Gottfried von Cramm aus Deutschland - der vielleicht außergewöhnlichste Sportler, den dieses Spiel je hervorgebracht hat.

Außer von Cramm erreichte jeder dieser Spieler den Titel eines Wimbledon-Champions. Darüber hinaus wurde Don Budge 1938 der erste Grand-Slam-Gewinner; er gewann nacheinander im selben Jahr die Australische und Französische Meisterschaft, dann Wimbledon und das US-Championat. Trotz heftiger Widerstände fand 1926 das erste Profi-Tennisturnier im Madison Square Garden in New York statt. Tilden, Suzanne Lenglen, Perry und Budge gehörten zu den ersten, die Tennis zu ihrem Beruf machten.

Die Gegenwart

Nach 1945 konnten sich die australischen und amerikanischen Spieler international an der Spitze behaupten und setzten immer höhere Maßstäbe. Beidhändiges Schlagen eroberte die Plätze, und die Spiele wurden immer länger. 1970 führte man deshalb das vielumstrittene Tie-Break-Zählsystem ein. Zu den führenden Spielern der Nachkriegszeit zählten die Australier Frank Sedgman, Lew Hoad, Fred Stolle, Ken Rosewall, John Newcombe und Rod Laver, der seit den späten fünfziger Jahren ein Jahrzehnt lang im Tennis dominierte. Allein in der Saison 1969/70 erhielt er Preisgelder von mehr als 200 000 Dollar und wurde damit zum bis dahin bestbezahlten Spieler dieses Sports. Andere große Spieler waren Jaroslav Drobny aus der Tschechoslowakei und der Amerikaner Pancho Gonzales, der 1969, als Einundvierzigjähriger, gegen Charlie Pasarell antrat und den unvergeßlichen Kampf gewann, der 112 Spiele bwz. fünf Stunden und zwölf Minuten dauerte. Seit den fünfziger Jahren traten eine ganze Reihe brillanter weiblicher Champions an die Öffentlichkeit, darunter Louise Brough, Doris Hart, Maureen Connolly, Althea Gibson (die erste Farbige auf der internationalen Tennisszene) und Maria Bueno. Zu den bedeutendsten Spielerinnen der sechziger Jahre gehörten Billie Jean King, Evonne Goolagong (jetzt Evonne Cawley), Chris Evert (jetzt Chris Lloyd), Virginia Wade und Martina Navratilova.

Champions der Zukunft

Für jeden abtretenden Champion stehen in aller Welt viele hoffnungsvolle junge Nachwuchsspieler bereit, die als Teenager - oder noch jünger - bereits entschlossen sind, zum besten Spieler ihres Landes aufzusteigen, Wimbledon-Sieger zu werden oder die Nummer 1 auf der Weltbestenliste. Natürlich wissen sie, daß es nur sehr wenigen Spielern gelingt, wirklich an die Spitze zu gelangen.

Die Champions der Zukunft können aus jedem Land der Erde kommen, was die tennisspielenden Nationen zu noch größerem Ehrgeiz anstachelt. Gute Aussichten auf die ersten Plätze haben Nachwuchsspieler wie Hana Mandlikova, die sich bereits einen Namen gemacht hat, Andrea Jaeger, Ramesh Krishnan und Thierry Tulasne, die hier abgebildet sind. Weitere Anwärter für einen der Spitzenplätze sind Mats Wilander, Henri Leconte, Kathy Rinaldi und Kathy Horvath.

Ramesh Krishnan

Andrea Jaeger

Thierry Tulasne

Hana Mandlikova

Im Verlauf der siebziger Jahre kämpften sich die Vereinigten Staaten mit Spielern wie Stan Smith und Jimmy Connors wieder an die Spitze im Herren-Tennis. Doch Nummer 1 war unbestritten der fabelhafte Spieler Björn Borg aus Schweden, der sich 1976 zum erstenmal in Wimbledon den Titel holte und diesen bis 1981 verteidigte, als er gegen den Amerikaner John McEnroe unterlag. Björn Borgs überragende Erfolge führten zu einer Wiederbelebung der europäischen Tennisszene. Vor allem Frankreich und die Tschechoslowakei folgten dem schwedischen Beispiel und brachten mit Hilfe verbesserter Ausbildungs- und Trainingsbedingungen eine Reihe sehr aussichtsreicher junger Spieler hervor. Viele tschechoslowakische Spielerinnen, wie Martina Navratilova, Renata Tomanova, Regina Marsikova und Hana Mandlikova, haben inzwischen Weltklasseformat erreicht. Auch ihre Landsleute Ivan Lendl und Tomas Smid stellen eine immer größere Herausforderung für die Tenniselite dar. Ebenso scheint mit dem Aufstieg von Yannick Noah in die Weltspitzenklasse und dem Hervortreten so vielversprechender Spieler wie Pascal Portes, Dominique Bedel, Thierry Tulasne und Henri Leconte der durch Max Decugis 1903 entfachte nationale Eifer im französischen Tennis wiedererwacht zu sein.
Während der Nachkriegsjahre war der Status eines Amateurs von dem eines Profis kaum noch zu unterscheiden. Trotz heftigen Widerstands, vor allem von seiten der »International Lawn Tennis Federation«, wurde im April 1968 das erste Open Tournament abgehalten – und von Rod Laver gewonnen.
Die frühen siebziger Jahre waren durch verschiedene, vor allem aber durch politische Auseinandersetzungen gekennzeichnet, so z. B. durch den Boykott Südafrikas beim Davis Cup 1970 und den Machtkampf zwischen der ILTF (jetzt ITF) und der »World Championship Tennis Incorporated« (WCT).

Wimbledon bleibt weiterhin das bedeutendste Tennisereignis der Welt, während der Davis und der Wightman Cup als die wichtigsten Mannschaftswettbewerbe gelten. Dann folgen der Federation Cup, seit 1963; die Virginia Slims Championship, seit 1971; der International Lawn Tennis Federation Grand Prix, seit 1970; und das Grand Prix Masters Tournament, ebenfalls seit 1970.

Chris Lloyd

John McEnroe

Grundkenntnisse

Die Wahl der Ausrüstung

Eine Tennis-Ausrüstung ist häufig billiger als die vieler anderer Sportarten. Bedenkt man, daß ein guter Schläger mehrere Jahre hält, wird sein hoher Anschaffungspreis erträglich. Auch Tenniskleidung und -schuhe können teuer sein, doch auf längere Zeit gesehen, sind die Bälle die Hauptausgabenquelle, da sie ständig erneuert werden müssen.

Der Schläger

Schläger lassen sich komplett oder als unbespannte Rahmen kaufen (vgl. S. 270). Der für Sie beste Schläger hängt von Ihrem technischen Können ab. Zur Erlernung der Grundfertigkeiten eignet sich ein Holzrahmen sicher am besten. Fortgeschrittene entscheiden sich dann vielleicht für Metall-, Graphit- oder Holz-Kunststoff-Schläger. Im allgemeinen tendieren die Spieler, die mit viel Kraft spielen, zu steiferen, die mit Gefühl, zu flexibleren Rahmen.
Gewicht, Balance und Griffstärke sind bei der Wahl des Schlägers von besonderer Bedeutung. Vergewissern Sie sich durch einige Probeschläge, daß der Schläger nicht kopflastig ist und Ihr Handgelenk nach unten zieht. Versuchen Sie, den Schläger im Schwerpunkt (34 cm vom Griffende entfernt) auf Ihrem ausgestreckten Zeigefinger auszubalancieren. Normalerweise müßte er jetzt die Horizontale halten, oder der Schlägerkopf weist leicht nach oben. Denken Sie daran, daß jeder Schläger sehr viel schwerer wirkt, wenn Sie damit Bälle schlagen. Als Faustregel gilt, daß sehr junge Spieler einen kurzen und danach einen Juniorenschläger benützen sollten; Damen beginnen am besten mit einem »light«, Herren mit einem »light medium« oder einem »medium« Racket.
Das Gewicht der Schläger ist an der Griffnummer zu erkennen (siehe rechts), die Auskunft über den Griffumfang gibt (siehe rechts unten). Umfassen Sie den Schlägergriff so, daß das untere Ende Ihres Handtellers mit dem Griffende abschließt. Wenn jetzt die Spitze Ihres Daumennagels über den Nagel Ihres Mittelfingers reicht, ist der Griff zu schmal.

Das Griffband

Normalerweise ist der Griff mit Leder umwickelt, doch vielleicht ist ihnen Frottee lieber, weil Sie leicht feuchte Hände bekommen. Jedenfalls sollte Ihr Griffband regelmäßig erneuert werden. Das alte Band wird einfach abgenommen und das neue zunächst am Griffende befestigt. Dann werden die Leder- bzw. Frotteestreifen diagonal, sich leicht überlappend, sehr gleichmäßig um den Griff gewickelt, am oberen Randes entsprechend abgeschnitten und befestigt, bevor man farbiges Klebeband darüberklebt.

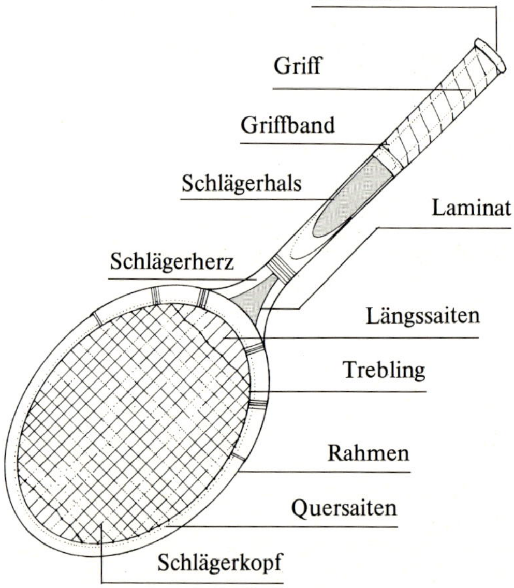

Griffnormen	Gewicht	Griff-stärke
Light / L (Leicht)	bis 369 g	2, 3, 4 oder 5
Light medium / LM (Leicht bis mittel)	369–383 g	3, 4, 5, 6
Medium / M (Mittel)	383–397 g	3, 4, 5, 6
Top / T (Schwer)	über 397 g	5, 6, 7

Griffstärken	Griffumfang	
	Millimeter	Inches
2	108	4¼
3	111	4⅜
4	114	4½
5	117	4⅝
6	120	4¾
7	123	4⅞

Die Schlägerbespannung

Die Schlagfläche ist mit Längs- und Quersaiten bespannt. Heute gibt es an die 30 verschiedene synthetische Materialien zur Herstellung von Kunstsaiten. Eine solche Bespannung ist sehr viel billiger als die mit Darmsaiten. Außerdem wird sie weder durch Feuchtigkeit noch durch Reibung so beeinträchtigt wie Darm. Turnierspieler bevorzugen trotzdem Darmbespannungen, weil sie ein besseres Ballgefühl vermitteln. Jedes Racket kann so straff bespannt werden, wie Sie es wünschen. Doch grundsätzlich sind steifere Rahmen für straffe Bespannungen besser geeignet als elastische. Eine sehr harte Bespannung verleiht dem Schlag mehr Kraft, verringert aber die Ballkontrolle und verkürzt die Lebenszeit des Rahmens.

Trebling. Trebling nennt man die aus Nylon- oder Baumwollfasern gefertigten Bündchen an der Spitze des Schlägers und am Schlägerhals. Sie sind auf der einen Seite rauh, auf der andern glatt, so daß man bei der Seiten- bzw. Aufschlagwahl, wenn man den Schläger kreiseln läßt, »rauh« oder »glatt« verlangen kann. Die heutigen Schläger haben meist kein Trebling mehr. Die Spieler werfen dafür eine Münze.

Der Bespannungstest. Um sicher zu sein, daß die Saiten genau parallel verlaufen, sollte man auf ein regelmäßiges Muster der Bespannung achten. Die richtige Spannung wird dadurch getestet, daß man mit beiden Daumen am oberen und unteren Ende der Schlagfläche fest auf die Saiten drückt. An allen vier Stellen sollte die Bespannung gleich hart sein. Drückt man die Daumen dagegen in die Mitte der Schlagfläche, muß diese [verglichen mit den Ecken] etwas nachgeben. Außerdem sollte man in regelmäßigen Abständen das Ohr an den Schlägerkopf halten und mit dem Fingernagel eine der Längssaiten unmittelbar über dem Schlägerhals anzupfen. Bei straffer Bespannung hört man einen schwingenden Ton.

Die Bälle

Wichtig ist, daß Sie nur offiziell getestete Bälle verwenden. Das ist nicht ganz billig, aber beim Kauf billiger Bälle sparen Sie am falschen Platz. Lassen Sie neue Bälle zuerst ein paarmal aufspringen; denn sogenannte tote Bälle nützen Ihnen nichts. Es gibt drucklose Bälle, die ihre Elastizität nicht verlieren und fast dieselben Spieleigenschaften haben wie konventionelle Bälle (vgl. S. 275). Sobald ein Ball nicht mehr richtig springt, verändern sich seine Flug- und Springeigenschaften ganz erheblich.

Kleidung und Zubehör

Tenniskleidung sollte genügend Bewegungsfreiheit geben, ohne die Schläge zu behindern. Die Auswahl ist groß. Entscheiden Sie sich möglichst für leicht waschbare Materialien. Männer sollten Shorts vermeiden, an deren Taschen man leicht mit den Fingern hängenbleibt. Frauen, die Tenniskleider bevorzugen, müssen daran denken, daß sie vor allem in der Taille an heißen Tagen durch Schweiß und Druckstellen sehr unangenehm werden können.
Socken mit verstärkten Sohlen und Fersen nehmen den Schweiß besser auf, sind weicher und sitzen besser. Spielt man auf Hartplätzen, kann man sogar zwei Paar Socken anziehen, oder man trägt eine kleine Bandage bzw. einen Elastikstrumpf unter den normalen Tennissocken (vgl. S. 264). Der Fuß hat dadurch einen besseren Halt, außerdem wird der Aufsprung auf einem harten Platz etwas gedämpft. Elastische Gelenkbänder aus Frottee geben Ihnen während des Spiels die Möglichkeit, sich den Schweiß von der Stirn oder der Hand zu wischen. Es gibt auch Bänder, die so fest sitzen, daß sie darüber hinaus das Handgelenk stützen (vgl. S. 264).

Die Schuhe

Tennisschuhe müssen nicht nur beim Laufen, sondern auch beim plötzlichen Stoppen und Drehen Halt geben und bequem sitzen. Ein gutes Fußbett ist deshalb unerläßlich. Manche Schuhe haben einen Fersenschutz, der aber nur nützt, wenn er wirklich gut gepolstert und so konstruiert ist, daß er der Achillessehne nicht schaden kann. Die Schnürung sollte bis zum Zehenansatz reichen und nicht zu fest sein. Das Oberleder muß so sitzen, daß es am Knöchel nicht reibt.

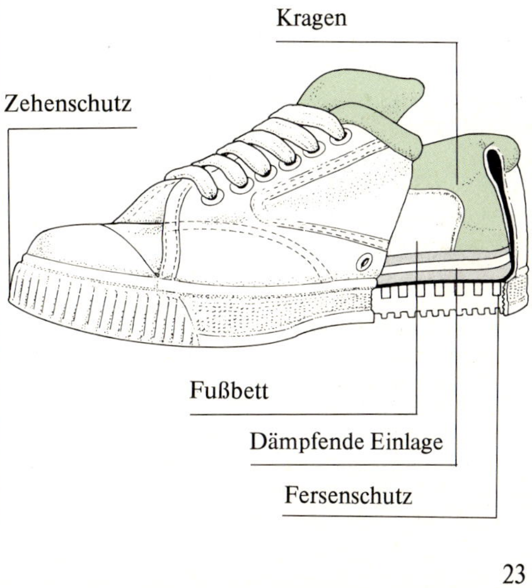

DIE SPIELREGELN

Tennis kann als Zweikampf, d.h. als Single bzw. Einzel, oder als Mannschaftskampf zwischen zwei Paaren, d.h. als Doubles bzw. Doppel, gespielt werden. Jedes Match wird nach einer Anzahl von Punkten bewertet, die zunächst ein Spiel bzw. Game entscheiden; eine bestimmte Zahl von Spielen ergeben einen Satz bzw. Set, und die vorgeschriebene Anzahl von Sätzen entscheidet dann das Match.

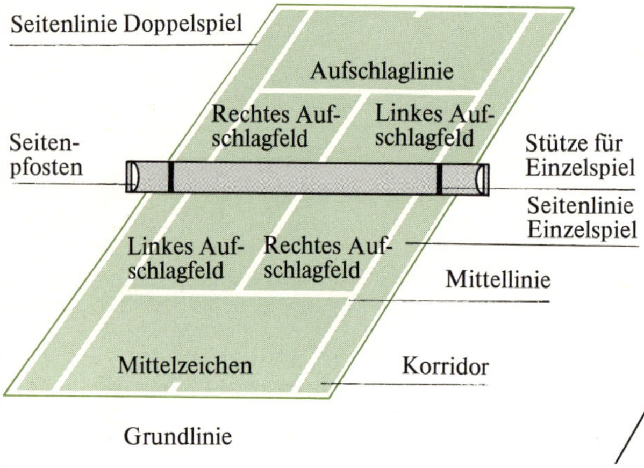

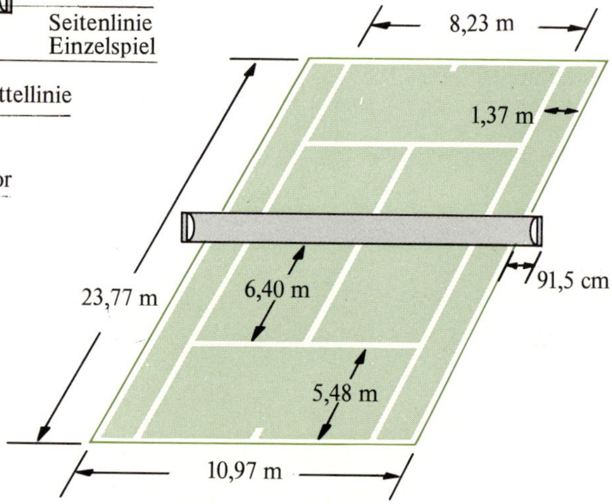

»Gut« und »aus« (oder »in« und »out«)

Die den Platz eingrenzenden Linien zählen zum Spielbereich. Berührt der Ball eine Linie, ist er »gut« bzw. »in«. Erst wenn der ganze Ball außerhalb der Spiellinie aufspringt, ist er »aus« bzw. »out«. Die drei Diagramme unten zeigen die verschiedenen Markierungen für Einzel- und Doppelspiele sowie die beim Aufschlag zu beachtenden Begrenzungslinien. In Zweifelsfällen liegt die Entscheidung beim Schiedsrichter und den Linienrichtern.

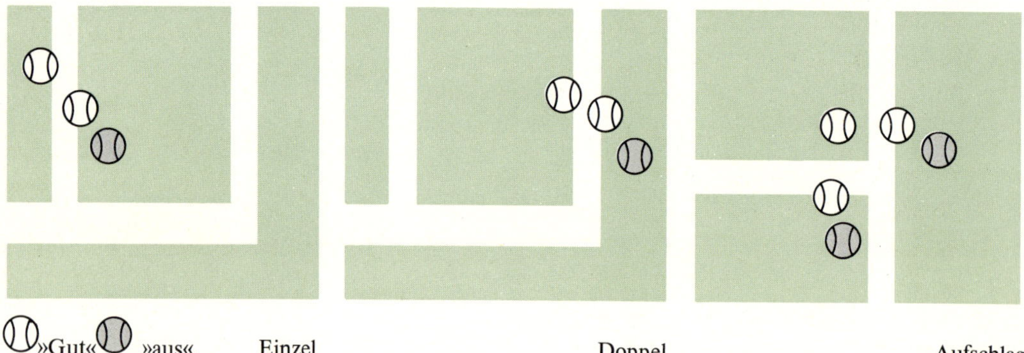

Die Eröffnung des Spiels beim Einzel

Die Entscheidung über den ersten Aufschlag (Service) kann durch Kreiseln des Schlägers (vgl. S. 23) oder Werfen einer Münze getroffen werden. Wer dabei gewinnt, kann zwischen Aufschlag oder Platzseite wählen. Dementsprechend nehmen die beiden Spieler hinter der Grundlinie Aufstellung und spielen sich ein paar Minuten lang Bälle zu, um für das Spiel warm zu werden.

Der Aufschlag

Der Aufschläger muß grundsätzlich von rechts ins rechte bzw. erste Aufschlagfeld des Gegners servieren. Dabei muß er hinter der Grundlinie zwischen der vorgestellten Verlängerung der Mittellinie und der rechten Seitenmarkierung stehen. Er wirft den Ball mit der freien Hand in die Höhe und muß ihn treffen, bevor er wieder aufspringt. Der Ball muß das Netz überqueren und darf erst im gegnerischen Aufschlagfeld den Boden berühren. Ist der Punkt entschieden, serviert der Aufschläger von der linken Platzseite in das linke bzw. zweite Aufschlagfeld des Gegners. Der Rückschläger kann den Aufschlag erst nehmen, nachdem der Ball Bodenkontakt hatte.

John McEnroe

Einzelspielfeld

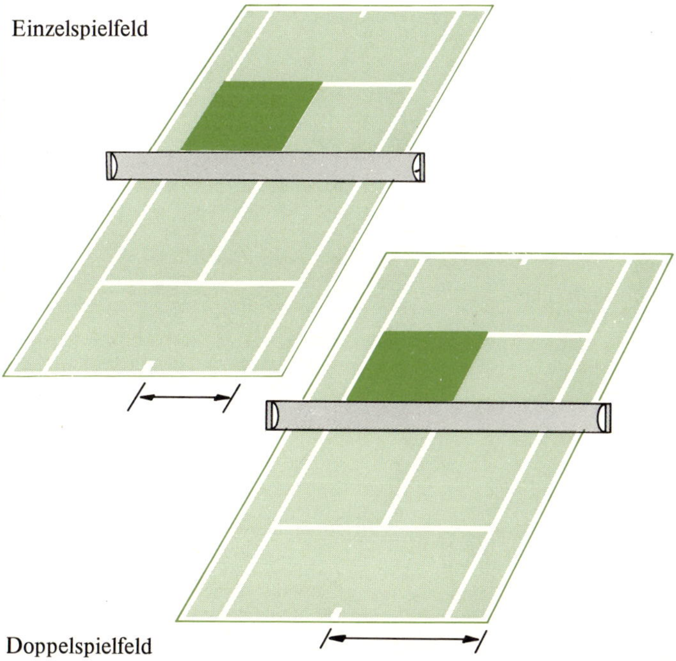

Doppelspielfeld

Fußfehler

Berührt der Aufschläger die Grundlinie, bevor der Ball geschlagen ist, gilt dies als Fußfehler. Ebenso, wenn der Fuß die vorgestellte Verlängerung des Mittelzeichens überschreitet oder berührt, wie unten gezeigt (vgl. S. 102).

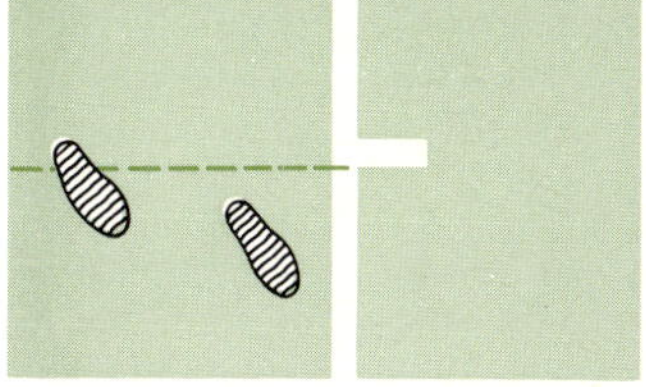

Die rechte Ferse berührt die Verlängerung des Mittelzeichens, wird also als Fußfehler gerechnet.

Das Zählen beim Tennis

Beim Ansagen des Spielstands wird der Aufschläger stets zuerst genannt. Macht ein Spieler hintereinander vier Punkte, hat er das Spiel gewonnen, was wie unten gezeigt dargestellt wird. Bei Einstand (Deuce) muß einer der Spieler hintereinander zwei Punkte machen, um das Spiel zu gewinnen. Der erste Punkt nach dem Einstand wird als Vorteil (Advantage) bezeichnet - je nachdem, wer ihn gemacht hat, als Vorteil Aufschläger bzw. Vorteil Rückschläger. Macht nun der gegnerische Spieler einen Punkt, heißt es wieder Einstand.

Ein Satz ist entschieden, wenn eine Partei mit zwei Spielen Vorsprung, aber nicht weniger als sechs Spielen den Satz beendet. Ist der Spielstand 5:5, muß so lange gespielt werden, bis eine Partei zwei Spiele hintereinander gewinnt. Abgesehen von großen Turnieren, bei denen drei Gewinnsätze vorgeschrieben werden, reichen für den Sieg zwei gewonnene Sätze, sowohl bei den Herren wie bei den Damen. Für den Fall, daß sich ein Satz zu lange hinzieht, hat man das Tie-Break-Spiel eingeführt, das nachfolgend beschrieben wird.

Aufschläger gewinnt vier Punkte

15:0 (Fünfzehn-null)
30:0 (Dreißig-null)
40:0 (Vierzig-null)

Spiel Aufschläger

(Ein Spiel zu null)

Rückschläger gewinnt vier Punkte

0:15 (Null-fünfzehn)
0:30 (Null-dreißig)
0:40 (Null-vierzig)

Spiel Rückschläger

(Ein Spiel zu null)

Beide Spieler machen Punkte

Jeder hat 1 Punkt: 15:15 (Fünfzehn beide)
Jeder hat 2 Punkte: 30:30 (Dreißig beide)
Jeder hat 3 Punkte: 40:40 (Einstand/Deuce)

Einer der Spieler muß jetzt hintereinander 2 Punkte machen, um zu gewinnen. Machen beide abwechselnd nur einen Punkt, geht es weiter mit Einstand; Vorteil Aufschläger bzw. Einstand; Vorteil Rückschläger usw.

Das Tie-Break-Spiel

Dieses Zählsystem wird angewandt, wenn in einem Satz der Spielstand 6:6 (oder 8:8) erreicht wird. (Der letzte Satz wird wieder mit 2 Spielen Vorsprung - z.B. 13:11 - gespielt. Allerdings gibt es auch andere Wettkämpfe, die sich auch im Schluß-Satz des Tie-Breaks bedienen.) Der Tie-Break wird wie folgt gezählt:

1. Wer als erster Spieler (oder Paar) sieben Punkte macht, gewinnt das Tie-Break-Spiel und damit den Satz, sofern er zwei Punkte Vorsprung hat (7:0 bis 7:5). Erreicht der Spielstand 6:6, wird weitergespielt, bis eine Partei hintereinander zwei Punkte macht. Dabei wird numerisch gezählt.

2. Der Rückschläger des vorausgegangenen Spiels beginnt den Tie-Break als Aufschläger. Bei den folgenden beiden Punkten hat wieder sein Gegner den Aufschlag. Danach wird jeweils nach zwei Punkten gewechselt, bis das Spiel entschieden ist.

3. Nach jeweils sechs Punkten wechseln die Spieler ohne Pause die Seiten; ebenso nach Beendigung des Tie-Break-Spiels.

4. Bei der Ausgabe neuer Bälle zählt der Tie-Break als ein Spiel. Ist der Wechsel jedoch zu Beginn des Tie-Breaks fällig, wartet man das zweite Spiel des folgenden Satzes ab.

5. Der Spieler (oder das Paar), der (das) den ersten Aufschlag im Tie-Break-Spiel hatte, ist zu Beginn des nächsten Satzes Rückschläger.

Sonderregeln für das Doppel

Der Aufschläger kann hinter der Grundlinie jede Position zwischen dem Mittelzeichen und der Seitenlinie für Doppelspiel einnehmen. Nach dem Auslosen muß jedes Paar unter sich entscheiden, wer zuerst aufschlägt. Diese Reihenfolge kann während des Spiels nicht mehr geändert werden, d.h., bemerkt ein Spieler, daß er irrtümlicherweise aufschlägt, soll der Spieler, der an der Reihe ist, sofort den Aufschlag übernehmen. Die bereits gespielten Punkte bzw. Aufschlagfehler werden gezählt. Wird der Irrtum erst am Ende eines Spiels bemerkt, soll die veränderte Reihenfolge beim Aufschlag beibehalten werden.
Das Rückschläger-Paar des ersten Spiels muß entscheiden, wer von beiden den ersten Aufschlag retournieren soll. Dieser Spieler hat während der Dauer des Kampfes in jedem ungeraden Spiel während des Satzes den ersten Aufschlag zu empfangen. Wird während eines Spiels die Reihenfolge beim Rückschlag irrtümlich geändert, so bleibt diese bis zum Ende des Spiels. Im nächsten Spiel jedoch wird die ursprüngliche Reihenfolge wieder berücksichtigt.

Die Aufgabe des Oberschiedsrichters, des Schieds- und des Linienrichters

Der Schiedsrichter hat die Aufgabe, auf die Einhaltung der Regeln der »International Lawn-Tennis Federation« und des Fair Play zu achten (vgl. S. 279). Außerdem ist er verpflichtet, über den Spielstand exakt Buch zu führen. Das beinhaltet auch die Ansage von Fehlern und Punkten sowie das Bekanntgeben des Spielstands nach jedem Spiel bzw. Satz und beim Seitenwechsel. Vor dem Spiel – und während, wenn nötig – muß er die Höhe des Netzes überprüfen.

Die Entscheidung des Schiedsrichters ist unanfechtbar und endgültig. Äußert ein Spieler seine Mißbilligung, kann er disqualifiziert werden. Der Schiedsrichter kann Punkte wiederholen lassen und Linienrichter überstimmen. In Zweifelsfällen sollte er sich an den Oberschiedsrichter wenden, der, falls nötig, Entscheidungen korrigieren kann. Der Oberschiedsrichter ist vor allem für die Organisation eines Turniers zuständig. Er hat das Recht, Platz- und Linienrichter sowie andere Helfer zu ernennen. Er ist kein zweiter Platzrichter, hat aber die letzte Entscheidung bei allen Streitfragen, die an ihn herangetragen werden.

Die bei internationalen Wettkämpfen erforderliche Zahl von Hilfsrichtern zeigt das Diagramm. Jeder Linienrichter hat die Pflicht, Fehler an der von ihm überwachten Linie anzuzeigen und damit Punkte zuzusprechen. Versäumt er das aus irgendeinem Grund, muß der Schiedsrichter die Entscheidung fällen.

Sollten Sie selbst als Linienrichter fungieren, beachten Sie die unten beschriebenen Richtlinien.

Aufschlaglinie: Beobachten Sie nicht den anfliegenden Ball, sondern fixieren Sie folgende zwei Punkte an: einen zwischen Mittel- und Seitenlinie des gegenüberliegenden Aufschlagfeldes, einen zweiten ungefähr ein Drittel platzeinwärts von der Seitenlinie des vor Ihnen liegenden Aufschlagfeldes.

Mittellinie: Fixieren Sie einen Punkt an, der in Richtung Netz ungefähr 30 cm von der Aufschlaglinie entfernt ist.

Grundlinie: Wenn Sie den Eindruck haben, daß der Ball in der Nähe der zu überwachenden Linie aufkommt, heften Sie den Blick auf die Stelle der Grundlinie, die genau in der Schlagrichtung liegt. Versuchen Sie Flug- und Schmetterbälle vorauszuberechnen; sie sind besonders schwer zu sehen und zu beurteilen.

Seitenlinie: Beobachten Sie den Ball, unmittelbar bevor er aufspringt, und schauen Sie dann genau auf die Linie. Handelt es sich um die Aufschlag-Seitenlinie, fixieren Sie einen Punkt, der ungefähr 30 cm netzwärts von der Ecke der Aufschlag- und Seitenlinie liegt. Falls der Ball die Linie überfliegt, rufen Sie laut und deutlich »aus« bzw. »out« oder »fault«.

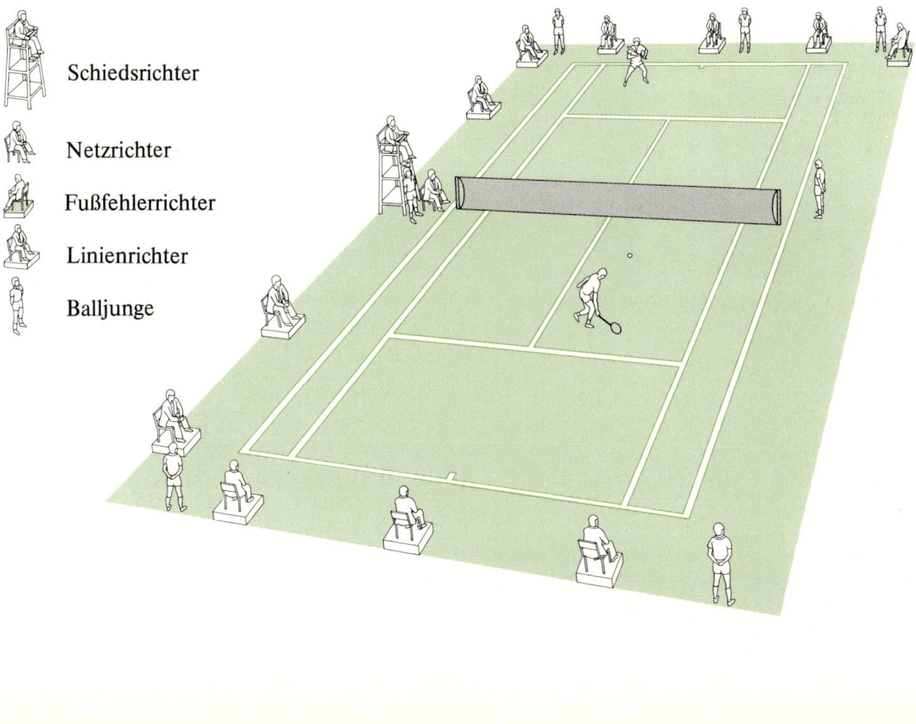

Was bedeutet Schlag

Mit dem Wort Schlag wird im Tennis jene Aktion beschrieben, durch die der Ball mit dem Racket ins gegnerische Feld befördert wird. Dabei kann es sich um Schwing-, Wurf- oder Schlagbewegungen handeln, je nachdem, ob Sie einen Ball an die Grundlinie, einen Aufschlag oder einen Volleyball spielen. Sichere Schläge sind die Grundlage für gutes Tennis. Wenn Sie wissen, daß Ihre Schläge den Ball zuverlässig an die von Ihnen gewünschte Stelle des gegnerischen Platzes bringen, wächst Ihr Selbstvertrauen und Ihr Spiel wirkt entspannter. Die verschiedenen Schläge unterteilt man in drei große Gruppen, die sich in ihrer Durchführung grundsätzlich voneinander unterscheiden. Innerhalb dieser Gruppen gibt es eine Vielzahl von Varianten.

Die Grundschläge

Sie bauen grundsätzlich auf einer Schwingbewegung auf, wobei der Schläger den Ball trifft, nachdem dieser einmal aufgesprungen ist. Man wendet ihn hauptsächlich dann an, wenn man hinter der Grundlinie oder im Backcourt steht, also auf der Fläche zwischen Grund- und Aufschlaglinie, wie im Diagramm gezeigt. Es gibt viele Arten von Grundschlägen. Die wichtigste Unterscheidung ist die zwischen dem Vorhand-Treibschlag (rechts oben), der so geschlagen wird, daß der Handteller der Schlaghand dem anfliegenden Ball zugewandt ist, und dem Rückhand-Treibschlag (rechts unten), bei dem der Handrücken sich dem Ball zukehrt. Für das Retournieren des Aufschlags sowie beim Grundlinienspiel sind diese Schläge von besonderer Bedeutung.

Vorhand

Rückhand

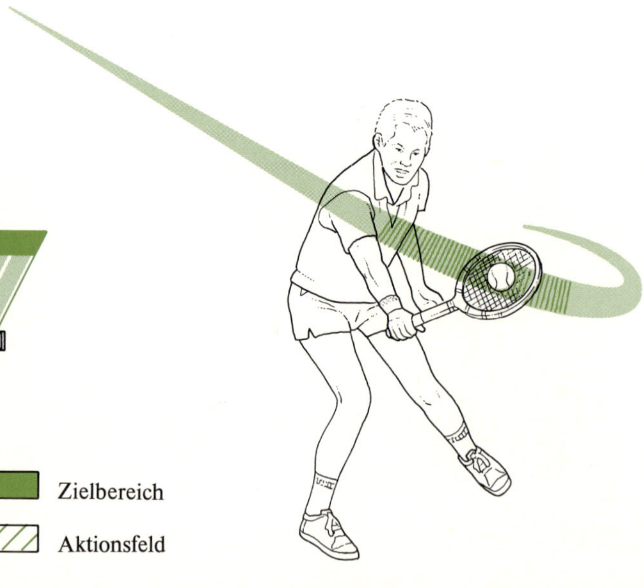

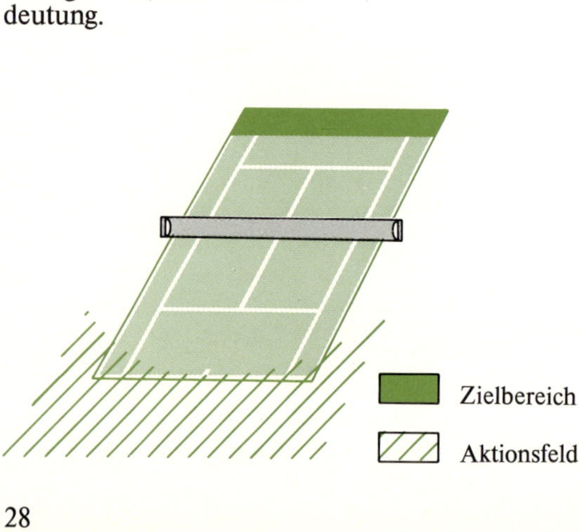

Der Aufschlag

Das Spiel beginnt damit, daß einer der Spieler den Ball aus einer Position hinter der Grundlinie ins diagonal gegenüberliegende Aufschlagfeld schlägt. Aufschlag ist eine weite Überkopfausholbewegung des Schlagarms, während der Ball mit der anderen Hand hochgeworfen wird. Bewegungsablauf und Rhythmus sind dabei sehr wichtig. (Geht der erste Versuch fehl, ist ein zweiter erlaubt.) Der Ball darf erst im gegnerischen Aufschlagfeld den Boden berühren.

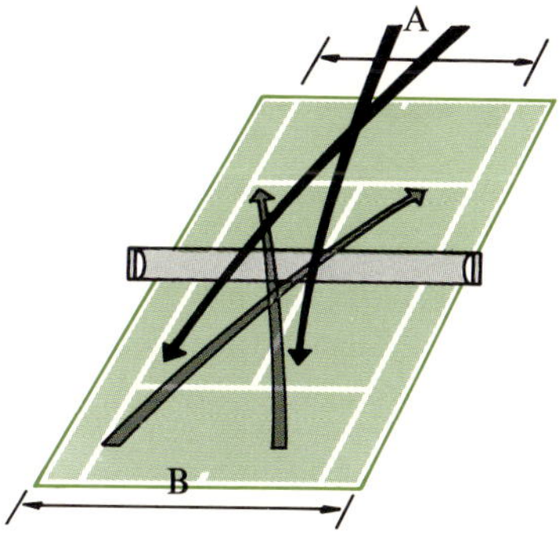

A Einzel-Aufschlag

B Doppel-Aufschlag

Der Flugball

Bei diesem Schlag wird der Ball getroffen, bevor er aufspringt. Meistens wendet man ihn bei schnellem Ballwechsel im vorderen Spielfeld an, vor allem, wenn der Ball hoch genommen werden kann.

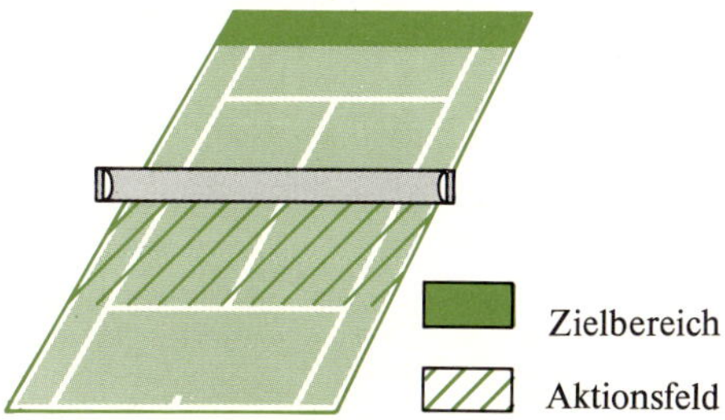

Der Ballweg

Während man mit Schlag die Art und Weise meint, in der der Ball getroffen wird, bezeichnet der Ballweg die Flugbahn und den Treffpunkt des Balls. Die Diagramme unten zeigen, wie jeder Schlag eine charakteristische Flugbahn zur Folge hat. Und unterschiedliche Spielsituationen erfordern unterschiedliche Reaktionen.

Die erste und die zweite Flugbahn

Die erste Flugbahn eines Balls ist die, auf der der Ball übers Netz kommt; die zweite beginnt nach dem Aufprall auf der anderen Seite des Netzes. Das Diagramm rechts zeigt die typischen Flugbahnen eines Balls, der einmal aufspringt. Sie werden durch den jeweiligen Drall (Spin) verändert.

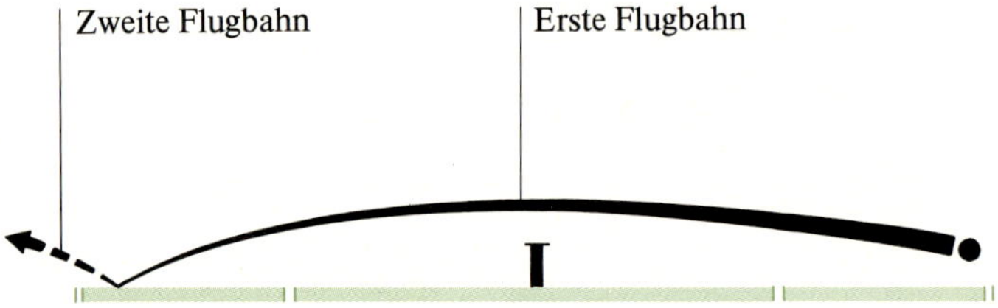

Die verschiedenen Flugbahnen

Beim Treibschlag (Drive): Der Ball wird hinter der Grundlinie geschlagen und soll tief ins gegnerische Feld, bis unmittelbar vor die gegnerische Grundlinie vordringen.

Beim Aufschlag (Service): Der Ball wird hinter der Grundlinie ins gegenüberliegende Aufschlagfeld geschlagen. Die erste Flugbahn endet kurz vor der gegnerischen Aufschlaglinie; nach dem Aufprall beginnt die zweite.

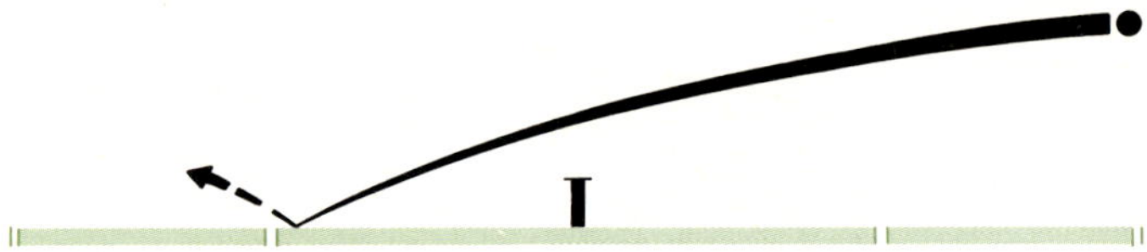

Beim Flugball (Volley): Beim Volley gibt es nur eine Flugbahn, weil der Ball aus der Luft genommen und – ohne aufgesprungen zu sein – zurückgeschlagen wird.

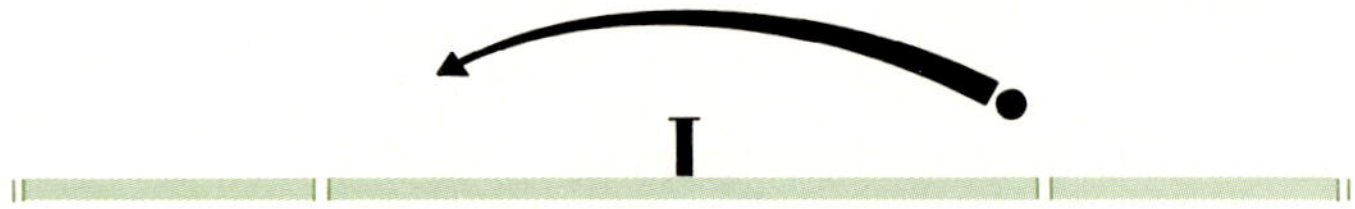

Beim Lob: Im Diagramm rechts wird die Flugbahn eines Lobs gezeigt, der das Netz in hohem Bogen überfliegt und kurz vor der gegnerischen Grundlinie auftrifft. Die hohe Flugkurve läßt den Ball so aufprallen, daß der Absprung sehr steil ist.

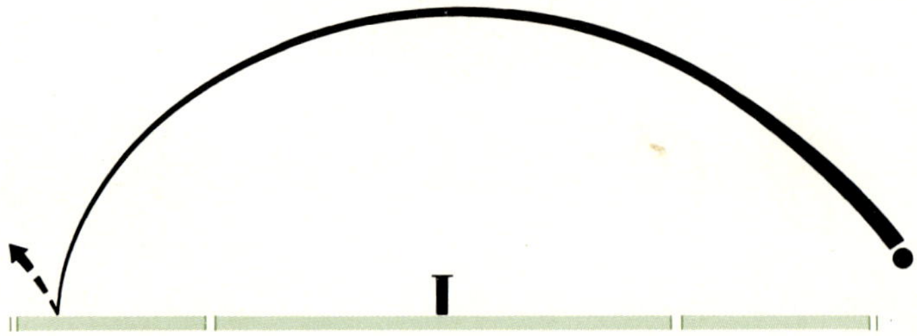

Die Bedeutung des Ballwegs

Im Verlauf eines Matches werden Sie mit allen Variationen des Ballwegs konfrontiert werden. In einigen Fällen sagt schon die Bezeichnung des Schlags etwas über die Merkmale der entsprechenden Flugbahn aus bzw. über deren Effet.

Wie bereits erwähnt, wird die Flugbahn von der Art des Schlags bestimmt. So spricht man beispielsweise von einem Topspin-Vorhand-Cross oder einem Sliced-Backhand-Approach-Shot (eine angeschnittene Rückhand als Vorbereitung zum Angriff am Netz).

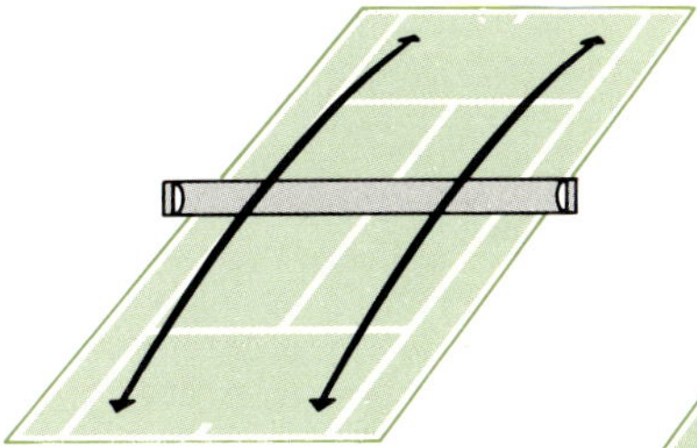

Longline-Ball (Down-the-line Shot). Ein Ball, der die Seitenlinie entlang ins gegnerische Feld geschlagen wird.

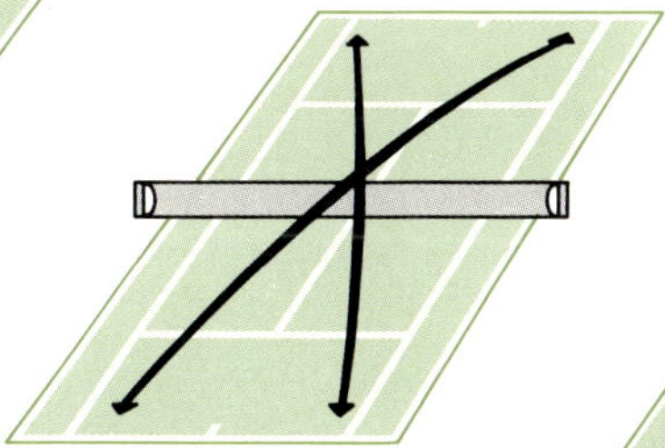

Crossball (Crosscourt Shot). Ein Schlag, der den Ball aus der rechten eigenen Platzhälfte diagonal in die rechte gegnerische treibt - oder von links nach links.

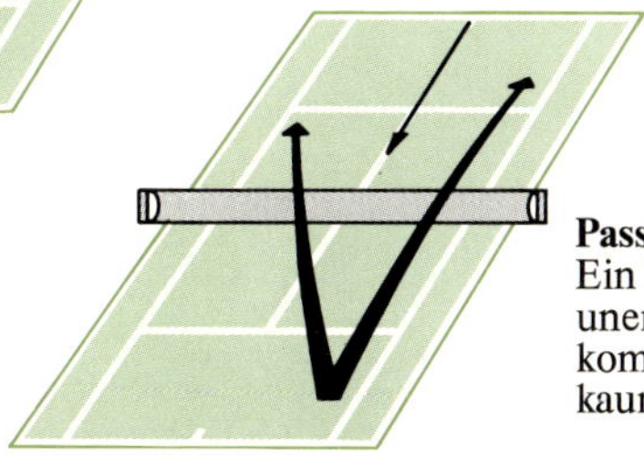

Passierschlag (Passing Shot). Ein Ball, der den Gegner unerreichbar passiert. Er kommt unerwartet und ist kaum vorauszuberechnen.

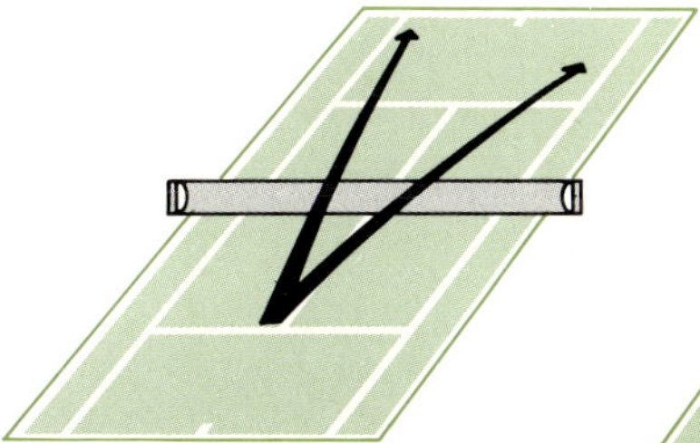

Vorbereitungsschlag (Approach Shot). Ein Schlag, der das Herangehen ans Netz vorbereiten soll, um von dort aus anzugreifen.

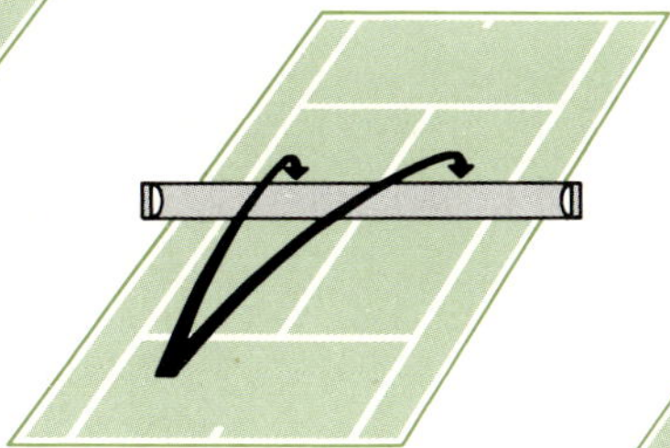

Stopball (Dropshot). Ein unmittelbar hinter das Netz geschlagener Ball, der nur wenig springt.

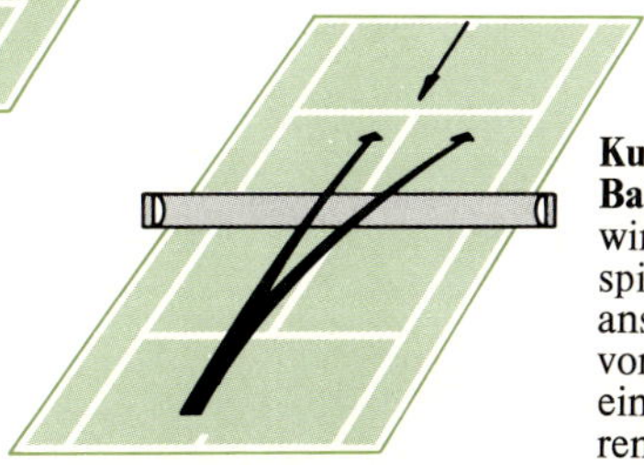

Kurzer, unterschnittener Ball (Chip Shot). Der Ball wird weich und mit Unterspin gespielt, so daß er dem ans Netz gehenden Gegner vor die Füße »fällt« oder in einem für ihn unerreichbaren Winkel auftrifft.

Mit dem Spiel beginnen

Nachdem Sie Ihre Tennis-Ausrüstung haben und mit den Regeln, den Grundschlägen und dem Ballweg vertraut sind, können Sie sich an die Erlernung der Grundfertigkeiten heranwagen: Die Fußarbeit, das Timing, wie man den Ball schlägt, welchen Griff man benutzt und wie man den Spin einsetzt, wird auf den folgenden Seiten beschrieben.

Das Ballgefühl

Die »Lawn Tennis Association« beschreibt Ballgefühl als »die Fähigkeit, natürlich auf einen heranfliegenden Ball zu reagieren«. Jeder verfügt über ein gewisses Ballgefühl. Manche schon in sehr jungen Jahren. Es gibt Kleinkinder, die bereits mit achtzehn Monaten fähig sind, einen Ball wiederholt gegen eine Wand zu werfen. Eltern, die ihre Kinder gern für Tennis begeistern würden, sollten sich nicht entmutigen lassen, wenn diese Fertigkeit zunächst nicht vorhanden zu sein scheint, sondern ihnen immer wieder Hilfestellung geben, wobei auch andere Ballspiele von Nutzen sein können. Ballgefühl läßt sich am besten dadurch prüfen, daß man jemand einen Ball zuwirft und seine Reaktion beobachtet. Durch die anschließend beschriebenen Übungen läßt sich das Gefühl für den Ball entwickeln.

Stufe eins

1. Der Ball wird in die Luft geworfen und gefangen. Zwanzigmal wiederholen.
2. Man läßt den Ball aufspringen und fängt ihn. Zehnmal wiederholen.
3. Den Ball hart aufspringen lassen und bis kurz vor dem zweiten Aufsprung warten – dann fangen.
4. Übung 1 wiederholen, aber dabei eine volle Körperdrehung machen, bevor man den Ball fängt.
5. Den Ball gegen eine Wand werfen und fangen. Zwanzigmal wiederholen.

Stufe zwei (mit Partner)

1. Man wirft den Ball hin und zurück und fängt ihn mit beiden Händen, ohne ihn fallen zu lassen.
2. Übung 1 wiederholen, aber nur mit der Wurfhand fangen.
3. Die Partner werfen den Ball so, daß er zwischen ihnen aufspringt – fangen ihn in Hüfthöhe mit beiden Händen, unmittelbar nachdem er den höchsten Punkt erreicht hat.
4. Übung 3 wiederholen, aber nur mit der Wurfhand fangen.

Stufe drei

1. Lassen Sie den Ball zuerst zur Rechten, dann zur Linken Ihres Partners aufspringen. Er fängt ihn – sofort nach dem Absprung – mit einer Hand und wirft ihn auf dieselbe Weise zurück, so daß Sie sich beeilen müssen, ihn zu fangen, bevor er ein zweites Mal den Boden berührt.
2. Werfen Sie den Ball kurz, entweder in Richtung Ihres Partners oder seitlich von ihm, so daß er ihn erlaufen muß. Variieren Sie diese Übung.
3. Ihr Partner steht mit dem Rükken zu Ihnen. Auf Ihren Zuruf lassen Sie den Ball hinter ihm aufspringen – Ihr Partner muß sich umdrehen und ihn fangen. Diese Übung fördert eine schnelle Reaktion. Werfen Sie die Bälle wieder einmal rechts, dann links usw.

Stufe vier (mit Schläger)

1. Schlagen Sie den Ball mit dem waagrecht gehaltenen Schläger in die Höhe. Lassen Sie ihn so regelmäßig und so oft wie möglich auf und ab springen.
2. Schlagen Sie den Ball mit der waagrecht gehaltenen Schlagfläche gegen den Boden.
3. Schlagen Sie den Ball in die Höhe und drehen Sie den Schläger in ihrer Hand so, daß Sie den nächsten Schlag mit der Schlägerrückseite ausführen. Wiederholen Sie die Übung mehrmals. Dabei gewöhnen Sie sich an ein schnelles Umgreifen und stärken zugleich Ihr Handgelenk.
4. Schlagen Sie den Ball mit der oberen Schlagfläche gegen den Boden. Lassen Sie ihn mehrmals hintereinander springen – immer wieder.
5. Schlagen Sie den Ball mit der unteren Schlagfläche in die Höhe und lassen Sie ihn mehrmals hintereinander springen.
6. Machen Sie die Übungen 1 bis 5 hintereinander und versuchen Sie dabei, die vorgegebenen Ziele zu erreichen. Versuchen Sie beispielsweise bei den Übungen 1 und 2 den Ball zunächst zehn-, dann zwanzigmal aufspringen zu lassen. Übung 3 sollten Sie zuerst drei-, dann sechsmal hintereinander wiederholen; Übung 4 und 5 zunächst fünf-, dann zehn- und schließlich zwanzigmal.
7. Ergänzend zu diesem Training sollten Sie sämtliche Übungen, ohne Ball und Schläger, nur im Bewegungsablauf wiederholen. Fühlen Sie sich darin sicher, versuchen Sie Übung 8, die Ihnen das Gefühl für einen Ball mit Spin (Drall) vermittelt, d.h. einen Ball, der sich während des Flugs um sich selbst dreht, einen *spinning ball.*
8. Lassen Sie den Ball auf der Schlagfläche springen. Beim Abfangen ziehen Sie die Schlagfläche scharf von rechts nach links unter dem Ball durch; dadurch bekommt er den Spin (Drall), der ihn in verändertem Winkel wieder nach oben treibt. Wiederholen Sie das so lange, bis Sie sich sicher fühlen und die Übung mehrmals hintereinander gelingt. Dann versuchen Sie den Ball von links nach rechts »anzuschneiden«, und schließlich wechseln Sie bei jedem Schlag.

Die Grundbewegungen des Arms

Die drei Grundbewegungen des Arms beim Schlagen kann man in Schwing-, Wurf- und Schlagbewegungen einteilen. Sie sind die Grundlage für jeden Schlag, der dann durch verschiedene Spins variiert werden kann. Wie sie sich unterscheiden, wird im folgenden beschrieben.

Schwingbewegung: Dabei wird der Schläger ruhig und gleichmäßig dem heranfliegenden Ball entgegengeführt.
Die Spieler stehen dabei normalerweise im Backcourt (zwischen Aufschlag- und Grundlinie) oder hinter der Grundlinie.

Wurfbewegung: Bevor der Arm gestreckt wird, um den Ball zu schlagen, wird der Ellbogen kurz abgewinkelt. Diese Technik wird beim Aufschlagen oder beim Schmettern angewandt, wobei der Kontakt zwischen Schläger und Ball nur kurz ist.

Schlagbewegung: Eine kurze, stoßartige Bewegung, um den Ball, bevor er aufspringt, aus der Luft zu schlagen. Der Spieler steht dabei normalerweise zwischen Aufschlaglinie und Netz.

Werfen

Schwingen

Schlagen

Die Stellung zum Ball

Ein guter Schlag hängt hauptsächlich von der richtigen Stellung zum Ball ab. Um so zum Ball zu stehen, daß Timing und Ballkontrolle optimal gelingen, muß man genau wissen, wo und wann man den Ball mit dem Schläger trifft. Die richtige Stellung erreichen Sie, wenn Sie die drei anschließend beschriebenen Punkte beachten.

Die Ballhöhe

Grundschläge	Der fallende Ball muß zwischen Hüft- und Kniehöhe getroffen werden.
Volley	Der Ball muß vor dem Aufprall, wenn möglich, zwischen Schulter- und Hüfthöhe geschlagen werden.
Aufschlag	Der fallende Ball muß mit ausgestrecktem Arm in der Schlägermitte getroffen werden.

Die Entfernung des Balls vom Körper

Grundschläge	Bei Seitstellung in Reichweite des Schlagarms, ohne sich zu sehr zu strecken.
Volley	Der Ball muß weiter vor dem Körper getroffen werden als bei den Grundschlägen.
Aufschlag	Über dem Kopf, in Höhe des gestreckten Schlagarms.

Das Verhältnis des Balls zum Körper

Grundschläge	Vorhand - in Höhe der vorderen Hüfte. Rückhand - etwas vor der vorderen Hüfte.
Volley	Deutlich vor dem Körper.
Aufschlag	Vor dem Körper.

Tennis ohne Schläger

Um ein gutes Gefühl für das Timing zu bekommen, empfiehlt es sich, vor allem für Anfänger, den Ball mit der flachen Hand gegen eine Wand zu schlagen. Hat man einen Partner, kann man den Ball auch auf diese Weise abwechselnd übers Netz schlagen, wobei man darauf achten sollte, daß er in bequemer Reichweite vom Körper, zwischen Hüft- und Kniehöhe getroffen wird.

Kurztennis

Diese Form ist besonders für sehr junge Spieler geeignet (vgl. S. 276), um später zum normalen Tennis überzuwechseln. Man spielt diese Variante in der Hauptsache nach den üblichen Tennisregeln auf einem Badminton-Platz von 13 auf 5,8 bis 6 m, bei einer Netzhöhe von 0,78 m. Der Aufschlag kann aus der Hand oder über Kopf ausgeführt werden und wechselt nach jeweils zwei Punkten. Wer zuerst elf Punkte erreicht, ist Sieger.

Die Beinarbeit

Die Schritte beim Tennis müssen immer vorbedacht und kontrolliert werden. Nur dadurch bekommt man Schulter und Füße in die richtige Position gegenüber dem anfliegenden Ball und kann ihn aus einer ausbalancierten Haltung heraus schlagen.
Man muß so laufen, daß man vor dem Ball die voraussichtliche Treffzone erreicht, um dem Ball entgegenzugehen und ihn aus der Seitstellung schlagen zu können, wie unten gezeigt. Beim Retournieren von scharf diagonal geschlagenen Bällen oder solchen, die auf den Körper gezielt sind, muß die Beinarbeit entsprechend angepaßt werden.

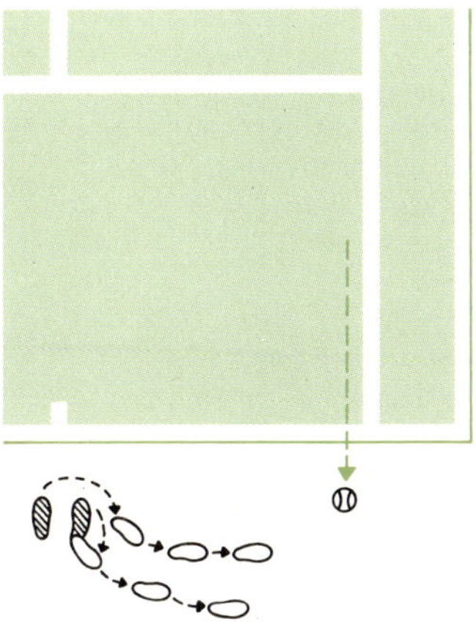

Das In-den-Ball-Hineingehen
Wollen Sie einen hart geschlagenen, schwer zu erreichenden Ball – häufig ein Aufschlag oder ein Volley – zurückschlagen, muß der vordere Fuß sehr viel weiter in Richtung des anfliegenden Balls schräg nach vorn gesetzt werden, wie das Diagramm unten zeigt. Will man nun sein Körpergewicht mit in den Schlag einbringen, muß das durch eine Drehung des Oberkörpers erfolgen.

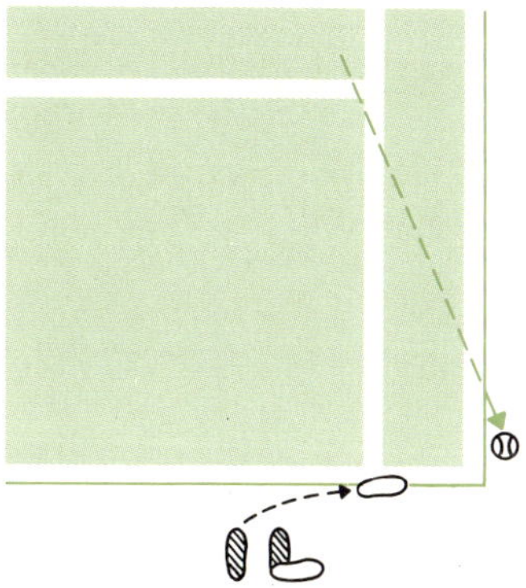

Die offene Stellung zum Netz
In bestimmten Situationen bleibt einfach keine Zeit mehr, die richtige Ausgangsposition einzunehmen, beispielsweise, wenn man einen unerwartet harten Aufschlag retournieren muß oder bei einem sehr schnellen Flugballwechsel am Netz. In solchen Fällen stellt man sich in Grätschstellung frontal zum Netz und nähert sich dem Ball über den ihm zugewandten Fuß, wie unten gezeigt.

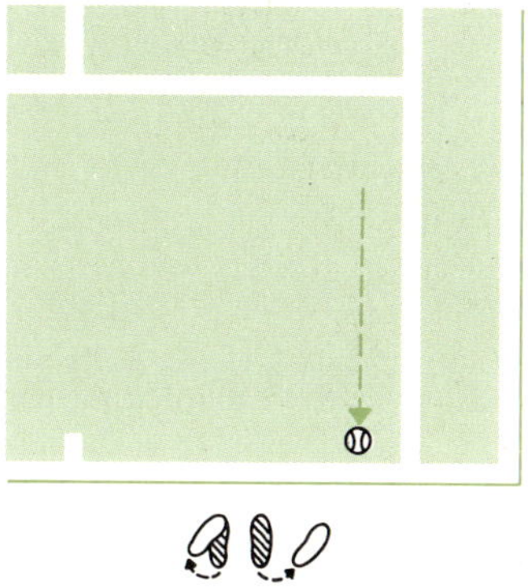

Verbessern Sie ihr Timing

Nur wenn man sich in der richtigen Ausgangsstellung befindet, gelingt ein gutes Timing. Das Finden dieser Position wird dadurch erleichtert, daß man den ganzen Ballweg vorausberechnet. Unerfahrene Spieler konzentrieren sich häufig nur auf den ersten Teil der Flugbahn und laufen in den Ball hinein. Man muß versuchen, den Treffpunkt zu taxieren, an dem der Ball ein zweites Mal aufspringen würde. Beobachten Sie also zunächst die erste Flugbahn des Balls, nach Abschlag beim Gegner, und stellen Sie sich dann – gut ausbalanciert und schlagbereit – etwas hinter die Stelle, an der der Ball das zweite Mal auftreffen würde.

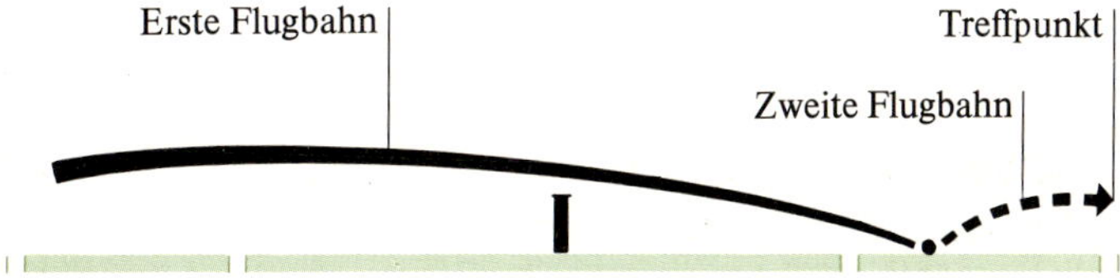

Allein üben
Lassen Sie den Ball aus der freien Hand seitlich rechts vor Ihrem Körper fallen, während Sie den Schläger nach hinten führen. Versuchen Sie, den fallenden Ball in Höhe zwischen Hüfte und vorderem Knie zu treffen. Machen Sie je zehn Versuche auf der Vor- und auf der Rückhandseite.

Üben mit Partner
Ihr Partner wirft ihnen über das Netz den Ball auf Ihre Vorhand, und Sie versuchen rechtzeitig die richtige Ausgangsposition und das richtige Timing zu finden, um ihn genau im richtigen Augenblick zu treffen. Wiederholen Sie diese Übung sowohl auf der Vor- wie auf der Rückhandseite je zehnmal.

Der Einsatz des Körpergewichts

Gutes Timing hängt hauptsächlich davon ab, daß man sein Körpergewicht, entsprechend der Durchziehbewegung, nach vorn verlagert. Das Gelingen dieser Gewichtsverlagerung bestimmt Tempo und Wucht des Schlags. Korrekte Fußarbeit und saubere Schlägerführung müssen mit Verlagerung des Körpergewichts kombiniert werden, um ein perfektes Timing und damit einen wirkungsvollen Schlag zu erzielen.

Die Ballbeobachtung

Behalten Sie den Ball auf dem ganzen Weg – vom gegnerischen Schläger bis zum eigenen – im Auge. Wenn Sie das genau beachten, wird selbst der schnellste Ball scheinbar langsamer, so daß Sie ihn ruhig schlagen können. Für gutes Timing und sichere Kontrolle ist der letzte Meter zwischen dem anfliegenden Ball und ihrem Schläger besonders wichtig. Wenn Sie in diesem Augenblick beispielsweise zu Ihrem Gegner hinüberblicken, werden Sie den Ball höchstwahrscheinlich nicht optimal treffen oder ihn verschlagen. Halten Sie also während dieser Phase den Kopf leicht gesenkt und die Augen auf den Ball geheftet. Natürlich ist es unmöglich, den Ball im Bruchteil einer Sekunde wirklich zu sehen, außerdem werden Sie in diesem Moment die Augen automatisch nach vorn und übers Netz richten. Trotzdem ist das Gefühl wichtig, ihn bis zuletzt beobachtet zu haben.

Das richtige Timing beim Schlag

Wenn Sie den Ball nicht im richtigen Augenblick treffen, liegt dies wahrscheinlich daran, daß Sie den Schläger zu früh und zu schnell durchziehen. Das läßt sich besonders häufig bei Spielern beobachten, die zu spät ausholen und dann überhastet schlagen. Sie übersehen dabei, daß sich die Geschwindigkeit des Schlägerkopfes während des Schlags in der Treffzone beschleunigt.

Bei einer kräftigen Durchziehbewegung beschleunigt sich die Geschwindigkeit des Schlägerkopfes. Zieht man das nicht in Betracht, trifft man den Ball früher als beabsichtigt. Deshalb muß man bei jeder Ausholbewegung das Timing dem Schlag entsprechend korrigieren. Die unterschiedlichen Geschwindigkeiten des Schlägerkopfes werden unten demonstriert. Die höchste Geschwindigkeit sollte unmittelbar vor dem Treffpunkt erreicht sein. Jeder Ihrer Schläge muß also rhythmisch so angelegt sein, daß sie von der Ausholbewegung bis zur Treffzone diese kontrollierte Beschleunigung erreichen.

Vorhand-Treibschlag

Aufschlag

Die Schlagvorbereitung

Ein wichtiger Punkt bei der Schlagvorbereitung ist die richtige Ausgangsstellung. Im Tennis wird zwischen der Aufschlag- und der sogenannten Grundposition unterschieden. Erstere wird, wie der Name sagt, für den Aufschlag eingenommen; die zweite vor allen anderen Schlägen. Sie werden im folgenden kurz beschrieben.

Die Grundposition

Dabei steht man frontal zum Netz, mit in Schulterbreite auseinandergestellten Beinen und leicht gebeugten Knien. Das Gewicht muß hauptsächlich auf die Fußballen verteilt sein, und zwar gleichmäßig. Gehen Sie ungefähr in der Mitte des Platzes in die beschriebene Grätschstellung, die Ihnen ein schnelles Starten nach allen Seiten ermöglicht. Dabei halten Sie den Schläger mit dem Vorhandgriff umfaßt, während sich die freie Hand um den Schlägerhals legt. Dadurch können Sie zwischen den einzelnen Schlägen schneller und leichter umgreifen, wenn Sie für Vor- und Rückhand einen anderen Griff benutzen. Die Ellbogen dürfen keinen Körperkontakt haben, und die Augen beobachten scharf, was in der gegnerischen Platzhälfte geschieht. Kehren Sie nach jedem Ball in die Ausgangsstellung zurück; nur so gelingt ein sauberer Schlag.

Grundposition

Die Aufschlagposition

Sie stehen dabei unmittelbar hinter der Grundlinie mit seitlich zum Netz gewandtem Körper. Auch hier stehen die Füße ungefähr schulterbreit auseinander, und die Knie sind leicht gebeugt, wobei das Gewicht zunächst noch auf dem hinteren Fuß ruht. Das schlagbereite Rakket weist in Richtung des gegnerischen Aufschlagfeldes; die freie Hand drückt den Ball leicht gegen die Mitte der Schlagfläche. Diese Seitstellung erlaubt es, den Schlag von den Zehen aufwärts bis in den Schlägerkopf kraftvoll aufzubauen. Der nach hinten gebogene Oberkörper sowie der weit nach hinten genommene Schläger schnellen praktisch in den hochgeworfenen Ball hinein. Der gerade Aufschlag wird aus dieser Position geschlagen. Später, wenn Sie versuchen, Ihrem Service mehr Spin zu geben, werden Sie Ihren Körper noch weiter vom Netz wegdrehen müssen.

Aufschlagposition

Die verschiedenen Griffe

Wir zeigen Ihnen unten elf Grundgriffe und ihre Variationen, die die drei Tennis-Stile charakterisieren - »Eastern«-, »Continental«- und »Western-style«. Der »Eastern«- (östliche) und »Western«- (westliche) Griff wurden aufgrund der unterschiedlichen Platzverhältnisse an der Ost- bzw. Westküste der USA entwickelt. Der »Continental«-Griff und seine Varianten haben wahrscheinlich in England ihren Ursprung, bestimmen aber heute allgemein die im europäischen und australischen Tennis bevorzugte Stilrichtung. Um kraftvolle und kontrollierte Schläge zu erzielen, wie es der »Eastern«-Griff verlangt, muß man den Griff zwischen Vor- und Rückhand ändern. Tatsächlich erfordert der »Continental«-Griff ein so festes Handgelenk und gutes Timing, daß der Anfänger im allgemeinen überfordert ist. Deshalb empfehle ich eine Kombination aus »Eastern«-Griffen für die Grundschläge und den »Continental«-Griff für Aufschlag und Volley. Die Flach- und Schrägseiten des Griffs (vgl. unten u. S. 40, 41) helfen Ihnen, Ihre Hand richtig zu plazieren.

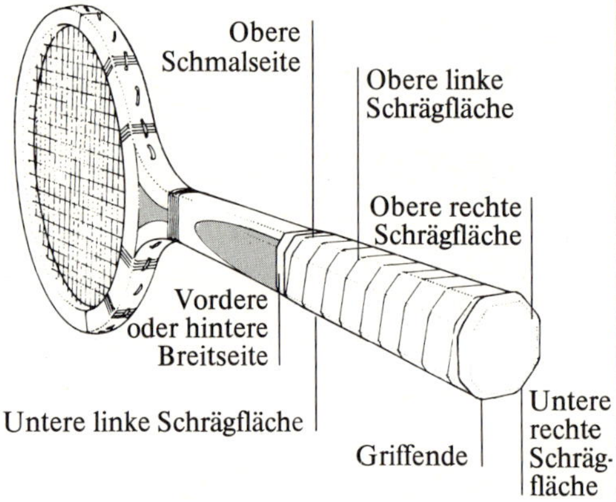

Die Geschichte der Griffe

Die »Eastern«-Vor- und Rückhandgriffe haben ihren Ursprung auf den härteren Aschenplätzen im Osten der Vereinigten Staaten. Die Spieler dort ließen den Ball normalerweise bis Hüfthöhe aufspringen. Unter diesen Umständen erzielte man einen kraftvollen Schlag mit einem Griff, bei dem die Handfläche auf der hinteren Breitseite des Griffs, parallel zum Schlägerkopf lag. Der »Continental«-Griff entwickelte sich dagegen auf den Rasen- und den weicheren Aschenplätzen Europas, die den Ball weniger hoch springen ließen und eine flexiblere Schlägerhaltung erforderten. Dabei liegt die Handfläche an der oberen Schmalseite, sowohl bei der Vor- wie bei der Rückhand. Der extreme »Continental«-Vorhandgriff entspricht fast dem »Eastern«-Rückhandgriff. Er führt zu stark angeschnittenen Treibschlägen und verringert die Angriffskraft der Vorhand.

Die »Eastern«-Griffe

1. Extremer Vorhandgriff. Das von Daumen und Zeigefinger gebildete »V« ist etwas rechts von der Mitte der oberen Schmalseite; Handfläche und Knöchel des Zeigefingers liegen auf der hinteren Breitseite. Die übrigen Finger umfassen den Griff, wobei Mittel-, Ring- und kleiner Finger die Unterkante der vorderen Breitseite berühren. Der Zeigefinger ist leicht abgespreizt.

2. Modifizierte Vorhand. Die Handfläche liegt auf der hinteren Breitseite, das »V« über der oberen Schmalseite.

3. Extreme Rückhand. Das »V« öffnet sich dabei über der oberen linken Schrägfläche, und der Daumen preßt sich diagonal gegen die hintere Breitseite. Der Zeigefingerknöchel befindet sich über der oberen rechten Schrägfläche.

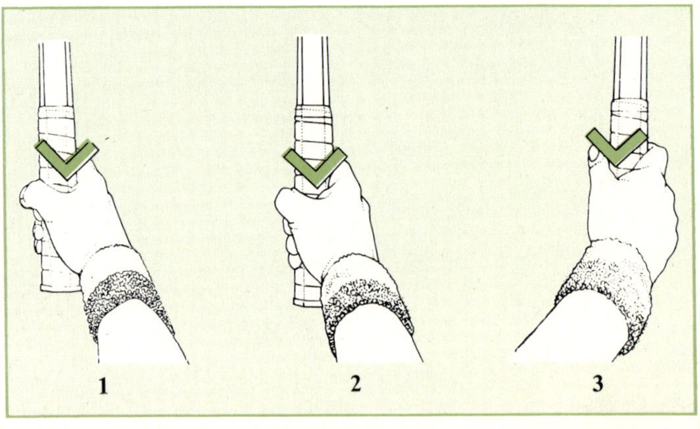

Die »Continental«-Griffe

4. Modifizierte Vorhand. Das »V« öffnet sich links von der Mitte der oberen Schmalseite, die Handfläche rutscht zur oberen Schmalseite. Der Daumen umgreift die vordere Breitseite.

5. Extreme Vorhand. Das »V« zwischen Daumen und Zeigefinger öffnet sich über der oberen linken Schrägfläche, und der Daumen umgreift die vordere Breitseite.

6. Modifizierte Rückhand. Das »V« genau wie beim modifizierten Vorhandgriff; der Handteller liegt fast über der oberen Schmalseite und der Zeigefingerknöchel über oder an der Unterkante der oberen rechten Schrägfläche.

7. Extreme Rückhand. Das »V« wie beim extremen Vorhandgriff, aber der Daumen liegt jetzt diagonal über der hinteren Breitseite.

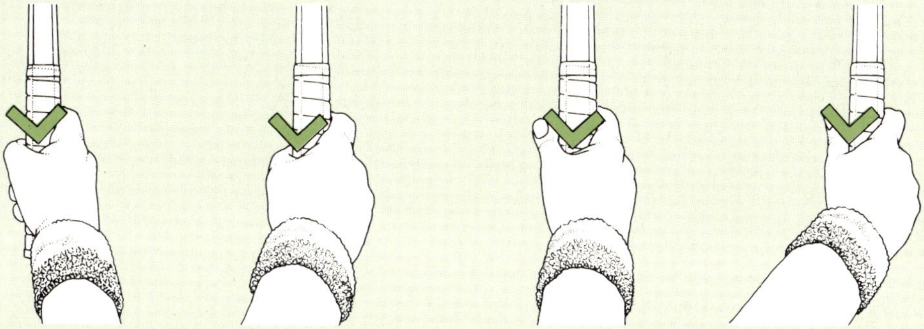

4 5 6 7

Die »Western«-Griffe

8. Vorhand und Revers-Topspin-Aufschlag. Das »V« ist auf oder an der Unterkante der oberen rechten Schrägfläche. Der Handballen drückt gegen das Griffende, während sich das Handgelenk hinter der hinteren Breitseite befindet. Das erste Glied des Zeigefingers liegt auf der vorderen Breitseite.

9. Rückhand und Revers-Slice-Aufschlag. Das »V« liegt über der hinteren Breitseite, wodurch sich der Schlägerkopf so dreht, daß der Ball im gleichen Winkel getroffen wird wie bei dem »Western«-Vorhandgriff.

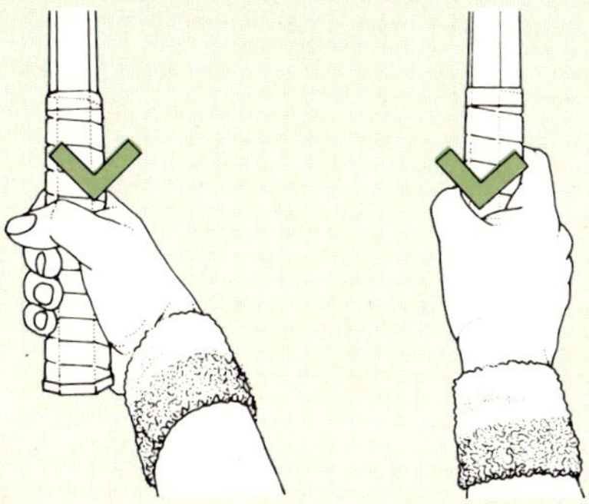

8 9

Die beidhändigen Griffe

10. Beidhändige Vorhand. Die Führungshand benützt den »Eastern«-Vorhandgriff, und ihr Handballen ruht gegen Zeigefinger und Daumen der stützenden Hand, die das Griffende umfaßt. Die stützende Hand greift wie beim »Continental«- oder »Eastern«-Rückhandgriff.

11. Beidhändige Rückhand. Die Führungshand liegt ungefähr wie beim »Eastern«- und »Continental«-Rückhandgriff. Die unterstützende Hand umfaßt darüber den Schläger mit einem »Eastern«-Vorhandgriff, um das Handgelenk zu fixieren.

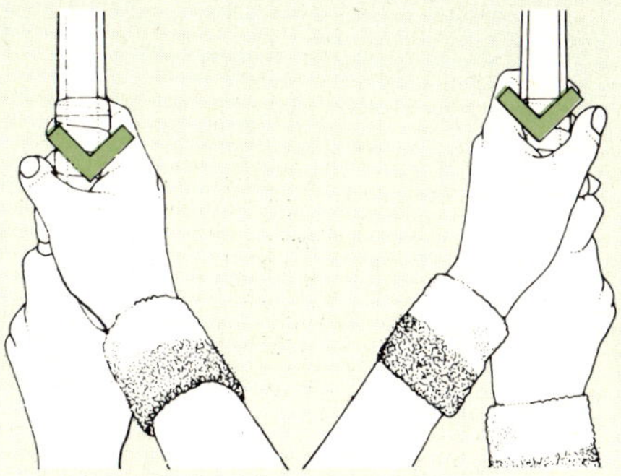

10 11

Den richtigen Griff wählen

Für die meisten Spieler ist der sogenannte »Eastern-style« der geeignetste. Jeder sollte zu Beginn die entsprechenden Vor- und Rückhandgriffe für alle Grundschläge und Volleybälle verwenden, wobei er, der jeweiligen Situation entsprechend, umgreifen muß, d.h. seinen Griff ändern. Darüber hinaus wird der »Eastern«-Vorhandgriff noch beim Aufschlag und bei Schmetterbällen angewendet. Für ein fortgeschrittenes Spiel allerdings sind verschiedene Griffvariationen notwendig. Wie Sie auf Seite 38 gesehen haben, gibt es eine modifizierte Version des »Eastern«-Vorhandgriffs, dessen Vorteile weiter unten beschrieben werden. Später werden Sie die Erfahrung machen, daß der Einsatz des modifizierten »Continental«-Griffs beim Service, Volley und Smash Ihrem Spiel mehr Effektivität verleiht. Wenn die »Eastern«-Griffe Ihnen beim Aufbau solider, kraftvoller Grundschläge helfen, wird der modifizierte »Continental«-Griff Ihrem Aufschlag mehr Kraft und Spin und Ihrem Volley größere Sicherheit geben.

Die Grundschläge

Die »Eastern«-Griffe (sowohl in der extremen wie in der modifizierten Form) eignen sich am besten für die Grundschläge, wobei Ihnen aber selbst überlassen bleibt, für welchen Griff Sie sich entscheiden. Beraten Sie sich darüber mit Ihrem Trainer oder einem erfahrenen Spieler, der Ihnen sagen kann, welche Variante Ihrem Spiel mehr entspricht.

Die Handfläche, die beim extremen »Eastern«-Vorhandgriff auf der hinteren Breitseite liegt, gibt Ihrem Schlag die notwendige Sicherheit und Stabilität, um lange Bälle hart und gezielt schlagen zu können. Der modifizierte »Eastern«-Vorhandgriff gleicht dagegen mehr dem im Handgelenk nicht so stark fixierten »Continental«-Griff, der flexibler ist. Der Schlag ist deshalb weniger kraftvoll als beim extremen »Eastern«-Vorhandgriff, verbindet aber beim Vorgehen ans Netz und bei Aktionen im vorderen Spielfeld Stabilität sowie Flexibilität mit größerer Anpassungsfähigkeit.

Ihre Griffwahl wird also von der Art Ihres Spiels abhängen (vgl. S. 194). Bevorzugen Sie das Spiel an der Grundlinie, wird der »Eastern«-Griff Ihnen am meisten entgegenkommen; wechseln Sie dagegen gerne Spielweise und Taktik, werden Sie die modifizierte Variante bevorzugen.

Die Rückhandseite ist normalerweise die, die angegriffen wird, deshalb sollte man einen Rückhandgriff haben, der so stark und zuverlässig ist, daß er auch bei einem offensiven Spiel oder zum Gegenangriff eingesetzt werden kann. Der »Eastern«-Rückhandgriff erfüllt diese Forderungen auf ideale Weise. Er löst die meisten Probleme, mit denen der Spieler auf diesem Gebiet konfrontiert wird. Der diagonal gegen die hintere Breitseite gepreßte Daumen verleiht dem Schlag Stabilität und Kraft, ähnlich dem extremen »Eastern«-Vorhandgriff.

Das Aufschlagen und Schmettern

Obwohl sich für den Aufschlag verschiedene Griffe eignen, bietet der modifizierte »Continental«-Griff unbestritten die meisten Vorteile. Für einen Schlag, der den Ball aus einer genau vorgeschriebenen Position hinter der Grundlinie in den kleinsten Platzbereich befördern soll (das sind die Bedingungen des Aufschlags), sind präzise Ballkontrolle, Treffgenauigkeit und Schwung wichtige Voraussetzungen. Der entsprechende Griff erfordert ein flexibles Handgelenk, um zusammen mit der Gewichtsverlagerung einen mit aller Kraft geschlagenen geraden Aufschlag oder einen Aufschlag mit Spin zu erlauben. Der modifizierte »Continental«-Griff verleiht dem Schlag soviel Flexibilität, Kontrolle und Geschwindigkeit, daß er für Service und Smash ideal ist.

Das Vollieren

Sichere Grundschläge verlangen in jedem Fall zwischen Vor- bzw. Rückhand eine Regulierung des Griffs, mag sie auch noch so gering sein. Beim Volley ist der Zeitfaktor jedoch so ausschlaggebend, daß bei einem raschen Ballwechsel am Netz ein Umgreifen vermieden werden sollte. Es ist ratsam, nach dem Aufschlag beim Vollieren am Netz denselben Griff beizubehalten. Noch besser ist es, auch Schmetterbälle mit demselben Griff zu schlagen, wofür sich wieder der modifizierte »Continental«-Griff anbietet. Anfänger, die sich angewöhnt haben, Volleys mit dem gleichen Griff wie ihre Grundschläge zu spielen, sollten sich dann zur Umstellung entschließen, wenn sie den modifizierten »Continental«-Griff für ihren Aufschlag einzusetzen beginnen. Zunächst werden Sie es leichter finden, einen Rückhandvolley mit dem modifizierten »Continental«-Griff zu spielen als einen entsprechenden Vorhandvolley.

Die Kontrolle des Schlägers

Zur Erlangung sauberer und sicherer Schläge ist die Kontrolle des Schlägers unerläßlich. Bevor sie nicht erreicht ist, bringen besondere Schlagraffinessen keine wesentlichen Fortschritte. Dabei geht es vor allem darum, daß der Schlägerkopf die Treffzone korrekt durchläuft und die Schlagfläche genau jene Neigung hat, die für den gewünschten Effekt notwendig ist. Wie man das erreicht, können Sie im folgenden nachlesen.

Die Kontrolle des Schlägerkopfes

Bei jeder Schwing- und Schlagbewegung muß der Schlägerkopf die Treffzone gleichmäßig und korrekt durchlaufen. Die Abbildungen unten zeigen, welche Bahnen der Schlägerkopf bei den verschiedenen Schlägen innerhalb der Treffzone, unmittelbar vor und nach dem Ballkontakt beschreiben sollte. Der Ballkontakt findet ungefähr in der Mitte dieser Bahnen statt.

Einfache Treibschläge

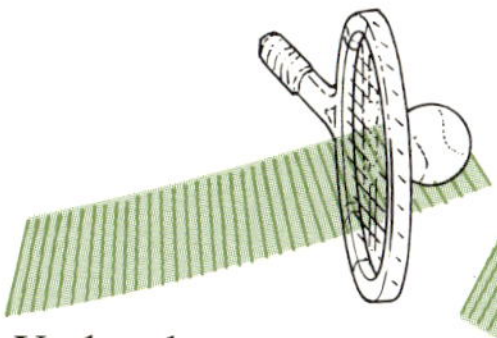

Vorhand

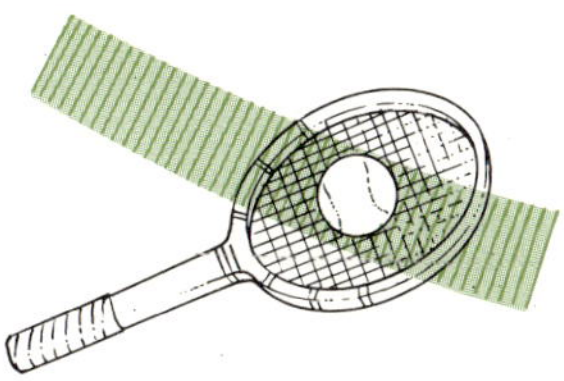

Rückhand

Einfache Überkopfschläge

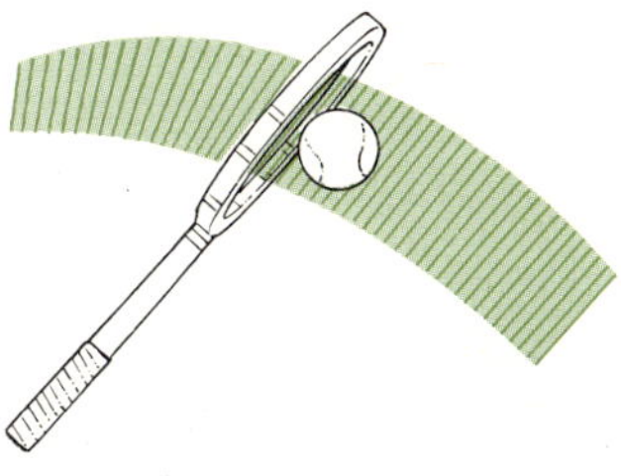

Aufschlag

Einfache Volleys

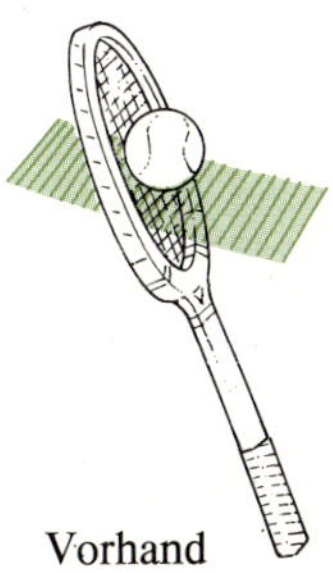

Vorhand

Rückhand

Die Kontrolle der Schlagfläche

Nachdem Sie mit der korrekten Schlägerführung vertraut sind, wird Ihnen mehr und mehr bewußt werden, wie sehr die Neigung der Schlagfläche die Ballkontrolle beim Treffen und Ausschwingen beeinflußt. Dabei kann die Neigung der Schlagfläche von vielen Komponenten abhängen. Beispielsweise von Ihrer Entfernung zum Netz, der Höhe, in der Sie den Ball annehmen, der Art, wie der Ball aufgesprungen ist, und der Stärke seines Spins. Außerdem spielen Ihre Größe, Ihre Kraft, Ihr Griff und der von Ihnen angewandte Schlag eine Rolle. Doch ein beachtliches Maß an Kontrolle kann allein durch das Öffnen (die Schlagfläche wird nach hinten geneigt, so daß die untere Kante nach vorn zeigt) bzw. Schließen (Schlagfläche kippt nach vorn) der Schlagfläche erreicht werden. Die drei wichtigsten Stellungen des Schlägers sollen hier kurz skizziert werden.

Senkrechte Schlagfläche
Das Diagramm rechts deutet an, wie der Ball von der senkrechten Schlagfläche fast im rechten Winkel abprallt und nach kurzer, zum Boden annähernd paralleler Flugbahn abkippt.

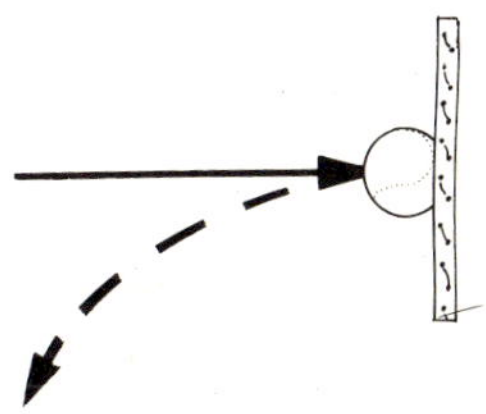

Offene Schlagfläche
Sie läßt den Ball zunächst mit Rückwärtsdrall nach oben abspringen. Die Flugbahn des Balls und die Stärke des Spins werden von der Geschwindigkeit und der Schlagführung bestimmt.

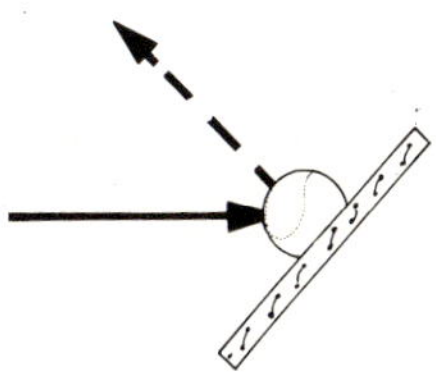

Geschlossene Schlagfläche
Sie läßt den Ball mit Vorwärtsdrall nach unten abprallen. Wieder hängen Flugbahn und Stärke des Spins von der Führung des Schlägerkopfes ab.

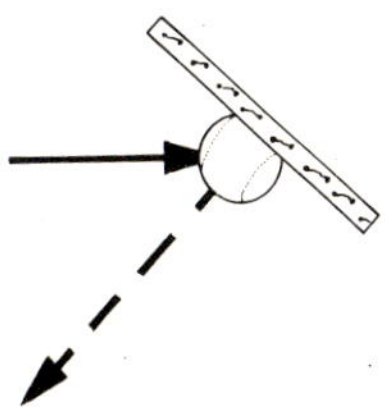

Was bedeutet Spin

Die Flugbahn eines Balls und die Art, wie er aufspringt, hängen zu einem großen Teil vom Grad des Spins (Drall) ab, mit dem er geschlagen wurde. Der Spin wiederum wird dadurch beeinflußt, ob der Ball Boden- oder Schlägerkontakt hatte. Die drei wichtigsten Varianten - Topspin, Underspin und Sidespin (Vorwärts-, Rückwärts-, Seitwärtsdrall) - sollen zusammen mit ihren Auswirkungen hier erklärt werden. Zum besseren Verständnis betrachten wir zuerst einen ohne Spin geschlagenen Ball und seine Flugbahn.

Die Ballbewegung ohne Spin

Die drei Diagramme unten zeigen die Flugbahn eines nicht rotierenden Balls sowie die Art und Weise, wie er vom Platz bzw. vom Schläger abspringt. Während des Flugs wirken der Luftwiderstand und die Schwerkraft auf ihn ein und lassen ihn langsamer werden. Beim Auftreffen auf den Boden bzw. den Schläger gilt das Gesetz, Einfallswinkel ist gleich Ausfallswinkel.

Fliegender Ball

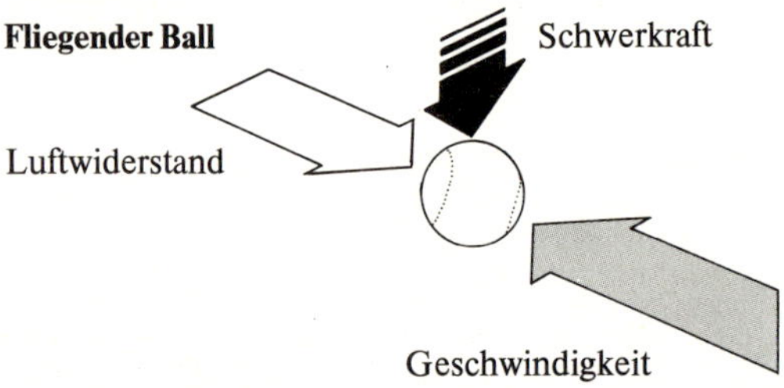

Aufprall auf dem Platz

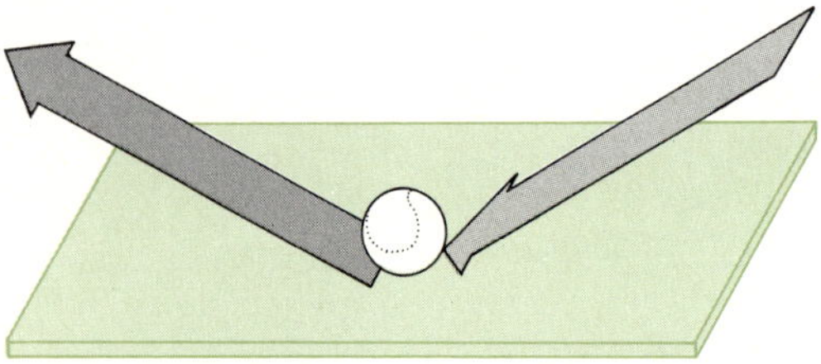

Aufprall auf dem Schläger

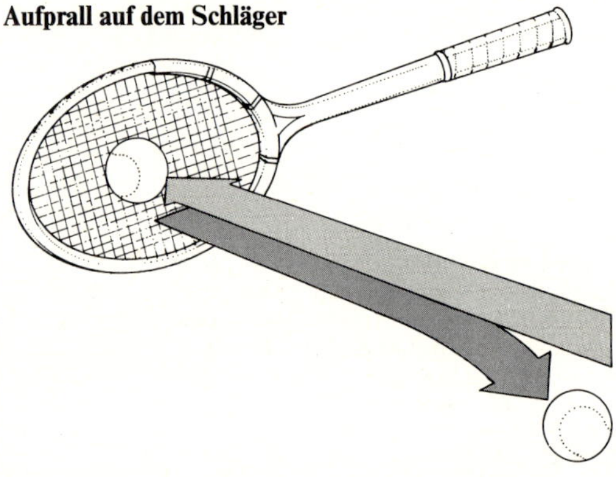

Der rotierende Ball

Der Ball rotiert, wenn er mit Spin geschlagen wird. Seine Flugbahn wird von der Art und Stärke des Spins abhängen. Wie sich die verschiedenen Merkmale von Topspin, Underspin und Sidespin auswirken, zeigen wir unten.

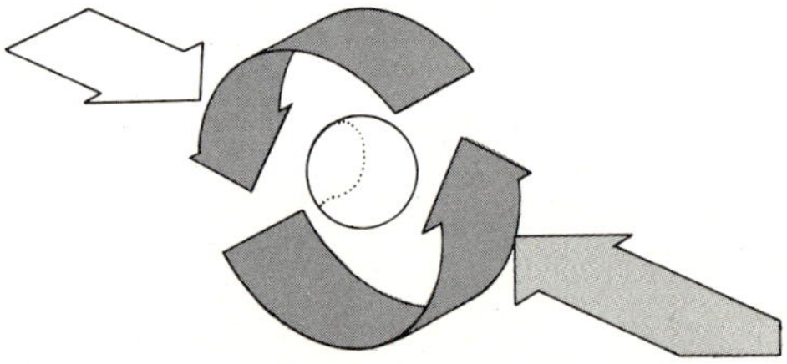

Topspin. Der Ball bekommt einen Vorwärtsdrall, wodurch der Luftwiderstand an der oberen Hälfte stärker ist und den Ball nach unten drückt.

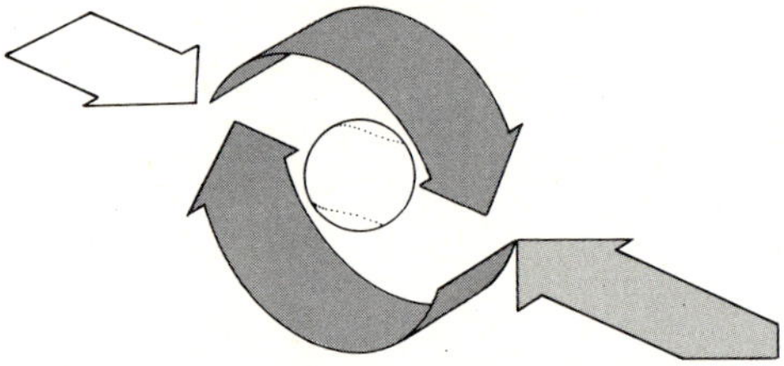

Underspin. Der Ball hat Rückwärtsdrall, tendiert zum Steigen, so daß er länger durch die Luft »segelt« als ohne den, der Schwerkraft entgegenwirkenden Spin.

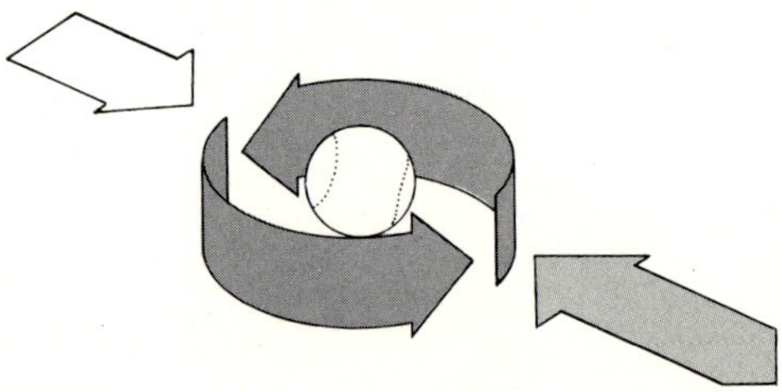

Sidespin. Der Ball fliegt mit einem Seitwärtsdrall und weicht, entgegengesetzt der Rotationsrichtung, von der Flugbahn ab.

Die Flugkurve eines mit Spin geschlagenen Balls

Wie sich ein rotierender Ball nach dem Aufprall auf dem Platz verhält, hängt von vielen Faktoren ab. So von der Wucht, mit der er geschlagen wurde, seiner Fallhöhe und der Art des Spins. Auch die Platzoberfläche kann eine beträchtliche Rolle spielen. Das typische Verhalten von Bällen, die mit Top-, Under- und Sidespin gespielt wurden, zeigen wir anschließend. Im Match aber bieten die mit Spin geschlagenen Bälle immer Überraschungen.

Topspin

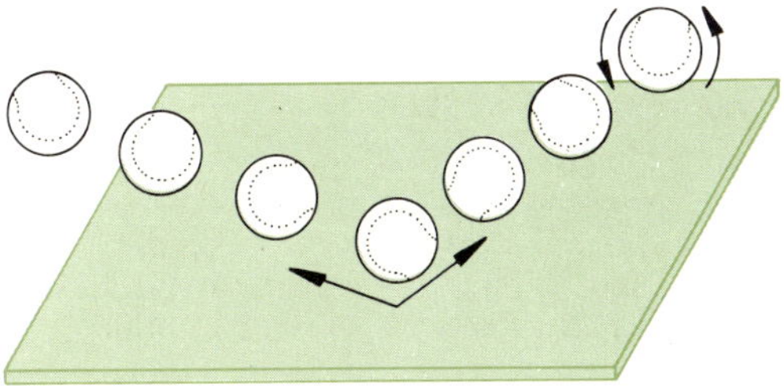

Theorie: Das Diagramm links zeigt das theoretische Verhalten eines mit Topspin geschlagenen Balls. Er kippt nach unten, berührt den Boden und springt in einem flacheren Winkel wieder hoch.

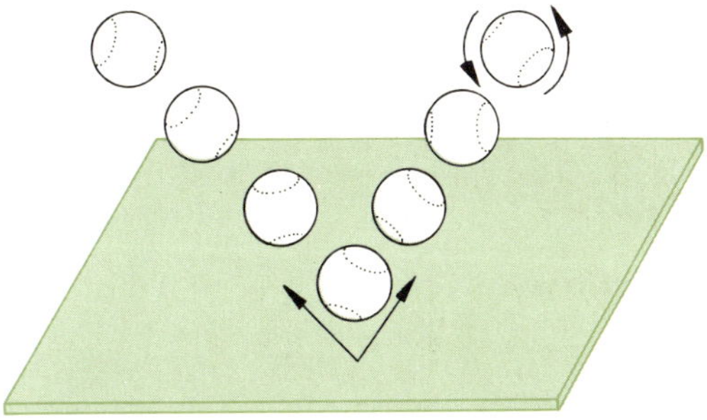

Praxis: Im Spiel wird ein mit Wucht geschlagener Topspinball, der aus beträchtlicher Höhe auftrifft, einen sehr viel steileren Einfallswinkel haben und viel höher und weiter springen als der Ball eines Treibschlags.

Underspin

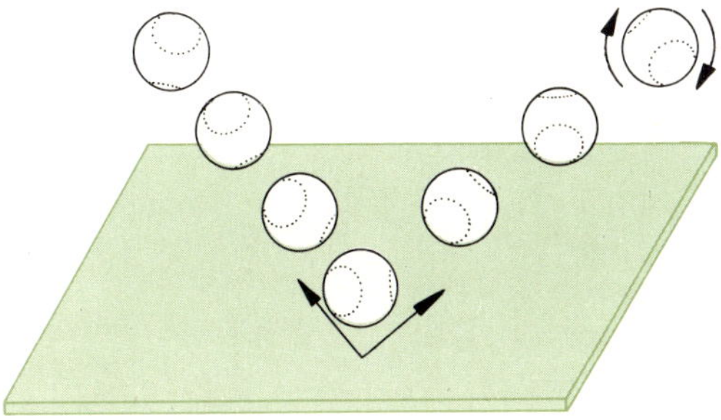

Theorie: Links die theoretische Flugbahn eines unterschnittenen Balls. Nach dem Aufprall springt er steiler und weiter nach oben als sein Einfallswinkel vermuten läßt.

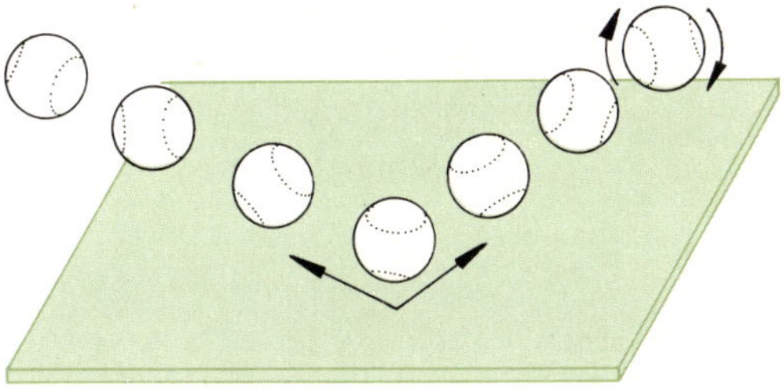

Praxis: Ein kraftvoll geschlagener, unterschnittener Ball prallt verhältnismäßig flach auf. Die Rückwärtsrotation läßt ihn über den Boden schlittern, so daß er niedriger aufspringt als erwartet.

Sidespin

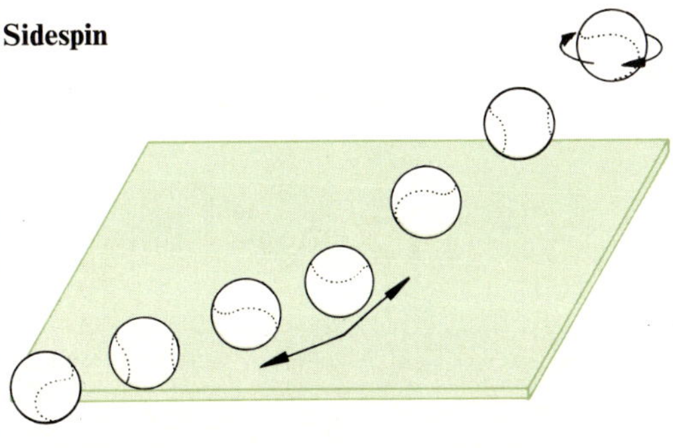

Theorie und Praxis: Beim Seitwärtsdrall entspricht die Praxis der Theorie. Das Diagramm links zeigt einen nach dem Uhrzeiger rotierenden Ball im Anflug. Aus der Sicht des Rückschlägers weicht er dadurch von rechts nach links ab. Auch nach dem Aufprall setzt sich diese Rotation nach links fort.

Der Ball verläßt den Schläger mit Drall

Nachdem Sie wissen, wie mit Spin geschlagene Bälle durch die Luft rotieren und vom Boden abprallen, soll jetzt untersucht werden, wie der Spin den Ball beeinflußt, vorausgesetzt, es wirkt keine starke Gegenkraft auf sie ein. Im Falle von Vorwärts- und Rückwärtsdrall wird der Ball beim Verlassen der Saiten seine Rotationsrichtung beibehalten, aber mit entgegengesetzter Wirkung, wobei Drall und Winkel, mit dem der Ball zurückspringt, sich ändern. Auch beim Seitwärtsdrall verändert sich der Ausfallswinkel des Balls gegenüber dem Einfallswinkel, während der Rechts- zu Linksdrall wechselt – und umgekehrt. Es ist wichtig, diese Gesetzmäßigkeiten zu kennen, um den mit Spin geschlagenen Bällen des Gegners begegnen zu können. Mit wachsender Erfahrung werden Sie lernen, Schläger und Schlagfläche so zu führen, daß sie sich im Moment des Ballkontakts dem Spin anpassen, um Ihrerseits mit Spin zu reagieren.

Sidespin

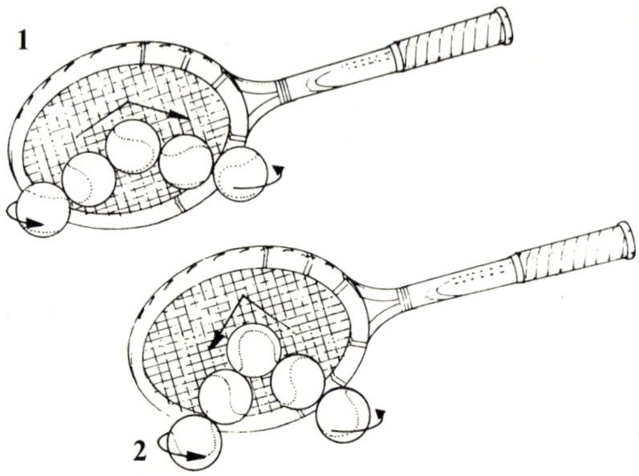

1. Der Ball kommt von rechts, gegen den Uhrzeiger rotierend; er wird die Schlagfläche weiter links verlassen als erwartet.

2. Der Ball kommt von links, gegen den Uhrzeiger rotierend; er wird die Schlagfläche nicht so scharf rechts verlassen als erwartet.

Topspin

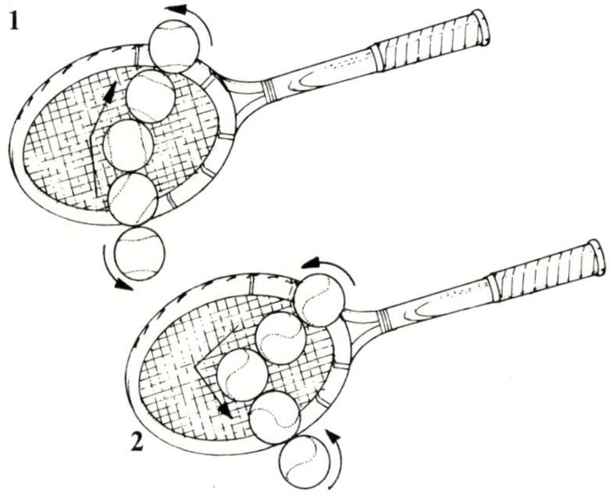

1. Der Ball springt von der Schlagfläche nach oben. Nachdem er die Saiten berührt hat, wird er mit Rückwärtsdrall und höher als erwartet den Schläger verlassen.

2. Der Ball springt von der Schlagfläche nach unten. Nachdem er die Saiten berührt hat, wird er höher als erwartet, wieder mit Rückwärtsdrall, den Schläger verlassen.

Underspin

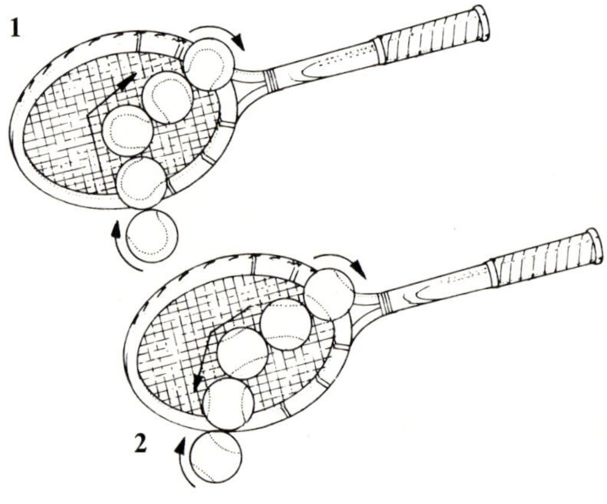

1. Der Ball springt von der Schlagfläche nach oben. Nachdem er die Saiten berührt hat, verläßt er den Schläger mit Topspin und niederer als erwartet.

2. Der Ball springt von der Schlagfläche nach unten. Er verläßt sie mit Topspin und niederer als erwartet.

Kombinierter Drall

Hat der Ball Vorwärts-, Rückwärts- oder Seitwärtsdrall, ist seine Rotationsachse weder genau horizontal noch genau vertikal, sondern liegt zwischen diesen beiden, so daß ein Ball z.B. mit kombiniertem Vorwärts- und Seitendrall fliegt. Die Diagramme rechts zeigen die beiden »reinen« Achsen von Vorwärts- und Rückwärtsdrall sowie Links- bzw. Rechtsdrall mit einer typischen Zwischenachse.

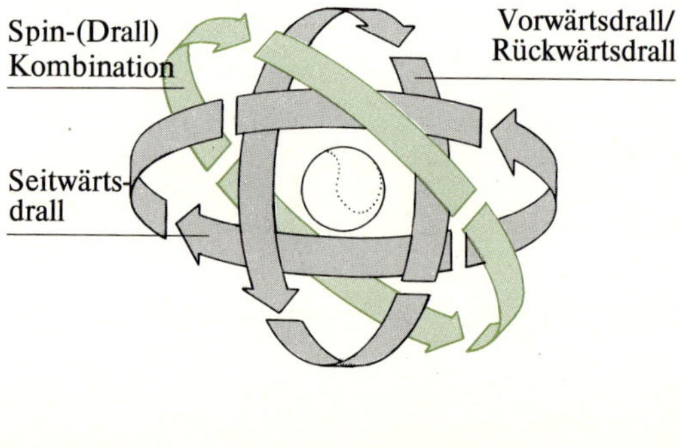

Die verschiedenen Schläge

GRUNDSCHLÄGE: Vorhand-Treibschlag

Für Anfänger empfiehlt es sich, die Vorhand zuerst zu üben. Sie wird seitlich rechts vom Körper angenommen und zurückgeschlagen. Der anfliegende Ball kann dabei besonders gut beobachtet werden. Die meisten Spieler sind auf der Vorhand sicherer und deshalb aggressiver - eine gute Voraussetzung für einen zuverlässigen Angriffsschlag.

Was ist wichtig bei diesem Schlag

Vor allem ein fester Griff und eine mit festem Handgelenk ausgeführte und aus der Schulter kommende Schwingbewegung. Für den Anfänger ist deshalb der »Eastern«-Vorhandgriff zu empfehlen, wie er auf der gegenüberliegenden Seite gezeigt wird. Dieser Griff verlangt ein fixiertes Handgelenk. Für einen kontrollierten Schlag ist es außerdem unerläßlich, daß Sie seitlich parallel zum Ball stehen. Nur in dieser Position können Sie den Schläger kraftvoll und kontrolliert vor dem Körper, von Hüfte zu Hüfte durchziehen. Durch die Verlagerung des Gewichts vom hinteren (rechten) auf den vorderen (linken) Fuß können Sie Ihr Körpergewicht in den Schlag mit einbringen.

Den Schlag üben

Die Sequenz unten zeigt Ihnen den Vorhand-Grundschlag, gespielt in der hinteren Platzhälfte. Konzentrieren Sie sich beim Üben auf die Fußarbeit. Achten Sie darauf, daß Sie beim Übertreten mit dem linken Fuß in Richtung Ball weit genug von diesem entfernt bleiben, um ihn mit gestrecktem Arm zurückschlagen zu können.

Die Vorhand hat bestimmte Phasen, die besondere Aufmerksamkeit verdienen. Dazu zählen die Aushol-, Schlag- und Ausschwungbewegung, die wir auf der gegen-

Der Schlag in einzelnen Phasen

Bei der Schlagvorbereitung ist es wichtig, den Schläger so früh wie möglich in Höhe des Treffpunkts - oder etwas darunter - zurückzunehmen. Dabei werden die Schultern soweit gedreht, bis die vordere (linke) zum Ball weist. Am Ende der Ausholbewegung entspannt man leicht den Ellbogen, damit der Schwung unterhalb der Treffhöhe beginnt. Der linke Fuß tritt über, so daß das Körpergewicht in den Schlag hineinverlegt werden kann. Verfolgen Sie den Ball bis zum Schläger.

Fußarbeit

Um sich seitlich parallel zum Ball zu stellen, dreht man auf dem rechten Fuß und tritt mit dem linken über.

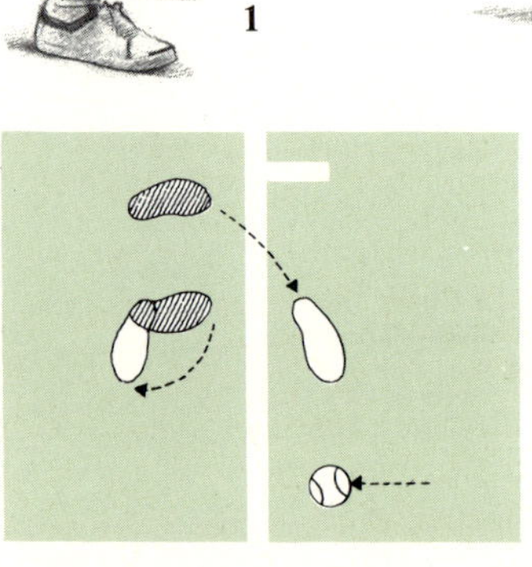

1. Nehmen Sie hinter dem Mittelzeichen die Grundposition ein (vgl. S. 37).

2. Drehen Sie auf dem rechten Fuß, auf dem das Körpergewicht ruht. Beugen Sie leicht die Knie, während die linke Hand den Schlägerhals freigibt.

überliegenden Seite demonstrieren. Beim Üben sollten sie sich darauf besonders konzentrieren. Ihre Vorhand werden Sie im Spiel in den unterschiedlichsten - und oft heiklen - Situationen einsetzen müssen. Einige davon zeigen wir auf S. 49.

Der »Eastern« Vorhandgriff

Dieser Griff erfordert ein festes Handgelenk (vgl. S. 38) und verleiht eine sichere Ballkontrolle. Die Handfläche liegt dabei fest auf der hinteren Breitseite des Griffs und gibt Kraft.

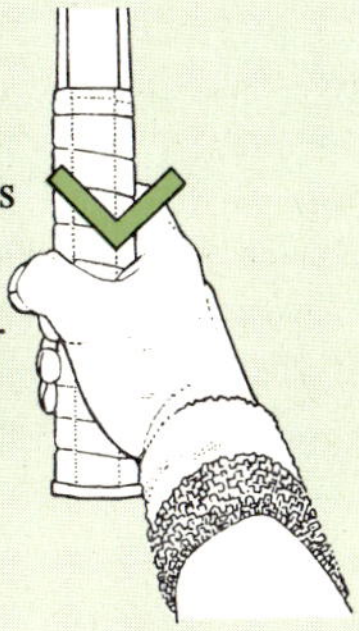

Die Entfernung zum Ball
Im Treffpunkt muß der Arm gestreckt sein. Wenn Sie die »Eastern«-Vorhand mit gebeugtem Ellbogen schlagen, sind Sie zu nah am Ball und Ihr Schlag ist weniger kraftvoll und kontrolliert.

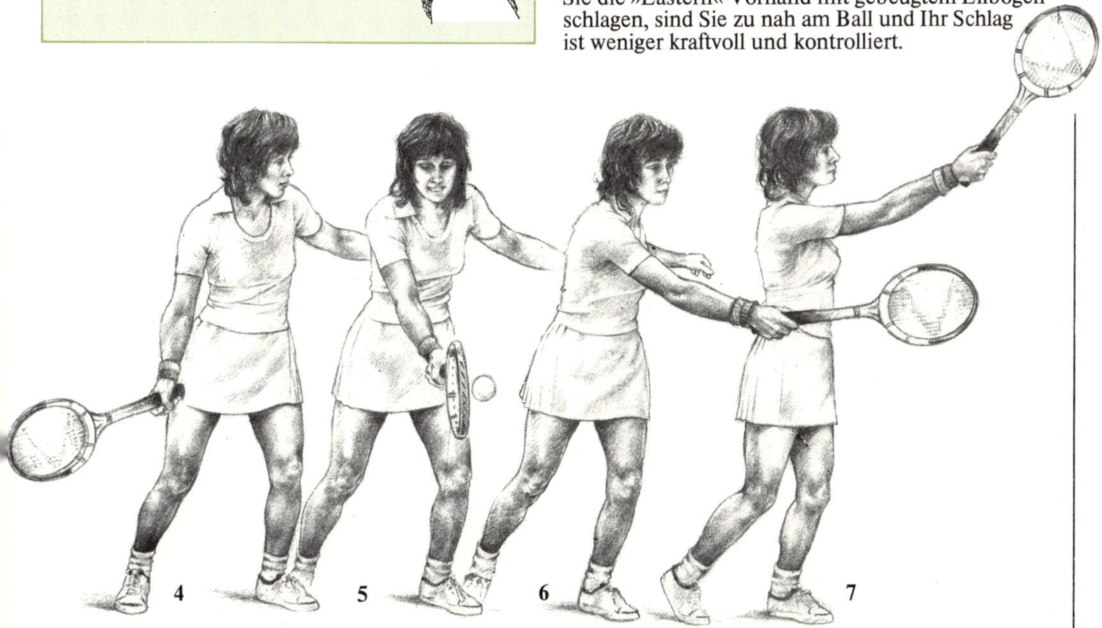

3. Nehmen Sie den Schläger zurück und drehen Sie die linke Schulter nach vorn. Entspannen Sie den Ellbogen, beschreiben Sie mit dem Schläger eine kleine Ausholschleife.

4. Treten Sie mit dem vorderen (linken) Fuß über und schwingen Sie mit dem Schläger vorwärts aufwärts in die Treffzone.

5. Schlagen Sie den Ball in Höhe Ihrer vorderen (linken) Hüfte, während sich Ihr Körpergewicht nach vorn über Ihr linkes Knie verlagert. Beobachten Sie mit leicht gesenktem Kopf den Ball.

6. Ziehen Sie den Schläger in Schlagrichtung durch.

7. Lassen Sie den Schlag über Kopfhöhe und mit gestrecktem Arm ausschwingen.

Ihr rechtes Bein geht Ihrer Körperbewegung folgend nach vorn, so daß Sie sofort wieder die Grundposition einnehmen können.

Den Schlag verbessern

Um die Effektivität Ihrer Vorhand zu verbessern, ist es hilfreich, die wichtigsten Phasen des Schlags genauer zu betrachten. Vor allem kommt es auf einen flüssigen Bewegungsablauf an, wobei der Schläger nach dem Schlag vorwärts aufwärts ausschwingt. Versuchen Sie, ein Gefühl für diese Vorwärts-Aufwärts-Bewegung zu bekommen, denn es gibt dem Ball jenes Minimum an Topspin (vgl. S. 42), das ihn daran hindert, über die gegnerische Grundlinie hinauszufliegen, wenn Sie einen harten Angriffsball schlagen. Durch den »Eastern«-Vorhandgriff bleibt das Handgelenk während des Durchziehens fixiert. Bei Anfängern erfolgt das Durchziehen oft zu langsam und unsicher. Der Ball erreicht dann zwar sein Ziel, wird aber vom Schlägerkopf zu schwach getroffen, um als Angriffsball Wirkung zu haben. Dieser steife Bewegungsablauf kann häufig beobachtet werden und ist oft die Folge einer zu engen Ausholbewegung. Üben Sie deshalb den Bewegungsablauf separat, um die unten aufgezeigten Einzelphasen überprüfen zu können. Macht man beim Ausholen eine sanfte Schleife, die ohne Unterbrechung in die Durchziehbewegung übergeht, vergrößert man die Geschwindigkeit des Schlägerkopfes. Diese Schleife ergibt sich, wenn Sie am Ende der Ausholbewegung Ihren Ellbogen kurz entspannen. Viele Spieler vergessen das, und ihr Arm bleibt zu steif.

Das Entspannen des Ellbogens Entspannen Sie am Ende der Ausholbewegung kurz Ihren Ellbogen, so daß Sie dann Ihren Arm merkbar strecken können. Ein steifer Ellbogen wird zumindest die Geschwindigkeit des Schlägerkopfes empfindlich verringern.

A Vorbereitung. Die flüssige, schwungvolle Ausholschleife verbindet die Aushol- mit der Schlagbewegung. Der Schlägerkopf erreicht dadurch kurz vor dem Schlag seine größte Geschwindigkeit. Diese Schleife ermöglicht auch die Vorwärts-Aufwärts-Bewegung für einen kontrollierten Topspin. Ihr Oberkörper bleibt bis zum Treffpunkt parallel zur Schlagrichtung. Erst nach dem Schlag wenden Sie sich wieder dem Netz zu.

B Treffzone. Sie beginnt in Höhe der hinteren Hüfte und endet beim Treffpunkt vor der linken Hüfte. Während des Schlags muß das Handgelenk fixiert sein. Die Schlagfläche steht dabei senkrecht zur Flugbahn des Balls.

C Ausschwung. Lassen Sie den Schlägerkopf nach dem Ballkontakt nicht nach unten kippen, sondern folgen Sie mit dem Racket der Schlagrichtung. Halten Sie dabei den Arm konstant gestreckt.

Wie man die Vorhand ins Spiel einfügt

Ihre Gegner werden Geschwindigkeit und Richtung der Bälle ständig ändern. Niedere und hohe, lange und kurze Bälle werden sich während eines Spiels abwechseln. Um sie maximal zurückgeben zu können, müssen Sie so früh wie möglich die Treffzone erreichen. Wie man lange und kurze Bälle spielt, wird unten gezeigt. Gehen Sie beim Retournieren niederer Bälle tief in die Knie und halten Sie den Oberkörper gerade.
Stehen Sie bei einem Ballwechsel in der Nähe der Grundlinie und wollen einen langsamen, hoch aufspringenden Ball zurückschlagen, sollten Sie eine Position hinter dem Ball einnehmen und ihn zuerst auf Höhe zwischen Schulter und Hüfte kommen lassen, bevor Sie ihn durch eine Vorwärts-Aufwärts-Bewegung zurückschlagen. Zur besseren Kontrolle muß dabei die Ausschwingbewegung verlängert werden.

Lange Bälle

1. Laufen Sie zur Treffzone.

2. Bereiten Sie sich mit einer verkürzten Ausholbewegung (verglichen mit dem Grundschlag) vor. Stoppen Sie ab und drehen Sie sich auf dem rechten Fuß, bis dieser parallel zum Ball steht.

3. Verlagern Sie Ihr Gewicht auf den vorderen Fuß, der weiter nach rechts vorn gesetzt wird als beim Spiel aus dem Stand, und holen Sie aus.

4. Nach dem Ausschwingen starten Sie mit dem rechten Fuß und kehren hinter das Mittelzeichen zurück.

Kurze Bälle

1. Laufen Sie mit kurzen Schritten zum Ball. Nehmen Sie während des Laufens den Schläger nach hinten.

2. Drehen Sie sich auf dem rechten Fuß in Höhe der Stelle, wo der Ball das zweitemal aufspringen würde.

3. Stellen Sie jetzt den andern Fuß parallel zum Ball und ziehen Sie den Schläger gleichmäßig durch.

4. Dem Ball folgend, starten Sie mit dem hinteren Fuß ans Netz, um den nächsten Ball als Volley zu nehmen.

Allein üben

Gehen Sie hinter dem Mittelzeichen in Grundposition. Bei der Seitwärtsdrehung wird der Schläger zurückgenommen. Lassen Sie jetzt den Ball seitlich vor Ihrem vorderen Fuß aufspringen und ziehen Sie den Schläger durch, um den fallenden Ball in Höhe Ihrer vorderen Hüfte zu treffen. Wiederholen Sie diese Übung so oft wie möglich und kontrollieren Sie nacheinander jede Phase des Schlags. Fühlen Sie sich an einer Stelle unsicher, üben Sie ohne Ball weiter und brechen Sie die Bewegung in der Problemzone ab, um Ihre Haltung zu kontrollieren. Jede kleine Verbesserung muß durch viel Übung in den gesamten Bewegungsablauf eingepaßt werden.
Auch an einer Trainingswand läßt sich sehr gut lernen. Inzwischen gibt es tragbare Wände (vgl. S. 276). Aber auch jede andere stabile Wand mit einem ausreichend großen Vorfeld eignet sich zum Üben. Eine Linie, 90 cm über dem Boden, markiert das Netz. Weitere 60 cm darüber zieht man eine zweite Linie. Aus 4, 5 bis 6 m Entfernung versucht man die Bälle zwischen die beiden Markierungen zu schlagen. Nach dem Ausschwung verharrt man kurz auf den Zehen, bevor man in die Grundposition zurückgeht und den nächsten Schlag vorbereitet.

Üben mit Partner

Ist man zu zweit, kann man sich die Bälle gegenseitig zuwerfen. Zunächst wie in der oben beschriebenen Übung; danach aus einiger Entfernung und schließlich von jenseits des Netzes, um einen Gegner zu simulieren. Fühlt man sich einigermaßen sicher, versucht man von den Grundlinien aus, seinem Partner lange, flache Bälle in die Vorhandecke zu schlagen – entsprechend der Abbildung rechts. Bälle, die kurz vor der Grundlinie des Gegners auftreffen, hindern diesen daran, in die günstige Netzposition zu gehen. Verharren Sie nach dem Ausschwung kurz auf den Zehen, bevor Sie wieder hinter das Mittelzeichen Ihrer Grundlinie zurückgehen.
Man kann auch mit Partner vor einer Übungswand trainieren. Der erste schlägt aus der Hand den Ball zwischen die Markierungslinien, der andere schlägt zurück und dann abwechselnd weiter, bis einer die markierte Fläche nicht trifft oder den Ball zweimal aufspringen läßt. Zählen Sie dabei wie üblich. Fühlen Sie sich unsicher oder bemerken Sie einen Fehler, hören Sie auf zu zählen und trainieren Sie weiter, bis Sie den Fehler korrigiert haben.

Der Einsatz der Vorhand

Eine gute Vorhand garantiert Punkte und Spiele. Sie wird vor allem an der Grundlinie eingesetzt und bietet folgende Möglichkeiten: einen Cross-Treibschlag auf die gegnerische Vorhand zu spielen; den Ball entlang der Seitenlinie, tief in die gegnerische Rückhandecke zu schlagen, oder aber man nimmt den Ball weiter vorne an und versucht ihn in einen Winkel zwischen Aufschlag- und Grundlinie des Gegners zu plazieren.

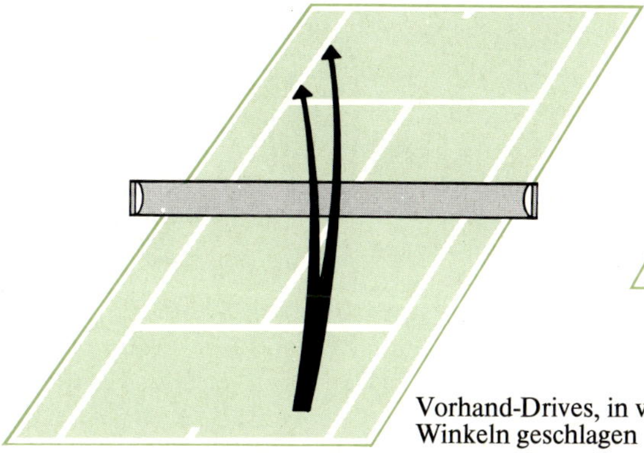

Vorhand-Drives, in verschiedenen Winkeln geschlagen

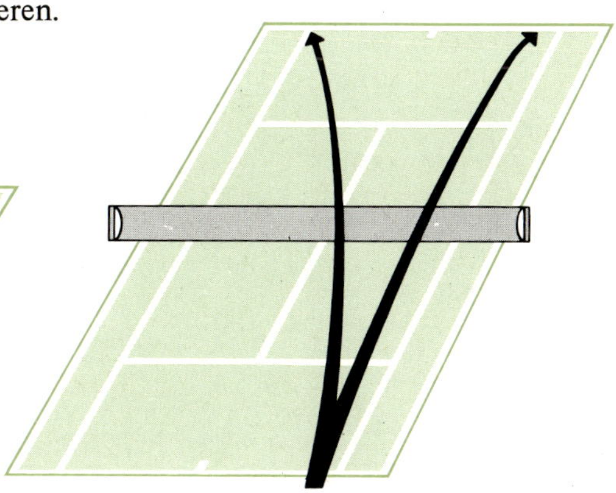

Tiefe Vorhand-Cross- und Longline-Bälle

***Vitas Gerulaitis** nach dem Ausschwung eines Vorhand-Treibschlags. Beachten Sie, daß sein Arm fast gestreckt und die Schlagfläche noch ganz unter Kontrolle ist. Hüften und Schultern stehen nach der Durchziehbewegung fast frontal zum Netz, aber die Fußstellung zeigt, daß der Ball seitlich vom Körper getroffen wurde.*

Die Topspin-Vorhand

Die mit Topspin geschlagene Vorhand verleiht dem Ball einen sehr viel stärkeren Vorwärtsdrall (vgl. S. 42) als der Grundschlag. Dieser gibt ihm gerade so viel Spin, daß er auch scharf geschlagen einigermaßen kontrolliert und in flacher Flugbahn übers Netz geht. Beim Topspin dagegen werden die extremen Effekte der Ballbewegung genützt (eine höhere Flugbahn und der unberechenbare Absprung des Balls), um offensiv zu spielen. Tiefe und wirkungsvolle Topspin-Schläge können nur erreicht werden, wenn man besonders früh ausholt, auf sorgfältige Beinarbeit achtet und während des Durchziehens das Gewicht nach vorn verlagert. Auch die Kontrolle der Schlagfläche und eine gut abgestimmte Schwungbewegung und Unterarmaktion in der Treffzone sind unerläßlich. Der Effekt des Schlags hängt nicht von einer Kippbewegung des Handgelenks ab, sondern von einer steilen Vorwärts-Aufwärts-Bewegung des ganzen Arms. Genau wie beim Grundschlag muß diese Bewegung aus der Schulter kommen, wobei der Schläger als Verlängerung von Unterarm und Handgelenk verstanden wird. Auch für die Topspin-Vorhand ist der »Eastern«-Vorhandgriff empfehlenswert. Sollten Sie allerdings die meisten Ihrer Vorhandschläge mit Topspin schlagen, gibt Ihnen die leicht modifizierte Version mehr Freiheit im Handgelenk.

Vergleichen Sie die Sequenz unten mit dem auf den Seiten 46 und 47 dargestellten Vorhand-Grundschlag. Sie sehen, daß der Schläger bei der Topspin-Vorhand sehr viel steiler in die Treffzone geführt wird und der Ball eine höhere und steilere Flugbahn beschreibt, wie gegenüber gezeigt. Auch bei sehr großer Geschwindigkeit des Schlägerkopfes können Sie bei einem mit starkem Topspin gespielten Angriffsschlag sicher sein, daß der Ball unter Kontrolle bleibt. Dieser Schlag ist sehr sicher; denn der Ball kann 1,5 m oder höher übers Netz und wird trotzdem noch vor der gegnerischen Grundlinie aufkommen.

Der Schlag in einzelnen Phasen

Der Schläger wird zurückgenommen, wobei das Handgelenk nicht ganz so steif sein darf wie beim Grundschlag. Dadurch kann man eine tiefere Ausholschleife beschreiben, während man sich parallel zum Ball stellt und vorwärts aufwärts durchzieht. Beim Ausschwung kippt die Schlagfläche leicht nach vorn.

1. Nehmen Sie in der Ausgangsstellung den Schläger etwas unterhalb der voraussichtlichen Treffhöhe zurück.

2. Drehen Sie sich und halten Sie mit dem linken Arm die Balance. Die linke Schulter zeigt auf den Treffpunkt.

3. Machen Sie, mit dem ganzen Gewicht auf dem hinteren Fuß eine tiefe, schwungvolle Ausholbewegung.

Der Verlauf der Flugbahn

Vergleicht man eine Topspin-Vorhand mit dem Grundschlag, wie unten demonstriert, dann sieht man, daß der extreme Drall den Ball zunächst steiler und höher fliegen läßt. Wie bereits erwähnt, kann er das Netz in einer Höhe von 1,5 m oder mehr überqueren, ohne ins Aus zu gehen. Würde man einen Ball mit dem Grundschlag ebenso hoch übers Netz treiben, käme er erst jenseits der gegnerischen Grundlinie auf, weil ihn die schwache Rotation nicht abkippen läßt. Je mehr Spin, desto steiler und höher kann die Flugbahn sein. Da der Ball aus größerer Höhe und in steilerem Winkel fällt, springt er nach dem Aufprall entsprechend hoch ab, während ihn die starke Vorwärtsrotation auf den Gegner zutreibt.

Der mit starkem Topspin geschlagene Ball wird sich also Ihrem Gegner mit großer Geschwindigkeit nähern und meist früher als erwartet aufkommen. Sein Ausfallwinkel wird kleiner sein als sein Einfallwinkel, doch immer noch steiler als beim Grundschlag. Sein genaues Verhalten wird nicht zuletzt auch von der Platzbeschaffenheit abhängig sein (vgl. S. 244).

Der modifizierte »Eastern«-Vorhandgriff

Das »V« liegt über der Mitte der oberen Schmalseite des Griffs (vgl. S. 38), der dem Handgelenk etwas mehr Spielraum läßt. Falls Sie viele Bälle mit Topspin schlagen, ist dieser Griff einfacher.

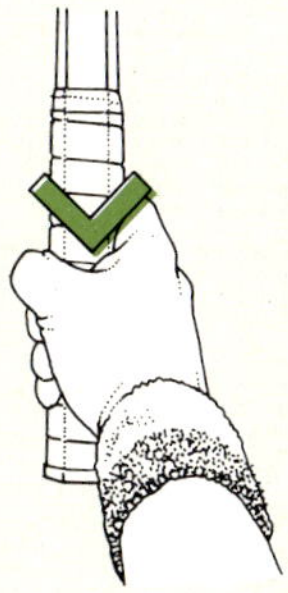

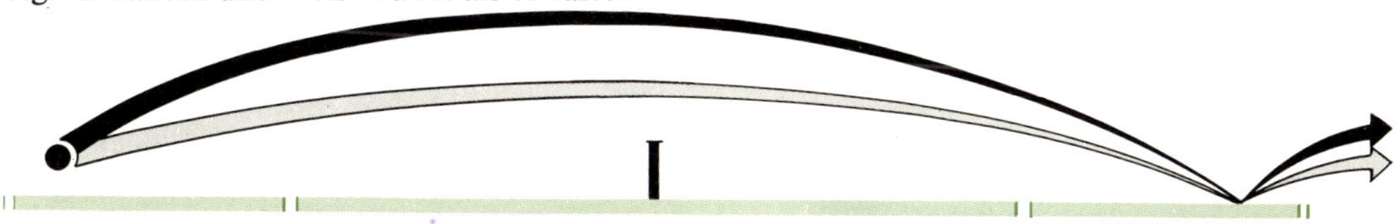

4. Stellen Sie sich parallel zum Ball, machen Sie eine steile Vorwärts-Aufwärts-Bewegung. Strecken Sie die Knie.

5. Beim Zurückschlagen verlagern Sie das Gewicht nach vorn. Treffen Sie den Ball in der Schlägermitte.

6. Handgelenk- und Unterarmbewegung lassen die Schlagfläche leicht nach vorn abkippen.

7. Der Körper streckt sich und dreht sich Richtung Netz. Der Ausschwung endet in Überkopfhöhe.

Den Schlag verbessern

Die steile Durchziehbewegung bei der Topspin-Vorhand beginnt mit einer sehr viel tieferen Ausholschleife als beim Grundschlag. Um dies zu erreichen, müssen Sie den Oberkörper ganz drehen. Die Schlagfläche ist nicht nach vorn gekippt, wie es scheinen mag, sondern bleibt bis unmittelbar nach dem Treffpunkt senkrecht.
Für die perfekte Durchziehbewegung muß die seitliche Stellung zum Ball bis in die Ausschwungphase beibehalten werden. Diese Position ist leicht zu halten, wenn man mit dem linken Fuß weit genug übertritt. Würde man beim Grundschlag zwischen dem vorderen und hinteren Fuß eine Linie ziehen, so wäre es auf einem vorgestellten Zifferblatt zwölf, bei einer Topspin-Vorhand dagegen ein Uhr. Dadurch wird vermieden, daß man sich zu früh in Richtung Netz dreht und somit den Ball vorzeitig nimmt.
Nach Beendigung des Schlags sollte der Arm fast gestreckt sein und der Schlägerkopf sich schräg über und vor dem Körper befinden.

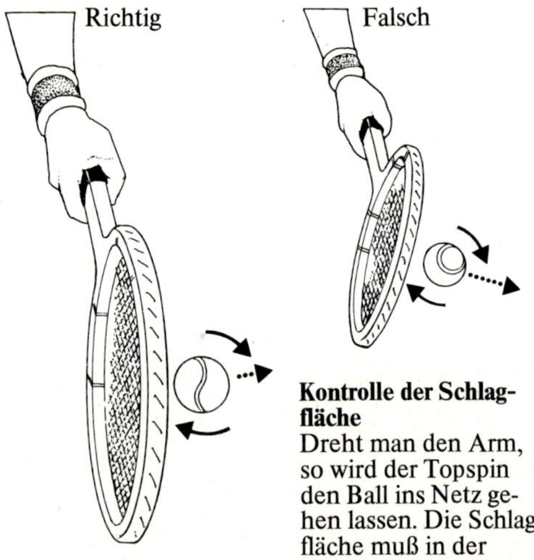

Kontrolle der Schlagfläche
Dreht man den Arm, so wird der Topspin den Ball ins Netz gehen lassen. Die Schlagfläche muß in der Treffzone fast vertikal geführt werden (links).

Allein üben

Diesmal müssen Sie die Bälle wie beim Grundschlag (vgl. S. 50) aus größerer Höhe fallen lassen, so daß sie nach dem Hochspringen in oder über Hüfthöhe geschlagen werden können. Versuchen Sie, ein Gefühl für die Stärke des Spins zu bekommen, indem Sie die Flugbahn des Balls genau beobachten. Fühlen Sie sich etwas sicherer, schlagen Sie die Bälle etwas höher übers Netz. Spielen Sie abwechselnd einen Cross- und einen Longline-Ball. Auch wenn die Bälle hoch übers Netz gehen, durch den Topsin werden sie sicher vor der gegnerischen Grundlinie landen.
Wollen Sie den Topspin an der Übungswand trainieren, ziehen Sie 1,5 m über dem Netz eine Linie und schlagen Sie aus 4, 5 bis 6 m Abstand den Ball knapp darüber. Nach dem Aufprall auf der Wand wird der Topspin den Ball nach oben abspringen lassen. Infolgedessen wird der Ball auch vor Ihnen höher als erwartet aufsteigen.

Üben mit Partner

Schlagen Sie mit einem Partner lange Vorhand-Crossbälle, wie beim Üben des Grundschlags. Doch jetzt sollte abwechselnd - im Abstand von fünf Minuten - der eine mit Topspin schlagen, während der andere mit Grundschlägen reagiert. Auch beim Einüben von Vorhand-Sequenzen können sich die Partner gegenseitig unterstützen. Einer der Spieler stellt sich ungefähr 3 m vor dem Netz auf und wirft dem anderen Bälle auf die Vorhand. Üben und wiederholen Sie abwechselnd folgende Sequenzen: ein Topspin-Vorhand-Drive cross, zwei Grundschläge entlang der Seitenlinie, drei Topspin-Vorhand-Drives mit größerem Winkel, vier Topspin-Drives entlang der Seitenlinie.

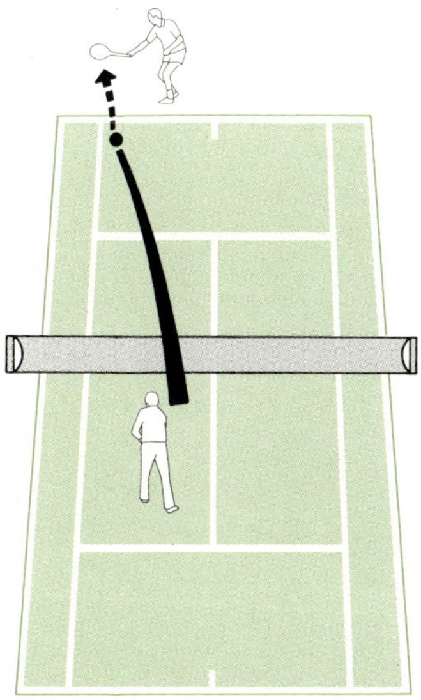

Der Einsatz der Topspin-Vorhand

Die Topspin-Vorhand hat viele Vorteile. An der Grundlinie bringt sie Abwechslung ins Spiel und setzt Ihren Gegner unter Druck, da die Bälle sehr viel steiler und höher vor ihm auf- bzw. auf ihn zuspringen. Einerseits ist es schwierig und ermüdend, kraftvolle und flache Drives in Schulterhöhe zu schlagen, andererseits läßt sich ein Topspin-Drive leicht attakkieren. Die Topspin-Vorhand bewährt sich vor allem bei den folgenden zwei Passierschlägen: Wenn der Ball kaum aufspringt, so daß er den zum Netz vorgehenden Gegner in Knöchelhöhe passiert, oder wenn der Ball im hohen, weiten Winkel am Gegner vorbeifliegt.

***Raul Ramirez** schlägt, mit dem Körpergewicht auf dem hinteren Fuß, eine Topspin-Vorhand. Die Führung des Schlägers zum Ball zeigt, daß er eine tiefe Ausholschleife gemacht hat, um dann vorwärts aufwärts durchzuziehen, so daß der Ball noch vor dem Körper getroffen wird.*

Die Slice-Vorhand

Der Vorhand-Slice wird so geschlagen, daß der Ball sowohl Rückwärts- als auch Seitwärtsdrall (vgl. S. 44) bekommt und sich, verglichen mit einem Topspin, fast umgekehrt verhält. Früher wurde der Vorhand-Slice von Damen wie von Herren eingesetzt, um eine schwache Rückhand zu attackieren. Sie ist eine wertvolle Ergänzung jedes Schlagrepertoires, wird aber heute aufgrund des hohen Leistungsniveaus vorsichtiger angewendet. Kurt Nielson, der 1953 und 1955 das Wimbledon-Finale erreichte, war wahrscheinlich der letzte Spitzenklassespieler, der seine Vorhand fast ausschließlich mit Slice schlug.
Studieren Sie genau die Unterschiede zwischen dem Grundschlag, der Topspin-Vorhand und der Slice-Vorhand. Beim Slice erzeugt die mit der geöffneten Schlagfläche von oben nach unten über die Ballrundung geführte Durchziehbewegung den gewünschten Effekt. Der Rückwärtsdrall läßt den Ball länger durch die Luft »segeln«, so daß er niedriger geschlagen werden muß. Außerdem verliert der Ball beträchtlich an Geschwindigkeit, und der Gegner bekommt mehr Zeit, sich vorzubereiten. Niedrige Flugbahn und mangelnde Geschwindigkeit lassen den Ball, trotz Unterschnitt, nur flach abspringen.
Will man diesen Vorteil nutzen, muß man auf ein perfektes Timing achten und den Ball richtig abwarten. Grundsätzlich sollte man steigende Bälle mit Slice zurückschlagen; denn der hohe Treffpunkt ermöglicht einen scharfen, angeschnittenen Return. Schlägt man eine Vorhand unter Netzhöhe mit Slice, wird der Ball in hohem Bogen übers Netz und nicht selten weit über die gegnerische Grundlinie hinausfliegen.

Der Schlag in einzelnen Phasen

Nehmen Sie, in Ausgangsstellung, den Schläger wie beim Grundschlag zurück, doch diesmal bis zu einem Punkt über der voraussichtlichen Treffzone. Das Handgelenk steht dabei senkrecht. Von diesem Punkt an demonstriert das Beispiel unten, wie man mit dem linken Fuß übertritt und das Gewicht, genau wie beim Grundschlag, nach vorn verlagert. Die Ausholschleife ist minimal – dafür entspannt sich das Handgelenk, während die Schlagfläche aus der Vertikalen nach hinten kippt und in den Ball hineingeführt wird.

1. Nach der Ausholbewegung ist die Schlagfläche fast senkrecht, d.h. leicht geöffnet.

2. Der Schläger schwingt nach unten, der linke Fuß tritt parallel zum Ball über.

3. Treffen Sie den Ball etwas unterhalb der Mitte und vor Ihrer linken Hüfte.

4. Der Abwärtsbewegung entlang der Ballrundung folgt eine kurze Liftbewegung.

Den Schlag verbessern

Achten Sie genau auf das Handgelenk, während Sie ausholen; denn die richtige Höhe des Schlägerkopfes hängt von der senkrechten Haltung des Handgelenks ab. Es gibt keine Ausholschleife ohne die Vorwärts-Abwärts-Bewegung, wobei die Schlagfläche leicht geöffnet ist, die Unterkante also Richtung Netz und Treffzone zeigt.

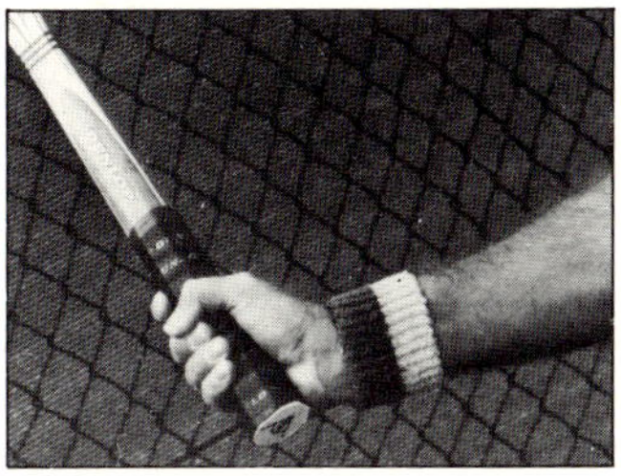

Fixiertes Handgelenk

Schlägerhaltung im Treffpunkt

Allein üben

Man kann den Vorhand-Slice allein üben, indem man Bälle aus ziemlicher Höhe aufspringen läßt. Besser ist es jedoch, sich von ungefähr 3 m jenseits des Netzes von einem Partner hochspringende Bälle zuwerfen zu lassen. Oder der andere spielt einem Topspin-Vorhand-Drives zu, weil sich hoch aufspringende Bälle hier besonders eignen. Achten Sie darauf, den Schläger abwärts um die Ballrundung zu führen, wobei der Schlägerkopf im Ausschwung nicht kippen darf.

Der Verlauf der Flugbahn

Der Vorhand-Slice sollte möglichst über Netzhöhe angenommen werden, damit der Ball scharf und flach übers Netz tief ins gegnerische Feld geht. Seine Flugbahn sieht ganz anders aus als die mehr oder weniger steilen Kurven beim Topspin und Grundschlag. Wird der Ball in ähnlicher Höhe angenommen wie beim Grundschlag - wie unten gezeigt -, fällt der Schlag viel schwächer aus. Der Drall läßt den Ball praktisch in der Luft verharren, so daß er nicht zu scharf und verhältnismäßig knapp übers Netz gespielt werden muß, um Zeit zu haben, noch vor der Grundlinie aufzuspringen. Die niedere Flugbahn und die mangelnde Geschwindigkeit wirken zusammen und lassen den Ball trotz des Dralls flacher abspringen als beim Grundschlag. Ein stark unterschnittener Ball, der scharf und flach übers Netz kommt, kann in einem steileren Winkel abspringen als er aufgetroffen ist. Die Höhe eines mit Topspin geschlagenen Balls wird er jedoch nicht erreichen.

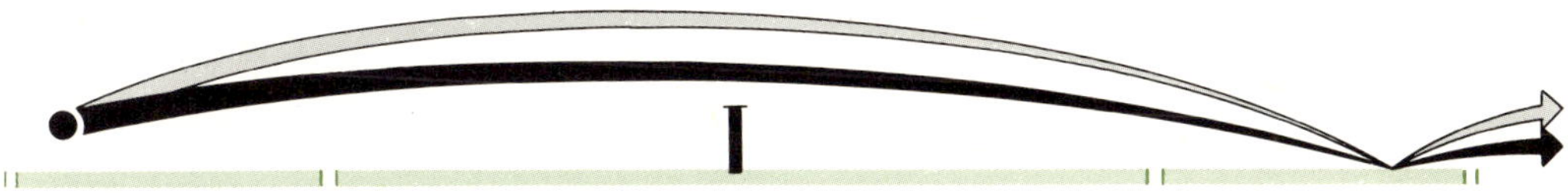

Der Einsatz der Slice-Vorhand

Sie verlangt weniger Kraftaufwand als andere Vorhandvarianten und bietet an der Grundlinie die Möglichkeit zu Überraschungseffekten, weil sich der Gegner plötzlich auf ein anderes Ballverhalten umstellen muß. Ein hoch aufsteigender Serviceball läßt sich mit verkürzter Ausholbewegung dem ans Netz gehenden Gegner direkt vor die Füße schlagen. Und nur leicht abgeändert, treibt man mit diesem Schlag den Ball tief in die Rückhandecke des Gegners, wo er seitlich wegspringt. Der Schlägerkopf wird dabei von außen nach innen über die Rückseite des Balls geführt, so daß sich die Rotationsrichtung des Seitwärtsdralls umkehrt.

A Aufschlag-Returns

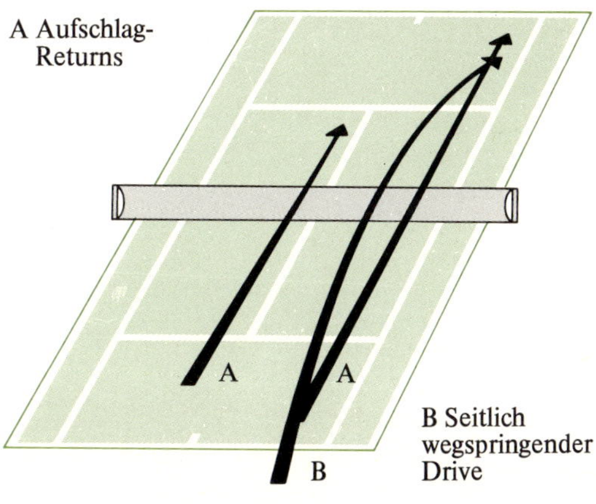

B Seitlich wegspringender Drive

Die Chop-Vorhand

Sie ist, genau wie die Slice-Vorhand, ein stark angeschnittener Schlag, doch mit mehr Rückwärtsdrall, weil die Schlägersaiten steiler und kräftiger über die Ballrückseite gezogen werden. Obwohl dieser Schlag eine recht gute Ballkontrolle erlaubt, bietet er durch seine geringe Geschwindigkeit, die ihn fast in der Luft stehen läßt, dem Gegner am Netz eine gute Chance. Auch für einen aggressiven Grundlinienspieler ist ein Chop kein Problem. Die Chop-Vorhand läßt sich am leichtesten mit dem »Continental«-Griff (vgl. S. 39) beherrschen, doch auch mit dem »Eastern«-Vorhandgriff.

Den Schlag verbessern

Wie Sie unten sehen, gleicht die Schlägerführung beim Chop der des Vorhand-Slice. Der Unterschied liegt im kürzeren und höheren Ausholen vor der steileren Vorwärts-Abwärts-Bewegung. Wieder sollte die Schlagfläche leicht geöffnet sein. Die Führung des Schlägers sowie der Schlagwinkel bewirken den starken Rückwärtsdrall. Beim Durchziehen gibt die leicht nach außen kippende Schleife dem Ball zusätzlich Seitwärtsdrall. Achten Sie am Treffpunkt darauf, daß Ihr Gewicht auf dem vorderen Fuß ist.

A Vorbereitung. Zeigen Sie mit der freien Hand auf den anfliegenden Ball, während Sie auf dem hinteren Fuß drehen. Fixieren Sie beim Hochnehmen des Schlägers Ihr Handgelenk.

B Treffzone. Ziehen Sie nach unten durch, treffen Sie den Ball hinter der vorderen Hüfte, in Taillenhöhe.

C Ausschwung. Der Ausschwung erfolgt schräg vor dem Körper.

Der Einsatz der Chop-Vorhand

Flugbahn, Geschwindigkeitsverlust und vergleichsweise flaches Abspringen des Balls haben den Chop fast völlig aus dem klassischen Tennis verbannt. Auf bescheidenerem Spielniveau bleibt er trotzdem eine nützliche Variante, vor allem beim Grundlinienspiel; denn der »blockierte« Ball irritiert (vgl. S. 212/13). Wechselnd mit Grundschlägen, Topspin und Slice, zwingt er den Gegner, immer wieder den Schlagrhythmus zu ändern und sich umzustellen. Vor allem langsame Spieler werden damit Schwierigkeiten haben.
Genau wie beim Grundschlag, sollte man auch den Chop so tief wie möglich ins gegnerische Feld schlagen. Ein kurzer Chop würde dem Gegner die willkommene Gelegenheit zu einem Vorbereitungsschuß geben, um dann ans Netz vorzugehen.

Die Schlägerhaltung im Moment des Auftreffens
Bei der Chop-Vorhand kommt es darauf an, daß die Saiten fast senkrecht über die hintere Ballrundung geführt werden, als ob man Holz hacken würde (to chop!). Das Foto oben zeigt Ihnen, daß die Schlagfläche dabei leicht nach hinten gekippt, d. h. geöffnet ist, wodurch der Ball relativ langsam wird.

Die beidhändige Vorhand

Es gab nur wenige Spitzenspieler, die mit einer beidhändigen Vorhand in die Tennisgeschichte eingegangen sind. Der in der Weltrangliste zur Zeit recht gut plazierte Gene Mayer ist einer von ihnen. Er spielt sowohl die Vor- wie die Rückhand mit beiden Händen. Durch hervorragende Beinarbeit, gutes Stellungsspiel, sicheren Aufschlag und exzellente einhändige Volleys gleicht er die gravierenden Nachteile der kürzeren Reichweite seiner beidhändigen Treibschläge aus. Die beidhändige Vorhand kann mit denselben Spin-Varianten wie die einhändige gespielt werden.

Den Schlag üben

Wenn man die beidhändige Rückhand als »Schraubbewegung« des Oberkörpers mit gestreckten Armen betrachtet, »schraubt« sich ein Spieler, der die Vorhand mit beiden Händen schlägt, sozusagen »auf«. Da die Arme im Moment des Treffens leicht gebeugt sind, wirkt der Schlag steif. Genau wie bei der einhändig geschlagenen Vorhand, hängen Wucht und Geschwindigkeit des Balls vom richtigen Timing bei der Gewichtsverlagerung ab. Bei Beginn der Durchziehbewegung muß das Gewicht vom hinteren auf den vorderen Fuß.

Beidhändiger Vorhandgriff

Beim Schlagen umfaßt die Stützhand das Griffende – ungefähr zwischen »Continental«- und »Eastern«-Vorhandgriff –, während die Führungshand darüber den »Eastern«-Vorhandgriff benutzt (vgl. S. 38).

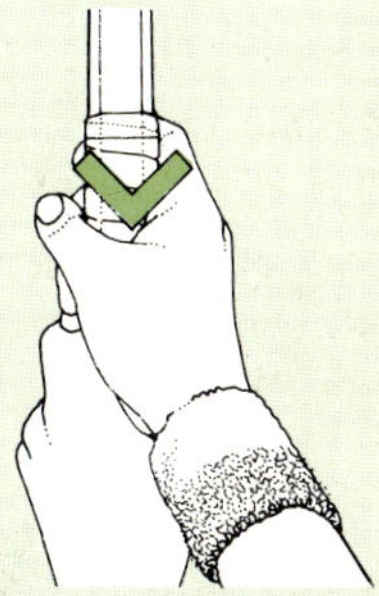

A Vorbereitung. Während Sie auf dem rechten Fuß drehen, wird der Schläger ungefähr in Treffhöhe zurückgenommen und der Ball über die linke Schulter hinweg beobachtet. Treten Sie mit dem linken Fuß weit über.

B Treffzone. Treffen Sie den Ball in Höhe Ihrer vorderen Hüfte mit so weit gestreckten Armen, wie die fixierten Handgelenke erlauben.

C Ausschwung. Der Schlägerkopf schwingt ungefähr in Kopfhöhe aus, wobei der Führungsarm gestreckt ist.

***Gene Mayers** gut plazierter hinterer Fuß und der rechtzeitig zurückgenommene Schläger erlauben ihm, den linken Fuß parallel zum Ball zu setzen, um diesen in Höhe seiner vorderen Hüfte zu schlagen.*

Der Rückhand-Treibschlag

Der Rückhand-Treibschlag ist nicht nur eine Ergänzung Ihrer Vorhand, vielmehr wird Sie ein guter Gegner automatisch auf der Rückhandseite angreifen. Und jeder Spieler ist nur so stark wie sein schwächster Schlag. Erfahrene Gegner erkennen diesen sofort - und nützen ihn aus.

Die Rückhand wird auf der der Vorhand entgegengesetzten Seite gespielt. Nur ein festes Handgelenk (und der entsprechende Rückhandgriff) sowie gute Beinarbeit garantieren eine sichere Rückhand. Gelingt Ihnen beides, wird er Ihnen überraschend leicht erscheinen.

Die Rückhand wird heute seitlicher genommen als früher. Eine offenere Stellung zum Netz führt zu stärker angeschnittenen, d.h. eher defensiven Bällen. Steht man dagegen seitlich zum Ball, die Schulterachse mit dem Rücken beinahe zum Netz, dann läßt sich der Ball mit einer kräftigen Vorwärts-Aufwärts-Bewegung schlagen, während sich der Oberkörper sozusagen »aufschraubt«. Eine treffsichere Rückhand hängt von dieser Bewegung ab. Dabei wird der Ball oft mit mehr Schwung getroffen als bei der Vorhand. Das erstaunt wenig, wenn man bedenkt, mit welchem Teil des Körpers ein Rechtshänder eine versperrte Tür aufbrechen würde: mit der rechten Schulter.

Der Rückhand-Treibschlag erfordert das Umgreifen vom »Eastern«-Vor- zum »Eastern«-Rückhandgriff, der gegenüber gezeigt wird. Nachdem Sie mit ihm vertraut sind, kommt es darauf an, rasch und problemlos umgreifen zu lernen. Die weitere Verbesserung Ihrer Schlagtechnik wird auf ähnliche Weise erreicht wie beim Vorhand-Drive. Vor allem muß es Ihnen gelingen, Ihren Schlag genau zu analysieren, d.h. jede Phase zu kontrollieren, wobei wir Ihnen auf den Seiten 62 und 64 helfen wollen.

Den Schlag üben

Begeben Sie sich in die richtige Ausgangsstellung und wechseln Sie zum »Eastern«-Rückhandgriff. Nehmen Sie den Schläger rechtzeitig und ruhig ungefähr in Treffhöhe zurück und drehen Sie die Schultern so weit, daß Ihr Rücken fast dem Netz zugekehrt ist. Verlagern Sie Ihr Gewicht auf den linken Fuß und geben Sie den mit der linken Hand unterstützten Schlägerhals frei, so daß der Schlägerkopf eine leichte Ausholschleife beschreiben kann, bevor er nach vorn schwingt. Die »Schraub«-bewegung beginnt dann, wenn Sie mit dem vorderen Fuß übertreten. Dabei schwingt der Schläger vorwärts aufwärts, Ihr Gewicht verschiebt sich auf das vordere gebeugte Knie. Treffen Sie den Ball in Höhe Ihrer vorderen Hüfte.

1. Nehmen Sie die Grundposition hinter dem Mittelzeichen ein.

2. Drehen Sie auf dem linken Fuß, greifen Sie zum »Eastern«-Rückhandgriff um und nehmen Sie das Racket zurück.

3. Drehen Sie den Rükken beinahe zum Netz und verlagern Sie das Gewicht ganz auf den linken Fuß.

»Eastern«-Rückhandgriff

Dieser Griff ist sicherer als jeder andere und sorgt für ein stabiles Handgelenk. Sie müssen lernen, das unten gezeigte Umgreifen vom Vor- zum Rückhandgriff ins Gefühl zu bekommen, wobei die freie Hand den Schlägerhals stützt.

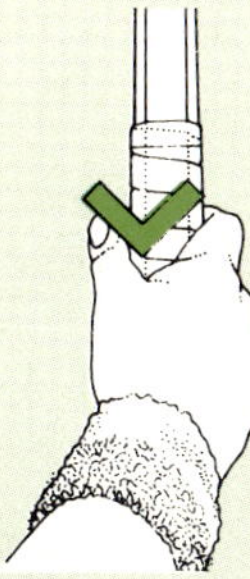

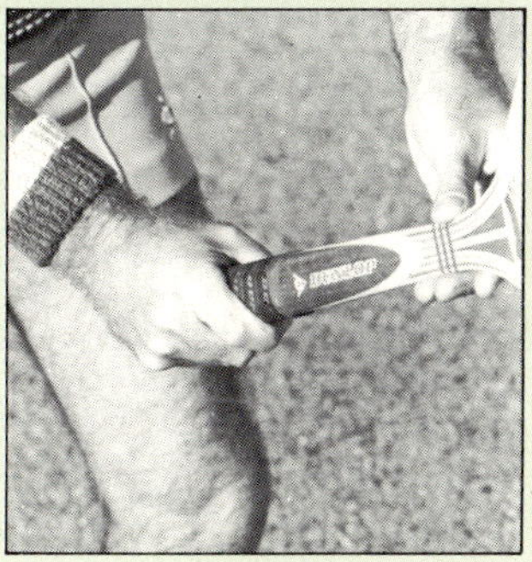

»Eastern«-Vorhandgriff

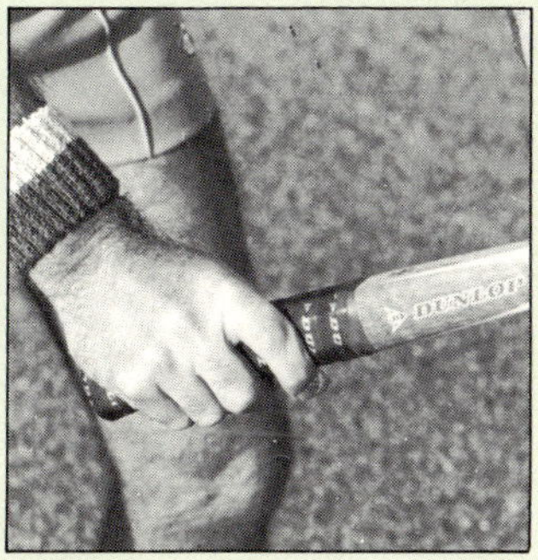

Nach dem Umgreifen

Beinarbeit

Wenn Sie den Ball auf der Rückhandseite schlagen wollen, müssen Sie so viel Abstand halten, daß es Ihnen möglich ist, den Arm im Treffpunkt gestreckt zu halten. Sie gehen aus der offenen Stellung heraus – wie unten durch die schraffierten Fußspuren angedeutet –, indem Sie auf dem linken Fuß drehen und mit dem rechten übertreten. Die Rückhandstellung ist durch die weißen Fußspuren gekennzeichnet. Versuchen Sie immer, diese Position einzunehmen.

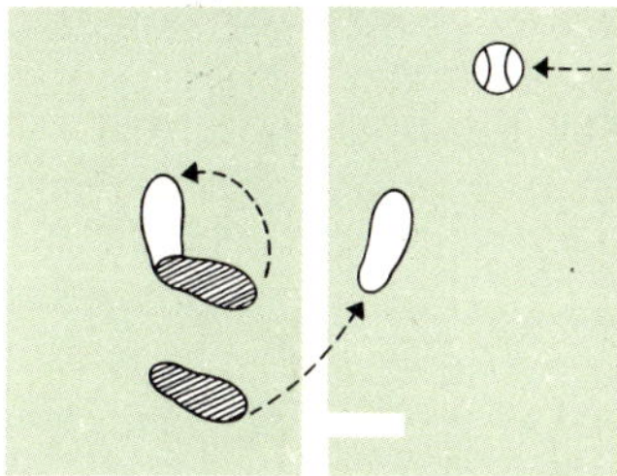

4. Beschreiben Sie mit dem Schlägerkopf eine kleine Ausholschleife und treten Sie seitlich zum Ball über.

5. Verlagern Sie Ihr Gewicht ganz auf den vorderen Fuß. Verstärken Sie Ihren Griff beim Durchziehen.

6. Gehen Sie mit dem Schlägerkopf in den Ball hinein und ziehen Sie in Schlagrichtung durch.

7. Der Schlägerkopf schwingt bei gestrecktem Arm in Überkopfhöhe aus.

Den Schlag verbessern

Gleichgültig, ob Sie ein Anfänger oder ein Fortgeschrittener sind, der seine schwache Rückhand korrigieren will – es empfiehlt sich immer, den Schlag in jeder Phase erneut aufzubauen.
Sie werden Ihre Rückhand kaum wesentlich verbessern können, solange Sie nicht den korrekten »Eastern«-Rückhandgriff anwenden und das Umgreifen von der Vor- auf die Rückhand beherrschen, wie auf der vorhergehenden Seite beschrieben. Der richtige Griff sorgt zugleich für eine rationelle Ausholbewegung, die charakteristisch ist für diesen Schlag, sowie für das stabile Handgelenk, ohne das eine Ballkontrolle nicht möglich ist. Ebenso wichtig ist die volle Schulterdrehung (bei der Schlagvorbereitung) über eine imaginäre Linie hinaus, die mit der Flugbahn des Balls einen rechten Winkel bildet, wie rechts demonstriert.
Wie beim Vorhand-Grundschlag (S. 48) schwingt der Schläger vorwärts aufwärts durch die Treffzone, wobei der Ball etwas Spin bekommt, der die Schlagweite bestimmt. Dieser Bewegungsablauf wird dadurch erreicht, daß man den Schläger ungefähr in Treffhöhe zurücknimmt und eine kleine Ausholschleife beschreibt, bevor man durchzieht. Der Ball wird normalerweise weiter vor dem Körper geschlagen als bei der Vorhand.
Die Schulterdrehung und das Übertreten, wodurch das Körpergewicht in den Schlag hineinverlagert wird, haben die Wirkung einer gespannten und dann aufschnellenden Feder.

Schulterdrehung
Die Schulterdrehung ist für eine kraftvolle Rückhand unerläßlich. Drehen Sie die Schultern des Schlagarms so weit, daß Ihr Rükken fast zum Netz steht. Der Ball wird über die vordere Schulter beobachtet.

A Vorbereitung. Vor dem Übertreten auf den vorderen Fuß, bei zurückgenommenen Schultern, sollte Ihr Gewicht auf dem hinteren Fuß ruhen, während Sie den Schläger, mit dem Griffende in Höhe der hinteren Hüfte, halten.

B Treffzone. Schlagen Sie den Ball etwas vor der vorderen Hüfte mit leicht geöffneter Schlagfläche, um den Ball leicht anheben zu können. Achten Sie während des Durchziehens auf einen festen Griff und ein stabiles Handgelenk.

C Ausschwung. Während das Gewicht auf den vorderen Fuß verlagert wird, muß das Gelenk fixiert und der Arm gestreckt bleiben. Das Racket schwingt seitlich über Ihnen aus.

Der Einsatz der Rückhand

Beim Erlernen der Vorhand (vgl. S. 49) haben Sie vor allem den Umgang mit langen und kurzen Bällen an der Grundlinie gelernt. Die gleichen Ratschläge gelten auch für die Rückhand. Versuchen Sie schnell an den Ball heranzukommen und ihn vorschriftsmäßig zu nehmen.

Unten sehen Sie, wie man sich verhält, wenn der Ball so schnell zugespielt wird, daß keine Zeit mehr bleibt, richtig in Seitstellung zu gehen.

Zu nahe am Ball

1. Halten Sie mit Ihrem vorderen Fuß genügend Abstand zum Ball.

2. Der Körper muß so zurück, daß Sie mit gestrecktem Arm schlagen.

3. Der Ausschwung folgt der Flugbahn des Balls.

Beinarbeit

Die beiden Abbildungen rechts zeigen den Unterschied zwischen der normalen Fußstellung bei der Rückhand und einer Stellung, bei der der Ball zu nahe an den Körper herankommt (ganz außen). Der größere Abstand erlaubt einen kräftigeren Schlag.

Hohe Bälle

1. Holen Sie höher aus als beim normalen Schlag.

2. Ziehen Sie die Schlagfläche senkrecht durch; das Handgelenk muß in Höhe des Schlägerkopfes sein.

3. Der Ausschwung folgt der Schlagrichtung; der Arm bleibt gestreckt.

Allein üben

Sobald Sie die Grundlagen des Rückhand-Treibschlags beherrschen, empfiehlt es sich, bei den Übungsstunden jeweils eine Phase des Schlags gesondert zu beachten, bis Ihnen die Bewegungsabläufe in Fleisch und Blut übergegangen sind. Nehmen Sie die für die Vorhand angewandten Übungen zu Hilfe (vgl. S. 50), wann immer Sie den Eindruck haben, an irgendeinem Punkt nicht sicher zu sein. Eine Übungswand kann die Sicherheit und Zuverlässigkeit Ihres Schlages sehr fördern.
Die Übungsstunden sollten auch dazu genützt werden, abwechselnd Longline- und Crossbälle zu schlagen, wie rechts gezeigt.

Longline-Ball
Ein an der Außenlinie entlang gespielter Ball muß etwas vor der vorderen Hüfte getroffen werden.

Crossball
Bei diesem ähnlichen Treibschlag, aber quer über den Platz, wird der Ball noch weiter vor dem Körper getroffen als beim Longline-Ball.

Üben mit Partner

Sie werden jetzt mehr Zeit zum Üben brauchen, weil Sie Vor- und Rückhand in Ihrem Repertoire haben. Zum Aufwärmen dienen lange, flache Bälle, wobei Sie und Ihr Partner sowohl Vor- wie Rückhand-Treibschläge einsetzen. Danach sollten Sie sich zehn Minuten lang jeweils Cross- und Longline-Bälle zuspielen – abwechselnd auf der Vor- und Rückhandseite –, wobei Sie nach jedem Schlag zum Mittelzeichen zurückkehren. Dann versuchen Sie, Bälle unter normalen Spielbedingungen zu wechseln, wobei ein Spieler Crossbälle spielt, während der andere mit Longline-Bällen reagiert; beide Spieler sollen dabei zwischen Vor- und Rückhand abwechseln, wie rechts gezeigt. Tauschen Sie die Rollen und wiederholen die Übung.
Unter Spielbedingungen werden Sie die meisten Bälle im Laufen schlagen müssen; sorgen Sie also dafür, daß Sie auch bei Ihren Übungsstunden dementsprechend trainieren und zwischen den einzelnen Schlägen regelmäßig hinter das Mittelzeichen zurückgehen.
Versuchen Sie so rasch wie möglich in die Treffzone zu gelangen und sich dabei für den nächsten Schlag vorzubereiten. Dadurch vermeiden Sie überhastete Schläge.

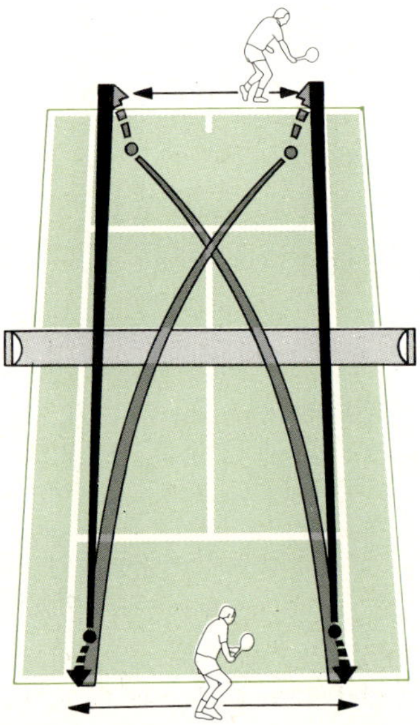

Ein praktischer Tip

Wenn es Ihnen schwerfällt, die Schultern so weit zu drehen, daß Ihre Rückhand wirklich Schwung bekommt, stellen Sie sich zunächst mit zurückgenommenem Schläger und mit dem Rücken zum Netz in Position. Dann soll Ihr Partner Ihnen die Bälle so zuwerfen, daß Sie sie seitlich vom Körper mit gestrecktem Arm schlagen können.

Der Einsatz des Rückhand-Treibschlags

Die Rückhandseite des Platzes ist die der Verteidigung. Doch es gibt die Möglichkeit, auch aus dieser Position offensiv zu spielen. Genau wie bei der Vorhand kommt es darauf an, den Ball tief zu plazieren, so nahe an der Grundlinie wie möglich. Oder man schlägt Crossbälle, wobei man die schwächeren Schläge des Gegners nutzt. Selbst wenn man nicht sofort einen Punkt gewinnt, so ist man doch in der Angriffs-Position.

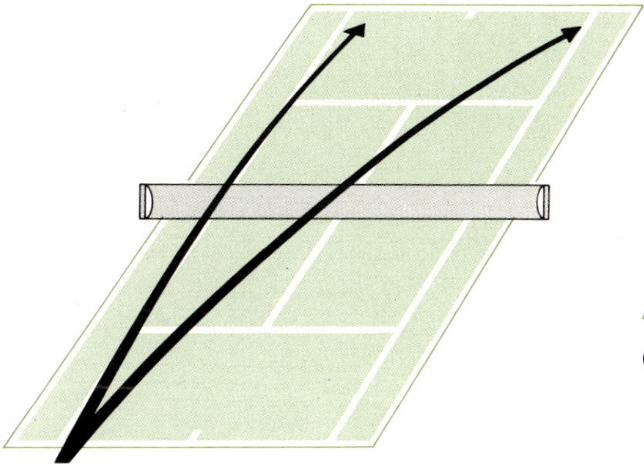

Tiefe Cross- und Longline-Treibschläge

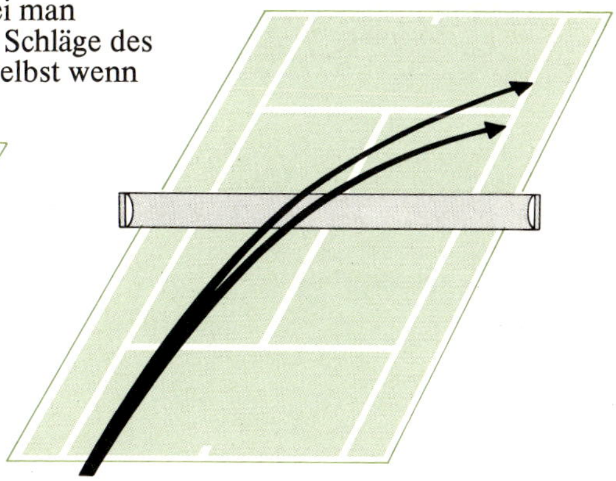

Cross-Angriffsball im Halbfeld

***Dianne Fromholtz** spielt einen kraftvollen Rückhand-Treibschlag, mit perfekt kontrolliertem Schlägerkopf. Der steigende Ball wird in genauer Distanz, vor der linken Hüfte getroffen. Durch die Seitstellung und das stabile Handgelenk des »Eastern«-Rückhandgriffs bekommt der Schlag Geschwindigkeit und Schärfe.*

Die Topspin-Rückhand

Zwischen dem Rückhand-Grundschlag und der Topspin-Rückhand besteht derselbe Unterschied wie bei den entsprechenden Vorhand-Varianten. Auch der normale Rückhand-Treibschlag erzeugt einen leichten Spin, wodurch der Ball bei schärferen Schlägen leichter kontrolliert werden kann. Wird die Rückhand aber mit Topspin geschlagen, wird sie aufgrund der steileren und höheren Flugbahn des Balls - der Scheitelpunkt kann ein bis zwei Meter über dem Netz liegen - und des hohen Absprungs, der oft direkt auf den Gegner zielt, zum Angriffsschlag.

Im Gegensatz zur Topspin-Vorhand hat sich die Topspin-Rückhand erst viel später weiterentwickelt. Erst seit Mitte der vierziger Jahre gehört sie ins Repertoire der meisten Weltklassespieler, von Budge Patty bis zu dem unvergleichlichen Björn Borg. Heute kann man bei jedem großen Turnier aufregende Rückhand-Topspin-Varianten beobachten. Manche Spieler schlagen ihre Rückhand fast ausschließlich mit Topspin, während andere ihn für Angriffsschläge reservieren. Häufig sieht man auch eine aus dem Handgelenk kommende, peitschende Bewegung, die dem Ball noch mehr Drall geben soll. Ich empfehle allerdings einen Schlag, der mit sehr wenig Handgelenkbewegung auskommt und den »Eastern«-Rückhandgriff ergänzt (vgl. S. 61).

Der normale Treibschlag bekommt dadurch Topspin, daß der Schlägerkopf steiler nach vorn oben durchgezogen wird. Grundsätzlich sollte die Schlagfläche im Treffpunkt dieselbe Neigung haben wie beim Grundschlag, doch die von Handgelenk und Unterarm beschriebene Durchziehbewegung läßt sie nach vorn kippen.

Da der Ball mit Topspin in einer sehr viel höheren Kurve übers Netz geht als beim Grundschlag, garantiert er mehr Sicherheit. Wird der Schlag nicht korrekt angesetzt – zum Beispiel, wenn man vorwärts aufwärts durchzieht, ohne die Schlagfläche leicht zu »schließen«, d.h. zu kippen –, geht der Ball ins Netz bzw. nur kurz dahinter.

Der Schlag in einzelnen Phasen

Die Topspin-Rückhand wird wesentlich tiefer durchgezogen als der Grundschlag. Gehen Sie also etwas mehr in die Knie und nehmen Sie den Schläger unter die voraussichtliche Treffhöhe - normalerweise Hüfthöhe oder leicht darüber - zurück. Geben Sie jetzt den Schlägerhals frei und machen Sie eine tiefe Ausholschleife - sie muß tiefer sein als beim Grundschlag. Stellen Sie jetzt den rechten Fuß seitlich zum Ball und verlagern Sie das Gewicht nach vorn. Jetzt beginnt die Schraubbewegung aus dem Oberkörper heraus, mit einer steilen Vorwärts-Aufwärts-Bewegung des Schlägerkopfes.

1. Gehen Sie aus der Grundposition heraus nach links und greifen Sie um.

2. Mit dem Gewicht auf dem linken Knie nehmen Sie den Schläger unter Hüfthöhe zurück.

3. Geben Sie den Schlägerhals frei und ziehen Sie die Ausholschleife tief durch.

Den Schlag verbessern

Falls Ihr Rückhand-Topspin Sie enttäuscht, müssen die rechts gezeigten Schlagphasen korrigiert werden. Versuchen Sie außerhalb des Platzes ein Gefühl für Topspin zu entwickeln, wie unten demonstriert. Auf dem Platz sollten Sie dem Ball mit einer steilen Vorwärts-Aufwärts-Durchziehbewegung Drall geben.

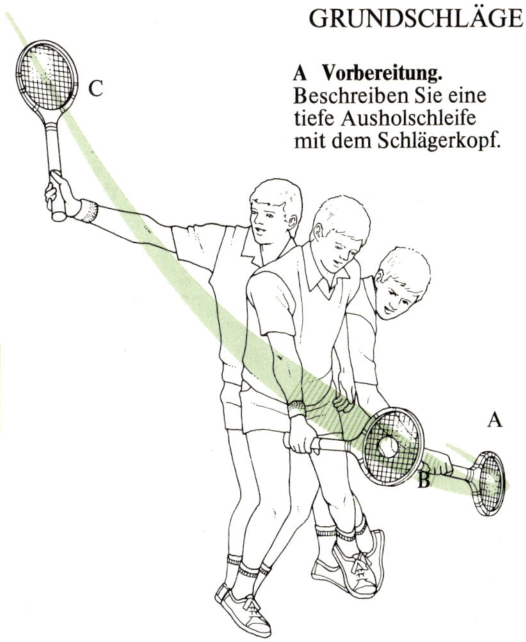

A Vorbereitung. Beschreiben Sie eine tiefe Ausholschleife mit dem Schlägerkopf.

B Treffzone. Achten Sie darauf, daß der Griff fest, das Handgelenk stabil und der Arm gestreckt ist.

C Ausschwung. Schwingen Sie über der rechten Schulter aus, wobei die Schlagfläche leicht nach hinten gekippt sein muß.

Gefühl für Topspin entwickeln

Sie können Topspin erzeugen, indem Sie die leicht geöffnete Schlagfläche (s. unten) hinter dem Ball durchziehen. Er wird direkt vor Ihnen zu Boden fallen und aufspringen.

4. Stellen Sie sich seitlich zum Ball, verlagern Sie das Gewicht und holen Sie aus.

5. Das Gewicht auf dem gebeugten Knie, schlagen Sie mit fast vertikaler Schlagfläche.

6. Kippen Sie den Schläger leicht nach vorn, wobei sich Ihre Knie etwas strecken.

7. Schwingen Sie seitlich über Ihnen, mit zum Boden weisender Schlagfläche aus.

Allein üben

Lassen Sie den Ball im richtigen Abstand seitlich aufspringen und ziehen Sie den Schläger bei gleichzeitiger Verlagerung des Körpergewichts auf den vorderen Fuß durch. Der Ball muß etwas über Hüfthöhe aufspringen. Wenn Sie den Rückhand-Treibschlag inzwischen beherrschen, können Sie sich jetzt auf die technischen Kniffe konzentrieren, mit denen der Topspin erzeugt wird. Wieder lassen sich die einzelnen Phasen mit Übungen des Bewegungsablaufs – ohne Ball – genau kontrollieren. Unterbrechen Sie den Schlag an den kritischen Punkten und überprüfen Sie Ihre Schlägerhaltung etc. Passen Sie jede Korrektur immer sofort in den gesamten Schlagablauf ein, indem Sie Longline- und Crossbälle spielen. Natürlich läßt sich die Topspin-Rückhand auch an der Übungswand gut trainieren.

Üben mit Partner

Begeben Sie sich in die Grundposition und lassen Sie sich vom Partner aus der Hand Bälle zuwerfen, die entsprechend hoch aufspringen. Laufen Sie rechtzeitig los, achten Sie auf Ihre Körperhaltung und schlagen Sie dann Ihre Topspin-Rückhand diagonal über den Platz, bevor Sie wieder hinter das Mittelzeichen zurückkehren. Tauschen Sie dann mit dem Partner, bis Sie beide den Schlag gut beherrschen. Dann versucht einer dem andern den Ball mit Topspin in dessen Rückhandecke zu schlagen. Anschließend spielen Sie sich abwechselnd mit Grund- und Topspin-Schlägen zu, wobei jeder ungefähr zehn Minuten lang Topspin-Schläge serviert, während der andere mit Grundschlägen pariert. Danach können Sie sich der rechts gezeigten Sequenz zuwenden, wobei der eine Vorhand- und Rückhand-Grundschläge cross schlägt und der andere mit Topspin-Vor- und -Rückhand entlang der Seitenlinie reagiert. Spielen Sie nach Punkten.

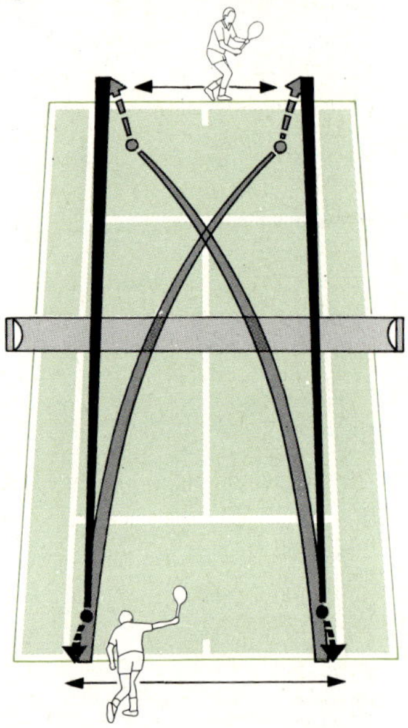

Der Einsatz der Topspin-Rückhand

Dieser Schlag gibt Ihnen die Möglichkeit, Angriffe zu kontern. Zum Beispiel, wenn der Gegner zum Netz geht, lassen sich Returns direkt vor dessen Füße plazieren. Oder Sie blocken einen Vorbereitungsschlag ab, der Sie weit in die Rückhandecke getrieben hat.

Die Topspin-Alternative setzt den Gegner unter Druck, da er nie genau weiß, wo der nächste Ball aufkommt. Hüten Sie sich aber vor zu kurzen Bällen. Schlagen Sie die Bälle mit so viel Schwung, daß der Ball nach dem Aufprall schnell und weit abspringt.

A Entlang der Seitenlinie
B Ein vor die Füße gespielter Return
C Crossball

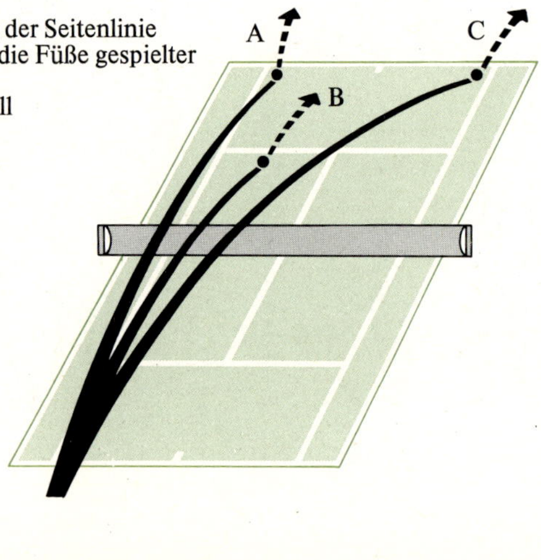

***Hank Pfister** schlägt eine Rückhand mit starkem Topspin. Die extreme Körperspannung zeigt, wieviel Schwung in die steile Vorwärts-Aufwärts-Bewegung hineinverlegt wurde. Das Gewicht ruht voll auf dem vorderen, rechten Fuß, während der linke Arm den aggressiven Aufschlag-Return aus dem rechten Aufschlagfeld ausbalanciert. Der hohe Ausschwung über dem Kopf zeugt von dem starken Topspin, der dem zum Netz vorgehenden Aufschläger den Ball direkt vor die Füße spielt.*

POINTS
40
40

Die Slice-Rückhand

Im Schlagrepertoire eines guten Tennisspielers darf die Slice-Rückhand auf keinen Fall fehlen. Doch selbst wenn Sie den Schlag so gut wie Ken Rosewall beherrschen, kann er nicht mehr sein als eine nützliche Variante Ihres Rückhand-Grundschlags bzw. Ihrer Topspin-Rückhand; auf keinen Fall aber deren Ersatz.

Ein mit starkem Rückwärtsdrall geschlagener Ball (vgl. S. 42) tendiert dazu, in der Luft »stehenzubleiben«. Wird er nicht flach zurückgeschlagen, verliert er den Schwung nach vorn. Diese Merkmale charakterisieren einen defensiven Schlag, wie er für die Rückhandseite typisch ist. Trotzdem hat er im klassischen Tennis, vor allem bei den Damen, seinen Platz behaupten können, im Gegensatz zur Slice-Vorhand. Die britischen Wimbledon-Champions Ann Jones und Virginia Wade setzten in ihren Glanzzeiten die unterschnittene Rückhand mit großem Erfolg ein. Auch die Amerikanerin Kathy Jordan verteidigt sich, wie viele andere Damen der Weltklasse, überzeugend mit der Slice-Rückhand.

Wie bei der Slice-Vorhand (vgl. S. 56), wird der Ball durch einen von oben nach unten durchgezogenen Schlag, mit leicht geöffneter Schlagfläche, unterschnitten. Um lange, weiche Schläge mit Rückwärtsdrall zu parieren, schlägt man diese Bälle möglichst noch im Steigen zurück. Dadurch geht der Ball hart, flach und relativ nieder übers Netz. Niedere Bälle so retourniert, fliegen leicht übers Feld hinaus, es sei denn, man gibt ihnen noch Seitwärtsdrall (vgl. gegenüber).

Der Schlag in einzelnen Phasen

Wechseln Sie während der Seitwärtsdrehung zum Rückhandgriff. Der Schläger muß über die voraussichtliche Treffhöhe zurückgenommen werden, damit Sie von oben nach unten durchziehen können. Genau wie bei der Slice-Vorhand muß das Handgelenk beim Zurücknehmen stabil bleiben; das Durchziehen erfolgt mit gestrecktem Arm, und der Ball wird vor der vorderen Hüfte angenommen, wobei die untere Rahmenkante zum Netz weist. Der Schlag sollte weitgehend aus der Schulter geführt werden und der Ausschwung in Kopfhöhe enden.

1. Drehen Sie auf dem linken Fuß und nehmen Sie das Racket in Treffhöhe zurück.

2. Stellen Sie den rechten Fuß seitlich zum Ball und geben Sie den Schlägerhals frei.

3. Mit geöffnetem Schläger wird der Ball vor der vorderen Hüfte getroffen.

4. Behalten Sie während des Ausschwungs die Seitstellung bei; schwingen Sie relativ nieder aus.

Den Schlag verbessern

Die auf Seite 56 demonstrierte Schlagführung der Slice-Vorhand von oben nach vorn unten wiederholt sich bei der Slice-Rückhand. Der Ball unten zeigt, in welcher Richtung der dabei erzielte Drall wirkt. Um dem Schlag sowohl Rückwärts- als auch Seitwärtsdrall zu geben, muß die Schlagfläche in Pfeilrichtung, d.h. nach unten durch und um den Ball herum geführt werden. Dazu muß der Schläger mit geöffneter Schlagfläche, und zwar stärker gekippt als beim Grundschlag, zurückgenommen werden. Achten Sie darauf, daß der Schlägerkopf beim Ausschwung nicht nach unten kippt, sondern wieder nach oben schwingt.

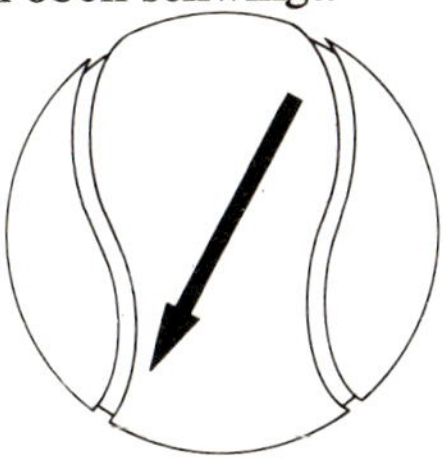

Eine Slice-Variante

Der leichte Seitwärtsdrall des Slice läßt den Ball relativ flach übers Netz gehen, wobei er eine leichte Kurve beschreibt. Dieser Schlag sollte von Ihnen eingesetzt werden, um im Spiel variieren zu können. Man kann dem Ball auch mehr Seitwärtsdrall geben, indem man ihn noch weiter vom Körper und innerhalb der Flugbahn schlägt. Auch dabei wird die Schlagfläche geöffnet, so daß die Saiten zugleich von oben nach unten und von außen nach innen über den Ballrücken gleiten, wodurch die Flugkurve noch weiter Richtung Netzmitte abweicht.

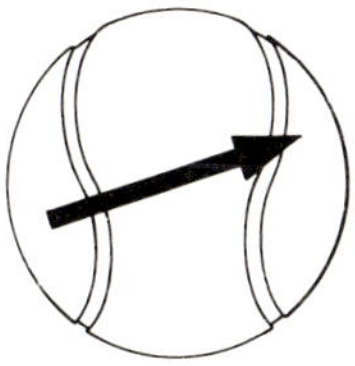

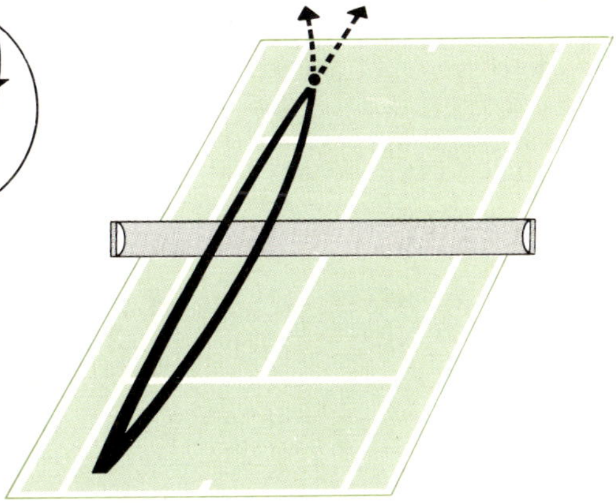

Allein üben

Üben Sie den Schlag auf dem Platz. Korrigieren Sie zunächst Ihre Schlägerführung durch reine Bewegungsübungen und bauen Sie jede Verbesserung in den Schlagablauf ein. Beachten Sie Ihre Schläge genau - sie müssen niedriger übers Netz als beim Grundschlag, flach und tief ins gegnerische Feld. Experimentieren Sie mit oben beschriebenem Slice, der weit Richtung Netzmitte abweicht, und beenden Sie jede Übungsstunde durch Schlagsequenzen, bei denen sich Slice und andere Rückhandvarianten abwechseln.

Üben mit Partner

Sobald man einen Grundschlag beherrscht, sollte man lernen, die Bälle im Korridor zu plazieren (auch Alley driving oder tramline hitting genannt). Der Korridor ist der Platzstreifen zwischen Einzel- und Doppelfeld. Während Sie auf einer Seite Ihre Slice-Rückhand üben, schlägt Ihr Partner, wie rechts gezeigt, mit anderen Vorhandschlägen wechselnd zurück. Es zählen nur die Bälle, die innerhalb des Korridors (Alley) aufkommen. Auf diese Art lassen sich sowohl Grund- als auch Topspin- und Slice-Varianten üben. Nach 15 Minuten wechseln Sie die Seite oder tauschen die Rollen. Versuchen Sie Ballwechsel mit jeweils zwanzig Schlägen.

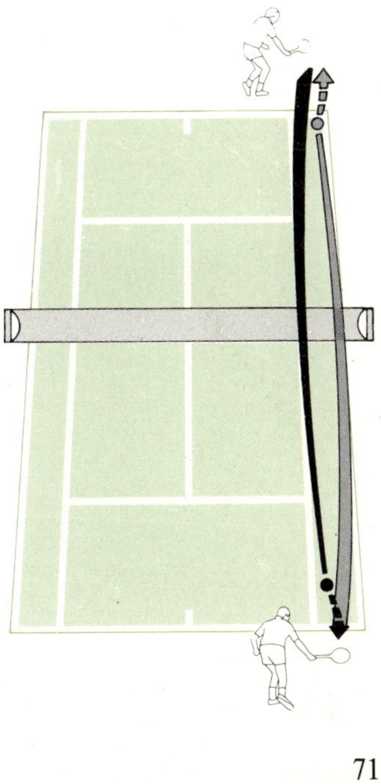

Der Einsatz der Slice-Rückhand

Die Slice-Rückhand stört vor allem den Schlagrhythmus beim Grundlinienspiel. Gut unterschnittene Bälle springen nach dem Aufprall kaum hoch. Benutzen Sie den Schlag bei steigenden, mit Topspin geschlagenen Bällen und versuchen Sie sie in Hüfthöhe zu treffen. Variieren Sie mit dem von außen nach innen geschlagenen Slice.
Genau wie die Slice-Vorhand kann auch die Slice-Rückhand bei kürzerem Ausholen als Vorbereitungsschlag eingesetzt werden (vgl. S. 214). Da er länger in der Luft bleibt, haben Sie mehr Zeit, ans Netz zu gehen und sich auf einen Volley vorzubereiten. Achten Sie darauf, daß Sie kürzere Bälle spielen. Vermeiden Sie, den Slice als Passierschlag einzusetzen (vgl. S. 208 f.); sein Rückwärtsdrall hält den Ball länger in der Luft, wodurch Ihr Gegner ihn leicht als Volley nehmen kann.

***Ken Rosewall** schlägt einen Slice entlang der Seitenlinie. Sein Ausschwung zeigt, daß der Ball auf einer fast flachen Flugbahn übers Netz ging. Das Handgelenk ist fixiert, der Schlagarm gestreckt.*

Übungssequenzen

Wenn Sie sich sowohl auf der Vor- wie auf der Rückhand bei Grund-, Topspin- und Slice-Schlägen sicher fühlen, sollten Sie unter Spielbedingungen trainieren. Dazu empfehlen sich folgende Schlagsequenzen.

Spieler 1	**Spieler 2**
Grundschlag	Slice
Topspin	Grundschlag
Slice	Topspin

Sequenz A
Spielen Sie, entsprechend der Spielsituation, entweder Vor- oder Rückhand, aber folgen Sie dabei der oben gezeigten Schlagsequenz.

Spieler 1	**Spieler 2**
Vorhand-Grundschlag	Slice-Rückhand
Topspin-Rückhand	Vorhand-Grundschlag
Slice-Vorhand	Topspin-Rückhand
Rückhand-Grundschlag	Slice-Vorhand
Topspin-Vorhand	Rückhand-Grundschlag
Slice-Rückhand	Topspin-Vorhand

Sequenz B
Spieler 1 spielt ausschließlich Longline-, Spieler 2 nur Crossbälle. Dabei folgen beide der links aufgezeigten Schlagsequenz und entwickeln unten demonstriertes Spielmuster.

Das Muster der Longline- und Cross-Schläge für Sequenz B

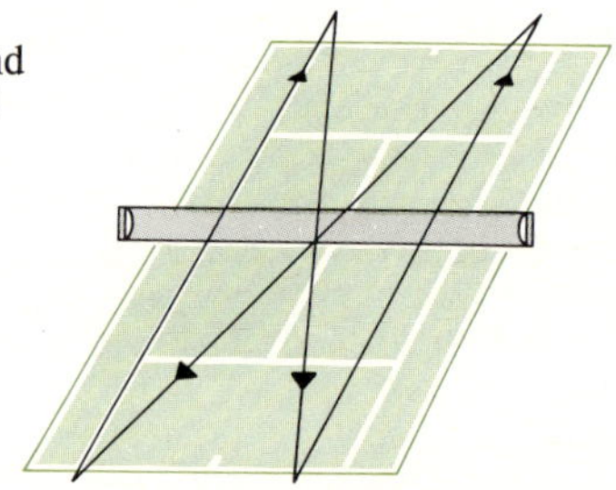

Der Rückhand-Chop

Der Rückhand-Chop ist mit dem Slice zu vergleichen, er ist jedoch kürzer und fester und gibt dem Ball noch mehr Rückwärtsdrall. Das Racket beschreibt (ähnlich wie ein Hackmesser) eine steile Kurve von oben nach vorn unten, wobei die geöffnete Schlagfläche dem Ball den starken Spin verleiht. Da sich die Eigenschaften des unterschnittenen Balls (vgl. S. 42) beim Chop noch stärker bemerkbar machen, d.h., er segelt besonders langsam durch die Luft und springt weich auf, ist sein Einsatz beim Grundlinienspiel sehr begrenzt. Den Chop nur verwenden, wenn der Gegner damit nicht zurechtkommt. Nehmen Sie außerdem nur Bälle, die über Netzhöhe ankommen, damit sie weit und hart zurückgeschlagen werden können. Nimmt man den Ball unter Netzhöhe, kann er nur noch weich geschlagen werden, damit er nicht ins Aus geht.

Den Schlag verbessern

Der Schläger muß beim Chop besonders hoch zurückgenommen werden, wobei die untere Rahmenkante in Richtung Netz weist. Insgesamt ist die Ausholbewegung kürzer als beim Slice, deshalb lockert man beim Durchziehen etwas das Handgelenk. Treffen Sie den Ball vor der vorderen Hüfte und ziehen Sie den Schläger leicht quer nach unten.

Durchziehen nach unten, schräg über den Ballrücken

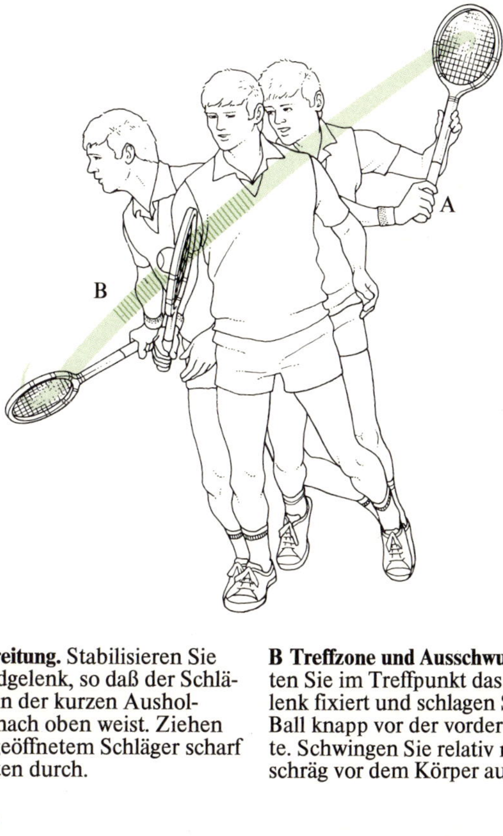

A Vorbereitung. Stabilisieren Sie das Handgelenk, so daß der Schlägerkopf in der kurzen Ausholschleife nach oben weist. Ziehen Sie mit geöffnetem Schläger scharf nach unten durch.

B Treffzone und Ausschwung. Halten Sie im Treffpunkt das Handgelenk fixiert und schlagen Sie den Ball knapp vor der vorderen Hüfte. Schwingen Sie relativ nieder, schräg vor dem Körper aus.

Der Einsatz des Rückhand-Chop

Genau wie der Vorhand-Chop sollte er beim Grundlinienspiel nur sehr sparsam verwendet werden, hauptsächlich zum Durchbrechen des gegnerischen Schlagrhythmus. Nur wenn Sie merken, daß der andere mit so geschlagenen Bällen nicht zurechtkommt, sollten Sie ihn häufiger einsetzen. In manchen Fällen ist ein Chop die richtige Reaktion auf hoch aufspringende, mit Topspin geschlagene Bälle; doch er muß in jedem Fall tief ins gegnerische Feld geschlagen werden. Zeigen sich während eines Spiels Ermüdungserscheinungen, ist es gut zu wissen, daß der Chop mit vergleichsweise wenig Kraft und nicht ganz so präziser Beinarbeit geschlagen werden kann. Der Rückhand-Chop sollte vor allem im defensiven Spiel eingesetzt werden oder um Topspin-Aufschläge (vgl. S. 200) abzuwehren. In dem Fall spielt man den Ball dem ans Netz gehenden Aufschläger direkt vor die Füße.

Die beidhändige Rückhand

Die mit beiden Händen geführte Rückhand wird vor allem von sehr jungen Spielern als natürlicher empfunden; außerdem gibt sie Ihrem Schlag mehr Effektivität und erleichtert den Topspin - wird behauptet.
Ein beidhändiger Griff wird immer die Entwicklung Ihrer Schlagtechnik beeinflussen (vgl. S. 39).
Die Führungshand umfaßt dabei das Griffende, die unterstützende Hand wird in dem unten gezeigten Griff darüber plaziert. Bei langen Bällen gibt sie den Griff frei.

Den Schlag verbessern

Die Schlagführung der beidhändigen Rückhand gleicht der des mit einer Hand gespielten Grundschlags. In der Treffzone verlangt sie eine besonders starke Schulterdrehung. Das rechts gezeigte Umgreifen findet während des Drehens aus der Grund- in die Seitstellung statt. Die meisten Doppelhänder haben in der Grundposition die unterstützende Hand nicht am Schlägerhals, sondern mehr in Griffnähe, wobei dieser bereits andeutungsweise mit dem Rückhandgriff umfaßt wird.
Beim Durchziehen des Schlägers an der linken Hüfte vorbei, senkt sich der Schlägerkopf in einer leichten Ausholschleife nach unten, bevor er nach oben »durch« den Ball gezogen wird. Auf diese Weise bekommt der Schlag genug Topspin, um ihn vor der gegnerischen Grundlinie auftreffen zu lassen. Verlagern Sie Ihr Gewicht beim »Aufschrauben« des Oberkörpers nach vorn. Im Treffpunkt müssen die Arme fast gestreckt sein. Der Ausschwung erfolgt ungefähr in Kopfhöhe.

Der beidhändige Rückhandgriff

Die Stützhand greift mit dem von Linkshändern benutzten »Eastern«-Vorhandgriff; sie liegt zwischen Daumen und Zeigefinger der unteren Führungshand (vgl. S. 35).

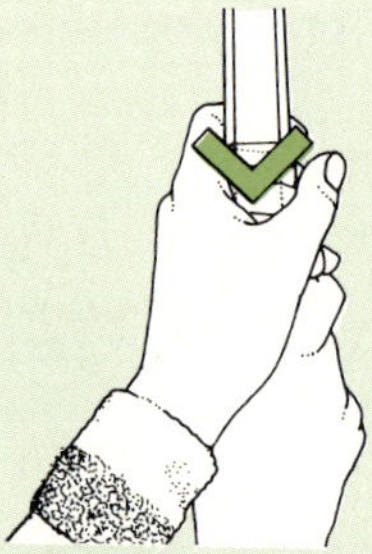

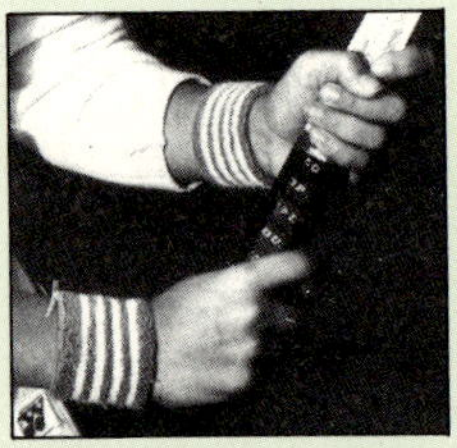

Grundstellung

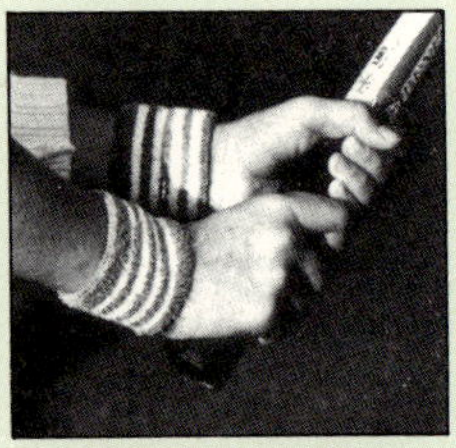

Nach dem Umgreifen zum Rückhandgriff

A Vorbereitung. Gehen Sie in Seitstellung, während Sie den Schläger in Treffhöhe zurücknehmen. Beschreiben Sie eine leichte Ausholschleife, verlagern Sie das Gewicht auf den vorderen Fuß und ziehen Sie vorwärts aufwärts durch.

B Treffzone. Treffen Sie den Ball mit stabilen Handgelenken und fast vertikaler Schlagfläche knapp vor der vorderen Hüfte.

C Ausschwung. Schwingen Sie in Schlagrichtung aus, Ihr Gewicht auf dem vorderen Knie. Der Ausschwung endet in Kopfhöhe.

Der Stopball (Dropshot)

Ein Stopball ist ein relativ kurzer Ball, der nach dem Aufspringen so übers Netz zurückgeschlagen wird, daß er unmittelbar dahinter, also weit entfernt von der Grundlinie, stirbt, d.h., nach dem Aufsprung abkippt und wegrollt. Dropshot-Grundschläge werden sowohl auf der Vor- wie auf der Rückhand mit Underspin bzw. Slice gespielt. Varianten davon sind der auf der folgenden Seite gezeigte Dink Shot und der Dump Shot. Alle Dropshots werden mit den gleichen Griffen gespielt wie die Treibschläge.

Vorhand-Dropshot

1. Aus einer Position vor der Grundlinie nehmen Sie den Schläger ungefähr in Treffhöhe zurück, genau wie beim Vorhand-Slice (vgl. S. 56).

2. Ziehen Sie die Schlagfläche abwärts hinter und unter dem Ball durch.

3. Schwingen Sie in Schlaghöhe relativ nieder aus.

Rückhand-Dropshot

1. Greifen Sie auf Rückhand um und nehmen Sie den Schläger wie für den Rückhand-Slice zurück (vgl. S. 70).

2. Führen Sie die Schlagfläche abwärts unter dem Ball »durch« und treffen Sie ihn in Hüfthöhe.

3. Beenden Sie die gleichmäßige Durchziehbewegung mit viel Gefühl und wenig Schwung in Schlagrichtung.

Der taktische Einsatz des Dropshots

Der Einsatz von Dropshots führt zu aufregenden und spannenden Spielsituationen, vor allem auf Grasplätzen, wo die Bälle schneller »sterben«. Ihr Erfolg beruht darauf, daß sie weder weit noch hoch aufspringen, so daß der Gegner den Ball erlaufen muß. Die Vorbereitung für den Dropshot entspricht der des Slice. Der Schlag ist deshalb vom Gegner nicht vorauszusehen. Nachdem Sie inzwischen mit den Topspin-Drives vertraut sind (vgl. S. 52 und 66), sollten Ihnen die sanft geführten Topspin-Vorhand und Rückhand-Dink-Shots eigentlich keine Schwierigkeiten bereiten. Den Dink Shot spielt man am besten – auch mit Under- bzw. Sidespin – in Nähe der Aufschlaglinie, d.h. im sogenannten Niemandsland, zwischen Aufschlag- und Grundlinie, (vgl. S. 195). Den Dump Shot dagegen setzt man in unmittelbarer Nähe des Netzes bei höheren Bällen ein, die sicher übers Netz geschlagen werden können. Das Gewicht wird dabei so gut wie nicht verlagert.

Vorhand-Dink-Shot

1. Postieren Sie sich nahe der Aufschlaglinie, drehen Sie auf dem rechten Fuß und nehmen Sie den Schläger leicht über Treffhöhe zurück.

2. Setzen Sie den linken Fuß parallel zum Ball und schwingen Sie von hinten unten vorwärts aufwärts durch. Sie liften (heben) den Ball und geben ihm Topspin.

3. Der Ausschwung endet schräg vor dem Körper, der Schlägerkopf bewegt sich in Richtung der linken Schulter.

Rückhand-Dump-Shot

1. Nehmen Sie den Schläger in Treffhöhe kurz zurück und greifen Sie zum Rückhandgriff um. Setzen Sie den rechten Fuß möglichst früh seitlich zum Ball.

2. Geben Sie den Schlägerhals frei und treffen Sie mit fast senkrechter Schlagfläche den Ball vor der vorderen Hüfte – er wird sozusagen gestoßen.

3. Der Ausschwung ist kurz; der Ball springt weder weit noch hoch, sondern fällt hinter dem Netz zu Boden.

Allein üben

Stellen Sie in einer Platzhälfte in 1,5 und 3 m Entfernung vom Netz auf den Seitenlinien jeweils zwei Zielmarkierungen auf. Begeben Sie sich mit einem Korb voller Bälle vor die Aufschlaglinie der anderen Platzhälfte. Dann schlagen Sie aus der Hand Vor- und Rückhand-Dropshots in Richtung der Zielmarken. Üben Sie so lange, bis 75 Prozent der Bälle weich zwischen dem Netz und der 1,5-Metermarkierung auftreffen - die restlichen vor der 3-Metermarkierung. Dann gehen Sie einen Meter zurück und schlagen den nächsten Korb voller Bälle auf dieselbe Weise. Und schließlich stellen Sie sich unmittelbar vor Ihre Grundlinie.
Wollen Sie an der Übungswand trainieren, markieren Sie den Boden 1,5 m davor durch eine Linie. Stellen Sie sich dann, wie gewohnt, 4,5 bis 6 m vor der Wand auf und schlagen Sie abwechselnd Drives und Dropshots, wie rechts gezeigt, wobei die Bälle bei letzteren wieder zwischen Wand und Bodenmarkierung aufkommen sollen.

Grundsätzliches beim Dropshot

Suggerieren Sie sich für Ihr Spiel, daß keiner Ihrer Stopbälle vor dem Netz aufkommen wird. Das wird zunächst bedeuten, daß Ihre Dropshots zwar sicher übers Netz gehen und Ihren Gegner zu schwachen Returns zwingen, aber nicht, daß Sie sofort Punkte erzielen. Das ist besser, als einen zu riskant geschlagenen Stopball im Netz zu landen. Grundsätzlich sollten Dropshots gegen nicht zu schnelle Bälle eingesetzt werden, wobei man den Stopball so weit wie möglich vom Gegner entfernt zu plazieren versucht. Steht der Gegner von beiden Platzseiten gleich weit entfernt, schlägt man den Ball über die Mitte des Netzes, das dort am niedrigsten ist. Dink und näher am Netz gespielte Dump Shots werden dem Gegner, der ans Netz geht, gefährlich, wenn man sie ihm direkt vor die Füße spielt.

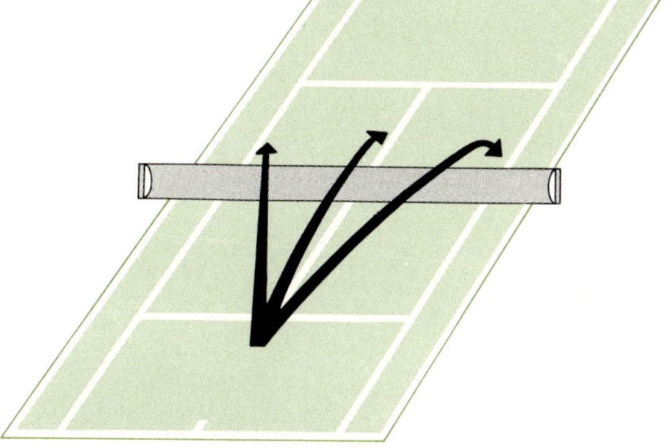

Seitlich und in die Platzmitte gespielte Stopbälle

A Ein Dump Shot
B Ein Dink Shot vor die Füße des Gegners

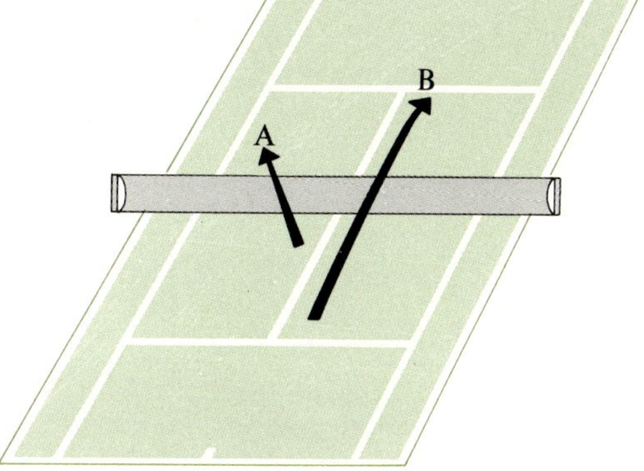

Der Halbflugball (Half-Volley)

Der Half-Volley ist meist ein Verteidigungsschlag. Der Ball wird knapp über dem Boden genommen, und man hat dabei den Eindruck, er würde Boden und Schlagfläche gleichzeitig berühren. Tatsächlich aber ist der Ball im Moment des Schlägerkontakts schon im Steigen begriffen. Theoretisch können Half-Volleys von jedem Platzsektor aus gespielt werden, nur sucht man sich die Position selten selbst aus, sondern wird meist im Niemandsland dazu gezwungen (vgl. S. 195).
Die Vor- und Rückhandversion des Half-Volleys, eines verkürzten Grundschlags, wird unten gezeigt. Dabei wird deutlich, daß man tief in die Knie gehen muß, um mit den Hüften in Ballhöhe zu kommen.
Obwohl man diesen Schlag wegen der Schwierigkeiten beim Timing als recht problematisch bezeichnen muß (bei manchen trägt er den Spitznamen »Schuß des faulen Mannes«), spielt er bei Einzel und Doppel eine wichtige Rolle. Man sollte ihn allein und mit Partner regelmäßig üben, sonst hat es im Match fatale Folgen.

Vorhand-Halbflugball

Rückhand-Halbflugball

Den Schlag verbessern

Die Ausholbewegung knapp über dem Boden ist recht kurz, wobei der Schlägerkopf in Höhe des Handgelenks geführt wird. Sowohl bei der Vor- wie bei der Rückhand muß man tief in die Knie gehen, während man auf dem hinteren Fuß dreht. Es gibt keine Ausholschleife, man verlagert sofort das Gewicht auf den vorderen Fuß. Die geöffnete Schlagfläche trifft den Ball weit vor dem Körper, unmittelbar nach dem Absprung vom Boden. Das Handgelenk bleibt fest. Der Ausschwung erfolgt genau in Schlagrichtung.

Unmittelbar vor dem Schlag
Das Timing beim Schlag eines Halbflugballs erfordert Erfahrung. Der Schläger muß den Ball knapp über dem Boden treffen.

Direkt nach dem Schlag
Der Ball wurde unmittelbar nach dem Aufprall getroffen.

Allein üben

Stellen Sie jeweils vor der Grundlinie, nahe der Ecken des Einzelspielfeldes – wie rechts zu sehen – und vor der Aufschlaglinie, auf halbem Weg zwischen Mittel- und Seitenlinie, ein Ziel auf. Gehen Sie dann mit Ihrem Ballkorb in die gegenüberliegende Platzhälfte und versuchen Sie, vor der Grundlinie Vorhand- und Rückhand-Halbflugbälle entlang der Seitenlinien auf die Eckziele zu schlagen. Gehen Sie tief in die Knie, während Sie kurz ausholen. Verlagern Sie Ihr Gewicht bei der nach vorn oben geführten Liftbewegung ebenfalls nach vorn. Üben Sie auf dieselbe Weise auch Crossbälle. Mit Ihrem nächsten Ballkorb gehen Sie einige Schritte nach vorn, zwischen Aufschlag- und Grundlinie, und wiederholen diese Übungen. Fühlen Sie sich auch in dieser Position sicher, stellen Sie sich an der Aufschlaglinie auf und spielen Sie Ihre Half-Volleys auf die Ziele der gegenüberliegenden Aufschlaglinie. Wieder abwechselnd mit Vor- und Rückhand. Je näher Sie dem Netz kommen, desto kürzer ist die Schlagbewegung und um so offener die Schlagfläche. Auch an der Übungswand lassen sich Technik und Timing des Half-Volley gut üben.

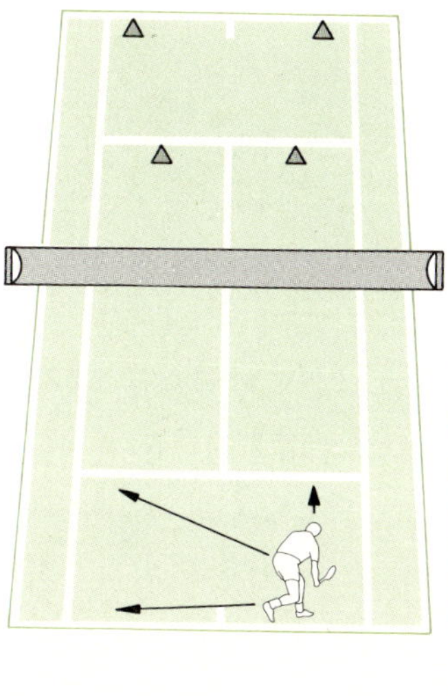

Üben mit Partner

Schlagen Sie aus einer Position unmittelbar vor der Grundlinie Ihrem am Netz plazierten Partner Vorhand-Halbflugbälle zu, er muß sie als Volley zurückspielen. Versuchen Sie zunächst, zehn-, dann zwanzigfache Ballwechsel zu erreichen. Nach zehn Minuten üben Sie auf dieselbe Weise Ihre Rückhand-Halbflugbälle, dann spielt Ihnen Ihr Partner mit variierten Schlägen Bälle auf die Vor- und Rückhand. Danach tauschen Sie die Rollen. Gehen Sie für eine weitere Übung beide zur Aufschlaglinie und spielen Sie sich von dort aus Halbflugbälle zu, bis Ihnen ein längerer Ballwechsel gelingt. Danach gehen Sie in Aufschlagposition, während Ihr Partner den Rückschläger macht. Glückt es ihm, Ihren Aufschlag so zurückzuschlagen, daß er Ihnen beim Vorgehen ans Netz vor die Füße fällt, parieren Sie mit einem Halbflugball. Üben Sie auch diese Sequenz zehn Minuten, bevor Sie die Rollen tauschen.

Der Einsatz von Halbflugbällen

Der Half-Volley ist die Rettung, wenn Sie beim Vorgehen ans Netz für einen Treibschlag nicht mehr und für einen Volley noch nicht in Position sind. Und es ist sehr viel besser, einen gut plazierten Halbflugball zu spielen als einen Treibschlag oder einen Volley zu erzwingen, für den man falsch steht.

Beim Einzel sollten Sie Half-Volleys entlang der nächsten Seitenlinie schlagen, vorausgesetzt, Ihr Gegner steht an der Grundlinie (rechts). Auf diese Weise können Sie beim Vorgehen ans Netz jede Art von Rückschlag abdecken. Geht Ihr Gegner ebenfalls ans Netz, versuchen Sie ihm den Halbflugball direkt vor die Füße zu spielen.

Beim Doppel müssen Sie vermeiden, dem am Netz stehenden Gegner Halbflugbälle auf den Schläger zu spielen. Schlagen Sie die Halbflugbälle in solchen Fällen cross.

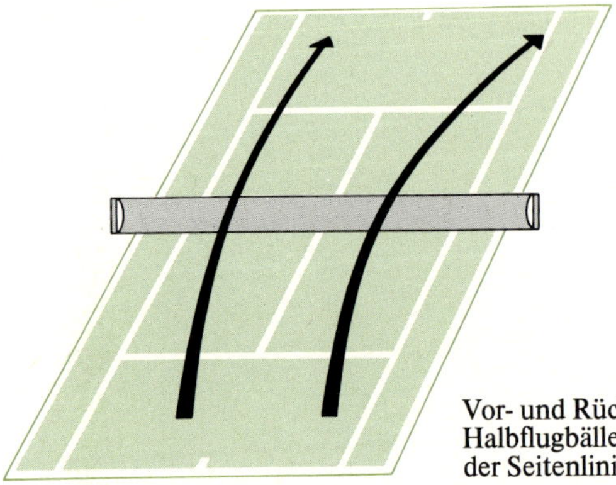

Vor- und Rückhand-Halbflugbälle entlang der Seitenlinien

Halbflugbälle vor die Füße des Gegners gespielt

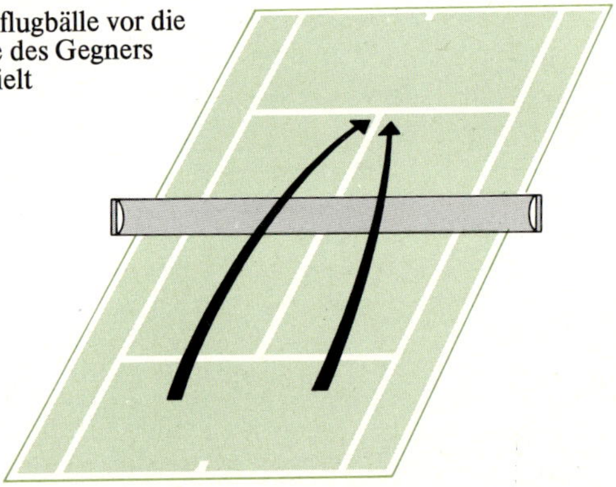

Martina Navratilova hat mit einem eleganten Vorhand-Half-Volley einen nieder und knapp hinter dem Netz aufgetroffenen Ball zurückgeschlagen. Die tief gebeugten Knie und die knapp über dem Boden geführte Bewegung mit festem Handgelenk bezeugen ihre absolute Kontrolle. Der Ball geht, scharf von ihr beobachtet, an der niedrigsten Stelle diagonal übers Netz. Kommt er kurz genug hinter dem Netz auf, gewinnt sie wieder die Initiative – wenn nicht gar einen Punkt.

Den eigenen Stil entwickeln: Grundschläge

John McEnroe bereitet sich auf eine aggressive Topspin-Rückhand vor. Er benutzt modifizierte Formen der »Eastern«- und »Continental«-Griffe, die ihm erlauben, je nach Situation mit stabilem oder flexiblerem Handgelenk zu schlagen. Viele Spieler verwenden ähnliche Kombinationen.

Der Vorhand-Treibschlag

Jeder Spieler entwickelt einen Stil, der durch die erlernten Griffe und Techniken sowie seine individuelle physische und psychische Veranlagung bestimmt wird. Die durch »Eastern«- und »Continental«-Griffe bestimmte Vorhand zeigt sich im Stil von Evonne Cawley, Jimmy Connors, John McEnroe und Chris Lloyd. Der »Western«-Griff erfordert sehr viel Kraft und empfiehlt sich nur bei Platzoberflächen, auf denen der Ball hoch springt. Der flachere Treibschlag von Connors unterscheidet sich deutlich vom gelifteten Drive Vitas Gerulaitis'. Beide Schläge jedoch sind hart und kontrolliert.

Stilunterschiede

Die unten von Evonne Cawley und Sue Barker demonstrierten »Eastern«- bzw. »Western«-Vorhandgriffe zeigen, wie viel frontaler der Spieler bei letzterem zum Netz steht; außerdem wird der Ball höher und näher am Körper geschlagen.

Sue Barker

Evonne Cawley

Martina Navratilova nach einer kräftigen Cross-Vorhand. Sie benutzt einen modifizierten »Eastern«-Griff und hat den Körper ganz unter Kontrolle. Sie gibt durch eine Bewegung des Handgelenks im Treffpunkt dem Schlag noch mehr Geschwindigkeit.

Sue Barker zeigt eine mit »Western«-Griff gespielte Vorhand, bei der der Schlägerkopf unter der Höhe des Handgelenks nach vorn schwingt. Zur besseren Kontrolle ist der Zeigefinger etwas mehr abgespreizt. Sie schlägt sehr schnell und mit starkem Topspin.

Bei **Brian Gottfried** liegt die Kraft des Schlages auf der hinteren Breitseite seines »Eastern«-Vorhandgriffs und verleiht seinem scharfen, wenn auch etwas verkrampften Vorhand-Return mehr Druck. Er hat den Ball unmittelbar vor der vorderen Hüfte getroffen, mit Kopf und linkem Arm balanciert er den Schlag aus.

Evonne Cawley hat bei ihrem modifizierten »Eastern«-Griff den Zeigefinger abgespreizt, was ihr hilft, den Schläger genau auf der Linie der Ballflugbahn durch die Treffzone zu schwingen. Sie muß weiter übertreten, als ihr lieb ist, und unterstützt mit dem linken Arm die Körperbalance.

Die Topspin-Vorhand

Die meisten Spitzenspieler schlagen ihre Vorhand mit Topspin, weil dadurch der Ball beim offensiven Spiel besser unter Kontrolle zu halten ist. Rod Laver und Björn Borg schlagen ihre vernichtenden Topspinbälle mit modifizierten »Continental«- bzw. »Western«-Griffen. Ebenso setzen aggressive weibliche Spieler, wie Virginia Wade und Martina Navratilova, ihn bei Passierschlägen und mit noch mehr Spin beim Grundlinienspiel ein. Für schnelle, kraftvolle Bälle ist eine korrekte Stellung wesentlich; ein zu schwacher Topspinball trifft zu kurz hinter dem Netz auf und springt relativ hoch – eine gute Chance für den Gegner. Beim Doppel ist die Topspin-Vorhand von besonderer Bedeutung, denn sie erlaubt relativ riskante Crossbälle. Außerdem lassen sich mit ihrer Hilfe dem zum Netz vorgehenden Aufschläger die Bälle direkt vor die Füße spielen.

Guillermo Vilas spielt die mit gebeugtem Ellbogen etwas verkrampft wirkende Topspin-Vorhand auf der Grundlage der »Western«-Technik. Er serviert dem Gegner einen hoch aufspringenden Ball, der nur schwer zu meistern ist. In diesem Fall mußte er ihn näher als üblich am Körper schlagen.

Vitas Gerulaitis umläuft seine Rückhand, um diese Topspin-Vorhand schlagen zu können. Bei seinem »Eastern«-Griff ist der Arm gestreckter und schwingt höher aus als bei der von Vilas gezeigten »Western«-Variante. Außerdem steht er beim Ausschwung viel seitlicher.

Stilunterschiede

Die Unterschiede zwischen einem »Eastern«- bzw. »Western«-Griff zeigen sich vor allem im Ausschwung. Gerulaitis, der einen »Eastern«-Griff benutzt, schwingt hoch und vor der linken Schulter aus. Die Schlagfläche ist geschlossen. Vilas, der den »Western«-Griff anwendet, steht im Ausschwung frontaler zum Netz. Der Schlägerkopf schwingt mit geschlossener Schlagfläche schräg vor dem Körper aus, und zwar wesentlich niedriger.

Vitas Gerulaitis

Guillermo Vilas

Die Slice-Vorhand

Wie Evonne Cawley und andere Spitzenspieler gezeigt haben, bleiben der Vorhand-Slice und -Chop auch im modernen Tennis wirksame Grundschläge, die jeder fortgeschrittene Spieler beherrschen sollte. Diese Schläge sind besonders wichtig, um Aufschläge zu retournieren, außerdem hat der leicht zu spielende Slice schon manchem erschöpften und unter Druck gesetzten Spieler geholfen, Zeit bzw. wieder Kraft zu gewinnen.

Virginia Wade stellt sich auf eine aggressiv gespielte Slice-Vorhand ein. Der Schläger ragt steil nach oben und ist so geöffnet, daß der Ball sowohl Rückwärts- wie Seitwärtsdrall bekommt. Beim Durchschwung wird das Körpergewicht auf das vordere Knie verlagert und der Ball in Höhe der linken Hüfte getroffen.

Der Rückhand-Treibschlag

Die Weiterentwicklung dieses Schlags führte vor allem zu einem ausgewogeneren Grundlinienspiel. Mit dem »Eastern«-Rückhandgriff wird eine mit stabilem Handgelenk geführte kürzere Durchziehbewegung möglich, die besonders bei aggressiven Gegnern eine gute Ballkontrolle garantiert. Seine besonderen Qualitäten als Verteidigungsschlag erlauben den vollen Einsatz von Chop- und Slice-Varianten.

Adriano Panatta, der den »Eastern«-Griff anwendet, hat die Schulter des linken Arms nach hinten gedreht. Das Racket schwingt vorwärts aufwärts durch – der geliftete Schlag wird den fallenden Ball genau am richtigen Punkt treffen.

Arthur Ashe spielt einen klassischen Rückhand-Treibschlag, der dem Ball nur so viel Topspin verleiht, daß er unter Kontrolle bleibt. Ashe steht perfekt ausbalanciert auf dem hinteren Fuß, wobei seine linke Hand zeigt, wie man bei der Vorbereitung einer Rückhand den Schläger unterstützend führt.

Jimmy Connors benutzt bei seiner beidhändigen Rückhand zwei Vorhandgriffe. In diesem Fall mußte seine rechte Hand wegen des hohen Schwungs den Schläger freigeben.

Björn Borg umfaßt den Schläger mit einem »Eastern«-Rückhandgriff, während seine Stützhand einen linkshändigen »Eastern«-Vorhandgriff zeigt – ein idealer beidhändiger Rückhandgriff.

Chris Lloyd ist bekannt für ihren *Eastern backhand style.* Nur ihr beidhändiger Griff und die zusätzliche Körperdrehung weichen davon ab. Ihr mit stabilen Handgelenken geführter kräftiger Schlag kommt voll aus den Schultern.

Die Topspin-Rückhand

Spitzenspieler setzen die Topspin-Rückhand ein, um den Ball dem ans Netz gehenden Gegner vor die Füße zu spielen. Die Kontrollierbarkeit dieses Schlags und der Vorteil, Crossbälle in schärferem Winkel schlagen zu können, bieten taktisch viele Möglichkeiten. Dabei kann die auf der »Eastern«-Technik basierende Topspin-Rückhand gegen eine größere Palette von Bällen eingesetzt werden als die »Western«-Rückhand. Wichtig ist eine gute Seitstellung; denn wenn die Gewichtsverlagerung nach vorn nicht korrekt erfolgt, wird der Ball zu langsam und damit ein leichter Ball für den Gegner.

Guillermo Vilas zeigt wieder den mit stark gebeugtem Ellbogen geführten Ausschwung mit »Western«-Griff – diesmal auf der Rückhandseite. Er schlägt dabei mit dem Gewicht auf dem hinteren Fuß; der Schläger streicht von unten nach oben über den Ball.

Björn Borg in ziemlich offener Stellung zum Netz überrascht. Er muß nach dem Durchgang der Treffzone die linke Hand vom Schläger lösen, um die Schultern besser drehen zu können.

John Lloyd spielt auf dem hinteren Fuß einen mit »Eastern«-Rückhandgriff geschlagenen aggressiven Rückhand-Drive mit Topspin. Lloyd verfügt über eine besonders starke Rückhand, mit der er selbst dann noch Passierbälle schlägt, wenn er unter Druck ist und sich in der Defensive zu befinden scheint.

Ein improvisierter Angriff

Obwohl John Lloyd auf dem falschen Fuß steht, hilft er sich, indem er den Schläger scharf nach oben durchzieht, wodurch der Ball so viel Topspin bekommt, daß aus der Verteidigung ein Angriff wird.

Sandy Mayer spielt zielsicher eine Topspin-Rückhand, und zwar mit einem modifizierten »Eastern«-Rückhandgriff. Er steht beim Schlag auf dem hinteren Fuß, verlagert aber bei der Drehung des Körpers einen Teil seines Gewichts nach vorn.

Die Slice-Rückhand

Seit Beginn der Tennis-Geschichte spielt die Slice-Rückhand eine wichtige Rolle. Dieser Schlag bietet mit seinen vielen Variationsmöglichkeiten für den Angriff nützliche Alternativen zur gelifteten und zur Topspin-Rückhand. Allerdings birgt er im Vergleich zu ihnen auch gewisse Risiken; denn der Ball muß fast die Netzkante berühren, um effektiv zu sein. Andernfalls kann ihn ein zum Netz vorgehender Gegner leicht für sich verwandeln. Die Slice-Rückhand ist leicht zu schlagen und kann in dieser Position auch defensiv eingesetzt werden. Schlägt man sie wie Ken Rosewall mit »Eastern«-Griff, d.h. mit fixiertem Handgelenk, sauberer Technik und perfektem Timing, könnte die Topspin-Rückhand fast überflüssig erscheinen. Doch selbst Weltklassespieler kämen nicht selten in Verlegenheit, verließen sie sich ausschließlich auf die Slice-Rückhand.

Evonne Cawley spielt eine aggressive Slice-Rückhand. Obwohl die Schlagfläche weit nach hinten gekippt ist, nähert sich der Schlägerkopf dem Ball in der Treffzone auf gerader Bahn. Der Ball wird vor dem vorderen Bein in Hüfthöhe getroffen, so daß die Durchziehbewegung nicht behindert wird.

Martina Navratilova hat aus einer Position unmittelbar vor der Grundlinie und nahe der rechten Seitenlinie eine Slice-Rückhand geschlagen, die den Ball zunächst in Richtung Netzmitte abweichen läßt. Der Ball wurde vor dem Körper, in Kniehöhe genommen und mit Spin als Drive entlang der Linie geschlagen.

Ein Slice mit Innenkurve

Beachten Sie die von oben nach unten und von außen nach innen geführte Durchziehbewegung des Schlägerkopfes. Der Ball wird zwar auch unterschnitten, wichtiger aber ist der Seitendrall, der ihn über dem Netz zur Platzmitte abweichen läßt, bevor er wieder in Richtung Seitenlinie fliegt und damit weg von der Rückhand des rechtshändigen Gegners. Diese von außen nach innen geschlagene Slice-Rückhand hat dem Ball vor allem einen nach dem Uhrzeiger rotierenden Drall gegeben, der ihn aus der Sicht des Rückschlägers von rechts nach links seitlich vom Platz springen läßt.

Der Stopball

Der Stopball (Dropshot) wird im modernen Tennis ungerechtfertigterweise vernachlässigt, obwohl er mit seinen taktischen Möglichkeiten, bei einem geringen Aufwand an Kraft, auch bei Spitzenspielen seine Berechtigung hat. Bei einem kraftvollen Grundlinienspiel überraschend eingesetzt, ermüden sie den Gegner und machen nicht selten in alarmierender Regelmäßigkeit Punkte. Der Dropshot kann wie jeder andere Schlag perfektioniert werden. Er sollte vor allem aus Positionen vor der Grundlinie gegen nicht sehr scharfe Drives eingesetzt werden. Die offene Schlagfläche sorgt für gute Kontrolle. So benutzten Jaroslaw Drobny 1954, Manuel Santana 1966 und Billie Jean King Stopbälle bevorzugt dazu, Rhythmus und Moral ihrer Gegner zu brechen. Von den jüngeren Spielern, die dabei sind, in die Weltklasse vorzustoßen, zeigt sich besonders Ramesh Krishnan als differenzierter Dropshot-Spieler. Dieser viel Gefühl erfordernde Schlag wird besonders gern mit der Rückhand geschlagen, aber auch auf der Vorhand ist er erfolgversprechend, falls sich Ihr Gegner hinter der Grundlinie verschanzt hat.

Vitas Gerulaitis schlägt mit viel Gespür und festem Handgelenk einen Dropshot mit der Rückhand. Im Ausschwung steht er perfekt ausbalanciert. Obwohl er unmittelbar vor der Grundlinie steht, kann er aufgrund seiner Schnelligkeit jeden Stopball erlaufen, den ihm sein Gegner eventuell zurückschlägt.

Ilie Nastase retourniert aus einer Position hinter der Aufschlaglinie einen niederen Ball mit einem phantastischen Dropshot. Sein vorderer Fuß ist weit in Richtung des Balls übergetreten, wobei er – wie für einen Flugball – tief in die Knie geht.

Ein unerwarteter Return

Nastase wird im Niemandsland durch einen flachen Linienball überrascht, wie unten gezeigt. Viele Spieler würden in einer solchen Situation in Panik geraten. Nastase aber, völlig unvorhergesehen, schlägt mit scharfem Winkel einen Cross-Dropshot. Der Ball landet unmittelbar hinter dem Netz, nahe der Seitenlinie, und setzt den Gegner an der Grundlinie außer Gefecht.

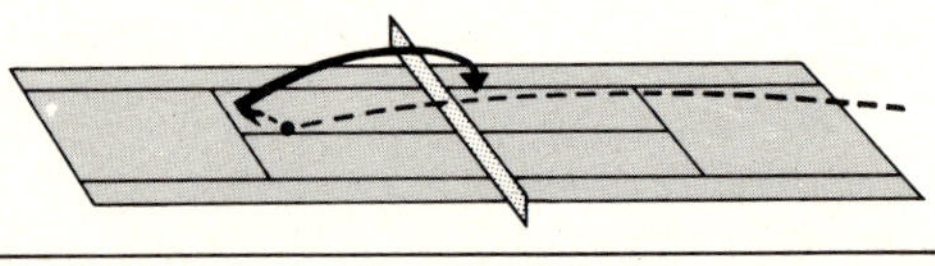

Anne Hobbs spielt diesen Dropshot gegen einen hoch auf sie zuspringenden Ball. Anstatt wie Nastase in die Knie zu gehen, springt sie hoch und schlägt den Ball mit Underspin zur besseren Kontrolle. Ihre linke Hand hilft ihr beim Ausbalancieren.

Der Halbflugball (Half-Volley)

Durch das Üben des Half-Volleys, eines Verteidigungsschlags, lernen Sie, den Ball früher zu nehmen. Allerdings ist es nicht empfehlenswert, Halbflugbälle zu spielen, wenn der Ball auch als Flugball zurückgeschlagen werden kann. Oft wird der Half-Volley beim Doppel, wo perfektes Timing besonders wichtig ist, eingesetzt, um einen Ball noch im letzten Moment – vor dem zweiten Aufsprung – zu erreichen.

Bob Hewitt, oben, bekam überraschend den Ball vor die Füße gespielt. Aus der anscheinend ausweglosen Position spielt er unerwartet einen Half-Volley, der dem Gegner die Initiative sofort wieder nimmt.

Arthur Ashe, links, schlägt mit viel Gefühl einen Half-Volley; der Ausschwung erfolgt in Schlagrichtung. Durch diese Reaktion behält er die Initiative im Spiel.

Verschiedene Auswegmöglichkeiten

Ashe hat den Fuß weit nach vorn gesetzt, um sowohl Körperbalance wie Ballkontrolle zu behalten. Im Gegensatz zu ihm beugt sich Hewitt zurück, was ihn zwingt, die Schlagfläche extrem zu verkanten. Er schlägt aus der Verteidigung einen Half-Volley-Lob und überrascht damit den Gegner. Aus dieser Position spielt die Ballgeschwindigkeit keine große Rolle.

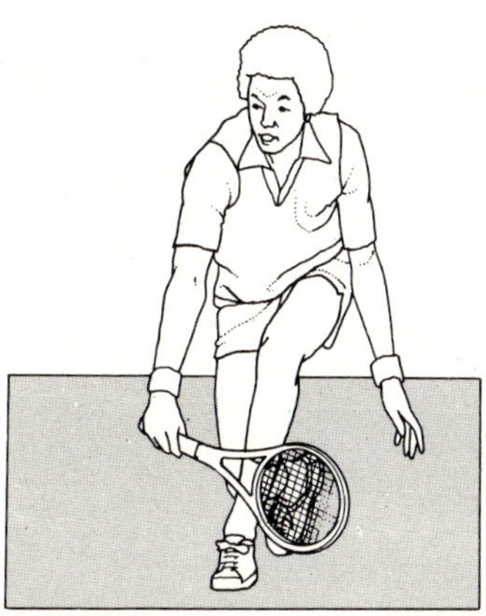

Arthur Ashe

Bob Hewitt

Vitas Gerulaitis bekommt beim Vorgehen ans Netz einen Aufschlag-Return vor die Füße gespielt. Er nimmt den Ball vor dem hinteren Fuß – also dem, der näher zum Ball steht –, wobei Handgelenk und Schlägerkopf in gleicher Höhe sind. Er muß entweder einen Stopball oder gezielt an die Grundlinie spielen, weil Connors sich auf einen kurz oder in die Mitte gespielten Ball vorbereitet.

Der Aufschlag (Service)

Ohne einen kräftigen und sicheren Aufschlag ist es unmöglich, einen guten Spielstandard zu erreichen.
Es gibt drei Aufschlagvarianten, die alle auf der elementaren Wurfbewegung (vgl. S. 33) basieren: den Grundaufschlag (auch gerader Aufschlag), den Topspin- oder Twist-Aufschlag und den Slice-Aufschlag. Wie ihre Namen andeuten, besteht der Unterschied in der Stärke des Spins und dem damit erzielten Effekt. Der Grundaufschlag läßt den Ball auf gerader Bahn, mit minimalem Spin ins gegnerische Aufschlagfeld fliegen. Für Anfänger ist er die leichteste Variante; wird er von einem versierten Spieler mit Schwung genau plaziert, ist er zugleich die schnellste. Der Topspin hat eine hohe Flugbahn und läßt den Ball nach dem Aufprall hoch und weit wegspringen. Der Slice-Aufschlag wird mit Seitwärts- (vgl. S. 42) und Vorwärtsdrall geschlagen; der Ball weicht dadurch während des Flugs und nach dem Aufprall seitlich ab. Jeder wird seinen Aufschlag nach seinen physischen Möglichkeiten und den jeweiligen Spielerfordernissen wählen. Normalerweise verwendet man den Grundaufschlag für den ersten und den Topspin-Aufschlag für den zweiten Service.
Für Richtung, Rhythmus und Timing des Aufschlags ist die richtige Körperstellung von entscheidender Bedeutung. Als idealer Griff für den Aufschlag hat sich die »Continental«-Variante erwiesen; sie ermöglicht dem Handgelenk im Moment des Ballkontakts so viel Bewegung, um dem Ball noch zusätzlich Schwung und Spin geben zu können. Allerdings dürfte der »Eastern«-Vorhandgriff dem Anfänger beim Üben des Grundaufschlags bessere Ballkontrolle verleihen.

Die Ausgangsstellung für den Aufschlag

Die Füße stehen schulterbreit auseinander und seitlich zur Grundlinie. Der vordere Fuß ist ungefähr einen Ball breit von der Grundlinie und ca. 60 cm vom Mittelzeichen entfernt, die Knie sind leicht gebeugt.

Der richtige Griff für den Aufschlag

Der »Continental«-Griff (vgl. S. 39) ist wegen der relativ großen Bewegungsfreiheit des Handgelenks für den Aufschlag sehr geeignet (siehe rechts). Anfänger dagegen gibt der »Eastern«-Vorhandgriff (vgl. S. 38) bessere Ballkontrolle.

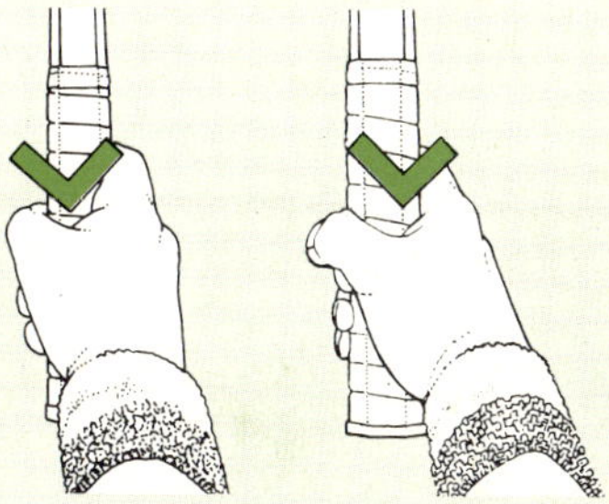

Wie man den Ball in die Hand nimmt

Wie man einen Ball hält
Halten Sie den Ball zwischen Daumen- und den vier Fingerspitzen.

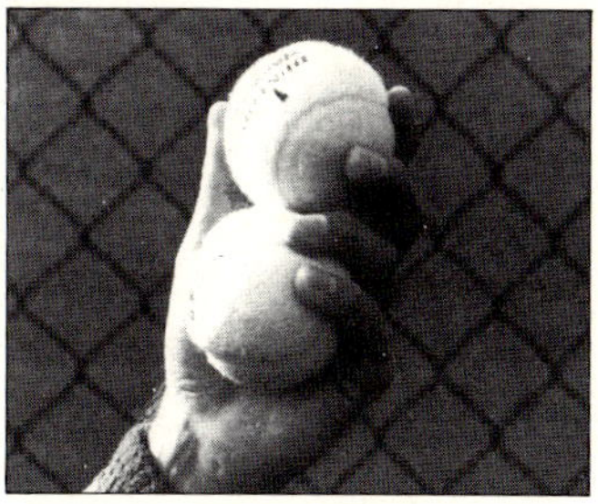

Wie man zwei Bälle hält
Den ersten mit Daumen, Zeige- und Mittelfinger, den zweiten mit Ring- und kleinem Finger.

Der gerade Aufschlag

Ein schneller erster Aufschlag ist mit die wirksamste Waffe im modernen Tennis. Roscoe Tanners erster Service mit seiner einzigartigen Kombination von Rhythmus, Schnelligkeit und Präzision ist dafür beispielhaft. Die notwendige Genauigkeit des ersten Aufschlags kann nur durch intensives Üben erreicht werden. Ein von einem 1,83 m großen Spieler knapp übers Netz geschlagener Aufschlag hat einen nur 30 Zentimeter breiten Zielstreifen im gegnerischen Aufschlagfeld. Da es nicht möglich ist, einen Ball ohne jeden Spin zu spielen, sollte Ihr Grundaufschlag einen leichten Topspin haben, um ihn etwas früher nach unten kippen zu lassen. Damit wird auch der Zielbereich etwas größer.

Auf jeden Fall müssen Körpergröße und Reichweite voll ausgenutzt werden. Serviert ein großer Spieler einen zu niedrig geworfenen Ball mit gebeugtem Arm, wird ihn ein Gegner, der diesen Fehler vermeidet, schlagen, auch wenn er 12 Zentimeter kleiner und 12 Kilogramm leichter ist.

Der Schlag in einzelnen Phasen

Begeben Sie sich in Aufschlagposition und konzentrieren Sie sich. Die Bewegung der Arme beginnt vor dem vorderen Fuß. Lassen Sie den Schläger nach unten am Körper vorbei und nach oben schwingen, bis der Wurfarm gestreckt ist und das Gewicht auf dem vorderen gebeugten Knie liegt. Den Ball erst werfen, wenn der Wurfarm völlig gestreckt und der Schläger mit nach unten weisender Schlagfläche ganz zurückgenommen ist. Beugen Sie den Ellbogen des Schlagarms und spannen Sie gleichzeitig das Handgelenk, um den Schlägerkopf nach oben zu führen. Wenn der Ball fällt,

1. Stellen Sie sich rechts vom Mittelzeichen in Position und nehmen Sie den Schläger mit dem »Continental«-Aufschlaggriff.

2. Verlagern Sie das Gewicht nach vorn und drehen Sie die Schulter des Schlagarms so, daß Schläger und Wurfarm eine Linie bilden.

3. Werfen Sie den Ball leicht rechts vor Ihnen in die Höhe. Beugen Sie den Schlagarm und zeigen Sie mit dem andern Arm in Richtung Ball.

4. Lassen Sie den Schläger hinter ihre linke Schulter sinken. Sobald der Ball fällt, weicht der andere Arm seitlich nach unten aus.

Die Fußstellung

Eine entlang Ihrer Fußspitzen gezogene imaginäre Linie weist Richtung Zielbereich. Die vordere Fußspitze sollte auf den schräg gegenüberliegenden Netzpfosten weisen.

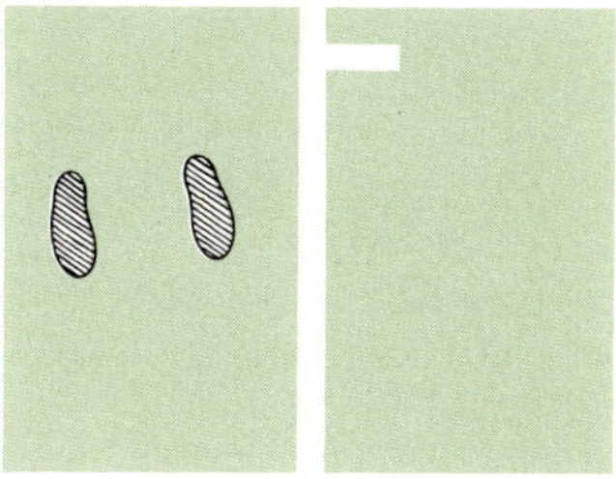

Das Werfen des Balls

Der Ball muß vor und leicht rechts über der vorderen Schulter, etwas höher als die Schlägerreichweite, geworfen werden, so daß er erst getroffen wird, wenn er 10 cm gefallen ist. Lassen Sie den Ball erst los, wenn der Wurfarm voll gestreckt ist und man von seinem Handgelenk über die Schultern und entlang des Schlagarms bis in die Spitze des Schlägerkopfs eine Diagonale ziehen könnte.

lassen Sie den Schläger hinter ihrem Rücken in Schlagposition sinken. Die Beine strecken sich, das Gewicht wird nach oben und vorwärts in den Schlagarm hineinverlagert, der den Schlägerkopf nach vorn »in den« Ball schleudert.

5. Strecken Sie die Beine, während der Schlägerkopf nach oben schnellt, um den Ball etwa 10–15 cm unterhalb des Scheitelpunkts zu treffen.

6. Schlagen Sie den Ball mit gestrecktem Arm und dem Körpergewicht auf dem vorderen Fuß.

7. In dem Augenblick, in dem der hintere Fuß den vorderen passiert, schwingt der Schläger in Richtung Zielbereich durch.

8. Der Schläger schwingt links nach unten aus, der rechte Fuß sucht wieder festen Stand, um ausbalancieren zu können.

Den Schlag verbessern

Es ist wichtig, die einzelnen Phasen des Aufschlags in einen schwungvollen und flüssigen Bewegungsablauf zu bringen. Die Schlagvorbereitung besteht aus dem Zurück- und Hochnehmen des Schlägers in die Wurfposition zwischen den Schulterblättern, während der Ball in die Höhe geworfen wird. Halten Sie Ihren Ellbogen hoch und den Arm sowie den Schläger vom Körper weg. Das ist die Vorbereitung für die Schleuderbewegung Richtung Ball, die rechts demonstriert wird. Bei Annäherung an den Ball muß der Schlägerkopf seine maximale Geschwindigkeit erreichen.

Das Zurücknehmen
Beim Zurücknehmen des Schlägers muß am Ende der Bewegung die vordere Schlagfläche in Richtung Boden zeigen.

A Ausgangsstellung. Schieben Sie die vordere Hüfte vor und verlagern Sie Ihr Gewicht auf das gebeugte vordere Knie, um den vorderen Fuß zu stabilisieren.

B Die Schulter beim Aufschlag. Die Schulter des Schlagarms dreht sich mit und gibt dem hochschnellenden Schläger mehr Kraft. Dreht man sie zu früh oder zu spät, wird der Schlag den Schwung verlieren.

C Treffzone. Heben Sie den Kopf und behalten Sie den Ball im Auge. Beim Schlag schnappt das Handgelenk nach vorn; der Schlägerkopf geht nach oben, dann »durch« und über den Ballrücken.

D Ausschwung. Lassen Sie den Schläger an Ihrem linken Bein vorbei nach unten ausschwingen. Der Schwung des Schlags bringt Sie nach vorn auf den rechten Fuß, der die Grundlinie übertritt.

Rhythmus und Timing

Der Rhythmus Ihres Aufschlags beeinflußt direkt das Timing und damit seine Effektivität. Obwohl ein gleichmäßiger Rhythmus wesentlich ist, sollte nach dem Hochnehmen des Schlägers – also bevor der Schlägerkopf in die Wurfposition gesenkt wird – ein Gefühl des Pausierens eintreten. Ist die Wurfposition zu früh erreicht, muß der Schläger zu lange an diesem Punkt verharren, wodurch die Spannkraft für die Schleuderbewegung verlorengeht. Falls die Zeit nicht ausreicht, den Schlägerkopf in die Wurfposition zu bringen, müssen Sie den Ball höher werfen.

Ich fördere den Rhythmus der Aufschlagbewegung durch das Wiederholen bestimmter Kommandos, die sich dem individuellen Schlagrhythmus meiner Schüler anpassen. Zum Beispiel: »RUNTER, HOCH und SCHLAGEN«, wobei »HOCH« und »SCHLAGEN« besonders betont werden. Man kann sich auch selbst befehlen: »RUNTER«, während man den Schläger nach unten führt; »HOCH«, wenn man ihn zusammen mit dem Hochwerfen des Balls hochnimmt; das »UND« sollte dann mit dem Gefühl des Pausierens in jenem Moment zusammentreffen, in dem der Ball den höchsten Punkt erreicht hat und der Schlägerkopf in eine Wurfposition sinkt; und »SCHLAGEN«, wenn der Schläger hochschnellt.

Allein üben

Der Aufschlag läßt sich auch gut an der Übungswand trainieren. Stellen Sie sich dazu 4,5 bis 6 m davor auf und peilen Sie einen Punkt in Netzhöhe an. Konzentrieren Sie sich auf jede einzelne Phase des Schlags, während Sie servieren. Versuchen Sie Ihren Schlag so zu timen, daß Sie den Ball in der Mitte des Schlägerkopfes treffen.
Auf dem Platz markieren Sie mit Ballschachteln, Schlägerhüllen oder Büchsen in jeder der Vor- und Rückhandecken des rechten und linken Aufschlagfelds Ziele. Markieren Sie auf dieselbe Weise auch die Mitte der beiden Aufschlaglinien. Dann nehmen Sie hinter der gegenüberliegenden Grundlinie, rechts vom Mittelzeichen, Aufstellung und servieren Sie zunächst die Hälfte Ihrer Bälle ins rechte Aufschlagfeld, wobei Sie jedes der drei Ziele der Reihe nach anvisieren, beginnend in der Rückhandecke eines imaginären rechtshändigen Rückschlägers. Nach dem Wechsel auf die andere Seite der Grundlinie, links vom Mittelzeichen, schlagen Sie den Rest Ihrer Bälle in derselben Reihenfolge in das linke Aufschlagfeld.

Die Übungswand
Beim Trainieren an der Übungswand sollten die Bedingungen möglichst wie beim Spiel sein. Markieren Sie deswegen nicht nur die Netzhöhe, sondern auch das Band in der Mitte des Netzes, damit Sie die beiden Aufschlagfelder unterscheiden können.

Das Aufschlagen in Zielbereiche
Mit der rechts skizzierten Übung läßt sich der Aufschlag weiter verbessern, wobei Sie Ihre Fortschritte genau verfolgen können. Führen Sie Buch über die Zahl Ihrer Treffer und konzentrieren Sie sich dann auf die Ziele, die Sie am häufigsten verfehlen.

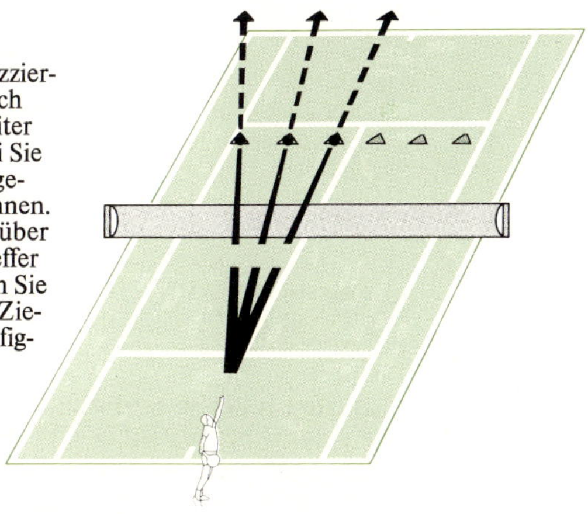

Das Werfen des Balls

Stellen Sie sich rechts vom Mittelzeichen in Aufschlagposition, nachdem Sie eine Schlägerhülle ca. 30-35 cm vor die Grundlinie gelegt haben, und zwar an die Stelle, wo der Ball nach dem Hochwerfen aufträfe, würde er nicht geschlagen. Üben Sie zunächst die erste Hälfte des Bewegungsablaufs: Werfen Sie den Ball leicht rechts vor der Schulter des gestreckten Schlagarms so hoch, daß Sie ihn mit dem Schläger gerade noch erreichen könnten. Versuchen Sie den Ball so loszulassen, daß er möglichst wenig rotiert, und lassen Sie ihn so lange vor sich zu Boden fallen, bis er regelmäßig auf der Schlägerhülle landet.
Sobald Sie sich sicher fühlen, kombinieren Sie das Hochwerfen mit dem gesamten Schlagablauf.

Die Fußfehler

Der häufigste Fußfehler ist der, daß ein Spieler beim Aufschlagen mit dem vorderen Fuß die Grundlinie berührt. Ursache ist, daß die Füße in der Aufschlagposition zu nahe nebeneinander stehen oder daß das Gewicht zu spät in den Schlag hineinverlegt wird. Verlagert man es dagegen zu früh, besteht die Gefahr, daß der hintere Fuß zu schnell nach vorn kommt und vor dem Schlagen des Balls die Grundlinie berührt oder gar übertritt. Versuchen Sie bei einer Reihe von Übungsschlägen ganz bewußt, den hinteren Fuß auf dem Boden zu halten und den Ball sehr knapp vor sich in die Höhe zu werfen. Durch falsches Timing bei der Gewichtsverlagerung kann es passieren, daß der Spieler mit beiden Füßen die Grundlinie zu früh übertritt.

Vorderer Fuß

Hinterer Fuß

Beide Füße

Der Einsatz des geraden Aufschlags

Ein sicherer erster Aufschlag ist ein bedeutender Vorteil beim Match, vorausgesetzt, der Ball kommt schnell und präzise. Wer sich zu häufig auf den zweiten Versuch verläßt, übt damit weniger Druck auf den Gegner aus als auf sich selbst. Versuchen Sie, ungefähr 70 Prozent Ihrer ersten Aufschläge durchzubringen. Am Beispiel der Spitzenspieler läßt sich beobachten, daß man dies am besten erreicht, wenn man den ersten Service nur mit drei Vierteln seiner Kraft schlägt. Diese Aufschläge sind mehr gefürchtet als ein Spieler, der jeden seiner ersten Aufschläge mit Gewalt übers Netz donnert, aber nur jeden fünften oder sechsten davon ins Ziel bringt. Dabei wird zu viel physische und psychische Energie verschleudert.

Ihr erster Aufschlag muß vor allem schnell sein, da sonst Flugbahn und Treffzone des Balls vom Gegner zu leicht vorausberechnet werden können. Deshalb sind »schnelle Plätze«, besonders Rasenplätze, ideal für den ersten Aufschlag.

Sie müssen in der Lage sein, nach Belieben in die Vor- oder Rückhandecke der beiden Aufschlagfelder servieren zu können – oder direkt auf den Gegner. Nur so lassen sich seine Schwächen erkennen und ausnutzen, indem man immer wieder überraschend die Bälle anders plaziert. Die Richtung und Reichweite genau bestimmen zu können, ist wichtig.

Linkes Aufschlagfeld rechtshändiger Rückschläger

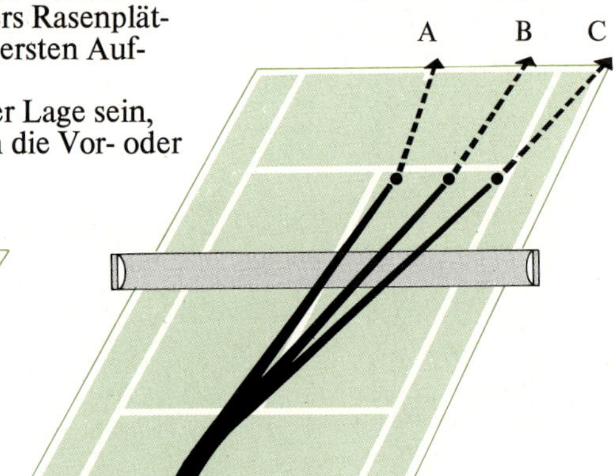

A Vorhand
B Körper
C Rückhand

Rechtes Aufschlagfeld rechtshändiger Rückschläger

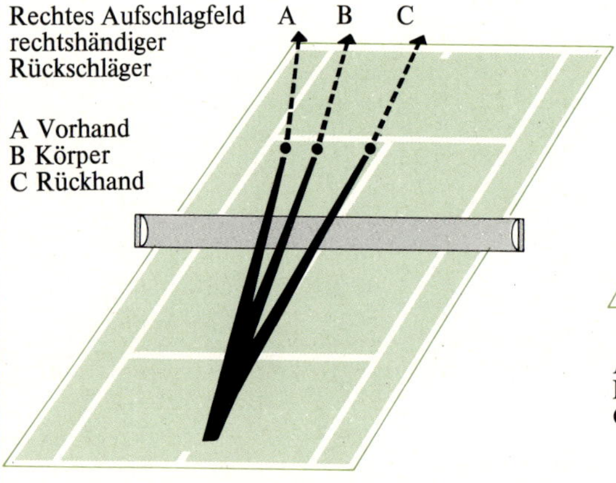

A Vorhand
B Körper
C Rückhand

***Roscoe Tanner** wirft (für ihn typisch) den Ball sehr nieder. Der Schläger muß erst in Wurfposition, bevor er attackiert. Beachten Sie, wie sich Tanner in das gebeugte vordere Knie »hineinlegt«, während die Schulter des Schlagarms so weit gedreht ist, um im richtigen Augenblick mit ganzer Kraft nach vorn zu schnellen.*

Der Topspin-Aufschlag

Meistert man erst einmal einen Topspin- (vgl. S. 42) oder Twistaufschlag, fühlt man sich wesentlich sicherer, weil der Ball aufgrund seiner verstärkten Rotation das Netz sehr viel höher überqueren kann und dennoch rechtzeitig abkippt. Geschwindigkeit und Spin des Balls können so überraschend variiert werden, daß der erste Aufschlag aggressiver und der zweite sicherer geschlagen werden kann.

Bei der Erlernung des geraden bzw. des Grundaufschlags war es ohne weiteres möglich, den »Eastern«-Vorhandgriff zu benutzen. Beim Topspin-Service sollten Sie aber von Anfang an den »Continental«-Aufschlaggriff verwenden. Die für den geraden Aufschlag erlernte Fußstellung muß leicht angepaßt werden, ebenso das Werfen des Balls und die Körperhaltung, so daß der volle Schwung in den Schlag hineinverlegt wird.

Die Schlagvorbereitung

Stellen Sie sich seitlich zur Grundlinie. Beim Grundschlag zeigte die imaginäre Linie zwischen ihren Fußspitzen in Richtung Zielbereich – beim Topspin-Aufschlag dagegen muß der hintere Fuß etwas weiter von dieser imaginären Linie weggenommen werden. Außerdem wird der Ball etwas höher als beim Grundschlag und direkt über der Schulter des Schlagarms plaziert.

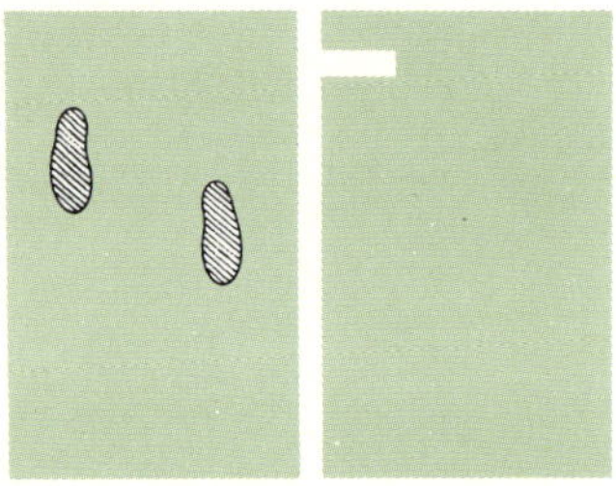

Das Werfen des Balls
Beim Topspin-Service ist es notwendig, noch tiefer in die Knie zu gehen und den Oberkörper noch weiter nach hinten zu biegen als beim Grundschlag, wie oben und links gezeigt.

Die Flugbahn

Die Kombination aus starkem Top- und etwas Sidespin läßt den Ball einen hohen Bogen beschreiben, wobei er das Netz in einer Höhe von bis zu 2 m überqueren kann, bevor er nach unten abkippt. Ein guter Topspin-Service wird – vom Rückschläger aus gesehen – den Ball nach dem Aufprall nach vorn links wegspringen lassen, sofern der Aufschläger Rechtshänder ist.

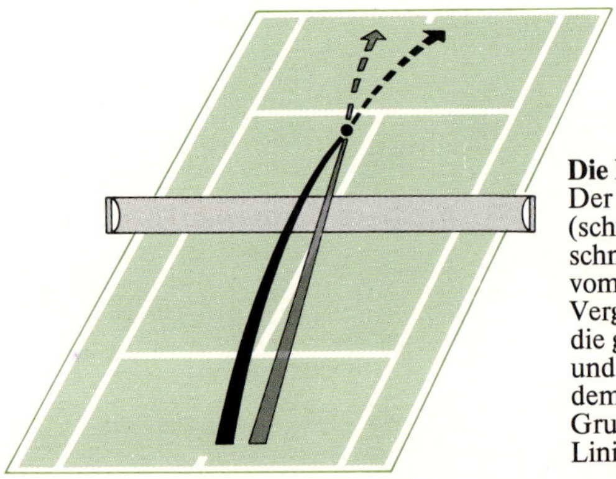

Die Flugbahn
Der Topspin-Service (schwarzer Pfeil) springt schnell und hoch links vom Rückschläger weg. Vergleichen Sie damit die gerade Flugbahn und die Richtung nach dem Absprung beim Grundschlag (graue Linie).

Der Schlag in einzelnen Phasen

Setzen Sie den Schlag ruhig und konzentriert an, wobei beide Arme zuerst kurz nach unten gehen. Während Sie das Gewicht auf das vordere Knie verlagern und den Ball in der Luft plazieren, schwingt der Schläger seitlich unten am Körper vorbei und die Schulter des Schlagarms dreht sich – weiter als beim Grundschlag – nach hinten. Beim Zurücklehnen bleibt das Handgelenk locker und der Schlagarm angewinkelt. Wenn der Ball fällt, sinkt der Schläger in Wurfposition zwischen die Schulterblätter. Deuten Sie mit dem freien Arm solange es geht in Richtung Ball. Strekken sie dann die Beine durch und schleudern Sie zur gleichen Zeit durch Strecken des Ellbogens und Nachvornschnappens des Handgelenks den Schlägerkopf nach vorn oben. Der hintere Fuß tritt nach vorn, während der Schläger zuerst nach oben und dann an Ihrer rechten Körperseite vorbei wieder nach unten schwingt.

1. Nehmen Sie den Schläger seitlich nach unten zurück und drehen Sie die Schulter des Schlagarms weit nach hinten, während Sie den Ball loslassen.

2. Verlagern Sie Ihr Gewicht auf das gebeugte vordere Knie und winkeln Sie den Schlagarm an.

3. Lassen Sie beim Zurückfallen des Balls den Schlägerkopf in die Wurfposition sinken.

4. Strecken Sie die Knie und schleudern Sie den Schlägerkopf, fast mit der Kante nach vorn, in Richtung Ball.

5. Das Handgelenk schnellt nach vorn, so daß die Schlagfläche von unten kommend den Ball blitzschnell trifft.

6. Nach der von unten nach oben und zugleich quer über die Ballrückseite geführten Schlagbewegung beschreibt der Schlägerkopf einen Bogen und schwingt dann rechts seitlich am Körper vorbei nach unten, während der hintere Fuß über die Grundlinie tritt.

Der Ausschwung
Der Ausschwung erfolgt rechts am Körper vorbei nach unten. Der hintere Fuß steht nach Beendigung des Schlags im Spielfeld, aber nicht ganz so weit vor der Grundlinie wie beim Grundschlag.

Den Schlag verbessern

Seitstellung beibehalten, während Sie zum Schlag ansetzen. Wenn sich der Schlägerkopf der Treffzone nähert, drehen Sie die Schlagschulter so in den Ball hinein, daß sich ihre Kraft in das Nachvornschnellen des Handgelenks, das den meisten Spin erzeugt, überträgt. Falls die Wurfschulter zu früh absinkt, dreht sich die Schlagschulter zu weit und führt damit die Schlagfläche zuerst über die Oberseite des Balls, so daß er ins Netz gedrückt wird.

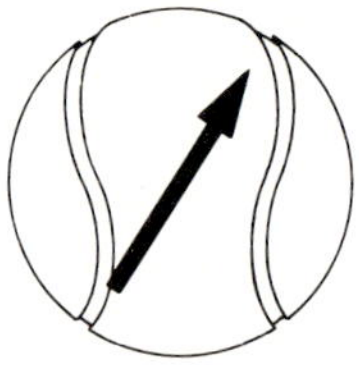

Die Schlagführung beim Topspin
Das Diagramm links zeigt, wie die Schlagfläche beim Topspin-Aufschlag im Vergleich zum geraden angewinkelt sein soll. Stellen Sie sich die Ballrückseite mit einem Zifferblatt versehen vor. Die Schlägersaiten müßten dann von der Sieben zur Eins gleiten, wie oben gezeigt, um starken Top- und etwas Sidespin zu erzeugen.

Der verstärkte Sidespin
Wollen Sie Ihre Angriffe variieren, geben Sie Ihrem Schlag mehr Sidespin. Die Schlagfläche muß den Ball von der Acht bis zur Zwei streifen. Dadurch springt er nach dem Aufprall seitlich weg.

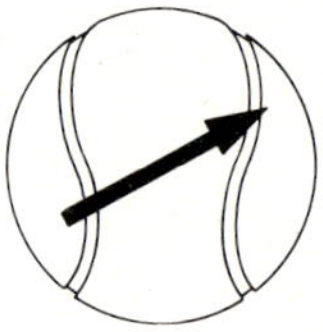

Üben mit Partner

Fühlen Sie sich rein technisch bei Ihrem Topspin-Service sicher, markieren Sie mit Klebeband die von Ihrer Aufschlagposition am weitesten entfernte Hälfte beider Aufschlagfelder. Servieren Sie dann je zwanzig Bälle in die markierte Zone. Ihr Partner notiert die Treffpunkte. Schaffen Sie es, sämtliche Bälle darin zu plazieren, unterteilen Sie die Aufschlagfelder immer weiter, bis Sie auf ein Achtel an die jeweiligen Platzecken herangekommen sind.

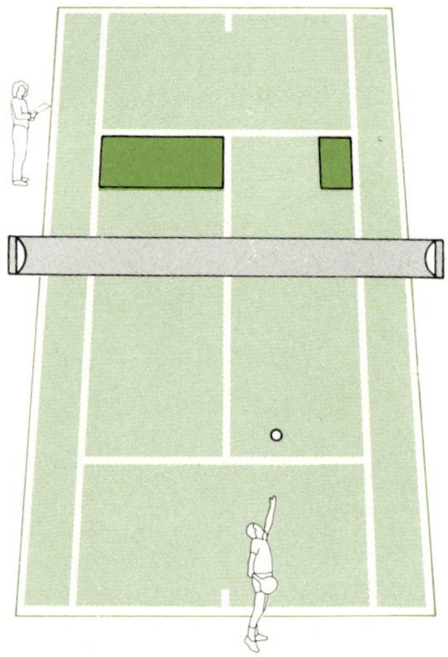

Allein üben

Sobald Sie mit der Schlagführung vertraut sind und das Gefühl haben, auf diese Weise den Ball mit aller Kraft schlagen zu können und ihn trotzdem sicher übers Netz zu bringen, machen Sie folgenden Versuch: Spannen Sie das Netz höher als vorgeschrieben und stecken Sie einige Schläger mit Hüllen so ins Netz, daß die Barriere noch höher wird – so wie unten gezeigt. Sie werden sehen, daß Sie selbst darüber einen sicheren Topspin-Aufschlag servieren können, bei dem der Ball noch rechtzeitig ins Aufschlagfeld abkippt.

Der Einsatz des Topspin-Aufschlags

Ein mit Topspin geschlagener Service ist die sicherste Aufschlagvariante. Fast alle Spitzenspieler benutzen im Einzel beim zweiten Versuch diesen Schlag. Beim Doppel servieren sie dagegen sowohl den ersten wie den zweiten Aufschlag mit Topspin, weil nur der für die Aufschlag-Volley-Attacken sicher genug ist (vgl. S. 204). Ein mit effektvollem Spin geschlagener zweiter Aufschlag erlaubt, den ersten Ball mit vollem Risiko nur auf Punktgewinn zu spielen. Auf jeden Fall können Sie sicher sein, daß Ihr Gegner Ihren zweiten Versuch nicht so leicht für sich verwandeln kann; zumindest wird er Probleme mit seinem Return haben.

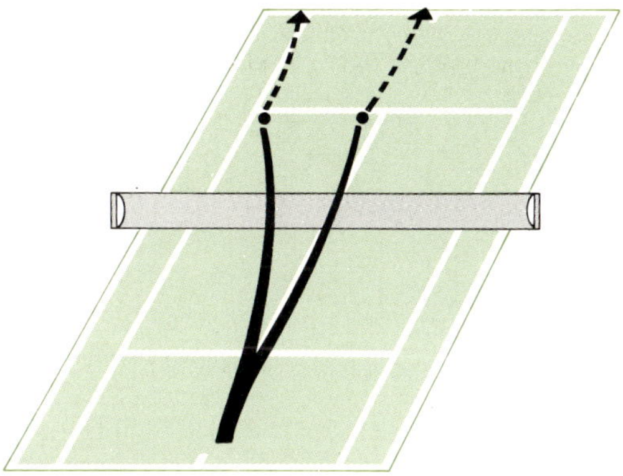

Topspin-Aufschläge ins rechte Aufschlagfeld

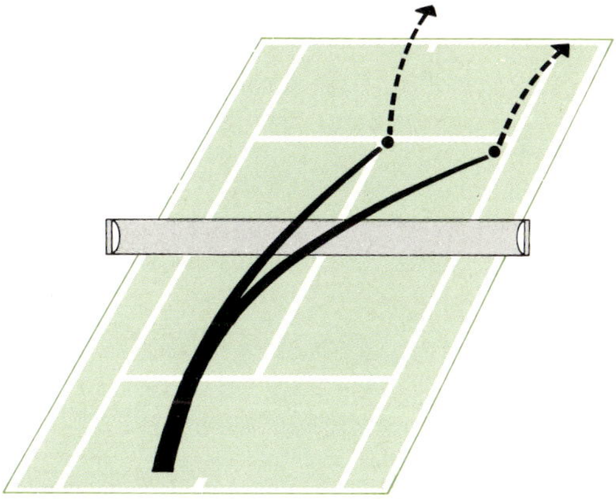

Topspin-Aufschläge ins linke Aufschlagfeld

***John Alexander** beendet einen aggressiven Topspin-Aufschlag mit dem ersten Schritt nach vorn ans Netz. Während der Durchziehbewegung beim Aufschlag hat er die Seitstellung beibehalten, und selbst beim Ausschwung kontrolliert seine linke Schulter noch den Grad der Körperdrehung zum Netz.*

Der Slice-Aufschlag

Er wird hauptsächlich mit Sidespin geschlagen (der den Ball seitlich wegspringen läßt), bekommt aber auch durch die von unten nach oben über den Ball geführten Saiten, wie bei allen Aufschlagvarianten, einen, wenn auch sehr leichten Topspin. Wegen seiner großen Zuverlässigkeit ist er beim zweiten Versuch eine gute Alternative zum Topspin-Aufschlag. Viele Spitzenspieler schätzen den Slice-Service, weil er den relativ nieder aufspringenden Ball noch weiter vom Rückschläger wegrotieren läßt. Falls man mit einem harten, geraden Aufschlag beim ersten Versuch zu wenig Bälle übers Netz bringt, kann man – ebenso wie den Topspin- auch den Slice-Aufschlag einsetzen. Dann allerdings schlägt man ihn mit mehr Schwung und weniger Spin. Wie John McEnroe und Evonne Cowley vorbildlich demonstrieren, ist so ein eingesetzter Slice-Aufschlag nicht nur zuverlässig, sondern auch erfolgreich.

Der Ball muß beim Slice-Service besonders genau in der Luft »plaziert« werden. Wie für den Topspin- sollte man auch für den Slice-Aufschlag den »Continental«-Griff benutzen.

Der Schlag in einzelnen Phasen

Die Aufschlagposition wird, wie auf der gegenüberliegenden Seite gezeigt, im Vergleich zum Grundaufschlag nur leicht verändert, indem man den hinteren Fuß etwas von der imaginären Ziellinie zurücksetzt. Der Ball wird rechts von der Wurfschulter und etwas näher am Körper als beim Grundschlag in der Luft »plaziert«. Der Schlägerkopf beschreibt in der Treffzone eine Kurve von rechts nach links. Wird der Ball aus der Wurfposition geschlagen, schnellt gleichzeitig das Handgelenk nach vorn und schleudert den Schlägerkopf, fast mit der Kante nach vorn, Richtung Ball, der etwas rechts und unterhalb der Mitte getroffen werden muß. Der Schläger schwingt nach unten aus.

1. »Plazieren« Sie den Ball rechts von der Wurfschulter und knapp vor dem Körper in der Luft.

2. Drehen Sie die Schlagschulter nach hinten und verlagern Sie das Gewicht auf das vordere Knie.

Der Ausschwung
Der Slice-Service endet ähnlich wie der Grundaufschlag mit dem Ausschwingen des Schlägers an der linken Körperseite vorbei nach unten.

3. Halten Sie den Ellbogen des Schlagarms hoch, während der Schlägerkopf tief in die Wurfposition sinkt.

4. Beim Strecken der Knie verlagert sich das Gewicht nach vorn oben, während der Schlägerkopf mit der Kante fast nach vorn Richtung Ball geschleudert wird.

Die Schlagvorbereitung

Wie das Foto unten zeigt, erfordert der Slice-Aufschlag gegenüber dem geraden Aufschlag nur relativ geringe Änderungen. Die Diagramme rechts und rechts unten verdeutlichen die Unterschiede. Wichtig ist, daß der hintere Fuß etwas weiter zurückgenommen wird als beim Grundaufschlag. Außerdem muß der Ball ungefähr 15 cm rechts von der Wurfschulter in der Luft »plaziert« werden.

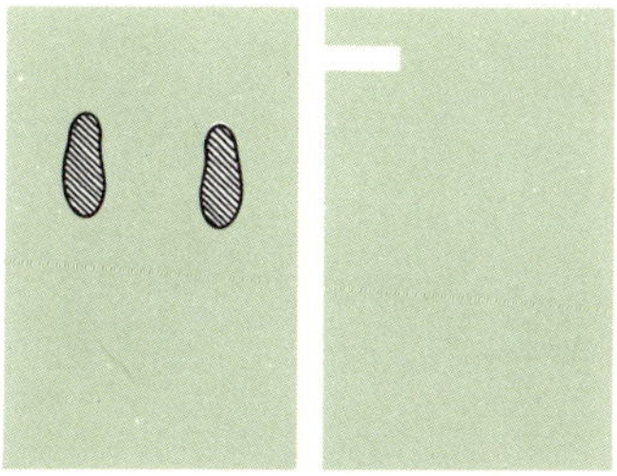

Den Schlag verbessern

Für die korrekte Haltung beim Slice-Aufschlag müssen die Schultern stärker als beim Grund- und schwächer als beim Topspin-Aufschlag gedreht werden, während der Schlägerkopf in Wurfposition gebracht wird.
Es geht darum, ein Gefühl dafür zu entwickeln, wie die Saiten mit Schwung aufwärts und von rechts nach links um die rechte Ballhälfte herumgeführt werden. Im Moment des Ballkontakts muß die Schlagfläche leicht gedreht werden, weil der Ball sonst mit der Schlägerkante getroffen wird. Das Diagramm rechts zeigt die Stellung der Schlagfläche zum Ball.

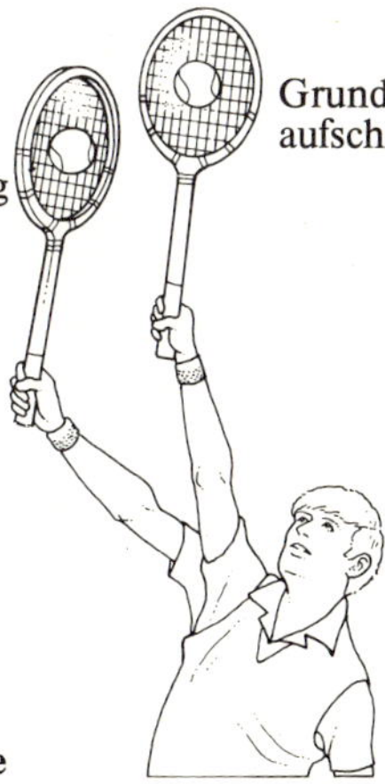

Wie Slice entsteht
Um dem Slice-Service den richtigen Side- und etwas Topspin zu geben, muß die Schlagfläche von unten nach oben und um die Außenseite herum geführt werden.

Den Schlag üben

Trainieren Sie genau wie bei den übrigen Aufschlagvarianten. Üben Sie zunächst den Schlag als Ganzes und konzentrieren Sie sich dann auf die einzelnen Phasen.
Um spielgerecht zu trainieren, gehen Sie am besten mit einem Korb voller Bälle auf den Platz und versuchen die unten skizzierte Übung. Sie werden bemerkt haben, daß ein mit Slice ins rechte Aufschlagfeld servierter Ball durch das seitliche Abweichen vor und nach dem Aufprall einen rechtshändigen Gegner dazu zwingt, über die Doppelseitenlinie hinauszulaufen, um den Return richtig schlagen zu können. Bei einem Slice-Service entlang der Mittellinie dagegen springt der Ball nicht selten direkt auf den Körper des Gegners zu. Markieren Sie also die Vor- und Rückhandekken der beiden Aufschlagfelder und stellen Sie an den unten gezeigten Stellen, an denen der Ball zum zweitenmal aufkäme, weitere Ziele auf. Servieren Sie dann in beide Aufschlagfelder, sowohl in die Vor- als auch in die Rückhandecke, und beobachten Sie, ob Ihre Bälle auch jeweils das zweite Ziel erreichen.

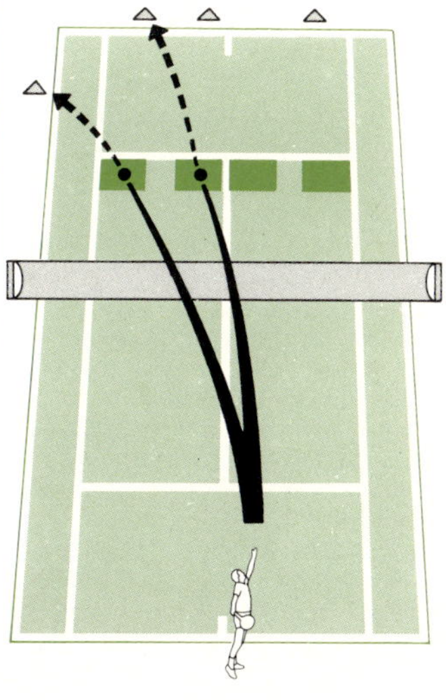

Der Einsatz des Slice-Aufschlags

Die Diagramme unten zeigen Slice-Aufschläge in die Vor- und Rückhandecken beider Aufschlagfelder. Durch einen Slice-Service ins Vorhandeck des rechten Aufschlagfelds weicht der Ball aus der Sicht des rechtshändigen Rückschlägers weit nach rechts von dessen Vorhandseite ab. Wollen Sie Ihren Gegner physisch erschöpfen, ist dieser Schlag angebracht, weil der Gegner zuerst den Return erlaufen muß und dann wieder eine günstige Schlagposition in der Mitte des Platzes. Plaziert man den Slice-Aufschlag dagegen im selben Feld dem Gegner auf die Rückhand, springt der Ball direkt auf dessen Körper zu.

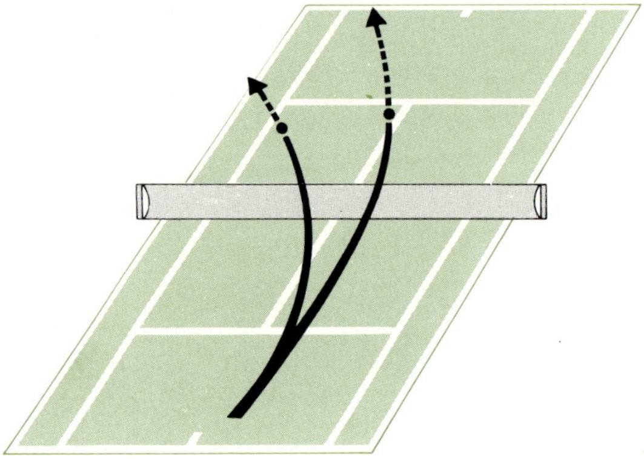

Rechtes Aufschlagfeld

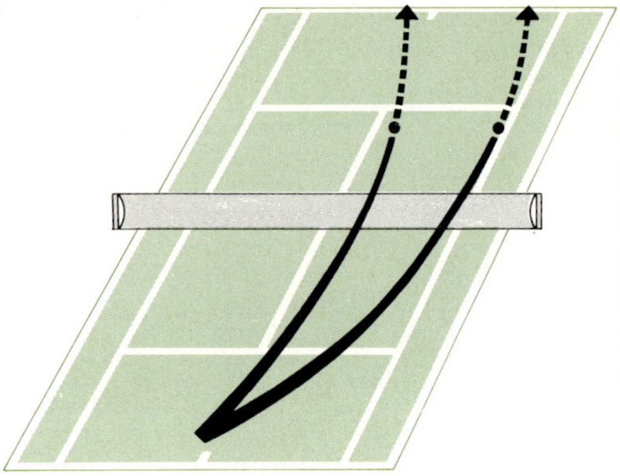

Linkes Aufschlagfeld

***John McEnroe** setzt mit durchgestreckten Knien zum Schlag an, der den Ball von rechts oben nach links unten treffen und – durch die Bewegung des Handgelenks – »umwikkeln« wird. Dadurch bekommt er den starken Spin, der ihn weit seitlich abweichen läßt. Auch während des Durchziehens behält McEnroe den Ball scharf im Auge. Die Seitstellung ist in dieser Phase für alle mit Spin geschlagenen Aufschläge charakteristisch.*

Die Reverse-Aufschläge

Die Kombination von Top- und Sidespin beim »umgekehrten« Topspin-Aufschlag ist entgegengesetzt zu der des normalen Topspin-Service (s. S. 104). Auch der »umgekehrte« Slice-Aufschlag bewirkt - verglichen mit der bekannten Variante (s. S. 208) - einen entgegengesetzten Sidespin, der beim rechtshändigen Aufschläger die Schlagfläche in der dem Uhrzeiger entgegengesetzten Richtung verläßt. Man benutzt dafür den »Western«-Vor- bzw. -Rückhandgriff.

»Western«-Vorhandgriff

Der nicht sehr gebräuchliche »Western«-Vorhandgriff (vgl. S. 39) gibt der Schlagfläche für den »umgekehrten« Topspin-Aufschlag die richtige Neigung.
Für den »umgekehrten« Slice-Aufschlag empfiehlt sich dagegen der »Western«-Rückhandgriff.

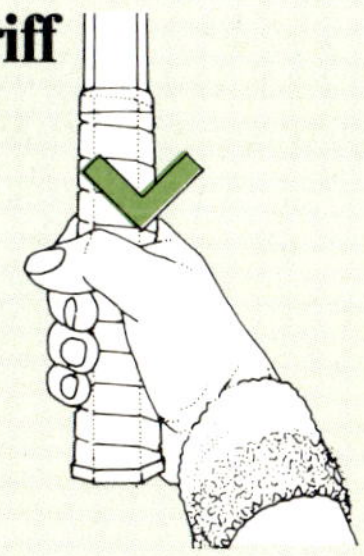

Der »umgekehrte« Topspin-Aufschlag

Die rechts gezeigte, etwas seltsam anmutende Schlagführung beim »umgekehrten« Topspin-Aufschlag bewirkt eine Kombination aus Topspin und entgegengesetztem Sidespin, verglichen mit dem normalen Topspin-Aufschlag. Aus einer fast frontalen Ausgangsstellung (siehe ganz rechts) wird der Ball vor und leicht rechts, knapp über Kopfhöhe in der Luft »plaziert«. Gleichzeitig wird der Schlägerkopf mit nach unten weisenden Saiten auf der rechten Körperseite nach unten gezogen. Durch eine Drehung des Handgelenks streift die Schlagfläche dabei scharf nach oben und quer über den Ballrücken.

Die Fußstellung

Der »umgekehrte« Topspin-Aufschlag läßt den Ball in entgegengesetzter Richtung wegspringen (vgl. S. 104). Als Rechtshänder können Sie von der linken Platzseite aus einen linkshändigen Topspin-Service produzieren. Dazu müssen Sie die unten gezeigte Stellung einnehmen.

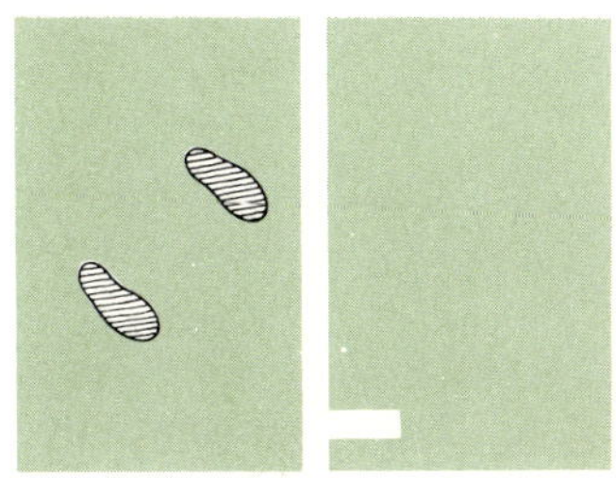

Der »umgekehrte« Slice-Aufschlag

Der rechts skizzierte »umgekehrte« Slice-Service zeigt die konventionelle Aufschlag-»Wurfbewegung«. Während der Ball hochgeworfen wird, sinkt der Schlägerkopf - wie bei der verkürzten Schlagvorbereitung für den Smash (s. S. 161) - in die »Wurfposition« und das Körpergewicht verlagert sich auf den linken Fuß. Dann wird der Schläger, fast mit der Kante nach vorn, Richtung Ball geschleudert, fast eher die Innen- statt die Außenseite berührend. Der Ball muß vor dem Körper getroffen werden.

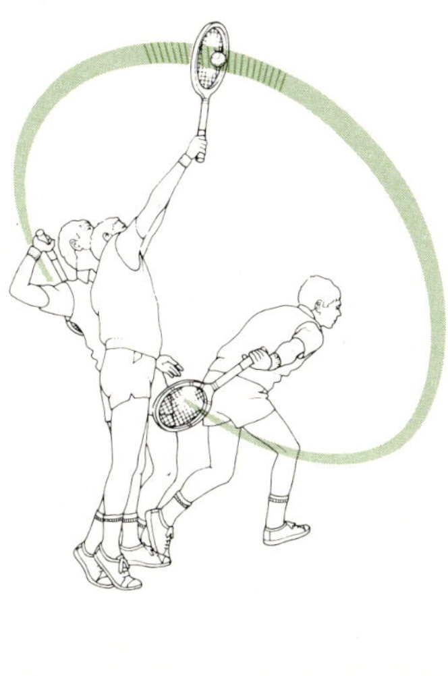

Die Fußstellung

Ein rechtshändiger Spieler plaziert den »umgekehrten« Slice-Aufschlag von der linken Seite aus einem rechtshändigen Gegner auf die Rückhand. Man nimmt, wie unten gezeigt, frontal zum Netz Aufstellung.

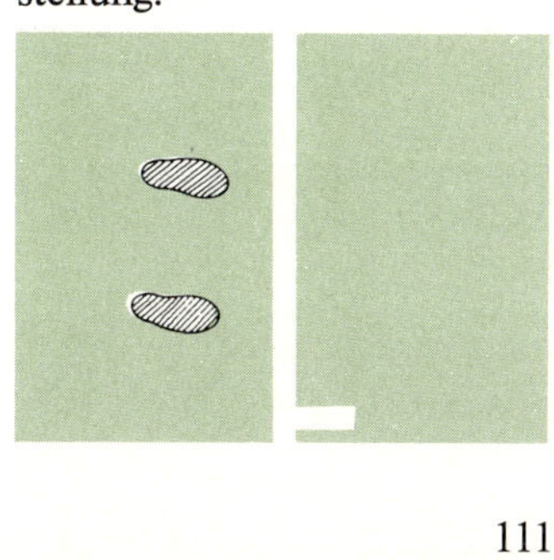

Der Aufschlag aus der Hand

Diese Aufschlag-Variante hat im modernen Tennis nichts mehr zu suchen. Trotzdem ist sie aus verschiedenen Gründen relativ häufig zu sehen. Sie bietet sich vor allem Anfängern und solchen Spielern als Ausweg an, die endlich ein richtiges Match machen wollen, aber über keinen brauchbaren Überkopfaufschlag verfügen. Auch für Spieler mit vorübergehenden Verletzungen oder ständiger Behinderung kann er eine Hilfe sein.
Man kann diesen Schlag soweit üben und perfektionieren, daß er bei starkem Unterschnitt, wie unten gezeigt, scharf links vom Rückschläger abschweift und sehr flach abspringt. Er erfordert dieselben Vorbereitungen wie der Vorhand-Grundschlag (vgl. S. 46) und eine ähnliche Seitstellung (siehe unten).

Der Grundaufschlag »aus der Hand«

Plazieren Sie den Ball ungefähr in Kopfhöhe, etwas rechts vor sich in der Luft. Gleichzeitig wird, mit dem Gewicht auf dem hinteren Fuß, der Schläger in Hüfthöhe zurückgenommen. Beim leichten Vorwärts-aufwärts-Schwingen »durch« den Ball verlagert sich das Gewicht auf den vorderen Fuß. Der Treffpunkt liegt leicht vor dem Körper in Höhe der vorderen Hüfte. Der Ausschwung erfolgt wie beim Vorhand-Grundschlag mit stabilem Handgelenk.

Der geschnittene Aufschlag »aus der Hand«

Falls Sie den Aufschlag »aus der Hand« häufiger einsetzen wollen, wird die unten demonstrierte geschnittene Variante Ihrem Gegner beim Timing Probleme bereiten. Weil die Schlagfläche den Ball von rechts nach links »unterschneidet«, weicht dieser vor dem Rückschläger scharf nach links ab. Dazu nimmt man den Schläger weiter als für den Grundaufschlag »aus der Hand« zurück und zieht dann die leicht geöffnete Schlagfläche quer unter dem Ball »durch«. Der Ausschwung erfolgt Richtung Körper, wobei Handgelenk und Schlagfläche stabil gehalten werden, um den gewünschten Side- und Underspin zu erzeugen.

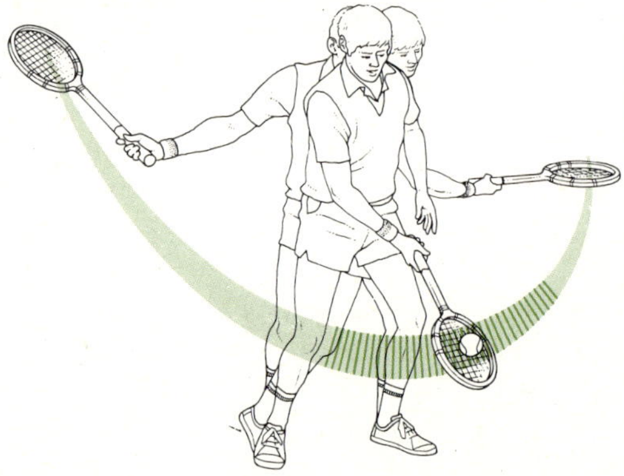

Das Werfen des Balls

Auch beim Aufschlag »aus der Hand« darf der Ball vor dem Schlag den Boden nicht berühren (siehe Regeln S. 280). Lassen Sie den Ball aus geringer Höhe einfach fallen, um ihn dann im richtigen Moment zu treffen.

Die Fußstellung

Stellen Sie sich seitlich zum Netz hinter der Grundlinie auf. Für die »geschnittene« Variante wird der vordere Fuß, wie rechts gezeigt, etwas zurückgenommen, so daß man etwas frontaler zum Netz steht.

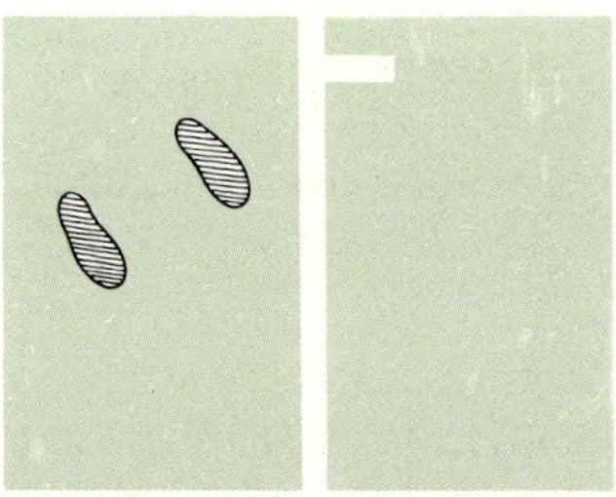

Der Flugball (Volley)

Der Volley ist ein kurz angesetzter Schlag, mit dem man den Ball relativ kurz hinter dem Netz, bevor er unter Netzhöhe fällt, annimmt und mit einer stoßartigen Bewegung retourniert. Der Bewegungsablauf für einen Volley-Grundschlag wird auf Seite 33 gezeigt. Dieser kurze, knappe und eigentlich recht einfache Schlag charakterisiert sowohl den Vor- wie den Rückhand-Volley. Der Flugball hat im Kampf vor allem die Funktion, dem Gegner zur Vorbereitung für seinen nächsten Schlag wenig Zeit zu lassen. Viele Spieler glauben deshalb, den Ball so hart wie möglich schlagen zu müssen. Beim Vorgehen ans Netz aber bleibt nicht genügend Zeit, einen Volley sicher und gleichzeitig scharf zu schlagen.
Die Wahl des Griffs hängt vom individuellen Spielstandort ab. Anfänger benutzen am besten die »Eastern«-Vor- und -Rückhandgriffe, da sie ein stabiles Handgelenk und damit eine gute Schlägerkontrolle garantieren. Doch der Ballwechsel am Netz kann so schnell werden, daß man seine Volleys mit einem einzigen Griff schlagen muß; für ein Umgreifen bleibt keine Zeit. Dann empfiehlt es sich, den rechts gezeigten »Continental«-Griff zu wählen, der von Fortgeschrittenen auch für den Aufschlag verwendet wird. Dadurch wird zugleich Ihre Aufschlag-Volley-Taktik (vgl. S. 204–207) vereinfacht und erleichtert. Besonders wichtig beim Vollieren ist die Schulterdrehung (siehe unten), und man sollte sie mit dem »Übertreten« des vorderen Fußes verbinden, um möglichst viel Kraft in den Schlag hineinverlegen zu können. Bleibt für die Schlagvorbereitung keine Zeit, dreht man Hüften und Schultern so weit, daß zumindest der Oberkörper seitlich zur Ballflugbahn steht.
Auf den folgenden Seiten werden Volley-Varianten wie Drive, Stop, Drop und Soft Volleys beschrieben.

»Continental«-Griff

Dieser Griff (vgl. S. 39) ist für den Volley besonders gut geeignet. Die Finger sind auf der Griffrückseite gespreizt, wodurch sich die Schlägerhaltung sehr gut kontrollieren läßt.

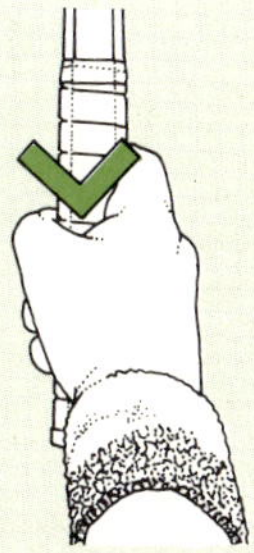

Die Seitstellung zum Ball

Vorbereitung für Vorhand

Ausgangsstellung für Volley

Vorbereitung für Rückhand

Drehen Sie die Hüften so, daß Ihre Schultern parallel zur Flugbahn stehen. Die Rückposition erfordert eine stärkere Schulterdrehung, so daß man für die Schlagvorbereitung mehr Zeit braucht.

Der Vorhand-Volley

Der Vorhand-Volley ist in seiner Grundform kein Treibschlag, wird aber mit fast senkrechter Schlagfläche gespielt, wobei der Ball zur besseren Kontrolle ein wenig Underspin bekommt. Wie bei allen Volleys wird der Schlägerkopf dabei Richtung Ball »gestoßen«; in diesem Fall leicht nach unten und »durch« den Ball. Die Schlagsequenz dieses Grundschlags, von der Vorbereitung bis zum Ausschwung, wird unten demonstriert.
Für den Anfänger empfiehlt sich dafür der »Eastern«-Vorhandgriff (vgl. S. 38). Obwohl dieser Griff bei einem Rückhand-Volley ein Umgreifen erfordert, wird er sich damit beim Erlernen dieses Schlags sicherer fühlen. Für den Fortgeschrittenen empfiehlt sich, wie auf der vorausgegangenen Seite beschrieben, der »Continental«-Griff. Durch den leicht abgespreizten Finger hat man ein sehr gutes Gefühl für den Ball, was für die bessere Kontrolle des Vorhand-Volleys besonders wichtig ist.
Ist man mit der Grifftechnik und der Schulterdrehung sowie mit den unten gezeigten Schlagphasen vertraut, muß man sich auf die Fußstellung und den Schlag konzentrieren, vor allem auf das Ausholen und auf die Treffzone. Danach kann man seinen Vorhand-Volley den spezifischen Spielsituationen anpassen, wie auf S. 117 beschrieben.

Der Schlag in einzelnen Phasen

Bereiten Sie sich auf den Schlag vor, indem Sie auf dem rechten Fuß drehen und den Schlägerkopf in Höhe der Schlagschulter oder ein bißchen dahinter zurücknehmen, während das Gewicht auf dem gebeugten hinteren Knie ruht. Beim Nachvornstoßen muß die Schlagfläche fast senkrecht stehen und »durch« den Ball gezogen werden.
Da der Schlägerkopf beim Durchziehen eine kleine Kurve nach unten beschreibt, bekommt der Ball leichten Underspin, der die Kontrolle erleichtert.
Achten Sie darauf, daß der Ellbogen beim Schlag nicht zu nahe am Körper ist und der Schlägerkopf nicht abkippt. Im Ausschwung sollte der hintere Fuß nach vorn schwingen.

1. Verlagern Sie Ihr Gewicht auf den hinteren Fuß und holen Sie nur kurz aus.

2. Setzen Sie den linken Fuß vor und verlagern Sie das Gewicht. Schlagen Sie mit stabilem Handgelenk.

3. Der Ausschwung verläuft kurz in Schlagrichtung.

Die Fußarbeit

Die richtige Fußstellung ist für Schläger- und Ballkontrolle unerläßlich. Die drei Diagramme unten zeigen, wie man sich unterschiedlichen Spielsituationen anpaßt. Auch wenn es im Einzelfall recht problematisch sein kann, in die richtige Position zum Ball zu kommen, sollte man trotzdem versuchen, beim Schlag das Gewicht nach vorn zu verlagern.

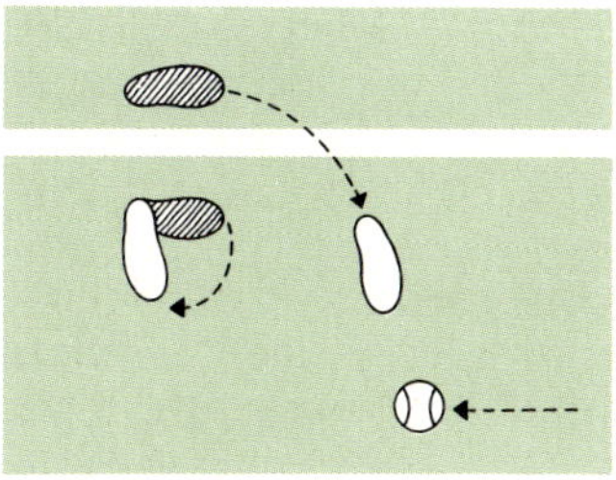

Ein idealer Ball
Drehen Sie auf dem rechten Fuß, setzen Sie den linken nach vorn, seitlich zum Ball, und verlagern Sie das Gewicht.

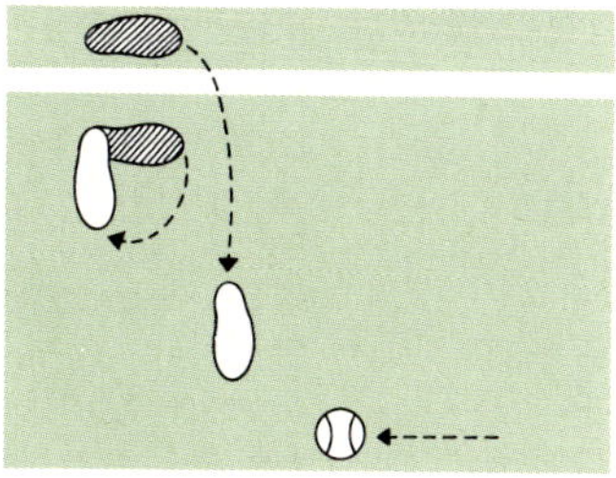

Ein schwer zu erreichender Ball
Kommen Sie einem schwer zu erreichenden Ball zuvor, indem Sie den linken Fuß seitlich entsprechend weit nach vorn setzen.

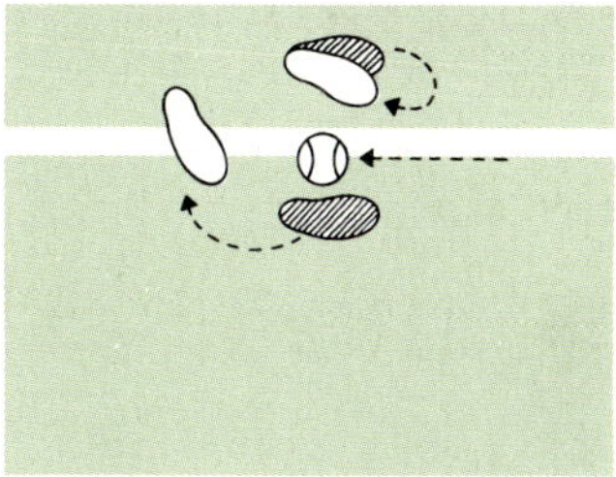

Der Ball geht auf den Körper
Drehen Sie leicht auf dem linken Fuß und nehmen Sie den rechten so weit zurück, daß Sie einigermaßen seitlich zum Ball stehen.

Den Schlag verbessern

Mit Ihrem Vorhand-Volley werden Sie mehr Erfolg haben, wenn Sie sich auf die Ausholbewegung und die Treffzone besonders konzentrieren (vgl. rechts). So sollte der Schläger nur bis zur Schlagschulter zurückgenommen werden. Am besten stellt man sich die Schlagvorbereitung als simple Seitwärtsdrehung vor, um schneller für den Schlag bereit zu sein. Ratschläge hierzu finden Sie auf Seite 117. Die kurze Zeitspanne muß genutzt werden, um den Schläger für den Volley in Position zu bringen. Die Schlagfläche steht beim Schlag praktisch senkrecht zur Flugbahn; der Schlägerkopf wird zwischen Schulter- und Hüfthöhe nach vorn unten »durch« den Ball geführt. Wichtig ist, daß der Schlägerkopf über dem Handgelenk ist. Versuchen Sie, den Ball so lange wie möglich auf den Saiten zu spüren. Der Ausschwung ist kurz, aber wichtig für die Ballkontrolle.

A Ausholen. Es gibt keine Ausholschleife; die Ausholbewegung beim Volley muß so knapp wie möglich sein, um ausreichend Zeit für die Fuß- und Körperdrehung sowie den Schlag selbst zu haben.

B Treffzone. Die Treffzone sollte in Höhe Ihrer hinteren Hüfte beginnen und knapp vor der vorderen enden. Für eine optimale Kontrolle der Schlagfläche muß Ihr Griff besonders fest sein.

Der Einsatz des Vorhand-Volleys

Wenn Sie den Vorhand-Volley einigermaßen beherrschen, müssen Sie lernen, ihn den verschiedenen Spielsituationen anzupassen. Beim Volley gibt es drei wichtige Varianten - hohe, niedere und Cross-Volleys, die unten beschrieben werden. Beim Schlagen hoher Volleys ist es besonders wichtig, so früh wie möglich in Seitstellung zu gehen, weil sonst der Ball ins Netz geht oder aber über die Seitenlinien hinaus. Cross-Volleys sollten weit vor dem Körper und mit leicht geöffneter Schlagfläche gespielt werden. Durch den Side- und Underspin kann der Ball besser unter Kontrolle gehalten werden. Will man einen Cross-Volley entlang der Seitenlinie spielen, muß man den Ball später nehmen. Das Handgelenk wird dabei vor dem Treffpunkt kurz gelokkert.

Der hohe Volley

1. Drehen Sie so früh wie möglich nach rechts. Nehmen Sie den Schläger ein wenig weiter und etwas höher zurück als beim Volley-Grundschlag.

2. Setzen Sie den linken Fuß seitlich zum Ball und führen Sie dann den Schlägerkopf leicht nach unten »durch« den Ball. Das Handgelenk bleibt fixiert, damit der Schlägerkopf nicht abkippt.

3. Schwingen Sie relativ kurz in Schlagrichtung aus.

Der niedere Volley

1. Drehen Sie nach rechts und beugen Sie die Knie, um an den niederen Ball heranzukommen.

2. Setzen Sie den linken Fuß Richtung Ball und führen Sie die leicht geöffnete Schlagfläche von unten »durch« den Ball.

3. Der Ausschwung erfolgt in Schlagrichtung. Halten Sie den Kopf gesenkt und die Knie gebeugt.

Der Cross-Volley

1. Drehen Sie nach rechts und nehmen Sie den Schläger zwischen Hüft- und Schulterhöhe kurz zurück. Das fixierte Handgelenk hält den Schlägerkopf hoch.

2. Die leicht geöffnete Schlagfläche wird nach vorn und um die Außenseite des Balls herumgeführt, um diesem Side- und Underspin zu geben.

3. Der Ausschwung erfolgt wieder in Schlagrichtung; in diesem Fall diagonal zum Platz.

Allein üben

Die stoßähnliche Bewegung beim Schlagen eines Volleys kann durch regelmäßiges Spielen an der Tenniswand ideal trainiert und verbessert werden. Stellen Sie sich dazu ungefähr 2 m vor der Wand auf und üben Sie das Seitwärtsdrehen, das Übertreten und das Schlagen, bis Sie sich sicher fühlen. Zunächst können Sie die Schläge auch aus der Seitstellung üben. Entfernen Sie sich nicht zu weit von der Wand, um sich selbst zum knappen Ausholen zu zwingen.

Markieren Sie den Zielbereich
Versuchen Sie Volleys genau zu plazieren. Trainieren Sie Handgelenk, Ballkontrolle und Genauigkeit.

Üben mit Partner

Nehmen Sie mit dem Rücken zur Übungswand oder zur Platzbegrenzung die Grundstellung ein. Ihr Partner wirft Ihnen aus ungefähr 3 m Entfernung Bälle auf die Vorhandseite. Durch das Hindernis in Ihrem Rücken wird die Ausholbewegung automatisch begrenzt, so daß Sie genügend Zeit haben, den Schläger nach vorn zu schwingen. Nehmen Sie dann zu beiden Seiten des Netzes die Ausgangsstellung für einen Volley ein und spielen Sie sich immer schnellere Flugbälle zu. Trotz der kurzen Zeitspanne darf die Fußarbeit, das Drehen und Übertreten, nicht vernachlässigt werden. Die freie Hand muß rechtzeitig zur Seite genommen werden, damit die nach unten und »durch« den Ball geführte Schlagbewegung nicht behindert wird.

Begrenzen Sie die Ausholbewegung
Ein Hindernis hinter dem Rückschläger gibt ihm das richtige Gefühl für die knappe Ausholbewegung.

Der Einsatz des Vorhand-Volleys

Im Spiel kommt es darauf an, den Ball so zu plazieren, daß ihn der Gegner nicht mehr bekommt. Das läßt sich am leichtesten aus der Netzposition erreichen, die man, wann immer möglich, einnehmen sollte. Am Netz hat man mit der Vorhand zwei Möglichkeiten: einen Volley so tief wie möglich entlang der Seitenlinie zu spielen oder einen flachen Ball crosscourt in Richtung der gegnerischen Grundlinie bzw. im scharfen Winkel kurz vor die Aufschlaglinie zu schlagen. Flache Volleys entlang der Seitenlinie sollten besser vermieden werden, da es nicht einfach ist, sie in entsprechender Höhe übers Netz und damit tief ins gegnerische Feld zu spielen. Für welche Möglichkeit man sich auch entscheidet, der Vorhand-Volley ist nur nach einem Vorbereitungsschlag oder einem Spin-Service ein wirklich effektvoller Ball (vgl. S. 204–207).

Beim Vollieren kommt es vor allem auf die Ballkontrolle an (s. S. 204). Dabei kann der Spieler, der beim Volley für seine Vorhand den »Eastern«-Griff verwendet, härter schlagen, als dies mit dem »Continental«-Griff möglich wäre. Andererseits genießt der fortgeschrittene Spieler, der nur einen Griff benutzt, den Vorteil, mehr Zeit für die Ballkontrolle zu haben, was am Netz den Ausschlag geben kann.

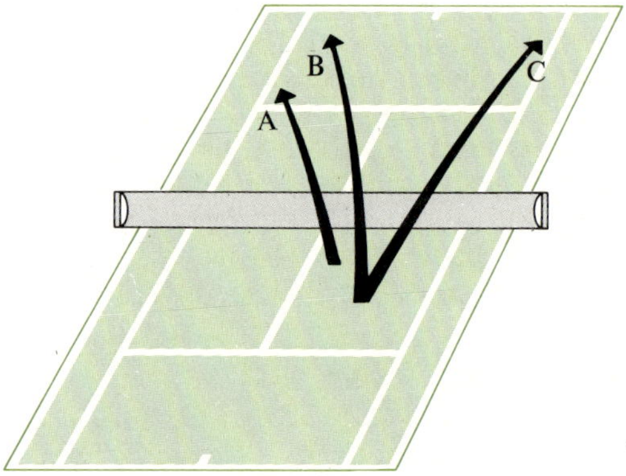

A Ein in scharfem Winkel geschlagener Crossball
B Ein tiefer Crossball
C Ein Crossball entlang der Seitenlinie

***Chris Lloyd** reagiert auf einen niederen Cross-Passierschlag mit einem phantastischen, unter Netzhöhe geschlagenen Vorhand-Volley. Chris streckt sich kraftvoll in Richtung Ball, ihr vorderer Fuß ist weit übergetreten, und der fast gestreckte Arm hat den in Höhe des Handgelenks geführten Schlägerkopf voll unter Kontrolle.*

Der Vorhand-Drive-Volley

Der unten gezeigte Vorhand-Drive-Volley kann vor allem im Mittelfeld offensiv eingesetzt werden. Wie die Bezeichnung andeutet, ist dieser Schlag eine Kombination von Vorhand-Treibschlag und Vorhand-Volley.
Mit letzterem hat er vor allem gemein, daß er ein kurzer Schlag ist, der den Ball trifft, bevor er den Boden berührt. Mit dem Vorhand-Treibschlag verbindet ihn, daß er eher mit einer Schwing-, statt mit einer Schlagbewegung (vgl. S. 33) gespielt und der Ball zwischen Hüft- und Schulterhöhe getroffen wird. Die Ausholbewegung ist weiter, und der Schlägerkopf beschreibt eine größere Schleife.
Nicht zuletzt wird dieser Schlag, im Gegensatz zum Volley-Grundschlag mit Topspin gespielt (vgl. S. 42). Trotzdem sollte der Drive-Volley nur in ganz bestimmten Spielsituationen eingesetzt werden – die Kombination von Grundschlagtechnik und Volley ist nicht ganz problemlos.

Den Schlag verbessern

Die wichtigsten Faktoren bei diesem Schlag sind die Ausholschleife und das Nachobenschwingen des Schlägers. Stellen Sie sich seitlich zum Ball und schlagen Sie nach einer leichten Schleife bei der Ausholbewegung nach oben »durch« den Ball, wobei das Gewicht nach vorn verlagert wird. Geht der Ball über die Grund- oder Seitenlinie hinaus, bleiben Sie auf dem hinteren Fuß oder brechen das Nachvornschwingen ab. Der gleichmäßig geführte Schläger muß den Ball zwischen Hüft- und Schulterhöhe mit fast senkrechter Schlagfläche genau in der Mitte treffen, wobei er dem Ball Topspin verleiht. Der Ausschwung erfolgt über Kopfhöhe.

A Vorbereitung
B Treffzone
C Ausschwung

Der Einsatz des Vorhand-Drive-Volleys

Vorausgesetzt, Sie haben ein Gefühl für diesen Schlag, beherrschen ihn sicher und setzen ihn nur sparsam und gegen die richtigen Bälle ein, dann werden Sie gute Erfahrungen mit ihm machen, vor allem, wenn Sie sich auf die rechts gezeigten Alternativen konzentrieren. Nehmen Sie langsame, hohe Bälle, um Drive-Volleys vom Mittelfeld aus in Schulterhöhe zu retournieren. Gelingt es Ihnen, den Schlag perfekt zu timen, wird die Schärfe dieses Balls dem Gegner zu schaffen machen. Selbst wenn ihm die Chance zu einem Volley-Return bleiben sollte, muß er es mit einem kompliziert rotierenden und unberechenbar abweichenden Ball aufnehmen.

A Tiefe Drive-Volleys

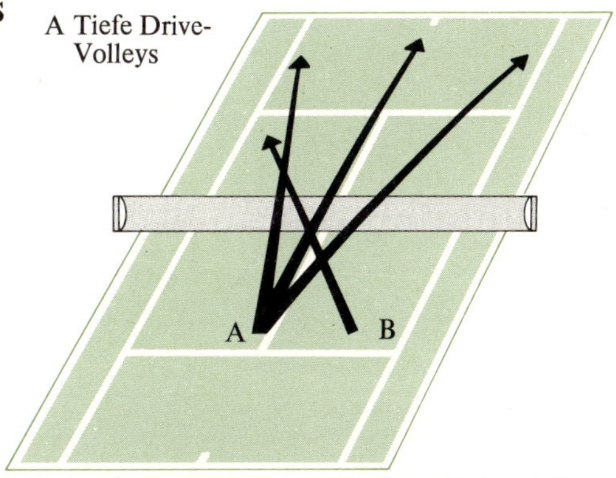

B Scharf cross geschlagener Vorhand-Drive-Volley

Die Vorhand-Stop- und -Drop-Volleys

Beide sind im wesentlichen »Berührungsschläge«, die den Ball mit viel Gefühl übers Netz »heben« oder »drücken«, weit außerhalb der Reichweite des an der Grundlinie stehenden Gegners. Den Stop-Volley setzt man bei schnellen, den Drop-Volley bei langsamen Bällen ein, deshalb muß ersterer auch mit mehr Underspin geschlagen werden.
Der Stop-Volley verlangt im Moment des Ballkontakts ein kurzes Zurücknehmen des Schlägers, bevor man den geöffneten Schläger nach vorn unter dem Ball durchführt. Dadurch geht er gerade noch übers Netz. Durch den Spin »stirbt« der Ball im gegnerischen Feld, d.h., er springt nach dem Auftreffen kaum noch ab. Einen Ausschwung gibt es bei diesem Schlag nicht.
Beim Drop-Volley dagegen muß der Schläger vor dem Treffpunkt nicht zurückgenommen werden; die Saiten streichen über die Ballrück- und -Unterseite. Zur besseren Kontrolle und um dem langsamen Ball mehr Geschwindigkeit zu geben, ist ein längerer Ausschwung erforderlich.

Den Schlag verbessern

Es gibt keine eigentliche Ausholbewegung. Der Schlägerkopf ist etwas über dem Handgelenk und muß mit dem Ball eine Linie bilden. Treten Sie mit dem vorderen Fuß über und verlagern Sie so früh wie möglich Ihr Gewicht, bevor Sie den Ball vor der vorderen Schulter abblocken. Das heißt, die geöffnete Schlagfläche streicht über die Rück- und Unterseite des Balls. Geht er zu hoch übers Netz und gibt dem Gegner dadurch eine Chance, war die Schlagfläche zu stark geöffnet. Landet er dagegen häufiger im Netz, muß die Schlagfläche stärker geöffnet werden.

A Treffzone. Die Schlagfläche wird leicht unter dem Ball durchgezogen. Bei schnellen Bällen erfolgt kein Ausschwung. In diesem Fall nimmt man das Racket vor dem Treffpunkt kurz zurück und schlägt den Ball zur besseren Kontrolle mit etwas Underspin.

B Ausschwung. Beim Spielen eines langsamen Balls endet der Schlag in einem sehr kurzen Ausschwung, um ihm mehr Geschwindigkeit zu geben.

Der Einsatz der Vorhand-Stop- und -Drop-Volleys

Richtig angewandt, können Stop- und Drop-Volleys aufregende Punktemacher sein. Sie sollten aus der üblichen Volley-Position am Netz gespielt werden, wenn der Gegner außer Reichweite ist und keine Chance hat, den Ball zu erlaufen. Man befördert den Ball möglichst knapp in die gegnerische Hälfte. Erreicht der Gegner einen solchen Ball doch, besteht die Gefahr, daß er ihn als Passierschlag retourniert. Der Stop-Volley wird zum Abwehren hart geschlagener Drives eingesetzt, die man gerade noch erreichen kann. Tut man das zum richtigen Zeitpunkt, beispielsweise wenn man ein, zwei Punkte in Führung ist, dann haben Stop- und Drop-Volleys auf einen müden Gegner eine sehr demoralisierende Wirkung.

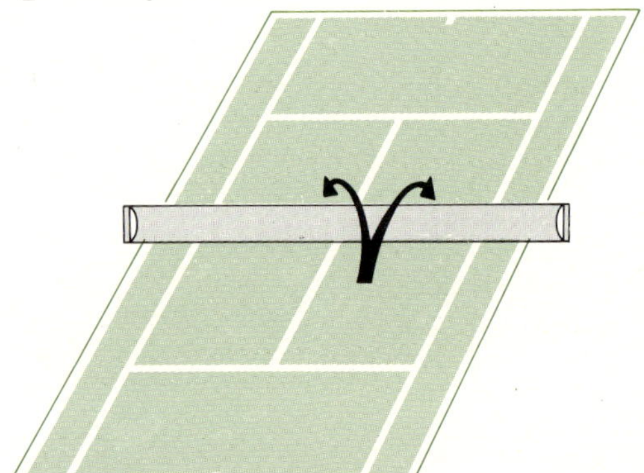

Vorhand-Stop- oder -Drop-Volleys

Der Vorhand-Soft-Volley

Der Vorhand-Soft-Volley ist ein Berührungsschlag, der als verkürzte Version des Vorhand-Treibschlags (vgl. S. 46–51) gelten kann. Die Ausholbewegung ist kürzer als beim Grundschlag, doch der Ball wird mit einer ähnlichen Schwungbewegung vorwärts aufwärts geschlagen. Der leichte Topspin, den der Ball dadurch erhält, läßt ihn knapp übers Netz gehen. Meistens wird der Vorhand-Soft-Volley gegen einen niederen Ball eingesetzt, der wiederum so nieder wie möglich dem Gegner vor die Füße gesetzt werden muß, um diesen zu einem hohen Return zu zwingen. Man muß in der Seitstellung tief in die Knie gehen, während man den Schläger kurz zurücknimmt und gefühlvoll von unten nach oben unter dem Ball durchführt.

Der beidhändige Vorhand-Volley

Beim beidhändigen Vorhand-Volley handelt es sich um einen etwas verkrampft wirkenden Schlag, dessen mangelnde Reichweite das Verteidigen nicht selten zum Problem macht. Diese Nachteile können jedoch im Doppel, wie der Südafrikaner Frew MacMillan bewiesen hat, kompensiert werden. Die beidhändige Technik hat vor allem bei kurzen, hohen Bällen ihre Berechtigung; man kann aus dem Mittelfeld aggressive Volleys schlagen – und das gegen Bälle, bei denen einhändige Spieler gerade noch einen Verteidigungsschlag gewagt hätten.

Der beidhändige Vorhandgriff

Ich empfehle, die Führungshand mit dem »Eastern«-Vorhandgriff oberhalb der Stützhand zu plazieren, während diese den Griff am unteren Ende zwischen »Continental«- und »Eastern«-Vorhandgriff umfassen soll.

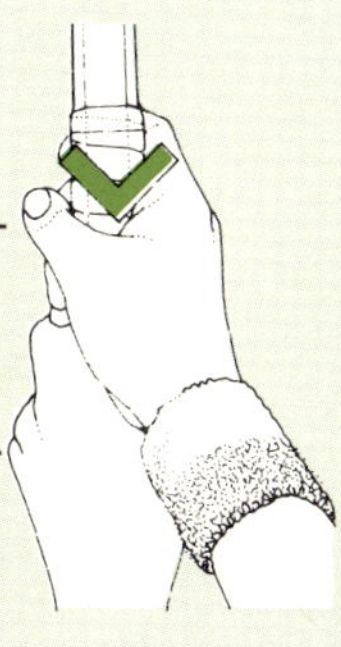

Frew McMillan *schlägt während eines Flugballduells einen harten Vorhand-Drive-Volley zwischen seine beiden Gegner.*

Der Rückhand-Volley

Während der Rückhand-Treibschlag oft aus der Defensive heraus geschlagen wird, muß der Rückhand-Volley dieselben Angriffsqualitäten aufweisen wie der Volley auf der Vorhandseite. Der Rückhand-Volley hat gegenüber der Vorhand-Variante den Vorteil, daß der Schlagarm in der Seitstellung dem Ball sehr viel näher ist, was einige Fehlerquellen ausschließt. Der Griff hängt wieder vom technischen Können des Spielers ab. Als Anfänger benutzt man wahrscheinlich einen Vorhandgriff und den »Eastern«-Rückhandgriff für den Rückhand-Volley (vgl. S. 28). Später wird man für Vor- und Rückhand-Volley den »Continental«-Griff verwenden (vgl. S. 113).
Unten wird der Bewegungsablauf für den Rückhand-Volley von der Schlagvorbereitung bis zum Ausschwung demonstriert. Um eine gute Rückhand-Volley-Technik zu entwickeln, muß man frühzeitig in Seitstellung gehen und nur kurz ausholen. Ist die Zeit knapp, muß zumindest der Oberkörper seitwärts zum Ball gedreht sein. Wichtig ist auch die Gewichtsverlagerung und das Übertreten, bevor der Ball vor der vorderen Schulter genommen wird. Der Ausschwung erfolgt kurz in Schlagrichtung, wobei das Handgelenk fest bleibt und der Schlägerkopf, ohne dessen Haltung zu verändern, hoch gehalten wird.
Mit dieser Technik lassen sich hohe, niedere und Cross-Volleys, aber auch Drive-, Stop- und Drop-Varianten schlagen.

Der Schlag in einzelnen Phasen

Drehen Sie aus der Grundhaltung nach links, mit stärker gebeugten Knien als beim Grundschlag und mit höher und weiter vom Körper gehaltenem Schläger, sobald der Ball Ihre Rückhandseite ansteuert. Nehmen Sie den Schläger oberhalb des Treffpunkts leicht zurück. Treten Sie dann mit dem rechten Fuß über und »stoßen« Sie den gerade gehaltenen Schlägerkopf nach vorn Richtung Ball. Im Moment des Ballkontakts muß das Handgelenk absolut stabil sein.
Beim Ausschwung ist der Schlagarm gestreckt und die Schlagfläche leicht nach hinten gekippt.

1. Stellen Sie sich seitlich zum Ball und nehmen Sie den Schläger in Höhe Ihrer linken Schulter zurück. Das Handgelenk ist fixiert.

2. Setzen Sie den rechten Fuß parallel zur Ballflugbahn und schlagen Sie mit senkrechter Schlagfläche »durch« den Ball.

3. Schwingen Sie kurz in Schlagrichtung aus, ohne den Schlägerkopf zu drehen.

Den Schlag verbessern

Genau wie beim Vorhand-Volley sind die Schlagvorbereitung sowie die Treffzone die wichtigsten Faktoren für einen guten Schlag. Der Schläger sollte nicht weiter als bis zur hinteren Schulter zurückgenommen werden. Dabei ist der Ellbogen angewinkelt, so daß der Schlägerkopf deutlich über dem Handgelenk ist. Der stoßähnliche Schlag wird kurz nach unten und »durch« den Ball geführt. Der Griff und das Handgelenk müssen fest sein; die Schlagfläche durchläuft senkrecht die Treffzone, die in Höhe der linken Schulter beginnt und unmittelbar nach dem Ballkontakt vor der Schlagschulter endet.

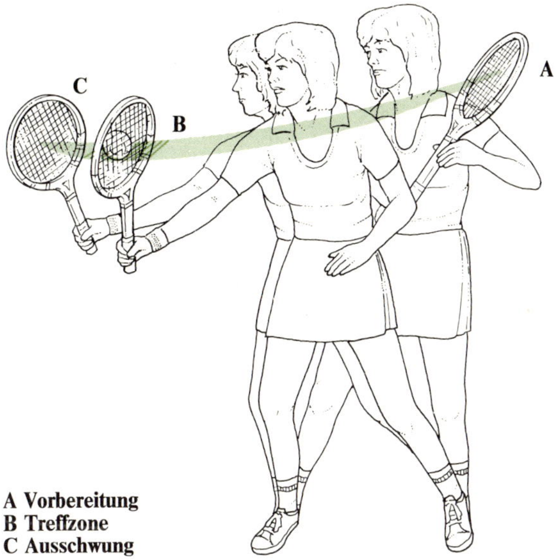

A Vorbereitung
B Treffzone
C Ausschwung

Der Einsatz des Rückhand-Volley

Beim Rückhand-Volley müssen Sie ebenso flexibel sein wie beim Vorhand-Volley. Um hohe, niedere und Cross-Volleys spielen zu können, müssen Sie besonders auf die Fußarbeit achten. Reicht die Zeit aus, dann treten Sie mit dem rechten Fuß über. Bei Bällen, die direkt auf Ihren Körper zukommen, gehen Sie mit dem rechten Fuß so zur Seite, damit Sie den linken rückwärts und vor allem seitlich zum Ball setzen können.

Der hohe Rückhand-Volley

Nehmen Sie dazu den Schläger weiter und etwas höher zurück als beim Volley-Grundschlag. Die Unterstützung des Schlägerhalses durch die freie Hand hilft beim Stabilisieren des Schlägers und verhindert ein zu weites Zurücknehmen. Die Schlagkurve verläuft von oben nach unten; der Schlägerkopf muß bis zum Ausschwung oben bleiben.

1. Nehmen Sie in Seitstellung den Schläger weiter und etwas höher zurück als beim Grundschlag.

2. Geben Sie den Schlägerhals frei und schlagen Sie das Racket nach unten »durch« den Ball.

3. Schwingen Sie kurz in Schlagrichtung aus. Beenden Sie die Bewegung ungefähr in Hüfthöhe.

Der niedere Rückhand-Volley

Gehen Sie bei der Schlagvorbereitung so tief in die Knie, daß Ihre Augen fast in Höhe der Flugbahn sind. Der Schlägerkopf wird gleich hoch wie das Handgelenk oder leicht darüber geführt. Die Schlagfläche ist geöffnet, damit der Ball hoch genug übers Netz kommt. Gehen Sie nach dem Freigeben des Schlägerhalses in den Ball hinein und ziehen Sie den Schlägerkopf von unten durch. Im Moment des Ballkontakts, bis in den Ausschwung hinein sollte das hintere Knie fast den Boden berühren.

1. Drehen Sie nach links und beugen Sie die Knie, während Sie den Schläger zurücknehmen.

2. Gehen Sie mit geöffneter Schlagfläche in den Ball »hinein«. Der Schläger wird von unten »durch« den Ball geführt und gibt ihm Underspin.

3. Schwingen Sie nach oben in Schlagrichtung aus. Die Knie bleiben gebeugt, damit der Ball flach übers Netz geht.

Der Rückhand-Cross-Volley

Die Schlagvorbereitung für den Cross-Volley ist dieselbe wie beim Grundschlag; die freie Hand umfaßt dabei den Schlägerhals. Die geöffnete Schlagfläche wird nach vorn und um den Ball geführt. Dadurch entstehen Side- und Underspin, die den Ball diagonal übers Netz gehen lassen. Während des kurzen Ausschwungs, der in Schlagrichtung erfolgt, also crosscourt, muß das Handgelenk fixiert bleiben.

1. Nehmen Sie den Schläger kurz zurück und stützen Sie mit der freien Hand den Schlägerhals.

2. Führen Sie die geöffnete Schlagfläche wie beschrieben um den Ball.

3. Schwingen Sie in Schlagrichtung, also crosscourt, aus. Das Handgelenk bleibt dabei stabil.

Allein üben

Wie den Vorhand-Volley, kann man auch die kurze, kraftvolle Rückhand-Variante mit Hilfe eines Zielkreises an der Übungswand trainieren. Nehmen Sie ungefähr 2 m davor Aufstellung und üben Sie das Übertreten und das Schlagen des Balls auf die Markierung. Versuchen Sie mit fixiertem Handgelenk und hoch gehaltenem Schlägerkopf jeden zurückspringenden Ball zu erreichen und als Volley zurückzuschlagen. Zuerst können Sie den Schlag aus der Seitstellung ansetzen; fühlen Sie sich dann sicherer, nehmen Sie zwischen den Schlägen jedesmal wieder die Grundstellung ein. Der Ball sollte zwischen Hüft- und Schulterhöhe von der Wand zurückspringen, so daß er unter Kontrolle bleibt. Sie werden feststellen, daß ein aus der Seitstellung geschlagener Ball von der Wand ziemlich gerade zurückkommt. Schlagen Sie dann abwechselnd Vor- und Rückhand-Volleys.

Üben mit Partner

Folgen Sie den Übungsanweisungen für den Vorhand-Volley (vgl. S. 117) und konzentrieren Sie sich dabei auf die wichtigen Schlagphasen, wie beispielsweise das feste Handgelenk im Treffpunkt. Schlagen Sie abwechselnd von der Grundlinie Treibschläge, die Ihr Partner als Volleys zurückspielt. Üben Sie dann, sich gegenseitig Vorhand-Volleys zuzuspielen, bevor Sie mit Vor- und Rückhandschlägen wechseln. Das unten gezeigte Vollieren auf Tore ist ebenfalls recht nützlich. Nehmen Sie auf der einen Seite des Netzes nacheinander die verschiedenen Volley-Positionen ein und betrachten Sie die Aufschlaglinien der gegenüberliegenden Hälfte als Torlinien sowie die Ecken der Aufschlagfelder als Torpfosten. Versuchen Sie, Flugbälle an Ihrem Partner vorbeizuschlagen, die seine Torlinie überqueren, aber noch vor der Grundlinie aufkommen.

Gezielt Vollieren
»Schießen« Sie »Tore«, indem Sie Flugbälle schlagen, die Ihren Partner passieren und vor der gegnerischen Grundlinie aufspringen. Der erste Schlag zählt noch nicht.

Der taktische Einsatz des Rückhand-Volleys

Auch der Rückhand-Volley soll den Ball möglichst so plazieren, daß der Gegner ihn nicht mehr erreichen kann. Grundsätzlich muß ein Flugball tief ins gegnerische Feld geschlagen werden, vor allem, wenn man im Mittelfeld steht. Auch wenn man näher am Netz steht, sind Cross-Volleys für den Gegner gefährlich; trotzdem sollte man im allgemeinen gerade Volleys spielen und Crossbälle nur unter besonders günstigen Bedingungen; denn die möglichen Returns sind oft schwer zurückzuschlagen. Niedere Flugbälle müssen dagegen häufig cross geschlagen werden, weil sie nur so noch übers Netz und relativ weit in die gegnerische Hälfte zurückgehen. Auch hohe Volleys müssen tief ins gegnerische Feld, deshalb muß das Handgelenk fest und die Schlagfläche senkrecht gehalten werden, während man den Schlag ausführt. Kommt ein Ball direkt auf den Spieler, erweist sich der Rückhand-Volley als besonders nützlich. Es bleibt keine Zeit für korrekte Fußarbeit, deshalb dreht man den Oberkörper in den Hüften seitwärts und verlagert das Gewicht nach vorn auf den rechten Fuß, in den Schlag hinein. Wie für alle Volleys, gilt auch für die Rückhand-Variante, daß sie vor allem bei geringem Abstand zu Bällen in Netzhöhe wirksam ist, weil man sie so ins gegnerische Feld schlagen kann, daß sie nicht mehr zu erlaufen ist (vgl. S. 204–207).

A Rückhand-Cross-Volley

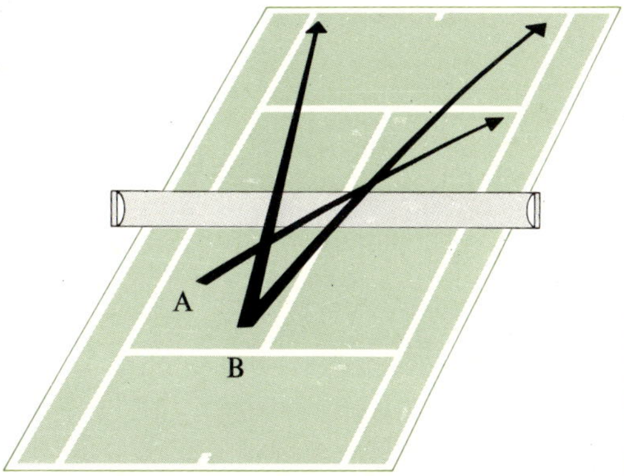

B Tiefe Rückhand-Volleys

Der Rückhand-Drive-Volley

Der unten demonstrierte Rückhand-Drive-Volley ist eine verkürzte Version des Rückhand-Drive.
Der Ball wird über Netzhöhe zwischen Hüft- und Schulterhöhe genommen und mit einer angepaßten Schwingbewegung und - zur besseren Kontrolle - mit Topspin geschlagen.
Obwohl viele Spieler den Vorhand-Drive-Volley ganz selbstverständlich einsetzen, fällt ihnen die Rückhand-Variante schwer, so daß Sie sie nur selten einsetzen und das dann häufig beidhändig. Auch der Rückhand-Drive-Volley wird dadurch riskant, daß Grundschlagtechniken mit eingesetzt werden. So sieht man diesen Schlag vergleichsweise selten, obwohl er gegen langsame, hohe Bälle im Mittelfeld recht wirksam ist. Allerdings muß er dann sicher und gezielt gespielt werden.

Den Schlag verbessern

Auch beim Rückhand-Drive-Volley sind Ausholschleife und der Schwung vorwärts aufwärts wichtige Phasen. Nachdem man den Schlägerhals freigegeben hat, schwingt der Schlägerkopf vorwärts und leicht aufwärts »durch« den Ball, der mit fast senkrechter Schlagfläche getroffen wird. Die leichte Ausholschleife verleiht dem Schlag mehr Schwung, während das Nachvornobenschwingen dem Ball Topspin verleiht. Der Ausschwung sollte ungefähr in Kopfhöhe erfolgen, mit festem Handgelenk und hoch gehaltenem Schlägerkopf. Dabei steht man noch seitlicher als bei der Vorhand-Variante.

Der Einsatz des Rückhand-Drive-Volley

Diesen Schlag setzt man bei langsamen, hohen Bällen im Mittelfeld ein. Man sollte diesen Schlag gut üben und nur dann verwenden, wenn man ihn sicher beherrscht. Zielen Sie Richtung Grundlinie oder in die Platzecken und benutzen Sie in erster Linie den Rückhand-Grundschlag, wenn Sie cross schlagen. Achten Sie darauf, daß der Bewegungsablauf bei diesem Schlag ruhig und gleichmäßig ist; er darf auf keinen Fall überhastet gespielt werden. Treffen Sie den Ball zwischen Hüft- und Schulterhöhe und versuchen Sie Ihren Gegner zu passieren. Beim Doppel sollte man den Ball zwischen die beiden Gegner plazieren.

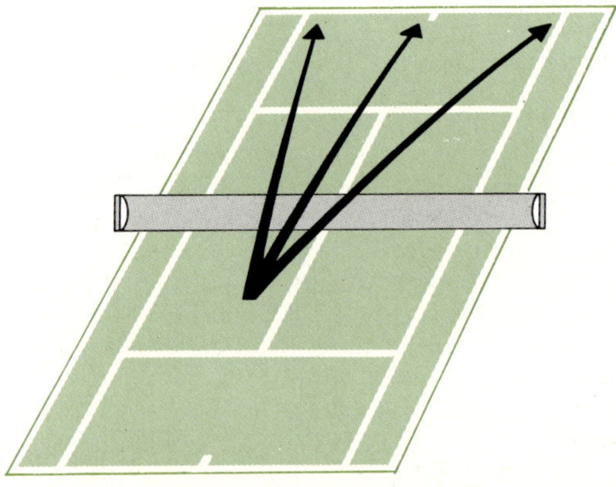

An die Grundlinie gespielte Drive-Volleys

Der Rückhand-Stop- und -Drop-Volley

Diese Rückhand-Varianten der auf Seite 120 beschriebenen Vorhand-Volleys sind ebenfalls »Berührungsschläge«, die den Ball übers Netz liften. Auch dieser Stop-Volley wird gegen schnelle Bälle eingesetzt, und zwar mit starkem Underspin, während der Drop-Volley als Return für einen langsamen Ball dient.

Beim Stop-Volley wird der Schläger vor dem Treffpunkt leicht zurückgenommen; die Schlagfläche ist geöffnet, um den notwendigen Underspin zu erzeugen. Dieses leichte Zurücknehmen und das Abstoppen der Vorwärtsbewegung vor dem Ballkontakt nimmt dem Ball seine Geschwindigkeit.

Da beim Drop-Volley der Ball langsamer ist, muß der Schläger nicht zurückgenommen werden. Die Saiten werden über den Ballrücken und unter den Ball geführt, gefolgt von einem längeren Ausschwung.

Der Stop-Volley in gefährlichen Situationen

Den Rückhand-Stop-Volley sollte man besonders gegen schnelle, schwer erreichbare Bälle einsetzen. Zum Beispiel, wenn man - nach einem Vorhand Vorbereitungsschlag - rechts vorn am Netz einen Longline-Passierschlag erwartet und dann mit einem hart geschlagenen Cross-Passierschlag auf die Rückhand überrascht wird. In diesem Fall muß man sofort nach links laufen, auf dem linken Fuß drehen und mit dem rechten weit übertreten. Der Schläger muß mit voll gestrecktem Arm so weit zurückgenommen werden, daß er hinter den Ball kommt. Im Moment des Ballkontakts wird die Schlagfläche leicht zurückgenommen und mit einer kontrollierten Drehung des Handgelenks kurz unter dem Ball durchgezogen, damit er Underspin bekommt (rechts). Nach dem Aufprall im rechten gegnerischen Aufschlagfeld wird die Vorwärtsbewegung des Balls abrupt abgestoppt.

Peter Fleming

Der Einsatz von Rückhand-Stop- und -Drop-Volleys

Setzen Sie diese Schläge sparsam ein, es sei denn, Sie verfolgen die Taktik, den Gegner zu ermüden. Normalerweise schlägt man sie dann, wenn der Gegner hinter der Grund- oder außerhalb der Seitenlinien steht. Man selbst sollte sich dabei im vorderen Teil des Vorderhofs befinden. Im allgemeinen bleiben diese Schläge dem Einzel vorbehalten; im Doppel muß man absolut sicher sein, daß keiner der Gegner sie erlaufen kann. Der Stop-Volley als Return eines hart geschlagenen Treibschlags ist fast immer ein verlorener Ball.

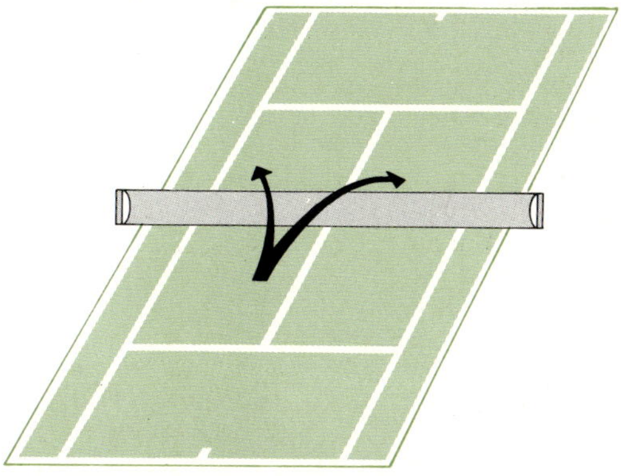

Cross-Stop oder Drop-Volleys

Der beidhändige Rückhand-Volley

Im Gegensatz zum Vorhand-Volley kann die Rückhand-Variante sehr gut beidhändig gespielt werden. Dabei verhindert die zweite Hand, daß der Schläger zu weit zurückgenommen wird. Der Einsatz beider Hände gibt dem Schlag zusätzliche Kraft und Kontrolle, was bei Angriffsschlägen wie dem Rückhand-Drive-Volley sehr wertvoll ist.

Der beidhändige Rückhandgriff

Bei allen Grundschlägen greift die Führungshand den Schläger zwischen »Eastern«-Rückhand- und »Continental«-Griff (vgl. S. 39); die Stützhand liegt mit einem »Eastern«-Vorhandgriff oberhalb der Führungshand.

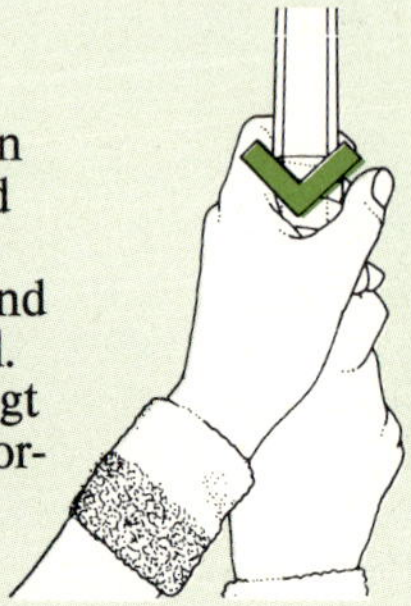

Frew McMillan zeigt, wie gefährlich ein Beidhänder im Vorderhof einen Ball über Netzhöhe zurückschlagen kann. Der hohe Ausschwung beweist, daß er kraftvoll nach oben »durch« den Ball geschlagen hat. MacMillan hat sich trotz seiner Position nahe der Seitenlinie zu diesem Schlag entschlossen.

Der individuelle Stil: Aufschlag

Der gerade oder Grundaufschlag spielt eine entscheidende Rolle beim Spiel. Beim Einzel ist er eine der wichtigsten Waffen, doch viele Spieler verlassen sich zu sehr darauf. Gibt es dabei mit dem Timing Probleme, gerät oft ihr gesamtes Spiel aus den Fugen. Ein hervorragender Aufschläger wie Pancho Gonzales spielte deshalb seinen ersten Service auch nur mit drei Vierteln seiner Kraft, um sein Ziel sicher zu erreichen. Ein guter erster Aufschlag kommt nur dann zustande, wenn man sich Zeit läßt, eine schwungvolle, wurfähnliche Bewegung vorzubereiten und dabei mit hoch gehaltenem Ellbogen schlägt, so daß der Schlag durch das Strecken des Arms und der daraus resultierenden Geschwindigkeit des Schlägerkopfes perfekt getimt werden kann. Unter dem Druck entscheidender Spiele baut sich ein Aufschlag-Stil ganz individuell auf.

Victor Pecci demonstriert hier einen seiner wundervollen ersten Aufschläge. Beide Knie sind leicht gebeugt, während er sein Gewicht nach vorn verlagert. Die Füße halten perfekt die Balance, während der Schläger hinter die Schultern in Wurfposition geführt wird. Pecci benützt den »Continental«-Griff.

Kathy Jordan timt diesen ersten Aufschlag vorbildlich. Sie trifft den Ball voll gestreckt, wobei ihr Körpergewicht optimal in den Schlag hineinverlagert wird.

Björn Borg zeigt eine beispielhafte Aufschlagtechnik. Sein Gewicht ist vorn, so daß er das Strecken der Beine mit der Schlagbewegung verbinden kann.

Roscoe Tanner legt seine ganze Kraft nach vorn. Beachten Sie den hoch gehaltenen Ellbogen. Wie bei vielen Spitzenspielern hebt der Schwung und die Kraft des Schlags ihn mit beiden Füßen vom Boden.

Maria Bueno, rechts, timt ihren ersten Service mit Anmut und Kraft. Sie verlagert das Gewicht gut nach vorn, während der Schlagarm voll gestreckt ist. Sie benutzt den modifizierten »Continental«-Griff.

Wurfposition

Während Tanner den Schlägerkopf tief in die Wurfposition sinken läßt, hält er den Ellbogen hoch, um für die Schleuderbewegung eine optimale Hebelkraft zu erreichen. Der Schlägerkopf wird dadurch extrem schnell.

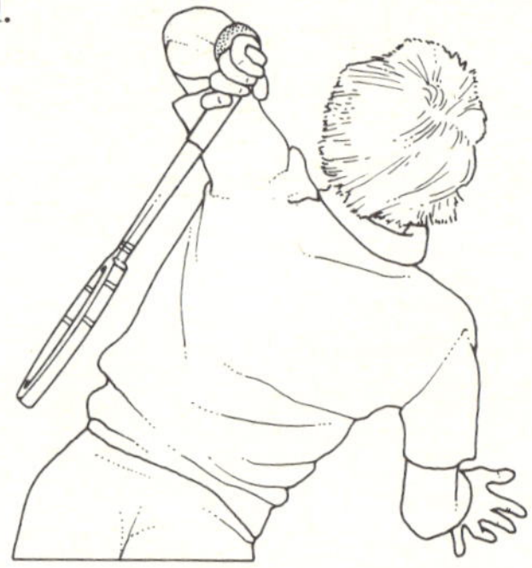

Der Topspin-Aufschlag

Der zweite Aufschlag muß tief und genau plaziert werden, damit der Aufschläger die Initiative behält. Der Topspin-Service meistert diese Aufgabe am besten. Außerdem kann er im Doppel so kraftvoll geschlagen werden, daß er auch als erster Service brauchbar ist. Bei korrektem Einsatz der Beine und der Knie, der Schultern und des Handgelenks wird der Rücken keineswegs überbeansprucht. Deshalb kann ein technisch sicherer Topspin-Aufschlag auch von jeder einigermaßen kräftigen Dame entwickelt werden – er ist kein Privileg für Herren. Ein Beispiel dafür gaben Alice Marble, Althea Gibson und Billie Jean King. Heute steht Hana Mandlikova an der Spitze einer ganzen Reihe von jungen Weltklassespielerinnen, die Topspin-Aufschläge benutzen.

Vitas Gerulaitis demonstriert seine perfekte Topspin-Technik. Gut ausbalanciert, schlägt er den Ball, mit nur wenig gebeugtem Oberkörper, von unten nach oben. Aus dieser Seitstellung streifen die Saiten von links unten nach rechts oben schräg über den Ballrücken, wobei der Schlag Top- und Sidespin erhält.

John Lloyd macht den für einen Topspin-Aufschlag typischen Ausschwung. Während der Schlägerkopf schräg vor der rechten Körperhälfte ausschwingt, kommt der hintere Fuß nach vorn. Lloyd hält den Schläger auf eine Weise, die fast dem »Continental«-Rückhandgriff entspricht. Er ist bis in den Ausschwung hinein in Seitstellung geblieben, um den Ball nicht ins Netz zu drücken.

Peter Fleming, rechts, bereitet seinen Schlag ähnlich wie Gerulaitis vor. Körpergröße und Reichweite werden durch sichere Technik unterstützt. Der vor die linke Schulter geworfene Ball zeigt, daß es sich um einen besonders aggressiven Topspin-Service handelt.

Seitlich zum Ball

Sowohl Gerulaitis wie Lloyd geben ein Beispiel dafür, wie wichtig es ist, beim Topspin-Aufschlag die Schultern in eine Linie mit der angepeilten Flugbahn zu bringen. Die Pfeile markieren die Richtung, in die der Ball gehen soll. Damit können Sie das Verhältnis zwischen Körperstellung, Ball und Platz besser abschätzen. Lloyds Ausschwung zeigt, wie die Seitstellung dazu beiträgt, die gewünschte Schlagrichtung zu erreichen.

Vitas Gerulaitis **John Lloyd**

Ilie Nastase beendet einen Topspin-Service. Während sein hinterer Fuß über die Grundlinie tritt, schwingt der Schläger auf der rechten Körperseite aus. Der »Continental«-Griff und das nach vorn schnappende Handgelenk geben dem Ball so viel Wucht und Spin, daß Nastase ein Vorgehen riskieren kann.

Der Slice-Aufschlag

John McEnroe hat den Slice-Aufschlag wieder als gefährliche Waffe rehabilitiert. Er spielt im heutigen Tennis deshalb eine Rolle, weil selbst konditionsstarke Spieler, wenn sie vom rechten Aufschlagfeld (oder bei Linkshändern vom linken) zurückschlagen müssen, mit diesem Aufschlag über die Doppellinie hinausgetrieben werden, während die entgegengesetzte Ecke ungedeckt bleibt. Außerdem ist der Rückspieler dauernd in Gefahr, auf dem falschen Fuß überrascht zu werden.
Der Topspin-Service muß nach dem Aufprall hoch aufspringen.

John McEnroe legt sein ganzes Körpergewicht in den Schwung, um einen scharfen Slice-Aufschlag zu servieren. Beachten Sie die tief aus der Wurfposition und dann weit vom Körper geführte Schlagbewegung. Wichtig dabei ist auch die Haltung des Ellbogens.

Virginia Ruzici, rechts, unmittelbar vor dem Schlag. Es hat den Anschein, als ob sie viel zu früh in den Schlag hineinginge, aber sie will ihren Slice von der linken Seite aus entlang der Mittellinie schlagen. Sie benutzt dabei einen »Continental«-Griff. Das Abfedern vom Boden mit beiden Füßen gibt dem Ball mehr Schwung.

Evonne Cawley spielt einen Slice-Aufschlag von der rechten Seite. Ihr linker Fuß behält Bodenkontakt, während der hintere Fuß nach vorn tritt. Sie kann dann entweder hinter der Grundlinie die Ausgangsstellung einnehmen oder weiter vor ans Netz laufen.

Ein klassischer Schlag

Evonne Cawley schlägt einen orthodoxen Slice-Aufschlag, mit dem Gewicht auf dem vorderen Fuß, der auf dem Boden bleibt.

A Der Ball wird knapp unterhalb der Schlägermitte getroffen. Cawleys Arm ist ganz gestreckt.

B Die Aufschlägerin blickt jetzt nach vorn, hat aber den Ball zuvor nicht aus den Augen gelassen.

C Die linke Hand vor dem Körper hilft Balance zu halten, während die rechte Schulter und Hüfte mit nach vorn schwingen, um das Körpergewicht voll in den Schlag hineinzuverlegen.

D Der hintere Fuß geht nach vorn über die Grundlinie und wird im Feld aufsetzen.

Der individuelle Stil: Flugball (Volley)

Der mit einer stoßähnlichen Bewegung gespielte Volley und seine Varianten sind beispielhaft für das schnelle Tennis von heute. Spieler, die wie McEnroe bei jeder Gelegenheit ans Netz vorgehen, halten damit ihre Gegner ständig unter Druck. Benutzt man dazu den »Eastern«-Griff, wird man am Netz die Vorhand mit noch mehr Kraft spielen können. Doch die meisten Spieler verwenden für Vor- und Rückhand-Volley den modifizierten »Continental«-Griff. Dadurch erhält man eine sehr gute Ballkontrolle bei Vorhand-Volleys und erleichtert sich das Schlagen von Cross- und Stop-Volleys. Abgesehen vom Drive-Volley bekommt damit die Rückhand mehr Kraft. Lew Hoad und Rod Laver zeigten, wie erfolgreich dieser Stil sein kann.

Stan Smith schlägt von unmittelbar hinter der Aufschlaglinie einen nieder angesetzten ersten Volley. Er geht tief in die Knie, um den Ball weit vor dem Körper schlagen zu können. Den linken Fuß setzt er gut ausbalanciert so weit nach vorn, daß er den Schlägerkopf in Handgelenkshöhe führen kann.

Ilie Nastase hat von unmittelbar hinter der Aufschlaglinie einen extremen Drop-Volley geschlagen. Den Schläger und Körper perfekt unter Kontrolle, beobachtet er die Reaktion des Gegners auf seinen Ball. Dieser Schlag dokumentiert die Kühnheit von Nastases Spiel.

Hana Mandlikova macht einen weiten Schritt nach vorn, um den Vorhand-Volley von unten nehmen zu können. Beachten Sie, daß sie bei ausbalancierter Haltung mit dem hinteren Knie fast den Boden berührt. Der Rücken ist gerade und der Schlägerkopf auf gleicher Höhe mit dem Handgelenk.

Virginia Wade tritt mit dem linken Bein über, um einen weit Richtung Seitenlinie geschlagenen Return abzuwehren. Sie will den Ball cross schlagen. Ihr »Continental«-Griff, mit dem sie sowohl den Aufschlag als auch ihre Volleys spielt, erlaubt ihr, den Schläger kontrolliert um den Ball herumzuführen.

Rod Laver schlägt hier einen Cross-Volley, der ähnlich übers Netz geht wie der von Virginia Wade. Allerdings nimmt er den Ball noch weiter vor dem Körper, wodurch er in stärkerem Winkel geschlagen werden kann. Der Schläger wird mit Hilfe des »Continental«-Griffs außen um den Ball herumgeführt.

Jimmy Connors schlägt mit dem »Eastern«-Vorhandgriff einen hohen Ball zurück. Beachten Sie, wie weit das vordere Bein schräg vor dem Körper nach vorn gesetzt wurde. Bei hohen Bällen, nach denen man sich strecken muß, ist das unbedingt erforderlich.

Frew McMillan wehrt mit einem schnellen beidhändigen Volley einen direkt auf den Körper gezielten Drive ab. Er hat den Ball auf der Innenseite genommen und ihn mit Under- und Sidespin über den niedrigsten Teil des Netzes geliftet.

Billie Jean King reagiert auf einen schnellen Return ihres Gegners; sie springt, den Oberkörper weit vorn, hoch ab, um über Netzhöhe einen Vorhand-Volley zu schlagen. Obwohl sich beide Füße vom Boden abheben, ist ihre Körperbalance beispielhaft. Beachten Sie, wie sie mit der linken Hand den Schlag stabilisiert.

Balance

Eine genauere Betrachtung von Tanners Vorhand-Volley zeigt, wie gut er sein Gewicht verteilt hat. Der Schwerpunkt seines Körpergewichts wird auf den vorderen Fuß verlagert und in Richtung der linken Schulter. So kann er den Ball weit vor dem Körper schlagen.

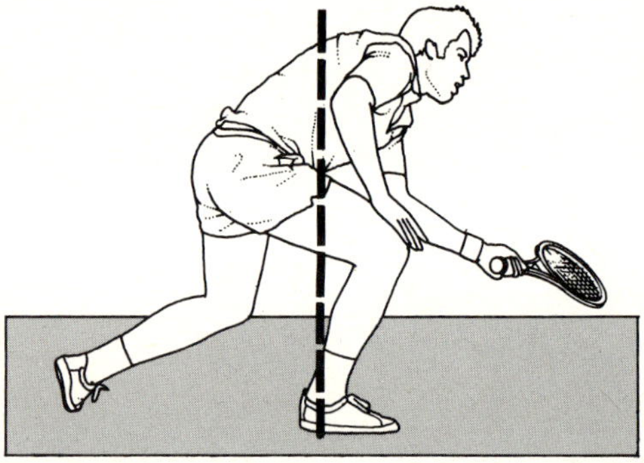

Roscoe Tanner spielt vor der Aufschlaglinie, unter Netzhöhe, einen perfekten Vorhand-Volley. Er hat den Ball weit vor dem Körper geschlagen. Die Stellung der Beine und die gebeugten Knie zeigen die perfekte Kontrolle über den Ball. Beim Schlag ist die Hüfte in gleicher Höhe mit dem Ball.

Der Rückhand-Volley

Die Anwendung von nur einem Griff für Service und Volley verleiht dem Spiel auf der Rückhandseite mehr Kraft. Um den Ball mit einer schnellen, stoßähnlichen Bewegung deutlich vor dem Körper schlagen zu können, bedarf es nur einer knappen Ausholbewegung. Viele Spieler fühlen sich vor allem bei schnellen Duellen am Netz auf der Rückhand sicherer, weil der kurze Schlagablauf bestimmte Fehlerquellen ausschließt. Der heutige Rückhand-Volley gleicht noch immer dem Bunny Austins in den dreißiger Jahren. Frauen mögen tatsächlich beim Vollieren mehr Probleme haben, doch viele von ihnen beherrschen auch dieses Spiel meisterhaft.

Ken Rosewall beendet einen Rückhand-Volley-Grundschlag; er hat den Ball in Seitstellung deutlich vor der Schlagschulter getroffen. Der hintere Fuß fängt den Schlag mit ab, während die linke Hand ausbalancieren hilft. Die freie Hand spielt bei allen Spitzenspielern eine wichtige Rolle.

Margaret Court verlagert das Gewicht auf den hinteren Fuß, wobei der linke Arm die Balance hält. Sie zeigt, daß auch hochgewachsene Spieler niedere und besonders schwierige Bälle mit Hilfe präziser Schläge erfolgreich verwandeln können, sofern die Körperbalance nicht verlorengeht.

Sandy Mayer, unten, beendet mit durchgestreckten Beinen einen vorbildlichen niederen Volley. Voraussetzung für diesen Schlag sind der »Continental«-Griff und eine korrekt geöffnete Schlagfläche. Durch weites Übertreten des vorderen Fußes kann Mayer den Ball vor dem Körper nehmen.

Beweglichkeit

Mayer kann den Ball gerade noch abwehren. Der Winkel von Mayers Ausfallschritt beträgt fast 45 Grad. In Seitstellung hätte er diesen Ball nicht mehr erreicht.

Chris Lloyd, rechts, spielt dicht an der Seitenlinie einen präzis kalkulierten Drop-Volley. Der beidhändige Griff kompensiert die zu nahe Stellung zum Ball. Das zwingt sie, etwas steif - und mit dem Schlägerkopf unter dem Handgelenk - zu retournieren.

Tracy Austin spielt im Vorderhof einen aggressiven Drive-Volley mit angepaßtem Rückhand-Treibschlag. Beidhänder wie sie wagen diesen Schlag auf der Rückhandseite häufiger als andere Spieler.

Evonne Cawley, unten, kommt mit gestrecktem Arm und Schläger fast über die Seitenlinie. Im Match kann es häufig geschehen, daß man am Netz gezwungen ist, so weit wie hier gezeigt überzutreten.

Kathy Jordan, oben, geht tief in diesen niederen Rückhand-Volley hinein. Ihr »Eastern-Western«-Vorhandgriff wird dem Ball zwar Spin, aber wenig Schwung geben. Die ausbalancierte Haltung zeigt, daß ihr Return das Ziel erreichen wird, insgesamt aber defensiv bleibt.

Martina Navratilova geht nach vorn, um den Ball über Netzhöhe zu nehmen. Mit ihrer »Continental«-Volley-Technik führt sie den Schläger um den Ball und schlägt ihn in scharfem Winkel cross. Kein leichter Ball für den Gegner.

Billie Jean King spielt einen Rückhand-Volley-Grundschlag. Sie nimmt den Ball unmittelbar vor ihrer Schlagschulter mit einem klassischen »Continental«-Griff. Trotz guter Technik hätte sie weiter Richtung Ball übertreten können, um ihn weiter vor dem Körper zu treffen.

Der Lob

Ein Lob kommt meistens als spontane Reaktion auf einen scharfen Schmetterball des Gegners. Dabei wird der Ball sehr hoch geschlagen bzw. man »lenkt« ihn »ab« und läßt ihn innerhalb des Zwei-Meter-Streifens vor der gegnerischen Grundlinie auftreffen. Wird man überraschend »auf dem falschen Fuß« oder aus der Netzposition angegriffen, verschafft man sich durch diesen Schlag wieder Luft. Der Lob kann aber auch offensiv zum Aufbrechen einer Grundlinien- oder Volley-Attacke (vgl. 216f.) eingesetzt werden, führt aber selten zu einem direkten Punktgewinn. Aus der Defensive muß man hoch und tief ins gegnerische Feld lobben. Versucht man, mit dem Lob anzugreifen, darf der Ball auf keinen Fall in Reichweite des Gegners auf dem Platz auftreffen. Der Lob wird vor allem im Doppel verwendet, wo Passierschläge nicht so leicht gelingen. Im Einzel dagegen sieht man ihn nur selten. Trotzdem, in bestimmten Situationen braucht man den Lob, d. h., daß man auch ihn perfekt beherrschen muß. Außerdem bin ich der Ansicht, daß man diesen Schlag vielseitiger einsetzen sollte.

Auf den folgenden Seiten werden der Lob-Grundschlag, der Topspin- und Underspin-Lob, der Lob-Half-Volley und der Lob-Volley beschrieben. Es ist wichtig, zuerst den mit dem »Eastern«-Vorhand- bzw. »Eastern«-Rückhandgriff gespielten Grundschlag zu beherrschen, bevor man zu den Varianten übergeht.

Der Griff

Außer dem Lob-Volley sind sämtliche Lobs Grundschläge, deshalb sollte man auch die entsprechenden Griffe verwenden, d. h. die »Eastern«-Vor- bzw. Rückhandgriffe (vgl. S. 38 und rechts). Die durch das stabile Handgelenk erreichte Ballkontrolle ist für eine gute Lobtechnik sehr wichtig.

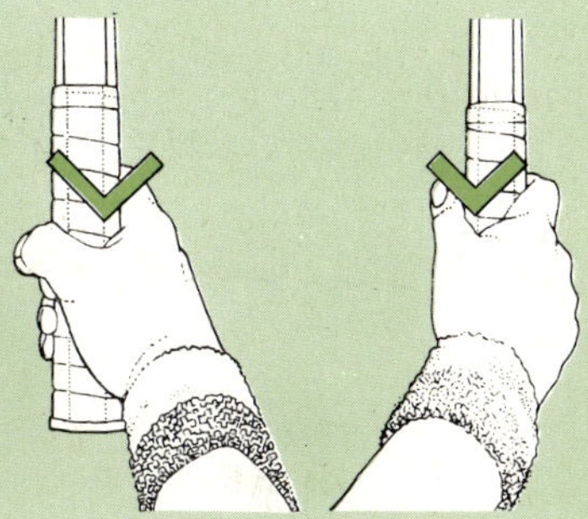

Die verschiedenen Flugkurven

Die Flugkurven des Lob-Grundschlags und seiner mit Top- bzw. Underspin geschlagenen Varianten: Der mit minimalem Topspin gespielte Grundschlag wird im Einzelfall geringe Abweichungen zeigen, doch grundsätzlich fliegt der Ball in einem gleichmäßigen Bogen von ca. 7 m Höhe übers Netz. Der als Verteidigungsschlag geführte Lob mit Underspin steigt dagegen bis zu 10 m, wobei der Ball weich durch die Luft »segelt«. Ein Topspin-Lob treibt den Ball nur 4 bis 6 m hoch übers Netz, dafür aber schneller.

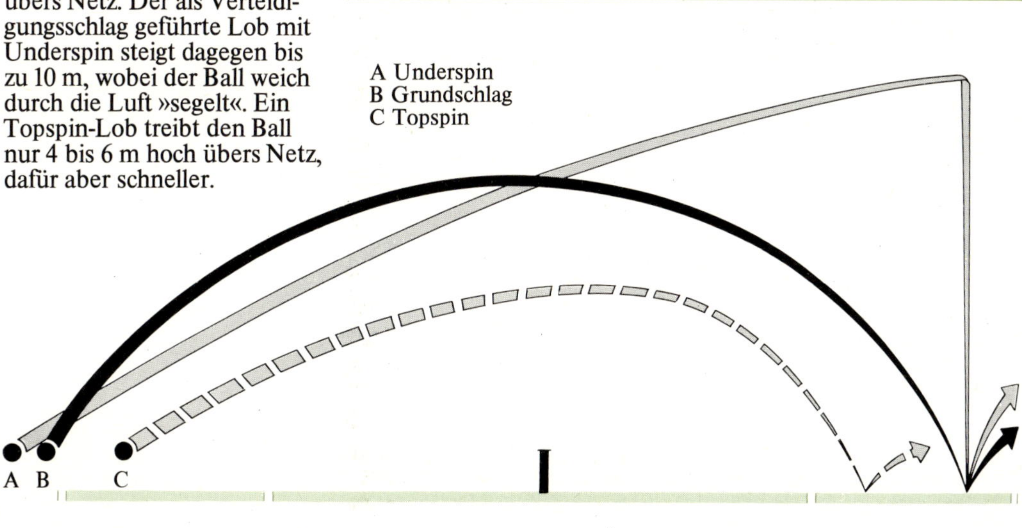

Der Vorhand-Lob-Grundschlag

Normalerweise wird er zwischen Grund- und Aufschlaglinie gespielt, wobei die Schlagvorbereitung und der Griff weitgehend die gleichen sind wie bei dem Vorhand-Grundschlag (vgl. S. 46). Auch die Schlagführung ist ähnlich, aber weil der Ball eine größere Strecke zurückzulegen hat, wird er voller geschlagen. Der Schläger muß also tiefer zurückgenommen werden und schwingt höher aus.

Der Vorhand-Lob in seiner Grundform bekommt wegen der steilen Aufwärtsbewegung des Schlägers etwas Topspin. Dieser leichte Drall hält den Ball unter Kontrolle und verhindert, daß er zu weit fliegt. Im Treffpunkt ist die Schlagfläche geöffnet, um den Ball anzuheben und ihn hoch in die Luft zu befördern. Sie sollte langen Ballkontakt halten und hoch ausschwingen, damit der Ballweg ungefähr 2 m vor der gegnerischen Grundlinie endet.

Wie die übrigen Lobs, wird auch der Vorhand-Lob-Grundschlag hauptsächlich in der Defensive eingesetzt, vor allem als Antwort auf einen Überkopf-Schmetterball. Doch auch er kann beim Aufbrechen eines Grundlinien- bzw. Volley-Ballwechsels nützlich sein. Die einzelnen Schlagphasen dieses Lobs werden unten gezeigt. Perfektionieren Sie Ihren Schlag durch die folgenden Übungen. Danach erst sollten Sie zu den Varianten übergehen.

Der Schlag in einzelnen Phasen

Die Schlagvorbereitung erfolgt auf dieselbe Weise wie beim Vorhand-Drive (vgl. S. 48), wobei man den »Eastern«-Vorhandgriff verwendet. Nach dem Ausholen läßt man den Ellbogen locker, damit der Schlägerkopf, um den Ball besser zu liften, eine tiefe Schleife beschreiben kann. Treten Sie dann mit dem linken Fuß über und schwingen Sie mit geöffnetem Schläger um und »durch« den Ball nach oben, wobei er vor der vorderen Hüfte getroffen werden muß. Der Schlägerkopf schwingt deutlich über Kopfhöhe aus.

1. Drehen Sie auf dem rechten Fuß, während Sie den Schläger zurücknehmen.

2. Entspannen Sie den Ellbogen, machen Sie eine tiefe Ausholschleife und treten Sie über.

3. Schwingen Sie den nach oben »durch« den Ball; die linke Hand stützt die Balance.

4. Der Schlägerkopf schwingt über Kopfhöhe aus; der hintere Fuß stabilisiert die Haltung.

Den Schlag verbessern

Die wichtigsten Phasen beim Spiel des Vorhand-Lob-Grundschlags sind die Treffzone und der Ausschwung. Beim Schlagen des Balls müssen die Knie durchgestreckt und das Gewicht nach vorn verlagert werden. Lehnt man sich zurück und schlägt mit dem Gewicht auf dem hinteren Fuß, wird der Lob im gegnerischen Feld zu kurz aufkommen. Der rechte Fuß dient in der Treffzone und im Ausschwung als Stabilisator und gewährleistet eine gute Körperbalance während des gesamten Schlagablaufs. Beim Durchschwingen benutzt man die linke Hand zur Balance und schlägt den Ball mit geöffneter Schlagfläche, um ihn anzuheben. Bei zu weit geöffneter Schlagfläche wird der Ball ebenfalls zu kurz im gegnerischen Feld aufkommen. Der Schlag muß so getimt werden, daß der fallende Ball ungefähr in Hüfthöhe getroffen wird. Der Ausschwung beim Lob fällt dadurch auf, daß sich beim Verlagern des Gewichts nach vorn und nach oben in Schlagrichtung auch die Beine durchstrecken und der Schläger besonders weit nach oben ausschwingt.

A Treffzone. Achten Sie darauf, daß im Moment des Ballkontakts Ihr Gewicht so weit wie möglich auf dem vorderen Fuß liegt, wobei der hintere Fuß zum Abstützen dient. Während der Schlägerkopf durch die Treffzone steil von unten nach oben geführt wird, muß der Griff besonders fest sein. Denken Sie daran, daß für einen Lob-Grundschlag die Schlagfläche nur leicht geöffnet sein darf, um den notwendigen Topspin zu erreichen.

B Ausschwung. Lassen Sie den Schlägerkopf nicht absacken, sondern schwingen Sie in Schlagrichtung durch. Der Schläger wird den Ausschwung über Kopfhöhe beenden, wie oben gezeigt.

Der Vorhand-Lob in gefährlichen Situationen

In manchen Fällen hat man nach einem scharfen, schnellen Schmetterball keine Zeit mehr für eine korrekte Schlagvorbereitung. Sie sollte dann, wie rechts gezeigt, so abgekürzt werden, damit zumindest für den Schwung vorwärts aufwärts genügend Zeit bleibt. Da der anfliegende Ball sehr schnell ist, schwingt man nur kurz nach vorn unter den Ball und läßt ihn auf leicht geöffneter Schlagfläche steil nach oben abprallen. Das Handgelenk bleibt während des ganzen Schlags stabil.

Die Schlagvorbereitung

Die verkürzte Schlagvorbereitung

Der Rückhand-Lob-Grundschlag

Der Lob wird hauptsächlich in der Defensive eingesetzt und ist deshalb auf der Rückhandseite von besonderer Bedeutung. Die Schlagvorbereitung gleicht im wesentlichen der des entsprechenden Grundschlags – des Rückhand-Drive –, wobei der Schlägerkopf verhältnismäßig nieder und mit tiefer Ausholschleife zurückgenommen wird. Wieder gibt die steile Schwungbewegung des Schlägers dem Ball leichten Topspin, und der Schlag endet mit einem langen Ausschwung über dem Kopf. Die geöffnete Schlagfläche liftet nicht nur den Ball übers Netz, sondern dient auch zu seiner Kontrolle. Benutzen Sie Ihren »Eastern«-Rückhandgriff, indem Sie genau wie beim einfachen Grundlinienspiel während der Schlagvorbereitung nach Gefühl umgreifen. Die einzelnen Schlagphasen des Rückhand-Lobs werden unten gezeigt. Folgen Sie den auf S. 150 gegebenen Übungsanweisungen, um Ihren Schlag zu perfektionieren.

Der Schlag in einzelnen Phasen

Nehmen Sie hinter der Grundlinie die übliche Grundhaltung ein. Wechseln Sie beim Drehen nach links zum Rückhandgriff und nehmen Sie den Schläger in oder unter Treffhöhe zurück, wobei die freie Hand auch nach dem Griffwechsel noch als Stütze dient. Mit dem Gewicht auf dem hinteren (linken) Fuß drehen sich die Schultern so weit, bis sie eine Linie mit dem anfliegenden Ball bilden. Der Schlägerkopf schwingt an der hinteren Hüfte vorbei, die Stützhand löst sich, und der Ellbogen entspannt sich für die tiefe Ausholschleife. Sobald die Körperdrehung beginnt, muß das Gewicht auf den vorderen Fuß verlagert werden, der parallel zum Ball steht. Dann schwingt der geöffnete Schläger außen um und »durch« den Ball nach oben; er trifft ihn in Höhe und knapp vor der rechten Hüfte.

1. Nehmen Sie den Schläger mit Ihrem Rückhandgriff in oder unter Treffhöhe zurück und drehen Sie dabei die Schultern.

2. Beschreiben Sie mit dem Schlägerkopf eine tiefe Schleife. Treten Sie mit dem rechten Fuß über und schwingen Sie steil nach oben.

3. Der Schlägerkopf schwingt »durch« den Ball, wobei sich die Beine strecken. Der Treffpunkt liegt in Hüfthöhe.

4. Mit dem Gewicht auf dem vorderen Fuß schwingt der Schläger über dem Kopf aus.

Den Schlag verbessern

Schlagvorbereitung, Treffzone und Ausschwung sind wie immer die wichtigsten Faktoren beim Schlag. Wechseln Sie beim Seitwärtsdrehen vom Vorhand- zum Rückhandgriff und nehmen Sie den Schläger in oder etwas unter Treffhöhe zurück. Drehen Sie die Schultern in Ballrichtung, nehmen Sie den Schläger weit zurück und verlagern Sie das Gewicht auf den hinteren (linken) Fuß. Lösen Sie die Stützhand und beschreiben Sie eine tiefe Ausholschleife, damit der Schlägerkopf steil Richtung Ball schwingen kann. Die geöffnete Schlagfläche unterstützt die Liftbewegung und die Ballkontrolle. Der Ballkontakt sollte über und vor der vorderen Hüfte erfolgen. Gleichzeitig wird das vordere Knie durchgestreckt, um den Lifteffekt des nach oben schwingenden Schlägers zu verstärken. Der Schläger schwingt »durch« den Ball und über dem Kopf aus. Während des Schlags bleibt der hintere Fuß stabil. Erst dann wird wieder die Grundposition eingenommen.

A **Vorbereitung.** Wechseln Sie bei der Schlagvorbereitung vom Vorhand- zum Rückhandgriff. Die Schultern werden zum Ball gedreht, der Ellbogen entspannt sich, damit der Schlägerkopf eine tiefe Ausholschleife beschreiben kann.

B **Treffzone.** Der Schlägerkopf schwingt steil nach oben und »durch« den Ball, um ihm leichten Topspin zu geben. Die geöffnete Schlagfläche trifft den Ball ungefähr in Höhe und knapp vor der rechten Hüfte.

C **Ausschwung.** Nach dem Ausschwung befindet sich der Schläger ungefähr in Höhe über dem Kopf. Der hintere Fuß stabilisiert den Schlag beim Passieren der Treffzone und während des Ausschwungs.

Der Rückhand-Lob in gefährlichen Situationen

Genau wie auf der Vorhandseite wird in manchen Fällen die Zeit für die übliche Schlagvorbereitung zu knapp sein, so daß sie abgekürzt werden muß. Rechts sieht man, im Vergleich zur normalen, die verkürzte Ausholbewegung. Dabei wird auch die Schulter weniger stark gedreht. Der Schmetterball wird lediglich abgefangen und prallt auf dem Schläger ab und zurück, wobei auch der Kontakt zwischen Schlagfläche und Ball kürzer ist.

Die Schlagvorbereitung

Die verkürzte Schlagvorbereitung

Allein üben

Markieren Sie, wie rechts gezeigt, in einer Platzhälfte eine Zwei-Meter-Zone vor der Grundlinie. Nehmen Sie dann hinter der entgegengesetzten Grundlinie die Ausgangsstellung ein und lobben Sie systematisch mit der Vorhand hoch und tief in den markierten Bereich. Lassen Sie den Ball seitlich von sich aufspringen und schwingen Sie nach einer tiefen Ausholschleife mit leicht geöffneter Schlagfläche von unten nach oben »durch« den Ball, so daß er 4–5 m oder höher übers Netz fliegt. Üben Sie den Lob genauso mit der Rückhand. Nehmen Sie den Schläger mit dem »Eastern«-Rückhandgriff, ein Umgreifen würde nur Probleme schaffen. Beide Schläge werden mit nur leichtem Topspin geschlagen. Beobachten Sie deshalb genau die Flugbahn, um zu sehen, ob sie einen gleichmäßigen Bogen beschreibt. Ist die Schlagfläche zu stark geöffnet, wird der dadurch erzeugte Underspin den Ball länger in der Luft halten, so daß er möglicherweise über die Grundlinie hinausgeht. Wird die Schlagfläche stärker nach vorn gekippt, läßt der zusätzliche Topspin den Ball früher, d.h. zu kurz auftreffen. Sobald Ihnen Vor- und Rückhand gelingen, üben Sie mit einem Partner weiter, der Ihre Lobs als Schmetterbälle zurückschlägt.

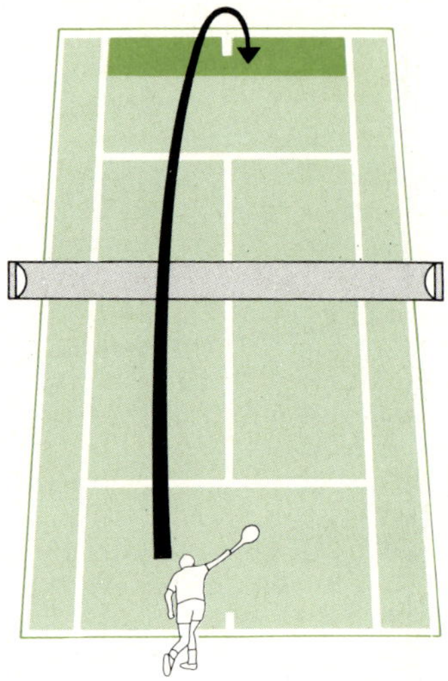

Üben mit Partner

Während Sie hinter dem Mittelzeichen stehen und einen Lob schlagen, reagiert Ihr Partner aus der klassischen Volley-Position mit einem Smash. Beginnen Sie mit dem Vorhand-Lob und schlagen Sie abwechselnd mit Vor- und Rückhand. Versuchen Sie, den Ballwechsel immer länger durchzuhalten, wobei Sie nach jedem Schlag in die Ausgangsposition zurückkehren. Nach 15 Minuten wechseln Sie mit dem Partner.

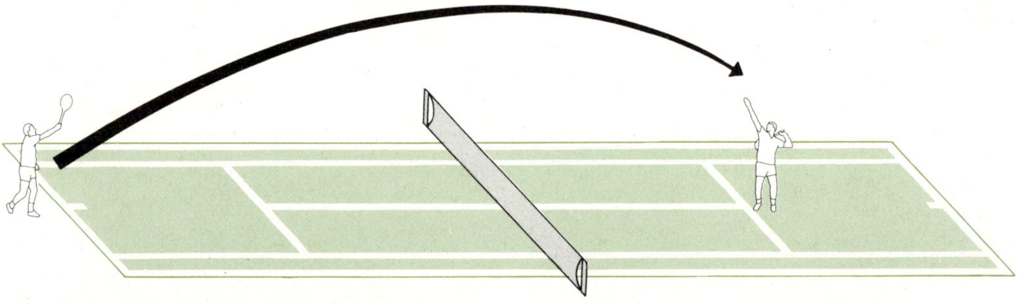

Der taktische Einsatz des Lobs

Wie rechts gezeigt, sollten Sie grundsätzlich weit in die Rückhandseite Ihres Gegners lobben, um einen Smash-Return so schwierig wie möglich zu machen. Sind Sie unter Druck, schlagen Sie den Lob höher als gewohnt, um Zeit zu gewinnen. Mit hohen, weiten Lobs kann man Wind- und Lichtverhältnisse ausnutzen (vgl. S. 242). Falls Sie mit dem Lob-Grundschlag einen vollierenden Gegner angreifen, müssen Sie den Ball etwas niederer spielen, aber so, daß er außerhalb der Reichweite Ihres Gegners auftrifft. Ist Ihr Gegner stark im Überkopf-Spiel, wechseln Sie zwischen hohen und niederen Lobs.

A Rückhand
B Vorhand

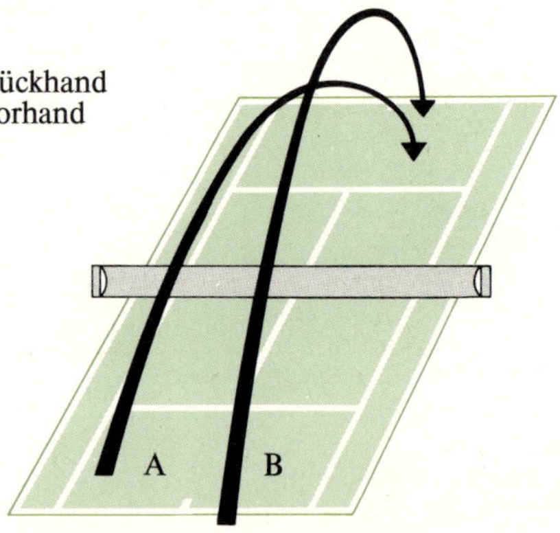

Evonne Cawley ist mit dem vorderen Fuß weit übergetreten, der Körper ist ganz gestreckt. Mit einer hohen Liftbewegung schlägt sie einen Rückhand-Lob. Die ausgestreckten Arme halten bei präziser Fußarbeit vorbildlich Balance und zeigen die Anmut und die technische Perfektion ihres Spiels.

Der Topspin-Lob

Eigentlich ist der Topspin-Lob ein Angriffsschlag, dessen überraschender Einsatz nicht selten Punktgewinne erzielt. Er wird mit den »Eastern«-Vorhand- bzw. -Rückhandgriffen geschlagen.
Wirksam ist vor allem, daß er zunächst einen Topspin-Drive vortäuscht. Der ans Netz vorgehende Gegner rechnet mit einem rasch abkippenden Return, den er sofort als Volley zurückschlagen will. Er wird völlig überrascht sein, wenn Sie nach der tiefen Ausholschleife scharf und steil nach oben schwingen. Der Ball überfliegt knapp seinen gestreckten Schlagarm, bevor er hinter ihm zu Boden geht, um nach dem Aufprall in Richtung Grundlinie abzuspringen.
Dieser Ball muß mit starkem Topspin geschlagen werden, der nicht nur ein perfektes Timing verlangt, sondern auch gute Kontrolle des Handgelenks und maximale Geschwindigkeit des Schlägerkopfes unmittelbar vor dem Treffpunkt.

Den Schlag verbessern

Vergleichen Sie rechts den Schlagverlauf eines Topspin-Vorhand-Lobs mit dem Vorhand-Lob-Grundschlag auf Seite 147; Sie erkennen dann die Unterschiede in Körper- und Schlägerhaltung während der Vorbereitung sowie in der Treffzone und im Ausschwung. Wie beim Grundschlag wird der Schläger weit unten zurückgenommen, die Ausholschleife mit entspanntem Ellbogen dagegen ist noch tiefer. Dieser Schwung wird außerdem durch das im Treffpunkt nach vorn schnappende Handgelenk beschleunigt. Die Schlagfläche wird dabei nur minimal aus der Vertikalen nach hinten gekippt.

A Vorbereitung. Der Schläger wird in einer tiefen Ausholschleife zurückgenommen, wobei der Schlägerkopf tiefer als das Handgelenk ist. Am Ende der Ausholschleife wird das Handgelenk fixiert, um beim Nachobenschnellen in der Treffzone die maximale Geschwindigkeit des Schlägerkopfes zu erreichen.

B Treffzone. Die Schlagfläche nähert sich fast senkrecht von unten und trifft den Ball in Hüfthöhe vor der Körpermitte.

C Ausschwung. Der Schläger schwingt schräg vorn und über der linken Schulter aus.

Ausschwung
Die beiden Fotos rechts zeigen die Schlägerhaltung nach Beendigung eines Topspin-Vorhand- bzw. eines Topspin-Rückhand-Lobs. Sie sehen, daß in beiden Fällen die Schlagfläche Richtung Boden zeigt, was beweist, daß der Ball mit heftigem Topspin geschlagen wurde.

Vorhand

Rückhand

Allein üben

Wenn Sie den Topspin-Lob allein auf dem Platz üben wollen, folgen Sie den Anweisungen für den Lob-Grundschlag, nur mit dem Unterschied, daß Sie den Ball nicht aus der Hand aufspringen lassen, sondern ihn so hoch werfen, daß er nach dem Aufprall mindestens Hüfthöhe erreicht. Denken Sie daran, sich bei der Schlagvorbereitung seitlich zu stellen und nach der tiefen Ausholschleife das Handgelenk zu fixieren. Erst in der Treffzone schnappt das Handgelenk nach vorn, damit der fast senkrecht von unten gegen den Ball geführte Schlägerkopf im Treffpunkt seine größte Geschwindigkeit erreicht. Versuchen Sie – zur besseren Kontrolle – solange wie möglich Ballkontakt zu halten, d.h., den Schläger nicht einfach durchzuziehen.
Nachdem Sie vor Beginn der Schwungbewegung übergetreten sind, schwingen Sie schräg vor dem Körper hoch aus. Denken Sie daran, daß der Ball das Netz in vier Meter Höhe überfliegen muß, um hinter dem imaginären Gegner im Vorderhof aufzuprallen und in Richtung Grundlinie abzuspringen. Falls Sie über eine Ballmaschine verfügen, lassen Sie sich langsame oder mittelschnelle Bälle zuwerfen, die ungefähr in der Mitte, zwischen Aufschlag- und Grundlinie (s. S. 195), so hoch aufprallen, daß Sie sie von unten attackieren und in Hüfthöhe zurückschlagen können.

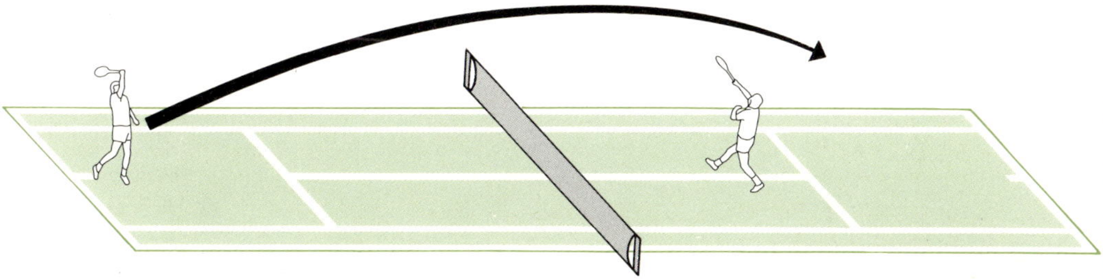

Üben mit Partner

Spielen Sie sich abwechselnd mittelschnelle Bälle zu, die im letzten Platzviertel hoch genug aufspringen, um sie als Topspin-Lobs zurückschlagen zu können. Konzentrieren Sie sich vor allem auf Ihre Fußarbeit und Körperstellung – vielleicht ergibt sich mitten im Laufen die Gelegenheit für einen Topspin-Lob. Sie müssen dann in Sekundenschnelle in der richtigen Position stehen und Ihre Balance gefunden haben.

Das Übertreten des hinteren Fußes beim Nachvornschwingen wird Ihrem Schlag zusätzlich Schwung verleihen. Wahrscheinlich machen Sie die Erfahrung, daß es auf der Rückhandseite besonders schwer ist, das Handgelenk zu fixieren, um es in der Treffzone nach vorn schnappen zu lassen. Wenn ja, gehören Sie zu der Mehrheit der Spieler, die Topspin-Lobs auf der Vorhandseite bevorzugen.

Der taktische Einsatz des Topspin-Lobs

Der Topspin-Lob ist besonders erfolgreich, wenn man zunächst einen anderen Schlag vortäuscht und dann den Gegner damit überrascht. So kann man Netzattacken dadurch durchbrechen, daß man einen Drive-Passierschlag andeutet, den der Gegner glaubt als Volley zurückschlagen zu können. Mit dem Lob allerdings sollten Sie Ihren Gegner nicht auf seiner »starken Seite« überspielen. Ebenso gefährlich ist es, den Topspin Lob von hinter der Grundlinie zu schlagen; denn dieser Schlag erfordert Zeit, und ist man weit vom Netz entfernt, geht der Überraschungsmoment verloren. Grundsätzlich sollte man cross loben und über die Rückhandschulter des Gegners.

A Rückhand
B Vorhand

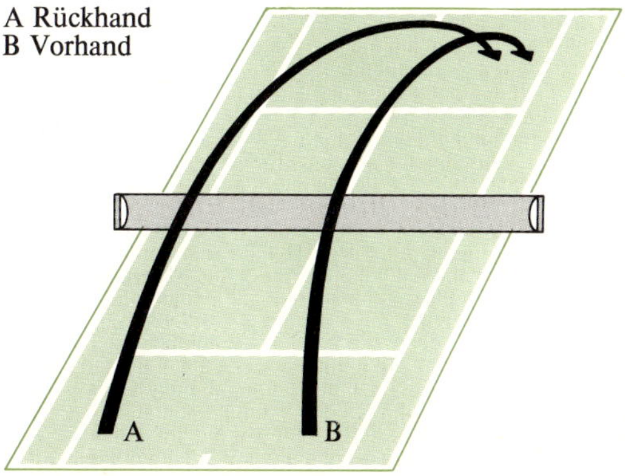

Der Underspin Lob

Dieser Schlag gilt normalerweise als letzte Verteidigungsmöglichkeit. Der Schlag selbst gleicht dem beim Volley, doch man benutzt dazu die Griffe wie für den Grundschlag. Die Absicht beim Underspin Lob besteht darin, den Ball möglichst hoch vom Schläger abprallen zu lassen. Da er meist aus einer Position hinter der Grundlinie gespielt wird, sollte er ungefähr 9 m hoch übers Netz und tief ins gegnerische Feld, wo er fast senkrecht auftrifft und ebenso abspringt. Der Underspin hält den Ball länger in der Luft, wodurch der Verteidiger Zeit gewinnt, seine Position zu ändern, nachdem er aus dem Platz hinausgetrieben worden ist. Da Verteidigungsschläge öfter auf der Rückhandseite gespielt werden, sollen unten die wichtigsten Faktoren des Rückhand-Underspin-Lobs dargestellt werden; im wesentlichen aber gilt für die Vorhandseite dasselbe.

Den Schlag verbessern

Am wichtigsten beim Underspin-Lob ist die verkürzte Ausholbewegung, die Neigung der Schlagfläche in der Treffzone und der Ausschwung. Der Schläger wird - unterstützt von der freien Hand - mit dem »Eastern«-Rückhandgriff leicht über die voraussichtliche Treffhöhe zurückgenommen. Die Stützhand gibt den Schläger frei, bevor die leicht geöffnete Schlagfläche mit einer stoßähnlichen Bewegung nach vorn und unter den Ball geführt wird. Gleichzeitig wird übergetreten, um im Moment des Treffens »durch« den Ball nach oben durchziehen zu können. Die geöffnete Schlagfläche gibt dem Ball massiven Underspin, der ihn bis zu 9 m oder höher fliegen läßt. Der Ausschwung erfolgt in Schlagrichtung und endet über Kopfhöhe.

A Vorbereitung. Der Schläger wird wie beim Volley nur kurz und mit steifem Handgelenk zurückgenommen.

B Treffzone. Der Ball wird vor der vorderen Schulter von unten getroffen und mit leicht geöffneter Schlagfläche abgeblockt.

C Ausschwung. Halten Sie den Schlägerkopf während des Ausschwingens auf jeden Fall nach oben.

Der verkürzte Schlag

Unter extremem Druck läßt man den Ball lediglich vom Schläger abprallen. Dazu hält man den leicht geöffneten Schläger unter den scharf abgesprungenen und wieder zurückfallenden Schmetterball und läßt ihn hoch zurückfliegen. Das Foto rechts zeigt den abgeschlossenen Ausschwung eines so gespielten Underspin-Rückhand-Lobs.

Allein üben

In diesem Fall geht es darum, schnelle Bälle sicher zu retournieren, deshalb übt man den Underspin-Lob am besten mit Hilfe einer Ballmaschine. Stellen Sie sie auf maximale Geschwindigkeit ein, so daß die Bälle in Ihrer Vorbzw. Rückhandecke auftreffen. Laufen Sie aus der Grundposition zum Ball, schlagen Sie einen defensiven Underspin-Lob und gehen Sie zurück in die Ausgangsstellung, bevor die Maschine den nächsten Ball abfeuert.

Üben mit Partner

Beginnen Sie in den Positionen für Lob bzw. Smash und spielen Sie jeweils einen Satz, wobei der Lobspieler den Anfang macht. Der Netzspieler muß jeden Ball zurückschmettern oder vollieren, bis auf die mit starkem Underspin geschlagenen defensiven Bälle, die innerhalb der Zwei-Meter-Zone vor seiner Grundlinie niedergehen. Der Lobspieler dagegen gibt jeden vom Vorderhof des Gegners aus geschmetterten Ball per Lob zurück, spielt aber jeden aus dem Niemandsland oder nach dem Aufprall geschmetterten Ball als Drive.

Der Einsatz des Underspin-Lobs

Der Underspin-Lob wird meist in gefährlichen Situationen eingesetzt, vor allem ist er die naheliegende Reaktion auf einen Überkopf-Schmetterball. Achten Sie bei diesem Schlag immer darauf, daß Sie ihn hoch und weit genug ins gegnerische Feld spielen. Das Diagramm unten zeigt die einem rechtshändigen Gegner auf die Rückhand gespielten Underspin-Lobs – eine Vorhand und eine Rückhand.

A Rückhand

B Vorhand

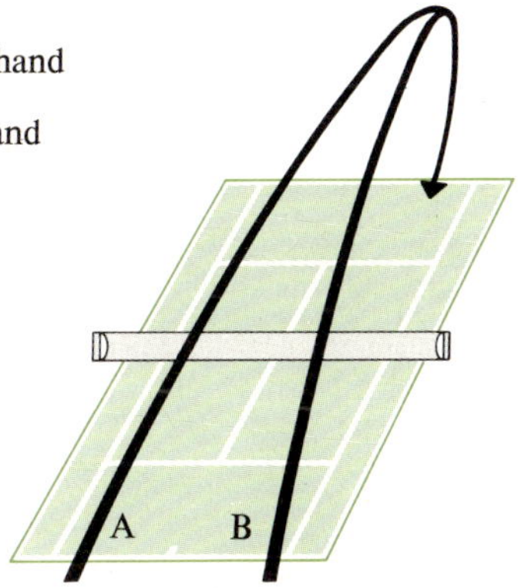

***Ken Rosewall**, unter starkem gegnerischen Druck, deckt die Grundlinie mit einem gut kontrollierten defensiven Lob. Die freie Hand balanciert die extreme Bewegung des Schlagarms aus. Die Schlagfläche wird an der Außenseite und unter den Ball geführt, wobei vor allem der genaue Schlagwinkel zu beachten ist.*

Der gelobbte Half-Volley

Obwohl der normale Lob sowie die Top- und Underspin-Varianten die wichtigsten Schläge dieser Art sind, darf der gelobbte Half-Volley nicht vernachlässigt werden. Wie der Name andeutet, wird der Ball dabei unmittelbar nach dem Aufprall gespielt. Damit gehört diese Schlagvariante technisch eigentlich zu den Grundschlägen. Sie wird jedoch in diesem Abschnitt behandelt, weil ihre Funktion nicht die eines Treibschlags, sondern eines Lobs ist. Meist handelt es sich dabei um einen erzwungenen Schlag aus der Defensive, wenn keine anderen Möglichkeiten mehr offenbleiben. Am besten eignen sich für diesen Schlag dafür die »Eastern«-Vor- bzw. -Rückhandgriffe. Ähnlich wie beim normalen Half-Volley wird der Schläger nur kurz zurückgenommen, um dann mit geöffneter Schlagfläche von unten »durch« den Ball nach oben hoch auszuschwingen.

Den Schlag verbessern

Sowohl auf der Vor- wie auf der Rückhandseite erfordert der gelobbte Half-Volley bei der Vorbereitung besondere Sorgfalt. Gehen Sie in Seitstellung und lösen Sie die Stützhand vom Schlägerhals, bevor Sie den Schläger wie beim Half-Volley im Mittelfeld mit einer niederen kurzen Ausholbewegung zurücknehmen. Während Sie tief in die Knie gehen und Ihr Gewicht auf dem hinteren Fuß ruht, achten Sie darauf, daß Sie den Schlägerkopf in Höhe des Handgelenks führen. Beim Übertreten verlagert sich das Gewicht auf das gebeugte vordere Knie und der Ball wird auf der Vorhandseite mit einer kurzen Schwungbewegung vorwärts deutlich vor der vorderen Hüfte getroffen, bei der Rückhand unmittelbar davor. Die geöffnete Schlagfläche trifft den Ball direkt nach dem Aufprall, schwingt »durch« und nach oben. Dabei strecken sich die Knie, um den Ball oberhalb der gegnerischen Reichweite übers Netz zu befördern. Diese Streckbewegung sollte im Treffpunkt beginnen und sich bis in die hohe Ausschwungbewegung hinein fortsetzen, die höher endet als beim normalen Half-Volley.

Vorhand

Rückhand

A Vorbereitung. Holen Sie kurz aus, gehen Sie tief in die Knie, das hintere Schienbein fast parallel zum Platz. Schlägerkopf und Handgelenk sind in gleicher Höhe.

B Treffzone. Schwingen Sie mit geöffneter Schlagfläche steil nach oben »durch« den Ball. Strecken Sie beim Passieren der Treffzone die Knie ganz durch.

C Ausschwung. Schwingen sie »durch« den Ball nach oben in Schlagrichtung aus. Der Ausschwung ist deutlich höher als beim Half-Volley.

Allein üben

Lassen Sie eine an der Aufschlaglinie aufgestellte Ballmaschine mittelschnelle Bälle unmittelbar hinter die gegenüberliegende Aufschlaglinie schießen. Gehen Sie in Grundposition und üben Sie den gelobbten Half-Volley – zuerst in 12-Sekunden-Intervallen und dann, bei fortgeschrittener Schlagtechnik, mit immer schneller kommenden Bällen. Wenn Sie die Maschine entsprechend einstellen und Ihre Position anpassen, können Sie auf der Vorhand und auch auf der Rückhand Cross- und Longline-Halbflugbälle trainieren. Ohne Ballmaschine lassen Sie den Ball fallen und schlagen ihn knapp nach dem Aufspringen.

Üben am Zaun
Stellen Sie sich mit Hilfe des Zauns, der den Platz begrenzt, vor, wie hoch der gestreckte Schlagarm eines Gegners reichen kann. Mit dem Gesicht zum Zaun und aus einer Position innerhalb der Grundlinie schlagen Sie dann gelobbte Halbflugbälle knapp über diese Begrenzung.

Üben mit Partner

Lassen Sie Ihren Partner am Netz Flugbälle schlagen, die Sie aus dem Mittelfeld als Half-Volleys retournieren. Dabei sollte die Schlagfläche stärker geöffnet sein als bei der Half-Volley-Grundform. Denken Sie daran, im Moment des Ballkontakts die Beine durchzustrecken. Beides ist ausschlaggebend für Höhe und Tiefe des Schlages. Wenn Sie sich einigermaßen sicher fühlen, übernehmen Sie die Volley-Position und Ihr Partner trainiert gelobbte Half-Volleys. Danach können Sie den Ballwechsel zwischen Netz und Grundlinie üben, wobei der an der Grundlinie stehende Spieler jede Gelegenheit wahrnehmen sollte, einen gelobbten Half-Volley anzubringen, den der Spieler am Netz erlaufen oder als Schmetterball zurückgeben muß, um sofort wieder die Netzposition einzunehmen. Er kann aber auch statt zu schmettern den Lob in der hinteren Platzhälfte erlaufen, um seinerseits die Grundlinienposition einzunehmen, während der Partner zum Netz vorgeht und Halbflugbälle schlägt, bis er wieder überspielt wird – und so weiter.

Der taktische Einsatz des gelobbten Half-Volleys

Der wichtigste strategische Nutzen dieses Schlags besteht darin, den zum Netz laufenden Angreifer zu überraschen und ihn zum Rückzug zu zwingen. Dieser Schlag kann unter großem Druck sehr zweckmäßig sein, weil er dem in die Enge getriebenen Spieler Zeit verschafft, eine neue Position zu finden, wenn nicht gar selbst zum Angriff überzugehen. Dazu muß man seine Absicht so lange wie möglich zu verbergen suchen, d. h., den Schläger zunächst so führen, als ob man einen normalen Halbflugball schlagen wollte, um ihn erst im letzten Moment steil nach oben zu schwingen. Versuchen Sie dabei, wie rechts gezeigt, sowohl Ihre Vorhand als auch Ihre Rückhand auf die Rückhandseite des Gegners zu plazieren.

A Rückhand
B Vorhand

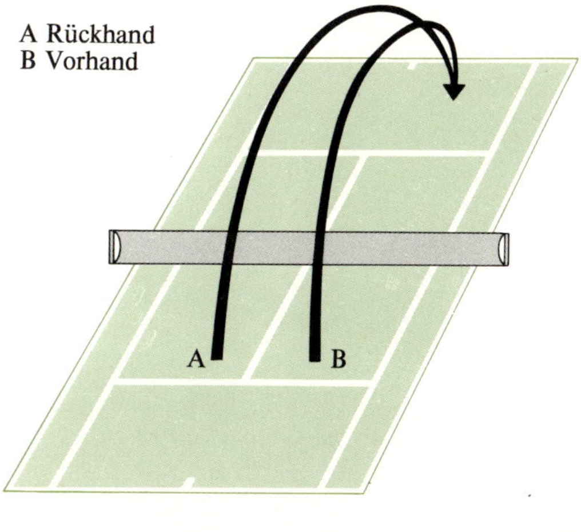

Der Lob-Volley

Ein mit diesem Schlag erzielter Punkt kann ebenso spektakulär sein wie ein verwandelter Überkopf-Schmetterball. Der Lob-Volley muß überraschend und entschlossen gespielt werden, weil man riskiert, den Punkt zu verlieren, sobald die Absicht durchschaut ist.
Im Grunde handelt es sich bei diesem Schlag um einen niederen Volley mit starkem Topspin, der normalerweise überraschend über den am Netz spielenden Gegner gelobbt wird, der einen defensiven Volley erwartet. Neben dem Überraschungsmoment ist eine sichere und schnelle Handgelenks- und Unterarmaktion notwendig. Der Schlag sollte nicht zu häufig eingesetzt werden und erst, nachdem man ihn wirklich beherrscht. Man kann ihn mit jedem stabilen Griff spielen, am besten eignet sich jedoch der modifizierte »Eastern«-Griff (vgl. S. 53).

Den Schlag verbessern

Entscheidend für gute Vor- und Rückhand-Lob-Volleys sind Schlagvorbereitung, Treffzone und Ausschwung. Die Ausholbewegung ist ähnlich wie beim niederen Volley. Man hält den Schläger mit dem »Continental«- oder modifizierten »Eastern«-Griff, der in Seitstellung zum Ball kurz in Treffhöhe zurückgenommen wird. Das Gewicht ruht zunächst bei leicht gebeugten Knien auf dem hinteren Fuß. Beim Übertreten verlagert es sich nach vorn, während zugleich mit einer kombinierten Bewegung des Handgelenks- und des Unterarms die geöffnete Schlagfläche nach oben und über den Ball gezogen wird. Der Schlag bekommt dadurch starken Topspin. Der Treffpunkt sollte in Kniehöhe vor dem vorderen Bein liegen. Die Beine werden im Moment des Ballkontakts durchgestreckt und der Schläger schwingt in Schlagrichtung über Schulterhöhe mit geschlossener Schlagfläche aus.

Vorhand

Rückhand

A Vorbereitung. Nehmen Sie den Schläger wie für einen niederen Volley ungefähr in Treffhöhe kurz zurück. Der Schläger ist geöffnet, und die Knie sind bei der Drehung – ob nach rechts oder links – gebeugt.

B Treffzone. Die kombinierte Bewegung des Handgelenks und des Unterarms läßt den Schlägerkopf nach oben und über den Ball schnellen, der starken Topspin bekommt. Der Treffpunkt ist in Kniehöhe vor dem vorderen Bein.

C Ausschwung. Der Schläger schwingt bei der Vorhand hoch Richtung linke Schulter aus, bei der Rückhand rechts vom Körper. Bei Beendigung des Ausschwungs ist die Schlagfläche geschlossen.

Die Flugbahn

Die kombinierte Bewegung des Handgelenks und des Unterarms im Treffpunkt gibt dem Ball scharfen Topspin, der ihn von der Schlagfläche steil nach oben steigen läßt. Die Flugbahn beschreibt einen 3 m hohen Bogen übers Netz, bevor der Ball in der gegnerischen Platzhälfte abkippt, um nach dem Aufprall Richtung Grundlinie abzuspringen (vgl. unten).

Ein Lob-Volley mit Underspin

Falls der gegnerische Ball sehr nieder und schnell ist, so daß für die korrekte Handgelenks- und Unterarmbewegung keine Zeit bleibt, öffnet man die Schlagfläche beim Nachvornschwingen etwas stärker als bei der Topspin-Variante. Der Ball wird dann mit Underspin nach oben abprallen.

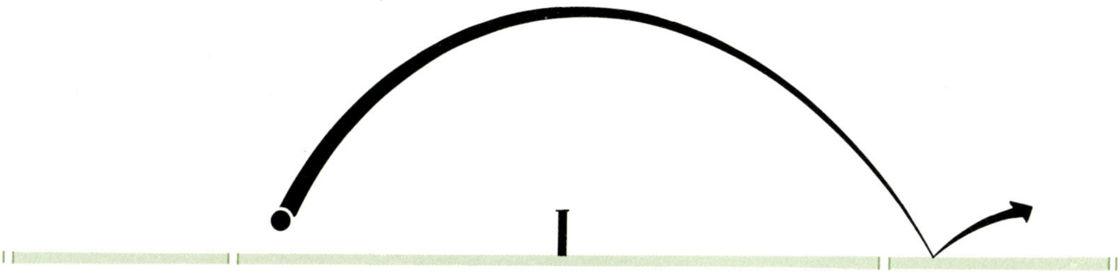

Allein üben

Stellen Sie sich mit dem Ballkorb innerhalb der Aufschlaglinie auf und nehmen Sie den Schläger so zurück, als ob Sie von unten nach oben »durch« den Ball schlagen wollten, um ihm Underspin zu geben. Lassen Sie einen Ball seitlich von Ihnen fallen und schwingen Sie kurz mit dem Schläger nach vorn, um ihn im Treffpunkt durch eine Bewegung des Handgelenks und des Unterarms ca. 3 m hoch übers Netz zu schlagen. Im Moment des Ballkontakts ist die Schlagfläche geöffnet, doch dann kippt sie nach vorn und über den Ball. Am Ende der Ausschwungbewegung ist die Schlagfläche geschlossen.

Üben mit Partner

Ihr Partner geht ans Netz und spielt Ihnen niedrige Flugbälle zu, die Sie innerhalb Ihrer Aufschlaglinie, zwischen Knöchel- und Kniehöhe, nehmen. Üben Sie so, als ob Sie allein wären, und konzentrieren Sie sich darauf, erst im letzten Moment durch das Nachobenschnellen von Handgelenk und Unterarm den Ball über den ausgestreckten Schlagarm Ihres Partners zu lobben, wie rechts gezeigt. Üben Sie jeweils zehn Bälle auf der Vor- und der Rückhand, bevor Sie mit Ihrem Partner die Rollen tauschen. Danach können Sie die Aufschlag-Volley-Taktik üben, wobei der Rückschläger für den zweiten Return eine Position einnimmt, aus der sich ein Lob-Volley schlagen läßt. Auf diese Weise können Sie auf der Vor- und auf der Rückhandseite unter fast realistischen Bedingungen gelobbte Volleys trainieren. Gelegentlich kann man bei einem solchen Ballwechsel auch einen unterschnittenen Lob-Volley üben.

Der taktische Einsatz der Lob-Volleys

Sowohl auf der Vor- als auch auf der Rückhandseite gibt dieser Schlag im Match die Möglichkeit, überraschend aus der Verteidigung zum Angriff überzugehen. Versuchen Sie dabei, Ihre Absichten nicht sofort zu verraten; denn der Überraschungseffekt ist hier die Hauptsache. Außerdem sollten Sie versuchen, Ihren Gegner auf der schwachen Seite zu überspielen, falls er den Ball doch noch erreicht. Da er in Netzposition steht, muß es Ihr Ziel sein, den Ball diagonal über seine Rückhandschulter zu bringen (rechts) - im Doppel lobben Sie den Ball gerade über die Platzmitte.

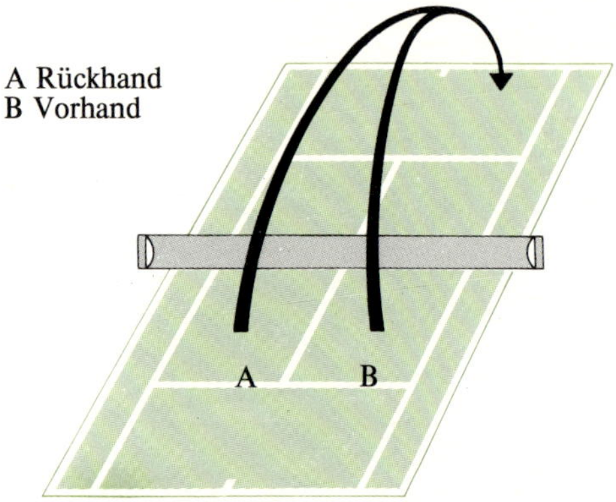

***Tom Gullikson** versucht seinen Gegner durch einen unvorhergesehenen Rückhand-Lob-Volley zu überlisten. Es hat den Anschein, als würde er einen tiefen Volley schlagen, aber seine aufrechte Haltung und die abgeblockte Vorwärtsbewegung beweisen, daß er einen vorbildlichen Rückhand-Lob-Volley gespielt hat.*

Der Schmetterball (Smash)

Schmetterbälle gehören zu einem aufregenden Spiel und sind eine wirksame Waffe gegen den Lob. In Schärfe und Wirkung sind sie dem Aufschlag ähnlich. Smash wie Service basieren auf der Wurfbewegung des Arms, wobei der Ball über und vor dem Körper getroffen wird. Der Unterschied zwischen beiden Schlägen besteht darin, daß der Smash aus verschiedenen Positionen im Spielfeld geschlagen wird, die man häufig erst erlaufen muß, während man beim Aufschlag den Ball selbst wirft. Obwohl beide Schläge einen ähnlich gefährlichen Effekt haben können, kommt es beim Schmettern mehr auf das Timing als auf die Wucht des Schlages an. Da bereits der ankommende Ball sehr schnell ist, muß man beim Rückschlag weniger Kraft investieren als beim Service.
Für den Smash sollten Sie denselben Griff verwenden wie für Ihren Aufschlag. Sofern Sie noch den »Eastern«-Vorhandgriff fürs Aufschlagen benutzen, schmettern Sie auch damit. Verwenden Sie aber bereits den »Continental«-Griff, haben Sie eine gute Grundlage für eine aggressive Aufschlag-Volley-Smash-Strategie, ohne auch nur einmal den Griff wechseln zu müssen. Varianten, wie das Schmettern nach dem Aufprall, das Schmettern »aus der Luft«, das Schmettern crosscourt und das Schmettern mit der Rückhand werden nachfolgend beschrieben.

»Continental«-Griff

Wenn Sie mit diesem Griff aufschlagen, sollten Sie ihn auch für das Schmettern verwenden. Die flexible Schlägerkontrolle garantiert ein gutes Gefühl für den Ball; denn sie erlaubt dem Handgelenk, beim Schlag nach vorn zu schnappen und so den Schwung der Schlagbewegung zu verstärken.

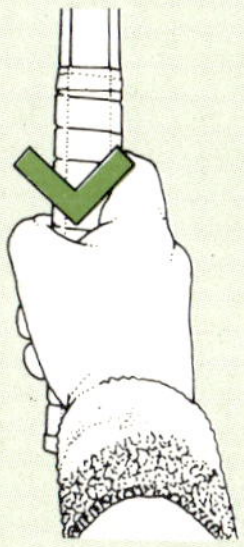

Vorbereitung

Der Schläger muß zuerst schräg über die Schulter geführt werden, bevor man ihn in die typische »Wurfposition« fallen läßt. Während man den anfliegenden Ball scharf im Auge behält, deutet die linke Hand in dessen Richtung. Das erleichtert die korrekte Stellung und auch das Timing; denn der Ball muß mit gestrecktem Arm genau in der Mitte der Schlagfläche getroffen werden.

Phasen der Ausholbewegung

Seitstellung
Setzt Ihr Gegner zu einem Lob an, drehen Sie sich seitlich zum Ball, mit gegrätschten Beinen und gleichmäßig verteiltem Gewicht.

Anvisieren des Balls
Nehmen Sie den Schläger mit gebeugtem Ellbogen nach oben. Deuten Sie mit dem freien Arm Richtung Ball.

Der Überkopfschmetterball-Grundschlag

Beim normalen Überkopfschmettern wird der Ball aus der Luft, bevor er auftrifft, mit gerader Schlagfläche zurückgeschlagen. Er besitzt nur sehr wenig Spin und geht schnell und tief ins gegnerische Feld, wo er nach dem Aufprall relativ nieder in Richtung Grundlinie abspringt. Deshalb ist dieser Schlag eine gute Reaktion auf Lobs. Sicher und mit korrektem Timing geschlagen, führt er häufig zum Punktgewinn. Alle Schmettervarianten sind im Grunde verkürzte Versionen des Aufschlags, wobei die oben charakterisierte Grundform dem geraden Grundaufschlag sehr ähnlich ist. Während des Schlags stehen beide Füße fest auf dem Boden; im Treffpunkt muß das Gewicht allerdings auf den vorderen Fuß. Da die Ballkontrolle wichtiger ist als die Kraft, wird der normale Schmetterball mit weniger Schwung geschlagen als der gerade Aufschlag. Man sollte lediglich 80 Prozent seiner Kraft in den Schlag investieren. Für alle Schmetterbälle ist wichtig, daß man sie genau beobachtet und das Timing so einteilt, daß die Bälle mit der Schlägermitte getroffen werden. Schlägt man zu früh, erwischt man den Ball mit dem oberen Teil des Schlägerkopfes und drückt ihn wahrscheinlich ins Netz. Schlägt man zu spät und mit dem unteren Teil des Schlägerkopfes, geht der Ball meist aus. Wieder spielt der Griff eine entscheidende Rolle. Man benutzt fürs Schmettern denselben Griff wie für den Aufschlag; im Idealfall beherrscht man für beide den »Continental«-Griff (vgl. S. 39). Die zusätzliche Bewegung des Handgelenks gibt dem Überkopfschlag mehr Kraft und dem Ball mehr Spin. Außerdem kann man auf diese Weise Aufschlag, Flug- und Schmetterbälle ohne umgreifen zu müssen spielen. Die praktischen Tips auf Seite 165/166 sollen zur weiteren Verbesserung Ihrer Schlagtechnik dienen.

Der Schlag in einzelnen Phasen

Sobald Sie sehen, daß Ihr Gegner zu einem Lob ansetzt, stellen Sie sich seitlich zum Ball und bereiten sich auf fast dieselbe Weise vor wie beim ersten, geraden Aufschlag (vgl. S. 100). Allerdings müssen Sie sich jetzt hinter und unter die vermutete Fallkurve des Balls plazieren. Es kann sein, daß Sie Ihre Position korrigieren müssen – tun Sie das mit lockeren, kleinen Schritten, ohne die Seitstellung aufzugeben. Visieren Sie den Ball so genau wie möglich mit der ausgestreckten Linken an. Erst im Moment der »Wurfbewegung« weicht sie zur Seite aus. Lassen Sie das Handgelenk nach vorn schnappen, während sich der Arm streckt und den Ballrücken in Schlägerhöhe trifft. Der Schlägerkopf schwingt nach oben und über den Ball.

1. Halten Sie den Schläger mit dem Griff, mit dem Sie aufschlagen, und stützen Sie den Schlägerhals.

2. Drehen Sie nach rechts und setzen Sie den rechten Fuß ungefähr eine Schulterbreite hinter den linken.

3. Halten Sie den Schläger in der Wurfposition und visieren Sie mit der linken Hand den Ball an.

Die Flugbahn

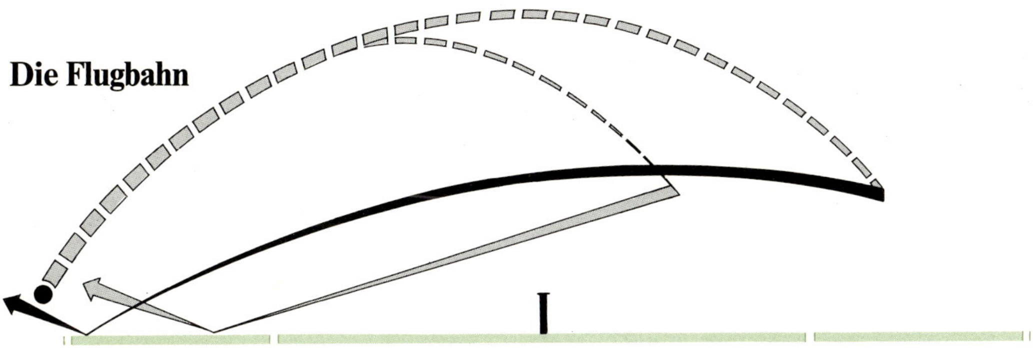

Der Smash wird meistens zum Retournieren eines Lobs eingesetzt. Der anfliegende Ball beschreibt also einen hohen Bogen. Die Smash-Grundform wird wie ein gerader Aufschlag gespielt, die Schlagfläche also senkrecht zum Ball geführt. Der Ball bekommt dadurch nur wenig Spin und geht scharf und tief ins gegnerische Niemandsland, um nach dem Aufprall in Richtung Grundlinie abzuspringen.

Die Flugbahn des Schmetterballs hängt von der Ausgangsstellung des Spielers ab. Steht er nahe am Netz, kann er ihn tief ins gegnerische Feld schlagen und in einem Winkel, daß er weit außerhalb der Reichweite des Gegners bleibt. Oder er schlägt ihn kurz dem Gegner vor die Füße, so daß der Ball seinen Gegenspieler nach dem Aufprall überspringt. Steht man allerdings weit vom Netz, muß man dem Ball mehr Topspin geben, um ihn unter Kontrolle zu halten.

4. Der Schlägerkopf sinkt zwischen die Schulterblätter, und der Oberkörper dreht sich leicht nach rechts.

5. Senken Sie die linke Hand. Strecken Sie den Schlagarm und treffen Sie den Ball in der Mitte der Schlagfläche.

6. Schwingen Sie mit dem Schlägerkopf nach oben und über den Ball aus, während der linke Fuß nach vorn kommt.

7. Lassen Sie den Schlag vor der linken Körperhälfte nach unten ausschwingen.

Den Schlag verbessern

Entscheidend sind auch hier die Schlagvorbereitung, die Treffzone und die Fußarbeit, wie unten gezeigt.
Man nimmt in der Ausgangsstellung den Schläger nur durch Anwinkeln des Ellbogens kurz nach oben. Während man sich seitlich zum Ball dreht, visiert man ihn mit dem linken Arm an. Der Schläger geht über die Schultern zwischen die Schulterblätter in Wurfposition, wie beim Aufschlag. In dieser Phase sollten die Füße schulterbreit auseinanderstehen und das Gewicht auf beiden Füßen gleichmäßig verteilt sein. Denken Sie daran, so früh wie möglich die korrekte Seitstellung einzunehmen und die Schlagvorbereitung durchzuführen, um Zeit für ein korrektes Timing zu haben, d.h., den Ball im richtigen Moment zu treffen. Der Treffpunkt liegt ungefähr eine Schlägerlänge über dem Arm, der den Ball anvisiert. Werden die Schlagvorbereitungen nicht rechtzeitig beendet, fällt der Ball zu tief, bevor er getroffen wird, d.h., er wird mit dem unteren Teil der Schlagfläche gespielt, was ihn nicht selten über die gegnerische Grundlinie hinaustreibt. Schlägt man aber zu früh, geht er wahrscheinlich ins Netz.

Vorbereitung
Nehmen Sie bei der Seitwärtsdrehung aus der Grundposition den Schläger durch Anwinkeln des Ellbogens nach oben und visieren Sie mit gestrecktem linkem Arm den Ball an. Behalten Sie über den linken Arm hinweg den Ball im Auge und setzen Sie die Schlagvorbereitung fort wie für einen ersten, geraden Aufschlag. Das Anvisieren des Balls über den gestreckten Arm hilft Ihnen, die richtige Stellung zu finden und den Augenblick für die Schlagbewegung genau zu timen.

Treffzone
Der Ball sollte ungefähr eine Schlägerlänge über dem freien erhobenen Arm und etwas vor und rechts vom Körper getroffen werden.

Fußarbeit

Um einen Smash sicher und wirksam zu schlagen, muß man korrekt hinter und unter der Fallkurve des anfliegenden Balls stehen. Das erfordert häufig, daß man seitlich zum Ball rückwärts ausweichen muß. Um die Seitstellung beibehalten zu können, gibt es zwei Möglichkeiten: Entweder man macht seitwärts kleine parallele Schritte oder aber Kreuzschritte, wie rechts gezeigt. Letztere ergeben flüssigere Bewegungen.

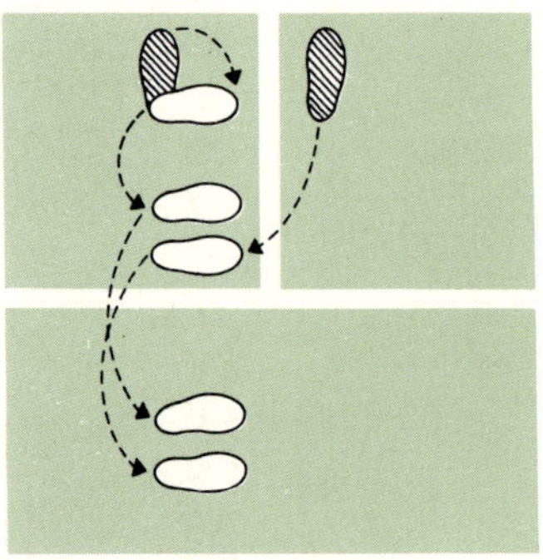

Parallele Schritte seitwärts
Machen sie, wie oben gezeigt, seitlich parallele Schritte, um Ihre Stellung beibehalten zu können.

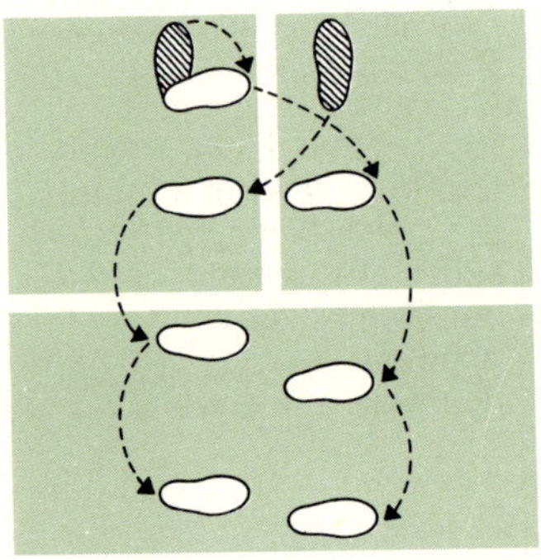

Kreuzschritte
Kreuzen Sie mit dem netznahen Fuß vor dem hinteren, bevor Sie mit diesem zurückgehen.

Allein üben

Obwohl nicht ganz spielgerecht, läßt sich auch dieser Schlag allein sinnvoll üben. Markieren Sie die Grundlinie und die Ecken einer Platzhälfte mit Ballschachteln oder Schlägerhüllen und stellen Sie sich dann mit Ihrem Ballkorb in die Mitte auf die andere Seite. Werfen Sie die Bälle hoch und schlagen Sie sie im Fallen übers Netz auf die Markierungen. Plazieren Sie die Bälle deutlich vor sich und hoch genug, um Zeit für die Schlagvorbereitung zu haben. Versuchen Sie, die Bälle tief in Richtung Grundlinie bzw. in die Ecken zu schlagen. An der Zahl der Bälle, die zwischen Aufschlag- und Grundlinie aufspringen, und denen, die die Markierungen treffen, können Sie Ihre Fortschritte messen. Werfen Sie danach die Bälle weiter rechts oder links vor sich hoch, damit Sie gezwungen sind, in Schlagposition zu laufen.

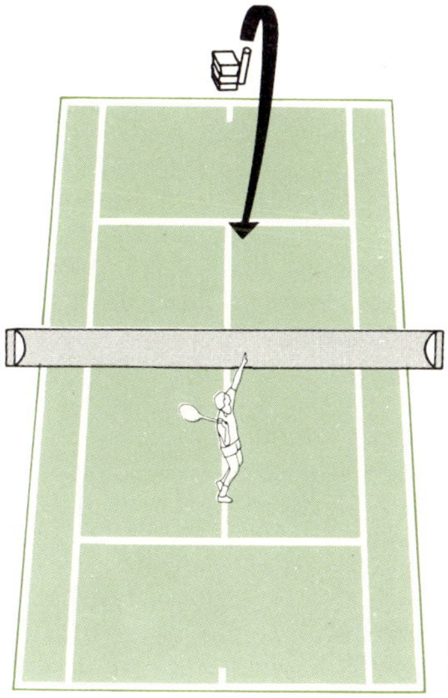

Die Ballmaschinen

Ballmaschinen können so eingestellt werden, daß sie Bälle auf ganz unterschiedliche Art und mit den verschiedensten Geschwindigkeiten zuspielen. Sie sind ideal für das Üben ohne Partner. Das rechts gezeigte Modell kann 150 Bälle - bis zu einer Geschwindigkeit von 136 km/h - auswerfen. Die Maschine besteht aus einem Elektromotor und einer Kompressionskammer mit einem langen, engen Rohr. Über einen Fülltrichter gelangen die Bälle in die Kompressionskammer, die sie durch das Rohr preßt. Dieses kann auf verschiedene Ballhöhen eingestellt werden. Von rechts oben kommen die Bälle für Lobs, weiter unten serviert die Maschine Drives.
Durch eine Muffe am Rohr läßt sich die Ballgeschwindigkeit variieren. Schließt man die Luftschlitze, läßt die komprimierte Luft den Ball schneller werden; öffnet man sie, wird er langsamer. Will man besonders langsame Bälle haben, kann man das Ansatzstück ganz entfernen. Darüber hinaus können die Bälle in regelmäßigen oder unregelmäßigen Intervallen abgeschossen werden. Beim Üben mit der Ballmaschine muß man grundsätzlich neue Bälle verwenden; abgespielte Bälle werden nicht gleichmäßig serviert.

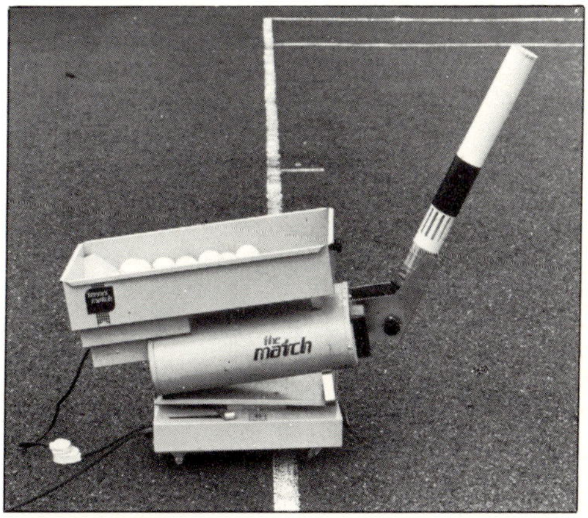

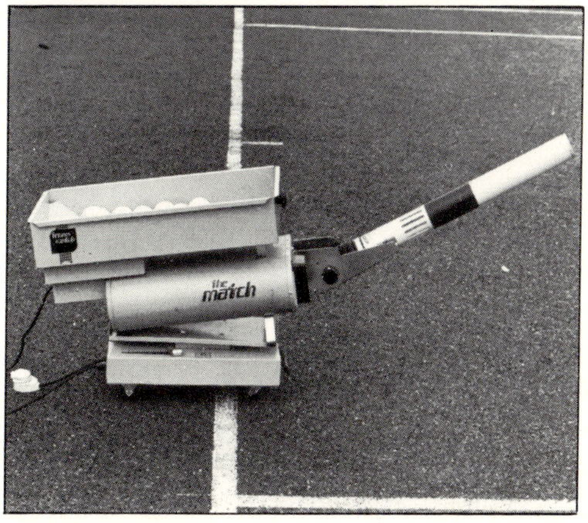

Üben mit Partner

Mit einem Partner läßt sich das Schmettern sehr viel leichter üben als allein.
Lassen Sie sich vom gegenüberliegenden Platzende aus Bälle zulobben, die Sie zurückschmettern. Achten Sie auf die Seitstellung, die Beinarbeit und das Hochnehmen des Schlägers, bevor Sie zur Schlagbewegung ansetzen.
Müssen Sie nach der Seitwärtsdrehung weiter zurücklaufen, dann machen Sie kleine Schritte seitwärts oder Kreuzschritte, wobei das Körpergewicht auf den Fußballen ruht. Einmal eingenommen, darf die Seitstellung während der Schlagvorbereitung nicht mehr aufgegeben werden. Durch Übersetzen der Füße (vgl. S. 164) ist das gut zu erreichen.
Ihr Partner soll seinem tiefen Lob einen kurzen Drive folgen lassen, so daß Sie zum Vollieren rasch ans Netz vorgehen müssen. Üben Sie diese Kombination solange, bis es Ihnen gelingt, hintereinander sechs saubere, d.h. sicher und perfekt kontrollierte Schmetterbälle zu spielen, die jeweils akkurat als Volley zurückkommen. Benutzen Sie wieder die Markierungen unmittelbar vor der Grundlinie Ihres Partners.
Wollen Sie Ihre Kondition verbessern, gibt Ihnen diese Übung Gelegenheit hierzu (vgl. S. 255). Ihr Partner lobbt Ihnen von der Grundlinie aus zu, und Sie schmettern zurück. Nach jedem Schlag laufen Sie zum Netz und berühren mit dem Schläger das Netzband, wie rechts gezeigt.
Diese recht anstrengende Übung fördert Schnelligkeit, Beweglichkeit und Ausdauer und sollte Teil eines allgemeinen Fitneßprogramms sein.

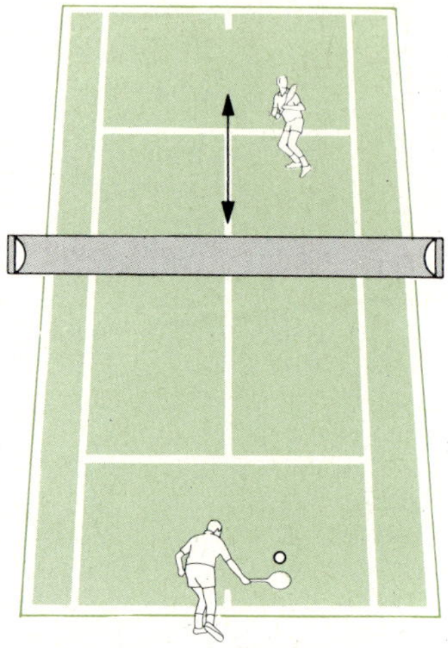

Nonstop-Schmettern
Laufen sie nach jedem Smash zum Netz und berühren Sie das Band mit dem Schläger. Ihr Partner muß seine Lobs genau timen und mit Ihrem Lauf zurück zur Grundlinie abstimmen. Beginnen Sie mit jeweils fünf Smashs.

Der taktische Einsatz des Schmetterballs

Obwohl der Schmetterball ein sehr effektvoller Schlag ist, ist sein Einsatz begrenzt, weil er nur als Return eines Lobs möglich ist. Versuchen Sie deshalb, durch eine entsprechende Taktik Ihren Gegner zu einem Lob zu verleiten.
Wohin Sie Ihre Schmetterbälle schlagen, hängt von Ihrer eigenen Position ab. Geraten Sie im Mittelfeld oder im Niemandsland unter Druck, schmettern Sie am besten tief in Richtung Grundlinie, und zwar in die am weitesten von Ihnen entfernte Ecke, um nicht ins Aus zu schlagen. Stehen Sie in Nähe des Netzes, schlagen Sie Ihre Schmetterbälle cross in Richtung Seitenlinien und außerhalb der Reichweite Ihres Gegners (vgl. S. 195). Sorgen Sie dafür, daß Sie immer seitlich zum Ball stehen, weil sonst die Gefahr besteht, ihn über die Seitenlinien hinaus oder ins Netz zu schlagen.

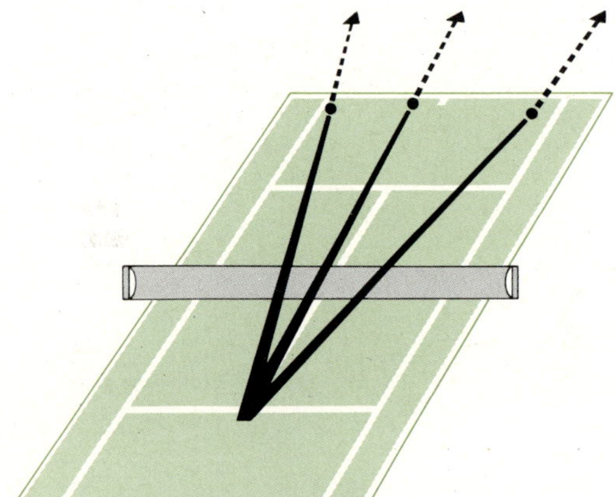

Tiefe Schmetterbälle an die Grundlinie

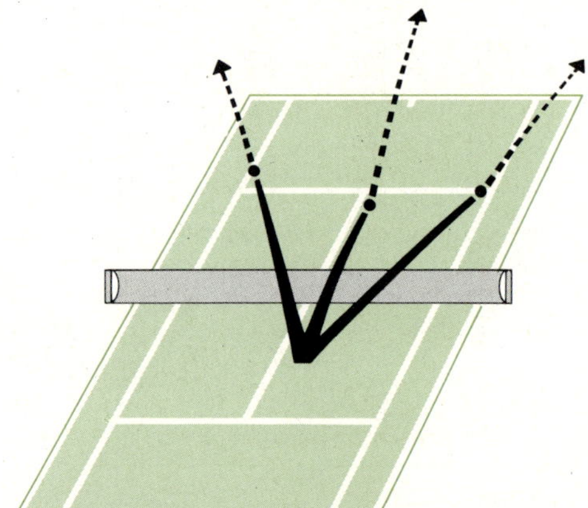

Kurze Schmetterbälle, cross geschlagen

Ivan Lendl stoppt mit dem hinteren Fuß ab, um einen Überkopfschmetterball zu schlagen. Er muß die offensive Volley-Position aufgeben, weil ihn sein Gegner zu überlobben versucht. Lendl ist dabei, den Schläger in Wurfposition zu bringen, während er den Ball genau anvisiert.

Der nach dem Aufprall geschlagene Smash

Es ist grundsätzlich nicht empfehlenswert, einen gelobbten Ball zuerst aufspringen zu lassen, bevor man ihn schlägt. Man muß sehr weit zurückgehen, und der Gegner erkennt die Absicht und kann sich darauf einrichten. Doch es gibt auch Situationen, in denen sich dieser Smash nicht umgehen läßt. Beispielsweise bei sehr hohen Lobs, die fast senkrecht zu Boden fallen. Sie verlangen eine besonders sorgfältige Plazierung und ein überaus exaktes Timing. Auch Lobs, bei windigem Wetter geschlagen, sind sehr schwer aus der Luft zu schmettern, weil das Anvisieren und die Stellung problematisch sind.
Bei diesem Smash muß man sehr früh in Position hinter dem Treffpunkt sein, so daß man noch Zeit hat, seinen Schlag dem Ball anzupassen.

Der Schlag in einzelnen Phasen

Sobald Sie erkennen, daß Sie es mit einem besonders hohen Lob zu tun haben, laufen Sie zurück, hinter den voraussichtlichen Treffpunkt. Visieren Sie den Ball mit der linken Hand an und nehmen Sie den Schläger beim Aufprall des Balls kurz zurück. Benutzen Sie die nach oben weisende Hand zum Ausbalancieren, während der Schlägerkopf in die Wurfposition absinkt. Treffen Sie den Ball mit gestrecktem Arm und in der Schlägermitte.

1. Ist der Lob besonders hoch, laufen Sie hinter den vermutlichen Treffpunkt und nehmen die Seitstellung ein.

2. Bereiten Sie sich auf dieselbe Weise wie beim normalen Smash vor, um dann den Schlägerkopf mit gestrecktem Arm durch die Treffzone zu führen.

3. Schwingen Sie in Schlagrichtung durch, während der rechte Fuß nach vorn kommt. Der Ausschwung erfolgt am linken Bein vorbei.

Die Flugbahn

Die Flugbahn ändert sich je nach Art des Lobs. Schlagen Sie den Ball aus der hinteren Platzhälfte, wird er wahrscheinlich eine niedrigere Flugbahn beschreiben, als wenn Sie aus dem Vorderhof schmettern und es vor allem darum geht, ihn übers Netz zu bringen. Um das zu erreichen, schlagen Sie den Ball mit Topspin (vgl. Sie den Topspin-Aufschlag S. 106).

Die Flugbahn eines tief geschmetterten Returns.

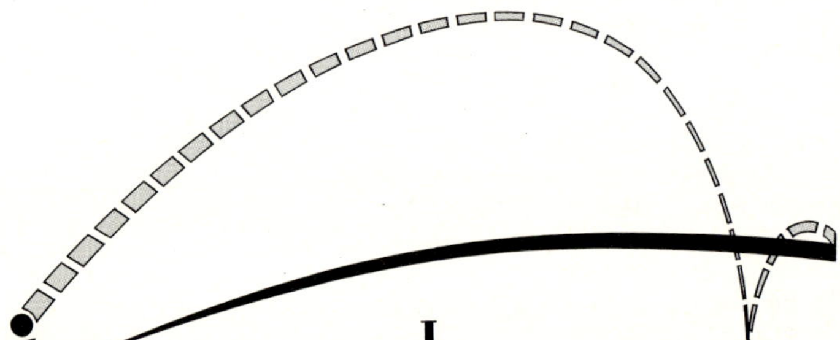

Der geschmetterte Return eines sehr kurzen Lobs

In manchen Situationen spielt Ihr Gegner einen sehr kurzen Lob, den Sie erst nach dem Aufprall erreichen können. Dadurch bekommen Sie etwas mehr Zeit zur Vorbereitung.

Schmettern Sie den Ball gerade und ohne Spin scharf übers Netz, so daß er sehr hoch aufspringt und den Return für den Gegner problematisch macht, wie unten gezeigt.

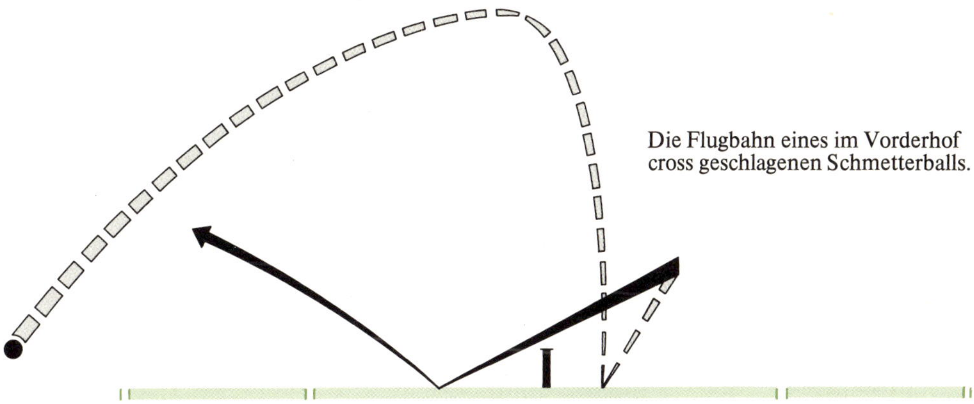

Die Flugbahn eines im Vorderhof cross geschlagenen Schmetterballs.

Üben mit Partnern

Schmetterbälle lassen sich allein nur mit Hilfe der Ballmaschine üben, der nach dem Aufprall geschlagene Smash dagegen nur mit Partner. Markieren Sie dazu die Ecken und das Mittelzeichen einer Platzhälfte auf die gewohnte Weise. Ihr Partner spielt Ihnen Lobs zu, die Sie nach dem Aufprall zurückschmettern. Vielleicht muß er Ihnen die Bälle zunächst zuwerfen, weil es sehr schwer ist, Lobs präzis zu plazieren. Später soll er Ihnen unterschnittene Lobs servieren. Zielen Sie abwechselnd auf die Markierungen und kehren Sie danach in die Volley-Position zurück (2 bis 3 m vor dem Netz).
Die Lob-Smash-Sequenz läßt sich zu realistischen Spielsituationen ausbauen. Dazu müssen Sie sich mit Ihrem Partner noch zwei weitere Mitspieler suchen. Das eine Paar stellt sich am Netz, das andere an der Grundlinie auf. Einer der Grundlinienspieler schlägt einen Drive Richtung Netz, der von einem der Netzspieler tief als Volley zurückgeschlagen wird. Von jetzt an wird gezählt, wobei die Grundlinienspieler versuchen müssen, die Netzspieler zu überlobben. Gelingt ihnen das, und die Netzspieler müssen zurücklaufen, um Schmetterbälle nach dem Aufprall oder Lobs zurückzuschlagen, müssen diese an der Grundlinie bleiben und die Gegenspieler dürfen vor ans Netz. Spielen Sie bis zu einer bestimmten Punktzahl, bevor das gegnerische Paar an der Grundlinie mit einem Drive den nächsten Satz eröffnet.

Der taktische Einsatz des Schmetterns nach dem Aufprall

Wie bei allen Schmettervarianten kommt es darauf an, den Ball mit Entschlossenheit zu attackieren. Der nach dem Aufprall geschlagene Smash ist am besten für den Return sehr hoher Lobs geeignet, die fast senkrecht zu Boden fallen und korrektes Timing beinahe unmöglich machen. Hat man einen tiefen Smash geschlagen, geht man sofort vor ans Netz, um die Initiative zu behalten. Wenn der Schlag zu schwach und zu kurz ausfällt und man muß hinten bleiben, ist der Gegner im Vorteil.

A Ein im Vorderhof cross geschlagener Schmetterball

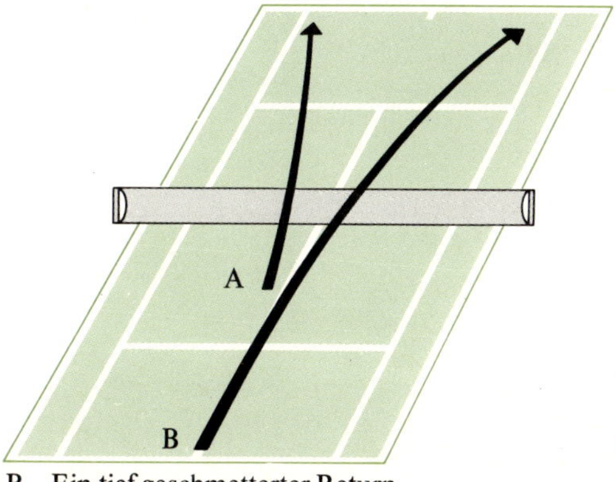

B Ein tief geschmetterter Return

Der im Sprung geschlagene Schmetterball

Dieser Schlag hilft nicht nur kleineren Spielern mit geringerer Reichweite, sondern dient vor allem zur Abwehr unvorhergesehener tiefer Lobs, die hinter dem Spieler auftreffen würden. Außerdem springen diese Bälle oft nicht hoch genug, um erst danach zurückgeschmettert zu werden. Der taktische Vorteil dieses Schlags ist, daß er für den Gegner schwer einzuschätzen ist.
Entscheidend dabei ist die Scherenbewegung der Beine beim Hochspringen. Da der Ball aus größerer Höhe geschlagen wird, bekommt er mehr Schwung und kann raffiniert plaziert werden – ein spektakulärer Punktemacher.
Schnelligkeit und gute Körperbeherrschung sind Voraussetzungen für den im Sprung geschlagenen Smash. Falls Sie ihn in Ihr Spiel eingliedern wollen, üben Sie vor allem das seitliche Zurücklaufen und setzen Sie dann mit dem hinteren Fuß zum Sprung an, um imaginäre Bälle zurückzuschmettern.

Den Schlag verbessern

Fußarbeit und Schlägerführung sind die entscheidenden Faktoren des im Sprung geschlagenen Smash. Laufen Sie so früh wie möglich zurück, um sich hinter dem Ball zu plazieren. Um die bereits eingenommene Seitstellung nicht aufgeben zu müssen, machen Sie seitlich kleine parallele Schritte rückwärts oder Kreuzschritte. Gleichzeitig visieren Sie mit der linken Hand den Ball an und nehmen den Schläger kurz nach oben. Der Absprung vom hinteren Fuß muß genau im richtigen Augenblick erfolgen. Die Knie strekken sich zu Beginn der Schlagbewegung. Während der Schlägerkopf nach oben geschleudert wird, sollte das hintere Bein das vordere scherenartig kreuzen.

Der Sprung
Stoßen Sie sich mit dem Fuß ab, wobei sich die Knie kräftig durchstrekken, um Sie in die Luft zu katapultieren. Beim Hochschleudern des Schlägerkopfes erfolgt das Scheren der Beine, das rechte Bein nach vorn, das linke nach hinten. Mit dem linken Fuß kommen Sie wieder auf.

A Vorbereitung. Kommen Sie genau wie beim normalen Smash auf dem rechten Fuß zum Stehen, während der Schläger in Wurfposition geführt wird.

B Treffzone. Springen Sie mit dem rechten Bein ab, schmettern Sie nach oben Richtung Ball, der mit gestrecktem Arm knapp vor Ihnen getroffen wird.

C Ausschwung. Der Schläger schwingt aus, während Sie mit dem linken Fuß aufsetzen. Dann kommt der rechte Fuß wieder nach vorn.

Üben mit Partner

Dieser Schlag läßt sich mit einem Partner üben. Er sollte Ihnen tiefe, nicht zu hohe Lobs zuspielen, die Sie zum Zurücklaufen und Hochspringen zwingen, bevor der Ball hinter Ihnen zu Boden geht. Trainieren Sie tiefe Schmetterbälle durch Markieren der Grundlinie, wobei man nach jedem Schlag versuchen sollte, so rasch wie möglich wieder die Volley-Position einzunehmen. Dazu sind auch die auf Seite 256 demonstrierten Sprungübungen hilfreich.

__Jimmy Connors__ muß hoch abspringen, um einen tief Richtung Grundlinie gelobbten Ball zurückschmettern zu können. Obwohl der athletische Connors schnell vom Netz zurückeilt, wäre der Ball ohne den Sprung für ihn verloren. Beachten Sie den weit nach hinten geneigten Oberkörper.

Der cross geschlagene Schmetterball

Obwohl der cross geschlagene Smash technisch in Schlagvorbereitung und Ausschwung mit dem normalen Smash vergleichbar ist, bekommt der Ball wie beim Slice-Aufschlag durch die Schlägerführung Sidespin.
Es ist kein Problem, einen Ball auch mit der normalen Schmettertechnik cross zu schlagen, aber durch die Technik des Slice-Aufschlags kann er in viel stärkerem Winkel geschlagen werden. Gleichgültig, ob man vor oder nach dem Aufprall schlägt, man muß sich so stellen, daß der Ball leicht rechts vom Körper auftrifft.
Die Schlagfläche wird um den Ball herum geführt. Diese Technik wird zwar dem Schlag etwas von seinem Schwung nehmen, doch dafür gibt der Slicespin eine bessere Kontrolle und läßt den Ball nieder aufspringen und seitwärts weiterrotieren.

Der Schlag in einzelnen Phasen

Halten Sie den Schläger mit Ihrem Aufschlaggriff und gehen Sie seitlich am Netz in Position. Nehmen Sie den Schläger wie für einen Slice-Aufschlag hoch und lassen Sie den Schlägerkopf in die Wurfposition sinken. Der Körper beugt sich leicht nach rechts, während das Gewicht auf den vorderen Fuß verlagert wird und der Schlägerkopf – fast mit dem Rahmen nach vorn – nach oben geschmettert wird, um den Ball etwas vor und rechts vom Körper zu treffen. Die Saiten streifen um den Ball herum und geben ihm Sidespin, so daß er in starkem Winkel tief ins gegnerische Feld geht. Der Ausschwung erfolgt nach links unten.

1. Stellen Sie sich seitwärts zum Ball, mit bequem auseinandergesetzten Füßen und leicht gebeugten Knien.

2. Visieren Sie den Ball an, während Sie Ihre Stellung korrigieren und den Schläger in Wurfposition bringen.

3. Der linke Arm fällt zur Seite, und der Schlägerkopf schnellt nach oben und um den Ball herum.

4. Der rechte Fuß kommt nach vorn. Der Ausschwung erfolgt am linken Bein vorbei nach unten.

Den Schlag verbessern

Präzise Schläge können nur bei korrekter Ausgangsstellung erwartet werden. Beim cross geschlagenen Smash sollte man seitwärts zum Netz stehen und dieselben Schlagvorbereitungen treffen wie für den Slice-Aufschlag. Der Ball muß vor und leicht rechts vom Spieler auftreffen.
Doch der wahrscheinlich wichtigste Faktor beim cross geschlagenen Smash, der am meisten geübt werden muß, ist die Neigung der Schlagfläche im Treffpunkt. Entscheidend ist, daß die Saiten zum richtigen Zeitpunkt und im gewünschten Winkel um die Außenseite des Balls herumgeführt werden. Das sollte auf die selbe Weise geschehen wie beim Slice-Aufschlag, so daß der entstehende Sidespin den Ball cross übers Netz gehen läßt.

Üben mit Partnern

Nehmen Sie in der Mitte von Ihrer Platzseite die Volley-Position ein und lassen Sie sich von Ihrem Partner von der gegenüberliegenden Grundlinie Lobs auf die Vorhandseite spielen, so daß Sie ihm cross geschlagene Schmetterbälle auf seine rechte Seitenlinie retournieren können. Plazieren Sie Ihren Smash tief zwischen Aufschlag- und Grundlinie des gegnerischen Feldes.
Erst wenn Sie diesen Schlag sicher beherrschen, sollten Sie Bälle in stärkerem Winkel in den Vorderhof Ihres Partners schmettern. Diese cross geschlagenen Schmetterbälle von der rechten in die rechte Platzhälfte können auch gegenüber höheren und tieferen Lobs nach dem Aufprall eingesetzt werden. Zielen Sie dabei, wie rechts gezeigt, immer auf strategisch plazierte Markierungen. Üben Sie hintereinander zehn tiefe, genau plazierte Smashes und spielen Sie dann Ihrem Partner zehn Lobs zu, damit er das Schmettern trainiert.
Zu viert können Sie in der rechts gezeigten Formation sowohl einfache als auch cross geschlagene Schmetterbälle üben. Der Grundlinienspieler muß den Gegner am Netz überlobben, der ebenfalls versuchen muß zu schmettern. Wird er geschlagen, muß sein Grundlinienpartner den anderen Netzspieler zu überlobben versuchen – und so weiter.

Die Taktik des cross geschlagenen Schmetterballs

Setzen Sie den cross geschlagenen Smash gegen Lobs ein, die in der Nähe der rechten Seitenlinie aufspringen. Der Sidespin wird den Ball nach dem Aufprall über die rechte gegnerische Seitenlinie hinaustragen, so daß der Rückschläger zu einem schwachen Lob gezwungen wird.
Schlägt Ihr Gegner Ihren geraden, tiefen Smash als kurzen Lob zurück, reagieren Sie mit einem cross geschlagenen Schmetterball.

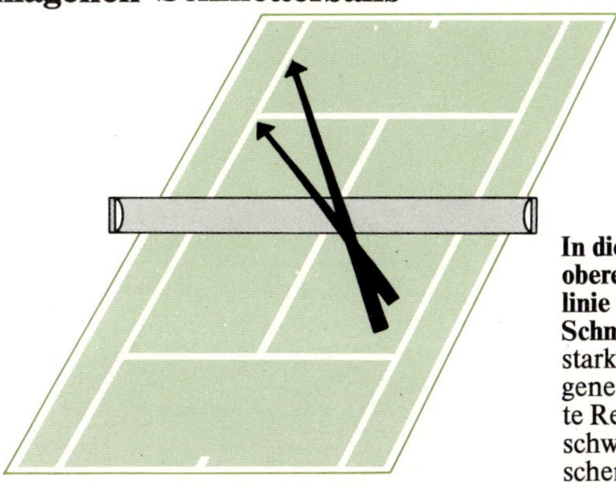

In die Mitte und ins obere Viertel der Seitenlinie gespielte Cross-Schmetterbälle. Der im starken Winkel geschlagene Smash ist eine gute Reaktion auf einen schwachen gegnerischen Lob.

Das Schmettern mit der Rückhand

Das Schmettern mit der Rückhand ist schwieriger und weniger wirkungsvoll als der Vorhand-Smash und wird deshalb von den meisten Spielern gemieden. Das beruht vor allem auf der Schwierigkeit, mit Hilfe einer Schleuderbewegung aus dem Handgelenk den notwendigen Schwung zu erzeugen. Nur wenige Spieler verfügen über genügend Kraft in Arm und Gelenk, um diese Bewegung richtig zu timen und dabei noch die Schlagfläche unter Kontrolle zu halten. Wenn möglich, sollte man immer mit der Vorhand überkopfschmettern. Doch es gibt einige Situationen, in denen man keine Wahl hat. Beispielsweise bei einem Ball, der für einen hohen, mit festem Handgelenk geschlagenen Rückhand-Volley nicht nieder genug ist, oder nicht hoch genug, daß man durch rasches Anpassen die Vorhand einsetzen könnte.

Spielen Sie den Schlag mit Ihrem »Continental«-Griff, wobei das Handgelenk flexibel bleibt, und achten Sie darauf, daß die rechte Schulter weit genug gedreht ist (vgl. unten), um genügend Schwung in die Bewegung zu legen.

Den Schlag verbessern

Will Ihr Gegner Sie überlobben, drehen Sie weit nach links und nehmen Sie den Schläger so zurück, daß der Schlägerkopf nach unten und der Ellbogen des Schlagarms Richtung Ball zeigt. Dabei sollte das linke Knie, auf dem das Gewicht liegt, leicht gebeugt sein und bereit, das Körpergewicht in den Schlag hinein nach oben zu verlagern. Gleichgültig, ob der Schlag im Sprung oder aus dem Stand erfolgt, Ihr Rükken sollte in dieser Phase praktisch dem Netz zugewandt sein. Dann streckt sich der Schlagarm, und das Handgelenk schnappt nach vorn, um die Geschwindigkeit des Schlägerkopfes zu beschleunigen und den Ball über und leicht vor der Schlagschulter zu treffen.

Vorbereitung
Sind Sie gezwungen, den Rückhand-Smash zu riskieren, drehen Sie die rechte Schulter richtig zum Ball. Dadurch bekommen Sie den notwendigen Spielraum, den Schläger nach oben und über den Ball zu führen. Der Schlägerkopf zeigt nach unten und der Ellbogen des Schlagarms Richtung Ball.

A Treffzone. Der Ball wird über und leicht vor der Schlagschulter getroffen. Strecken Sie den Arm und lassen Sie das Handgelenk nach vorn schnappen.

B Ausschwung. Der Schläger schwingt nach unten durch, während der rechte Fuß zum Ausbalancieren nach vorn kommt.

Üben mit Partner

Das Schmettern mit der Rückhand übt man am besten mit Partner. Er stellt sich an der gegenüberliegenden Grundlinie auf und wirft Ihnen zunächst aus der Hand hohe Bälle zu, die Ihre linke Schulter überfliegen. Sobald Sie ein gewisses Gefühl für den Schlag haben, kann er Ihnen entsprechende Lobs zuspielen. Konzentrieren Sie sich vor allem darauf, Ihre rechte Schulter weit genug zum Ball zu drehen, so daß Ihr Rücken fast in Richtung Netz zeigt. Fällt es Ihnen leichter, den Ball im Sprung zu schlagen, üben Sie beides gleichzeitig, nämlich das Springen und das Schlagen, um Gefühl für Rhythmus und Timing zu entwickeln. Denken Sie daran - Handgelenk und Ellbogen müssen entspannt und flexibel bleiben, um den Unterarm kraftvoll nach vorn schwingen zu können, so daß der Schläger nach oben und über den Ball geführt wird.

Der taktische Einsatz des Schmetterballs mit der Rückhand

Vermeiden Sie diesen Schlag, wenn es geht. Bleibt Ihnen aber keine andere Wahl, befolgen Sie die Regeln für den üblichen Überkopfschlag. Stehen Sie ungefähr in der Mitte Ihrer linken Platzhälfte, schmettern Sie den Ball tief in die gegnerische Hälfte. Sind Sie dagegen näher am Netz, schlagen Sie Ihren Rückhand-Smash cross. Mit etwas Übung und Erfahrung lassen sich durch die kombinierte Bewegung des Handgelenks und des Ellbogens überraschend genaue Schläge erreichen. Da der Schwung des Schlags ausschließlich von der körperlichen Verfassung abhängt, sollte man sich vor allem auf die präzise Plazierung konzentrieren. Zielen Sie Ihren Rückhand-Smash grundsätzlich auf die schwache Seite Ihres Gegners, um einen unsicheren Return zu erzwingen, der von Ihnen leicht verwandelt werden kann.

A Cross geschlagener Smash
B Tiefer Smash

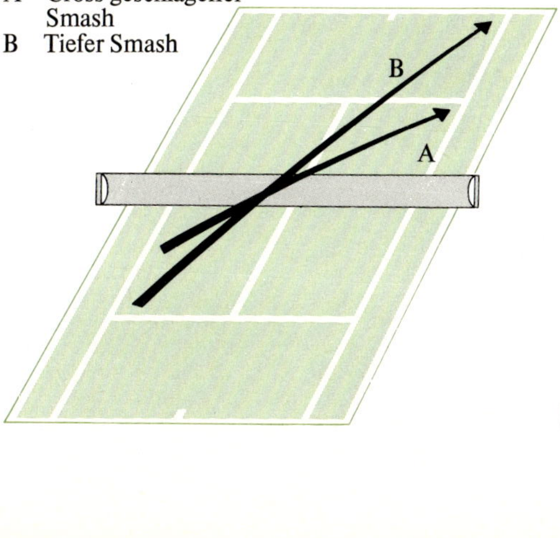

***Stan Smith** springt hoch, um einen Ball zu erreichen, mit dem er auf der linken Seite überspielt wird. Er hat sich seitwärts zum Ball gedreht, um den Schläger auf klassische Art mit entspanntem Handgelenk und Ellbogen zurückzunehmen. Der Ellbogen hilft ihm, seine Position dem bereits fallenden Ball anzupassen, während er springt, um ihn aggressiv zu schlagen. Eine solche Vorbereitung garantiert einen kraftvollen Schlag.*

Der mit gestrecktem Arm geschlagene Smash

Wie der Rückhand-Smash wird auch dieser Schlag nur selten freiwillig eingesetzt. Er ist oft die letzte Chance, wenn man von einem Lob überrascht wurde, den man weder im Sprung noch nach dem Aufprall erreichen kann, weil er bereits hinter einem ist.
Wieder gleicht die Schlagvorbereitung der des Aufschlags, allerdings streckt sich der Arm am Ende der Ausholbewegung. Der Ball wird praktisch erst hinter dem Spieler getroffen und übers Netz zurückgeschlagen. Wegen der steifen Bewegung des durchgestreckten Arms ist es schwer, den Ball einigermaßen schwungvoll zu spielen, aber es gibt Situationen, in denen man diesen Schlag trotzdem riskieren muß, oder den Punkt verliert. Es kann jedenfalls sehr von Vorteil sein, diese Schlagvariante auch zu üben.
Ein Meister dieses Schlags war Jaroslav Drobny, der Wimbledon-Sieger von 1954.

Den Schlag verbessern

Vorbereitung und Treffzone entscheiden über den Erfolg dieses Schlags. Nehmen Sie an, Sie laufen zurück, um den Ball in der Seitstellung zu schmettern, erkennen aber, daß es zu spät ist, ihn im Sprung bzw. nach dem Aufprall zu erreichen. Sie können dann nur mit steif nach oben und hinten geführtem Arm den Schlägerkopf unter den fallenden Ball zu bringen versuchen. Springen Sie vom hinteren Fuß ab, um ihn im letzten Augenblick abzuwehren und über den Kopf hinweg mit gestrecktem Arm zurückzugeben. Setzen Sie dann auf dem linken Fuß auf und lassen Sie den Schläger an der linken Körperseite vorbei nach unten ausschwingen.

Der Sprung
Springen Sie rechts ab. Dann erfolgt ein Scheren der Beine, das rechte nach vorne, das linke nach hinten, bevor Sie links wieder aufkommen.

A Vorbereitung. Nehmen Sie den Schläger mit gestrecktem Arm zurück, um ihn unter den Ball zu bringen.

B Treffzone. Versuchen Sie, den Ball noch knapp über und hinter der Schlagschulter zu erreichen.

C Ausschwung. Der Schläger schwingt links nach unten, während man mit dem vorderen Fuß aufsetzt.

Der taktische Einsatz dieser Schmetterball-Variante

Ein so geschlagener Smash überrascht meistens den Gegner, weil dieser einen effektiven Return gar nicht mehr erwartete. Er wird sich deshalb auch nicht besonders beeilen, wieder in seine korrekte Ausgangsposition zu gelangen, so daß es für Sie hauptsächlich darauf ankommt, den Ball geschickt zu plazieren. Sie sollten also auf jeden Fall versuchen, an die Grundlinie zu zielen und dann vorzugehen, um die Initiative wieder zu gewinnen.

Der individuelle Stil: Lob

Evonne Cawley demonstriert den taktischen Einsatz des normalen Lobs, nachdem sie während eines Grundlinienballwechsels weit nach rechts hinausgetrieben wurde. Sie ist gut ausbalanciert übergetreten, um einen tiefen Cross-Lob zu schlagen. Weibliche Spieler schlagen den einfachen Lob meist nur mit wenig Topspin, um das Vorgehen ans Netz zu verhindern oder aber um Grundlinienduelle zu durchbrechen. Männer sollten von diesem erfolgreichen Schlag öfter Gebrauch machen.

Der Lob-Grundschlag

Solange Spieler versuchen, ihre Gegner durch aggressive Aufschlag-Volley-Taktik unter Druck zu setzen, wird der Lob als letzte Rettung seine Funktion behalten. Da der heutige Tennisspieler in der Regel aber größer und kräftiger ist als seine Vorgänger, kann auf diesem Schlag keine ganze Strategie aufgebaut werden. Wie, wo und wann man den Lob wirksam einsetzt, ist deshalb eine noch offene Frage im modernen Tennis. Die Spitzenspieler von heute lobben oft gerade dann, wenn andere Schläge viel erfolgversprechender wären, nur um den Gegner zu überraschen. Die hohe Kunst des Lobbens wird hauptsächlich durch praktische Erfahrung erlernt.

Sue Barker schlägt einen hohen Vorhand-Lob. Sie wurde seitlich weit hinausgetrieben und versucht durch diesen stark gelifteten defensiven Lob Zeit zu gewinnen und eine günstigere Position zu erlaufen. Obwohl sie mit beiden Füßen abgesprungen ist, sind Schläger und Körperbalance voll unter Kontrolle.

Peter McNamara schlägt mit einem Rückhand-Lob einen hoch aufspringenden Ball über Hüfthöhe zurück, wobei das feste Handgelenk den Schlägerkopf von unten gegen den Ball führt, ihn abblockt und dann scharf nach oben abprallen läßt. Wahrscheinlich ist sein Gegner von diesem Ball überrascht.

Der Topspin-Lob

Obwohl Spieler mit flexiblerem Handgelenk Lobs eher mit Topspin schlagen als solche mit Griffen, die ein festes Handgelenk verlangen, sind es keineswegs nur die Exponenten des modifizierten »Eastern«- und »Continental«-Griffs, die mit Topspin-Varianten glänzen. So spielte Manuel Santana einen der wirkungsvollsten Topspin-Vorhand-Lobs – und das mit einem »Western«-Griff. Da Flugkurve und Treffpunkt dieses Schlags schwer abzuschätzen sind, kommt jeder Gegner, der ans Netz geht, dadurch unter Druck.

Rod Laver spielt an der Grundlinie einen unvorhergesehenen Topspin-Vorhand-Lob als Antwort auf einen Aufschlag. Er bringt damit den Aufschläger, der ans Netz vorgegangen ist, in Schwierigkeiten. Die Beine strecken sich, während der Schläger hoch über der rechten Schulter mit leicht geschlossener Schlagfläche ausschwingt.

Jimmy Connors, der auf der Vorhandseite nach hinten getrieben wurde, tritt weit über und schlägt mit steiferem Handgelenk als Rod Laver einen Topspin-Vorhand-Lob. Er streicht über den Ball, statt ihn zu peitschen, obwohl er einen Teil seines Körpergewichts mit eingesetzt hat. Der Ausschwung erfolgt mit geöffneter Schlagfläche.

Der Underspin-Lob

Underspin- und Slice-Lob können eine fast unüberwindliche Barriere für einen hartnäckigen Service-Volley-Taktiker bilden. Sie sind leicht zu schlagen und verbrauchen wenig Kraft, da sie die Eigengeschwindigkeit des gegnerischen Balls für sich nutzen. Zur Kontrolle sind korrekte Schlägerführung und richtige Neigung der Schlagfläche unerläßlich, was mit dem richtigen Griff leicht zu erreichen ist. Spitzenspieler setzen diese Varianten nicht nur zur Verteidigung ein, sondern auch, um den Gegner zu überraschen.

Raul Ramirez spielt von hinter der Grundlinie einen Vorhand-Lob mit Underspin. Die Stellung von Handgelenk und Schlagfläche zeigen, daß der Ball auch Sidespin bekommen hat. Durch weites Übertreten mit dem vorderen Fuß hat er eine gute Balance für diesen subtilen Schlag.

Billie Jean King schlägt einen Underspin-Lob mit Sidespin zur besseren Kontrolle von Ballhöhe und Richtung. Ihr Blick ist noch immer auf den Treffpunkt gerichtet, während der Schläger nach dem Ballkontakt ausschwingt.

Schlaganpassung

Das Diagramm unten zeigt die Schlagkurve von Billie Jean Kings modifiziertem Underspin Lob. Nach der hohen Ausholschleife schwingt der Schlägerkopf nach unten und schräg nach innen über den Ballrücken.

Guillermo Vilas streckt sich weit nach vorne, um einen über seine linke Seitenlinie hinausspringenden Ball mit einem defensiven Underspin-Lob zurückzuschlagen. Sein Gegner hat ihn überrascht, so daß er mit dem Gewicht auf dem ballnahen Fuß schlagen muß, wobei das andere Bein die Balance hält.

Der gelobbte Half-Volley

Gelobbte Half-Volleys werden von experimentierfreudigen, einfallsreichen und - manchmal - verzweifelten Spielern gespielt. Perfektes Timing und wenig durchschaubare Absichten sind notwendig, um mit diesem Schlag taktischen Erfolg zu haben. Genau wie den einfachen Half-Volley wird man auch ihn kaum freiwillig spielen. Wenn man aber dazu gezwungen ist, muß man ihn entschlossen und zielbewußt schlagen. Vor allem dann, wenn man gut plazierte Netzspieler austricksen will, weil ein Passierschlag zu schwierig erscheint. Schätzt man aber Höhe und Tiefe nicht genau ab, ist er ein sicherer Ball für den vollierenden Gegner. Bietet sich kein anderer Schlag an, zeigen Spitzenspieler, was ein gelobbter Half-Volley wert sein kann.

Ilie Nastase schlägt vor dem ballnahen Fuß einen gelobbten Half-Volley. Beim Nachobenschwingen des Schlägers wird sein rechter Fuß nach vorn kommen, um seinen Vorstoß ans Netz fortzusetzen, sofern er sieht, daß er den Gegner überlobbt hat. Mit gesenktem Kopf beobachtet er den Ball.

Der Lob-Volley

Der Erfolg des gelobbten Volleys hängt vom Überraschungsmoment sowie von Höhe und Tiefe des Balls ab. Der Topspin-Lobley ist ein sicherer Punktemacher, wenn er den ausgestreckten Schlagarm des Gegners überfliegt, weil er nach dem Aufprall in Richtung Grundlinie abspringt. Der Underspin-Lob-Volley ist weniger riskant, und manche Spieler können seine Höhe und Tiefe leichter abschätzen. Dieser Ball kann vor allem den Gegner vom Netz vertreiben, aber nur selten wird er direkt einen Punkt erzielen; denn der Ball bleibt nach dem Aufprall zu lange in der Luft.

Pam Teeguarden, rechts, spielt überraschend einen gelobbten Volley gegen einen Gegner, der zu nah ans Netz gegangen ist. Sie steht etwas zu frontal zum Netz, aber Körperbalance und Schlägerführung sind korrekt. Ein solcher Schlag muß sehr genau gespielt werden, um effektiv zu sein.

Maria Bueno beendet einen schwierigen Rückhand-Lob-Volley in der Haltung und mit der Grazie einer Ballerina. Ihr »Continental«-Volley-Griff garantiert absolute Kontrolle des Schlägers. Trotzdem die Füße zu nahe beieinander stehen, balanciert sie mit den Armen perfekt aus.

Der individuelle Stil: Schmetterball

Arthur Ashe schlägt einen Überkopf-Smash. Seine linke Hand weicht aus, während er aus sehr tiefer Wurfposition zum Schlag ansetzt. Ashe steht auf den Fußspitzen und schlägt, das Gewicht teilweise auf dem hinteren Fuß, so, daß der linke Fuß während des Ausschwungs mit die Balance hält.

Der Schmetterball- Grundschlag

Scharfe Schmetterbälle, ob aus dem Stand oder im Sprung geschlagen, gehören im modernen Tennis zu jedem Wettkampf. Besonders wichtig sind sie als Vorbereitungsschläge für gefährliche Volleys. Ein sicheres Überkopfspiel aber verlangt die Entwicklung eines ausgereiften Smash-Grundschlags. Heute wird dies vor allem durch die Kombination von »Continental«-Aufschlaggriff und verkürzter Ausholbewegung des Grundaufschlags erreicht, um die gesamte Schlagvorbereitung zu beschleunigen.

Victor Amaya schlägt einen harten Schmetterball. Er steht dabei auf dem hinteren Fuß und verlagert das Gewicht nach vorn. Das kraftvoll nach vorn schnellende Handgelenk führt den Schlägerkopf über den Ball, und das linke Bein hält mit die Balance.

Virginia Wade, gegenüber, zeigt einen vorbildlichen Überkopfschlag – frühe Vorbereitung und sicherer Stand. Diese perfekt ausbalancierte Haltung wäre für jeden Schlag ideal, ist im Spiel aber nicht immer möglich.

Der klassische Stil

A Linker Arm visiert Ball an
B Augen fixieren den Ball
C Schultern bilden Diagonale
D Tiefe Wurfposition
E Oberarm im rechten Winkel zum Körper
F Gewicht auf hinterem Fuß

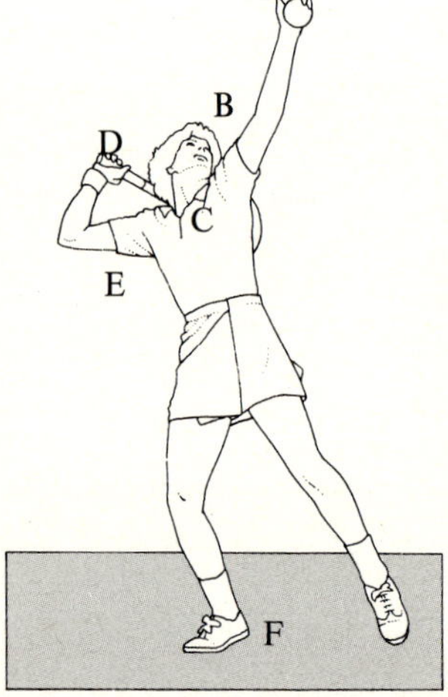

Der im Sprung geschlagene Schmetterball

Der im Sprung geschlagene Schmetterball ist die wahrscheinlich häufigste Variante des Smash-Grundschlags. Ein Aufschlag-Volley-Taktiker, der hoch in die Luft schnellen und den Ball zurückschmettern kann, wird am Netz sehr viel mehr riskieren, weil er weiß, daß nur wirklich perfekte Lobs seinen Angriff stoppen können. Dazu sind Körperbeherrschung und Timing unerläßliche Voraussetzungen. Nur damit ist es möglich, aus dem Vorderhof wieder in Seitstellung zu gehen, um einen überraschenden Lob im Sprung zu nehmen und zurückzuschmettern. Allein durch regelmäßiges Training wird man lernen, schwierige Situationen dieser Art zu meistern.

John Newcombe wird, frontal zum Netz, von einem Ball überrascht. Ihm blieb keine Zeit, sich zu drehen oder zurückzugehen. Er springt hoch und paßt seine Schmettertechnik durch Lockern des Handgelenks und Nachhintenlegen des Schlägerkopfes dem Ball an und kann den Schlag abwehren.

Frew McMillan schlägt einen gut kontrollierten und getimten Shmash. Beachten Sie seinen perfekten Griff und die präzise Handgelenksbewegung. Ein exakt abgestimmter Sprung sorgt dafür, daß der Treffpunkt noch vor dem Spieler ist.

Wendigkeit

Sie ist für Attacken am Netz besonders wichtig, um Gegenlobs, die Sie zurückzwingen sollen, im Sprung abzufangen.

A Nastase hat den Schläger über den Ball geführt, um ihn hart zurückzuschmettern.
B Der nach vorn schnellende Oberkörper hält perfekt die Balance.
C Der Absprung vom hinteren Fuß und das kurze Scheren der Beine ist typisch für diesen Schlag. Nastase wird auf dem andern Fuß aufsetzen, bereit zum Nachvornlaufen.

Ilie Nastase demonstriert einen beispielhaften, im Sprung geschlagenen Smash. Das Scheren der Beine balanciert das nach oben verlagerte Körpergewicht aus – zwei wichtige Merkmale dieses Schlags. Er hat den Ball über und vor dem Körper getroffen. Der Ball ist genau plaziert.

Tony Roche beweist mit seiner Reaktion auf diesen Lob sein hervorragendes Talent. Dieser im Sprung geschlagene Smash ist vorbildlich. Das nach oben in den Schlag hineinverlegte Körpergewicht wird durch das Scheren der Beine ausbalanciert. Die energische Schlagführung verrät die sichere Schmettertechnik.

Smash – Rückhand mit gestrecktem Arm

Weder beim Schmettern mit der Rückhand noch beim Abwehren eines Balls hinter dem Körper wird der Schlag besonders kraftvoll ausfallen. Deshalb bevorzugen Spieler den Smash-Grundschlag mit dem Spreiz- und Scherensprung. Gegner werden immer wieder versuchen, über Ihre linke Schulter zu lobben, um Sie zu Fußfehlern zu verleiten oder anschließend in die freie Platzhälfte plazieren zu können. Wichtig für den Rückhand-Smash ist Kraft im Handgelenk, im Unterarm und in der Schulter sowie ein perfektes Timing. Sind diese physischen Voraussetzungen nicht gegeben, sollte man sich auf präzise Plazierung des Balls konzentrieren, um die Initiative nicht zu verlieren. Der mit gestrecktem Arm im Bogen über dem Kopf geschlagene Smash ist die letzte Möglichkeit, wenn ein Lob bereits über die Schlagarmschulter hinweggeflogen ist. Dieser verzweifelte Versuch führt zu einer verkrampften Schlagaktion, um den Ball noch aus der Luft zu holen und übers Netz zurückzubringen.

Stan Smith beendet, mit dem Rücken zum Netz, einen Rückhand-Smash. Sein »Continental«-Griff und sein kräftiges Handgelenk verleihen seinem Schlag genug Schwung, um den Ball aus dieser fast aussichtslosen Position zurückzuspielen.

Der »unmögliche« Return

Smith schlägt diesen Smash in einem »unmöglichen« Winkel – und geht aus der Verteidigung in den Angriff über.

Der Pfeil markiert den voraussichtlichen Ballweg in den gegnerischen Platz.

John McEnroe versucht, mit gestrecktem Arm den Ball hinter dem Körper noch zu erreichen und zurückzuschlagen. Der Schwung kommt allein aus dem Handgelenk. Es geht darum, den Ball im Spiel zu halten und möglicherweise damit anzugreifen.

Chris Lloyd beendet einen schwierigen Rückhand-Smash. Hätte sie mit ihrem üblichen beidhändigen Griff einen hohen Rückhand-Volley versucht, hätte sie den Ball vermutlich nicht mehr erreicht. Sie hat sich seitwärts gedreht und den Ball entlang der Seitenlinie gespielt.

Vitas Gerulaitis, unten, schlägt im Sprung einen selten gezeigten Rückhand-Smash. Er ist sehr weit hinausgetrieben worden und hat keine Möglichkeit, den Ball einigermaßen scharf cross bzw. in die Mitte zu spielen. Er schlägt den Ball deshalb entlang der Seitenlinie, um den für den Gegner ungünstigen Winkel auszunutzen.

Taktik

Die Grundprinzipien

Die Spieltaktik im Tennis bedeutet, die eigenen Stärken im Angriff, im Gegenangriff und in der Verteidigung voll zu entfalten, die Stärken des Gegners dagegen zu blockieren und gleichzeitig seine Schwächen auszunutzen. Zur Taktik zählt man den Einsatz der verschiedenen Schlag- und Plazierungsmöglichkeiten, um ein bestimmtes Ziel im Rahmen eines strategischen Plans zu erreichen. Die einem Tennisspieler zur Verfügung stehenden Strategien, beispielsweise den Sieg durch dauerndes Angreifen oder erschöpfendes Verteidigen zu erzwingen, haben sich kaum verändert. Neue Spieltechniken dagegen und verbesserte Ausrüstung führten zur Perfektionierung alter und zur Entwicklung vieler neuer Taktiken. Jedes Spiel sollte so geplant werden, daß man die eigenen Stärken gegen das spieltechnische Können des Gegners ins Feld führt. Je mehr man also über den Gegner weiß, desto leichter wird es sein, die richtige Strategie zu wählen. Diese sollte jedoch in jedem Fall flexibel sein. Muß man erkennen, daß eine Match-Strategie, gleichgültig welche taktischen Methoden man verwendet, erfolglos bleibt, muß man sie ändern – oder kämpfend verlieren. In manchen Fällen stimmt die auf Ausnutzung der gegnerischen Schwächen aufgebaute Strategie, die eingesetzten taktischen Mittel aber erreichen trotzdem nicht ihr Ziel. Dann gilt es, die Spieltaktik des Gegners zu durchschauen und zum Gegenangriff überzugehen, d. h., die eigene Taktik entsprechend zu ändern. Je stärker Ihr Spiel ist, desto eher wird Ihr strategischer Plan zum Erfolg führen. Schon beim Erlernen der einzelnen Schläge wird klar, welche Funktionen sie erfüllen. Jetzt geht es darum, ihre taktischen Möglichkeiten zu erkennen, und zwar sowohl einzeln als auch als Schlagkombination, um sie dann in Einzel und Doppel so einsetzen zu können, daß auch dann noch Siege gelingen, wenn man es nicht erwartet.

Die verschiedenen Spieler-Typen

Es gibt sehr unterschiedliche Charaktere unter den Tennisspielern, und Sie selbst werden je nach physischen und psychischen Anlagen einen davon repräsentieren – oder sich dazu entwickeln. Die meisten Spieler gehören zu einer der vier hier beschriebenen Kategorien.

Der Bringer. Ein Bringer ist ein Spieler, der sehr sicher schlägt, flink und fit ist und so gut wie jeden Ball zurückbringt, aber ohne über wirksame Angriffsschläge zu verfügen, die der Gegner zu fürchten hätte.

Der Grundlinienspieler. Ein Grundlinienspieler verfügt über technisch ausgereifte Grundschläge und versteht es, die gesamte Grundlinienregion erfolgreich zu verteidigen. Seine Strategie beruht darauf, andauernden Ballwechsel an der Grundlinie zu führen und dann seinen Gegner zu Fehlern zu verleiten. Dieser Spieler wird nur, wenn der Punkt sicher ist, ans Netz vorgehen – oder wenn ihn ein besonders geschickter Gegner dazu verlockt.

Der Aufschlag-Volley-Taktiker. Er zieht Volleys den Grundschlägen vor und ist ausdauernd genug, nach jedem Aufschlag ans Netz vorzugehen, um präzise Flugbälle zu schlagen. Er versucht den Gegner ständig durch Angriffe am Netz unter Druck zu setzen und zu zermürben. Spieler, die diese Taktik nicht gut genug beherrschen, aber trotzdem nicht davon ablassen, nennt man »Netzhektiker«. Häufig sind ihre Treibschläge auf Vor- oder Rückhand nicht sicher, was sie auf diese Weise zu verbergen versuchen.

Der All-Court-Player. Er ist vielseitig und kombiniert die Fertigkeiten der drei zuvor genannten Typen, ohne in einer der Kategorien wirklich brillant zu sein. Ein solcher Spieler beherrscht jede taktische Situation und wird in jeder Position seine psychischen, physischen und technischen Talente zur Geltung bringen können, was ihn wahrscheinlich zum idealen Spieler macht.

Andere Spieler wieder zeigen eine Kombination von nur ganz bestimmten Merkmalen der vier skizzierten Kategorien, so daß ihr Spiel nicht einfach zu durchschauen ist. Gute Spieler werden alles daransetzen, ihre Schwächen auszubügeln oder zumindest nicht zu zeigen. Es gilt also immer herauszufinden, wie ein Gegner gerne spielen würde, um dann die richtige Taktik für den Kampf zu finden.

Vertrautsein mit dem Platz

Stellen Sie sich eine Platzhälfte, wie unten gezeigt, dreifach unterteilt vor. Die vor der Grundlinie liegende Zone wird als Auslauf, der Bereich zwischen Grund- und Aufschlaglinie als Niemandsland und der zwischen Aufschlaglinie und Netz liegende Bereich als Vorderhof bezeichnet. Jeder dieser Bereiche verlangt ein anderes Spiel, nur das Niemandsland weist bereits mit dem Namen darauf hin, daß man sich dort nur vorübergehend für einen Schlag aufhalten sollte.

Hinter der Grundlinie. Das Spiel in dieser Position verfolgt primär defensive Absichten, wobei der Grundlinienspieler, der vielseitige bzw. All-Court-Player und der Aufschlag-Volley-Spieler jeweils andere Ziele im Auge haben. Der Grundlinienspieler will den Gegner ermüden und dessen Rhythmus durchbrechen, der vielseitige Spieler und der Aufschlag-Volley-Kämpfer dagegen warten nur auf einen zu kurzen Return, um ans Netz zu gehen. In dieser Position diktiert der gegnerische Schlag den Return.

Niemandsland. Hat man aus dieser Position geschlagen, sollte man entweder vor in den Vorderhof zum Vollieren oder hinter die Grundlinie zurückgehen, um von dort wieder lange Drives zu schlagen.

Vorderhof. Nähert man sich dem Netz, wird der Ballweg kürzer und reizt zum Angriff. Am besten wählt man einen Vorbereitungsschlag, um sich dann in Volley-Position zu begeben. Oder man spielt einen Passierschlag. Vorsicht ist vor allem dann geboten, wenn ein Ball bereits unter Netzhöhe gefallen ist.

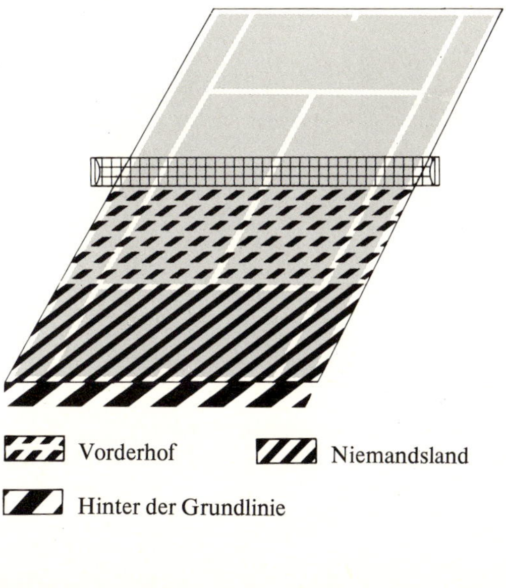

Die Theorie der mittleren Position

Man sollte versuchen, nach einem gelungenen Schlag den besten Standort zu bestimmen, um für den nächsten Ball gewappnet zu sein. Begibt man sich beispielsweise beim Grundlinienspiel oder nach dem Aufschlag ungefähr einen Meter hinter das Mittelzeichen, bevor der nächste Ball kommt, wird man grundsätzlich richtig stehen. Diese zentrale Position zwischen den zwei möglichen extremen Returns ist für jede Spielsituation anzustreben. Vom Aufschlag-Return an und bei jedem folgenden Schlag sollte die mittlere Position so nahe wie möglich liegen. Das Diagramm unten zeigt einen nach dem Aufschlag weit nach rechts abspringenden Ball auf die Vorhand eines rechtshändigen Rückschlägers sowie dessen Cross-Rückschlag, der die mittlere Position relativ nahe liegen läßt. Hätte der Rückschläger einen Longline-Ball gespielt, wäre die mittlere Position zwischen den beiden extremen Returns einen Meter oder mehr jenseits des Mittelzeichens.

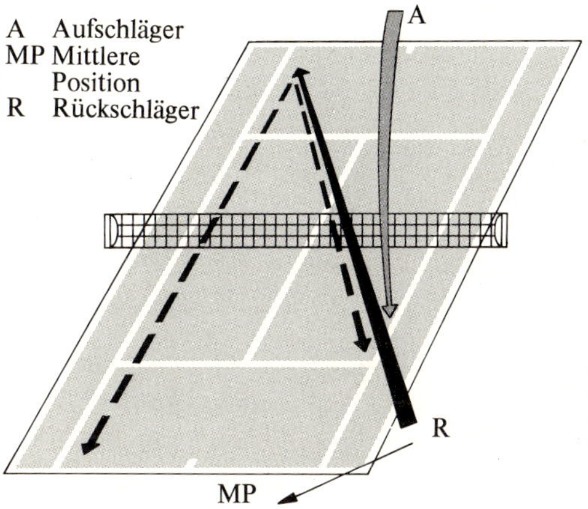

Wie reagiert man auf mit Spin geschlagene Bälle

Das Einschätzen der mit Spin geschlagenen Bälle und die notwendigen Gegenmaßnahmen sind von entscheidender strategischer Bedeutung (vgl. S. 42–44). Hohe Bälle mit Topsin können mit einem unterschnittenen Chop-Shot oder einem blockierenden Return abgewehrt und nieder übers Netz zurückgespielt werden. Niedere Bälle mit Topsin werden mit normalen Treibschlägen oder scharf geschlagenen Topspin-Drives zurückgeschlagen. Hohen unterschnittenen Bällen begegnet man mit flacheren Treibschlägen, während ein sehr niederer unterschnittener Ball einen scharfen Topspin-Return verlangt.

Der Einzel-Aufschlag

Ihre Aufschläge müssen tief und genau plaziert sein und darüber hinaus entweder kraftvoll oder mit Spin geschlagen werden. Die Kombination beider Faktoren wird die meisten Ihrer Gegner in die Defensive treiben. Verglichen mit dem zweiten Aufschlag, ist der erste von enormer strategischer Bedeutung, die es zu nützen gilt. Der Durchschnittsspieler vergeudet zu viele seiner ersten Aufschläge; ein guter Spieler dagegen serviert 70 Prozent nicht nur ins richtige Feld, sondern plaziert sie auch so, daß nur defensive Returns möglich sind. Um diesen Prozentsatz zu erreichen, darf man den ersten Aufschlag nicht mit der ganzen Kraft schlagen. Die geringere Ballgeschwindigkeit wird durch den stärkeren Spin ausgeglichen, der den Schlag zugleich sicherer macht. Indem man Grad und Art des Spins variiert und seinen härtesten und schnellsten Aufschlag für die Fälle reserviert, in denen man deutlich im Vorteil ist oder aber 0 : 40 zurückliegt, so daß man ein kalkuliertes Risiko eingehen muß, wird der Gegner nur selten Gelegenheit haben, seinen Return genau vorzubereiten.

Spitzenspieler sagen, man ist nur so gut wie sein zweiter Aufschlag. Welche Spin-Variante man für seinen zweiten Versuch auch bevorzugt, man muß sie auf jeden Fall so gut beherrschen, daß man sie nach mißlungenem ersten Service auf die schwache Seite des Gegners schlagen kann. Beherrscht man sowohl Topspin- wie Slice-Aufschläge, kann man den Ball nach Belieben vom Gegner weg oder ihm direkt vor die Füße schlagen.

Position im rechten bzw. linken Aufschlagfeld

Im Kapitel über die verschiedenen Aufschläge (s. S. 99) haben Sie gelernt, daß man im Einzel für den Aufschlag ins rechte wie ins linke Aufschlagfeld ungefähr einen Meter vom Mittelzeichen entfernt stehen sollte. Doch mit fortschreitender Aufschlagtechnik und Erfahrung werden Sie feststellen, daß man die beiden Aufschlagpositionen sehr viel wirkungsvoller in verschiedener Entfernung vom Mittelzeichen wählt, wie rechts gezeigt. Diese beiden Grundpositionen erlauben Ihnen zugleich, in der Mitte – d.h. zwischen den beiden denkbaren extremen Returns – zu beginnen und den Ball optimal zu plazieren. Schlägt man ins rechte Aufschlagfeld und postiert sich dabei so nahe wie möglich ans Mittelzeichen, kann man einem rechtshändigen Gegner – fast entlang der Mittellinie – auf die Rückhand servieren. Beim Servieren ins linke Aufschlagfeld stellt man sich dagegen 30–60 cm vom Mittelzeichen entfernt auf.

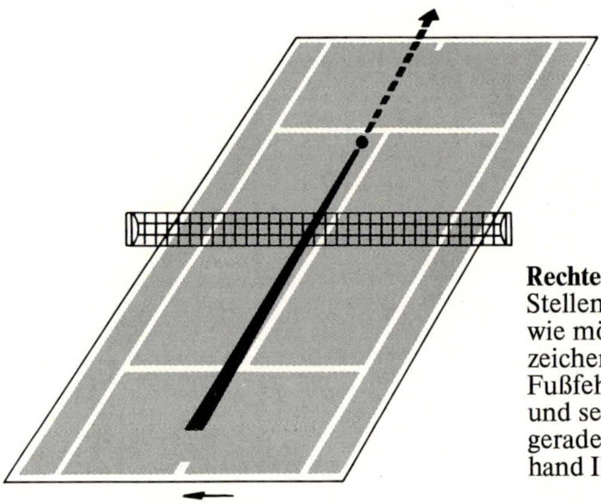

Rechtes Aufschlagfeld
Stellen Sie sich so nahe wie möglich ans Mittelzeichen, ohne einen Fußfehler zu riskieren, und servieren Sie fast gerade auf die Rückhand Ihres Gegners.

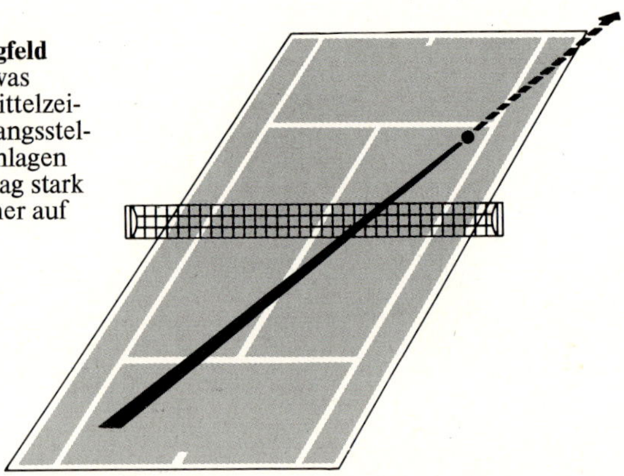

Linkes Aufschlagfeld
Nehmen Sie etwas entfernt vom Mittelzeichen Ihre Ausgangsstellung ein und schlagen Sie den Aufschlag stark cross dem Gegner auf die Rückhand.

Das Verdecken der eigenen Absicht

Selbst bei kampfstarken Spielen entscheidet manchmal der Überraschungsmoment. Lernen Sie also, Ihre eigentlichen Absichten nicht zu verraten. Wollen Sie beispielsweise ins rechte Aufschlagfeld und auf die Vorhand des Gegners servieren, sollten Sie ihre normale Stellung neben dem Mittelzeichen nicht demonstrativ ändern. Es ist besser, Ihr Gegner erwartet den Ball auf der Rückhandseite; auch wenn der Ball durch die Ausgangsstellung stärker cross geschlagen wird. Die nicht immer klassische Stellung einiger Spieler ist an sich schon ein taktisches Mittel, Schlagart und Richtung zu vertuschen. John McEnroes extreme Aufschlagposition, rechts, läßt einen mit starkem Slice geschlagenen Service erwarten. Doch oft läßt er den Gegner so lange im unklaren über die genaue Plazierung, bis es zu spät ist für einen guten Return.

Die Bedeutung des tiefen Aufschlags

Das Diagramm unten zeigt, wie ein tief plazierter Aufschlag (auf Vor-, Rückhand oder Körper) den Rückschläger hinter der Grundlinie und damit in der Defensive festhält. Trifft der Aufschlag vor dem grauen Streifen auf, kann der Rückschläger vorgehen und vor der Grundlinie retournieren. Aus dieser Position läßt sich eine Attacke sehr viel leichter starten – und der Aufschläger sieht sich seiner Initiative beraubt. Die grundsätzliche Regel tief zu servieren, gilt sowohl für den ersten als auch für den zweiten Aufschlag. Ebenso wichtig ist das genaue Plazieren, d.h., die Zuverlässigkeit Ihres zweiten Service hängt vom Spin und nicht von einem kurzen Ballweg ab.

Der Rückschläger muß hinter der Grundlinie bleiben

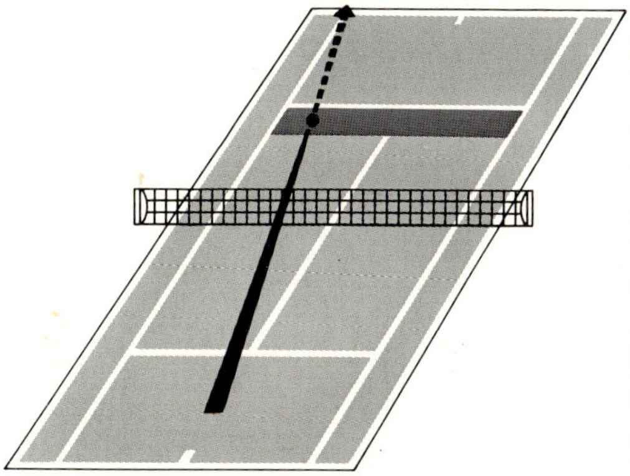

Die Spin-Alternative

Es bieten sich Ihnen zwei Möglichkeiten: Entweder Sie benutzen den geraden Aufschlag und verlassen sich darauf, daß seine Härte und genaue Plazierung Ihrem Gegner genügend Probleme machen, oder Sie entscheiden sich für einen Spin-Aufschlag, um die Flugbahn des Balls vor und nach dem Aufprall unberechenbarer zu machen. Unten können Sie sehen, wie viel weiter als ein gerader Service ein Topspin-Aufschlag, in die Rückhandecke des linken Aufschlagfelds, nach links ausbricht. Ganz ähnlich läßt ein Slice-Aufschlag, in die Vorhandecke des rechten Aufschlagfeldes, den Ball weiter von der Vorhandseite eines Rechtshänders abspringen als ein gerader Aufschlag.

A Slice
B Grundaufschlag

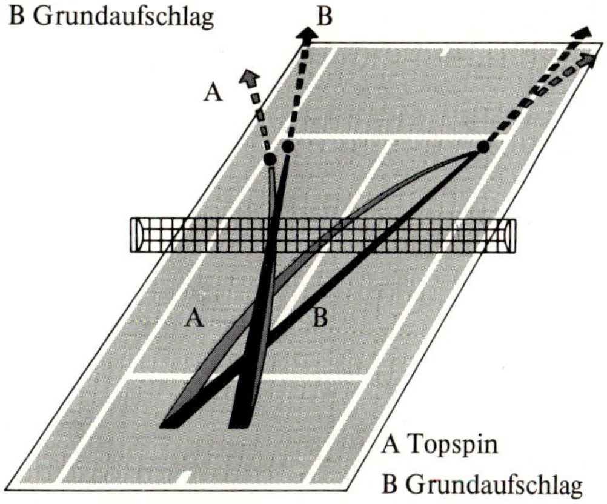

A Topspin
B Grundaufschlag

Aufschlag auf die Rückhand

Sofern das Spiel Ihres Gegners keinen zwingenden Grund bietet, anders zu handeln, sollten Sie 80 Prozent Ihrer Aufschläge auf seine Rückhand plazieren. Die vier Diagramme unten zeigen rechtshändige Aufschläger beim Angriff auf die gegnerische Rückhand. In allen Fällen wird ein gerader Aufschlag im Vergleich zu einem Spin-Aufschlag gezeigt, durch den Sie Ihr Angriffsspiel variieren können. Wenn Sie als rechtshändiger Aufschläger ins linke Aufschlagfeld servieren, und zwar in der auf S. 196 empfohlenen Position, etwas entfernt vom Mittelzeichen, bleibt Ihre Vorhandseite für den gegnerischen Return etwas weiter geöffnet als die Rückhandseite. Doch das ist normalerweise ohne Bedeutung.

Rechtshändiger Rückschläger

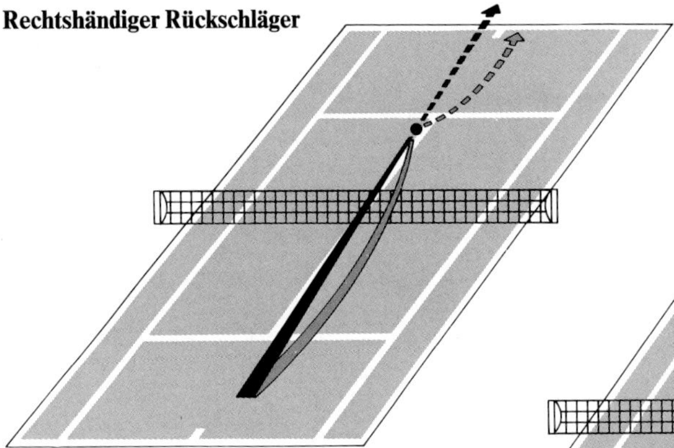

Rechtes Aufschlagfeld
Der Aufschläger attackiert fast entlang der Mittellinie mit einem geraden Aufschlag (schwarz) oder aber mit einem Topspin-Aufschlag (grau), der weiter seitlich zur Rückhand abspringt.

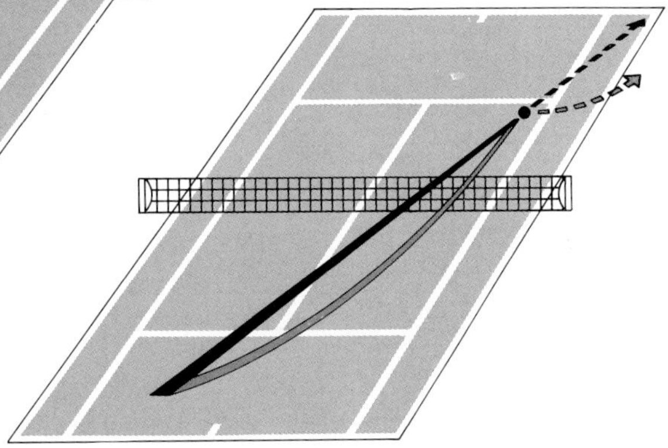

Linkes Aufschlagfeld
Der Aufschläger serviert entweder einen flachen Aufschlag (schwarz) über die niedere Netzmitte, oder er wählt einen Topspin-Aufschlag (grau), der weit von der gegnerischen Rückhand abspringt.

Linkshändiger Rückschläger

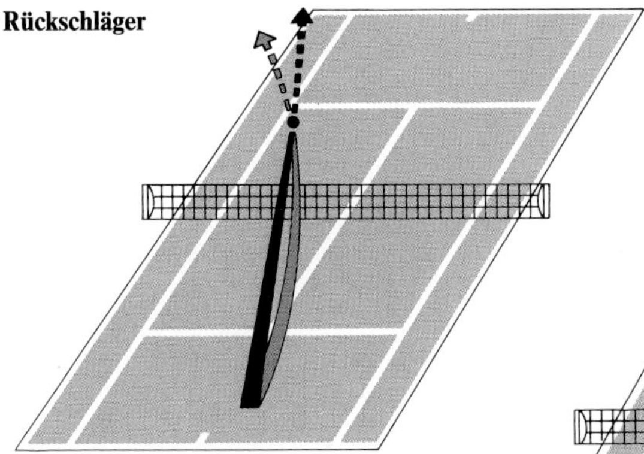

Rechtes Aufschlagfeld
Der Aufschläger steht weiter vom Mittelzeichen entfernt und serviert einen geraden Aufschlag (schwarz) stark cross. Ein Slice-Aufschlag läßt den Ball noch weiter rechts wegspringen.

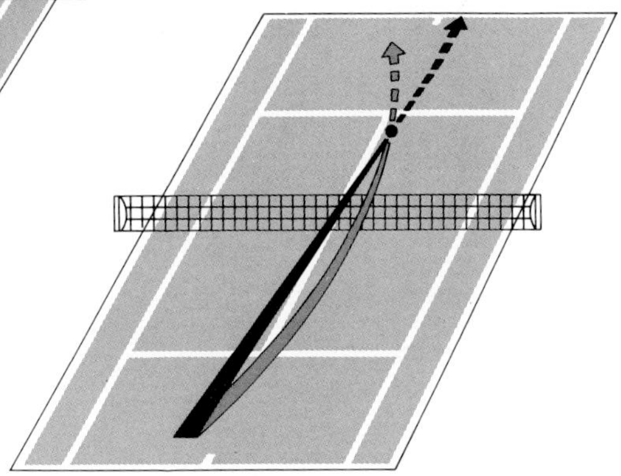

Linkes Aufschlagfeld
Der Aufschläger steht nah am Mittelzeichen, um fast entlang der Mittellinie (schwarz) zu servieren. Ein Slice-Aufschlag (grau) läßt den Ball noch weiter seitlich von der Rückhand wegspringen.

Aufschlag auf die Vorhand

Ein Aufschlag auf die gegnerische Vorhand kann nur Erfolg haben, wenn er überraschend erfolgt. Man muß also den richtigen Augenblick abwarten und darf seine Absichten nicht zeigen. Man sollte einen Angriff auf die Vorhand nur dann riskieren, wenn man mindestens einen Punkt in Führung ist. Wenn Sie feststellen, daß sich Ihr Gegner näher am Mittelzeichen postiert, um Ihre ungenauen Aufschläge auf die Rückhand zu umlaufen und den Return als Vorhand zu schlagen, ist es ratsam, den Aufschlag weit auf die Vorhand zu spielen, wie rechts gezeigt. Servieren Sie ins linke Aufschlagfeld, können Sie Ihre Rückhand-Attacken dadurch variieren, daß Sie tief entlang der Mittellinie auf die Vorhand spielen. Gelingt es Ihnen, den Rückschläger zu überraschen, wird der Ball ungefähr entlang der Mittellinie oder leicht auf Ihre Vorhandseite zurückkommen, so daß Sie Ihren Angriff fortsetzen können.

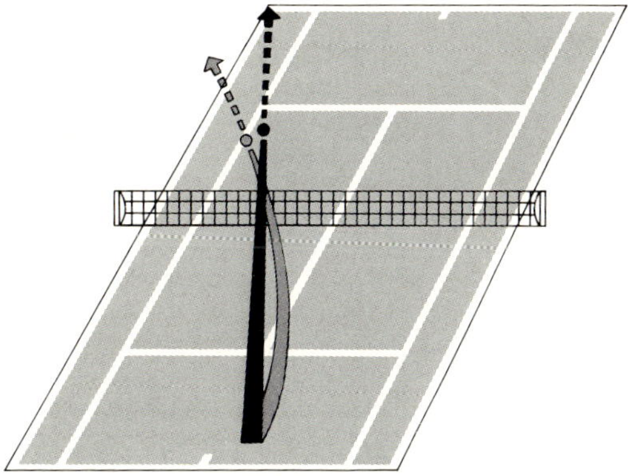

Rechtes Aufschlagfeld, rechtshändiger Rückschläger
Der Aufschläger spielt einen flachen weiten Ball (schwarz) und einen Cross-Aufschlag. Der flache tiefe Ball setzt nach dem Aufprall seinen Flug Richtung Grundlinie fort; der Slice-Aufschlag (grau) springt weit rechts über die Seitenlinie hinaus ab.

Aufschlag direkt auf den Gegner

Die letzte der drei Angriffsmöglichkeiten ist, den Ball direkt auf den Mann zu spielen. Diese Taktik wird in manchen Fällen zu einem schwächeren Return führen als der offene Angriff auf die schwache Seite, vor allem wenn Ihr Gegner nicht besonders schnell ist. Springt der Ball plötzlich auf den Körper zu, ist ein wirkungsvoller Return auf die Rückhand besonders problematisch. Auch hier können Sie wieder zwischen einem geraden und einem Spin-Aufschlag wählen. Allerdings gelingt es mit der Slice-Variante am besten, den Ball unvorhergesehen dem Rückschläger vor die Füße zu spielen. Der Richtung Körper gezielte Aufschlag kann von beiden Seiten aus eingesetzt werden. Und da die Ausgangsstellung nicht verändert werden muß, läßt sich die Absicht in diesem Fall gut verdecken.

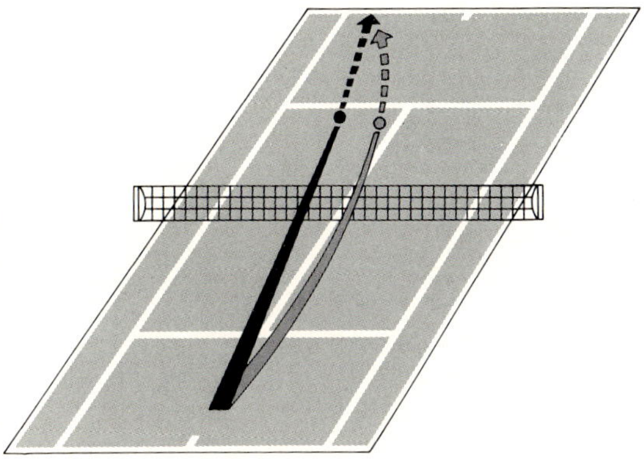

Linkes Aufschlagfeld
Auf der linken Seite läßt der Aufschläger ebenfalls mit einem geraden Service (schwarz) den Ball direkt auf den Rückschläger zuspringen, oder er spielt einen Slice-Service (grau), nach dem der Ball von links plötzlich auf den Rückschläger zukommt, so daß er nur noch eine sehr verkrampfte Rückhand schlagen kann.

Rechtes Aufschlagfeld
Der Aufschläger plaziert einen geraden Service (schwarz) vor die Mitte der rechten Aufschlaglinie. Nach dem Aufprall fliegt der Ball direkt auf den Rückschläger zu. Ein Slice-Aufschlag (grau) läßt den Ball dagegen von der Rückhand des Spielers plötzlich auf dessen Hüfte zuspringen.

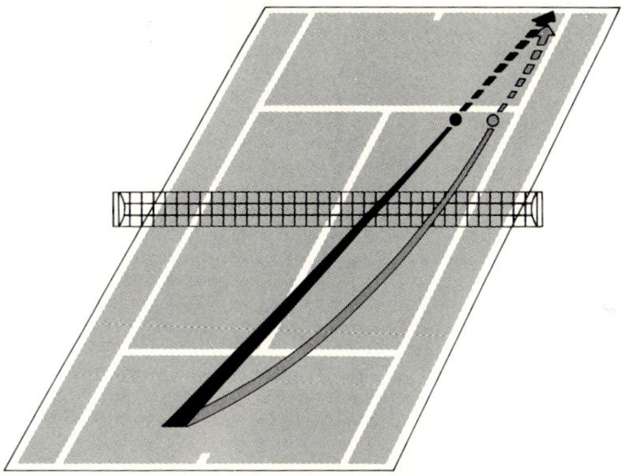

Der Aufschlag-Return

Der Aufschlag ist der wichtigste Schlag beim Spiel, danach kommt gleich der Aufschlag-Return.

Das Ziel jeder Taktik beim Retournieren muß sein, den Ball im Spiel zu halten. Es ist besser, dem Aufschläger die Chance zu geben, beim dritten Schlag eines Ballwechsels einen Fehler zu machen, als einen gefährlichen Aufschlag unbedingt verwandeln zu wollen und dabei gleich den ersten Punkt zu verlieren. Die meisten Fehler beim Aufschlag-Return sind zu harte Schläge.

Der Aufschlag-Return beginnt mit der bestmöglichen Ausgangsstellung, die sich am Spiel und der Stärke des Gegners und dem eigenen Können orientieren muß. Wenn Sie, wie ich empfehle, für Ihren Vor- und Rückhand-Treibschlag jeweils einen eigenen Griff verwenden, müssen Sie im voraus entscheiden, welchen Sie in der Grundposition benutzen wollen. Im Spiel müssen schnelle Reaktion und Flexibilität Ihnen helfen, oft im Bruchteil einer Sekunde Ihre Stellung zu verändern und den Schlag anzupassen.

Bereit sein ist alles

Die Diagramme unten zeigen Rückschlägerpositionen zwischen den beiden extremen Aufschlagsmöglichkeiten eines rechts- und eines linkshändigen Aufschlägers. Die kleinen Stellungsunterschiede sind notwendig, weil ein rechtshändiger Aufschläger von der rechten Seite aus seinen Aufschlag stärker cross auf die Vorhand des Rückschlägers setzen kann, ebenso kann ein Linkshänder dasselbe von der linken Seitc aus auf die Rückhand des Rückschlägers. Für den Return schneller Aufschläge würde ich empfehlen, einen Meter oder mehr hinter der Grundlinie zu stehen, um den Ball nach dem Aufprall bereits im Fallen hart zurückschlagen zu können. Bei einem Spin-Aufschlag dagegen empfiehlt es sich, vor der Grundlinie zu stehen, damit der Ball angenommen werden kann, bevor der Spin ihn seitlich abspringen läßt. In der Grundposition (vgl. S. 37) gilt es, hellwach und konzentriert zu sein. Stehen Sie nicht steif aufgerichtet und verkrampft, sondern beugen Sie Knie und Rumpf, damit die Augen näher beim aufspringenden Ball sind. Das Gewicht wird leicht nach vorn verlagert, locker und gleichmäßig auf beide Fußballen verteilt, um jederzeit rasch Position und Haltung wechseln zu können. Fühlen Sie sich zu verkrampft, können Sie die Gesichtsmuskulatur entspannen, indem Sie den Unterkiefer fallen lassen. Beobachten Sie genau den Gegner.

Rechtshändiger Aufschläger

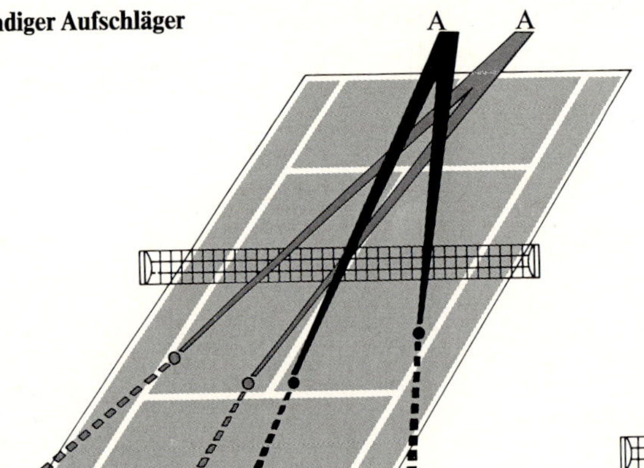

Linkshändiger Aufschläger

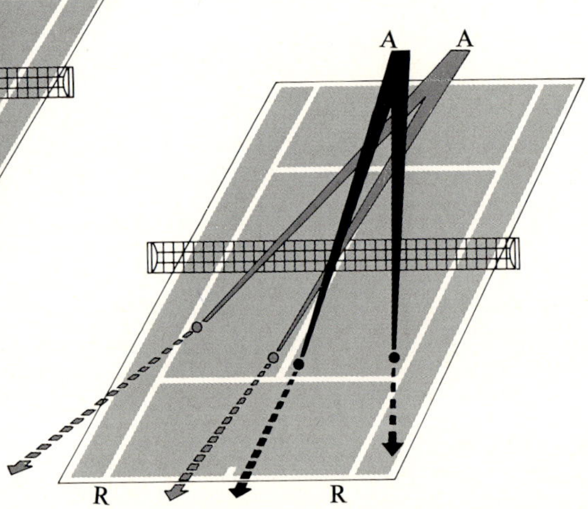

Die Wahl des Griffs

Sofern Sie den »Eastern«-Griff bevorzugen, werden Sie sich in der Grundposition entweder für Ihren Vorhand- oder Ihren Rückhandgriff entscheiden müssen. Entscheiden Sie sich für den Griff Ihres stärkeren Schlags, dann können Sie eine sich bietende Gelegenheit optimal nützen; verwenden Sie den Griff für die schwächere Seite, müssen Sie, falls nötig, schnell genug wechseln können. Fällt die Wahl auf den Griff Ihres stärkeren Schlags, können Sie Ihre Rückschlägerposition leicht nach links oder rechts verändern, um mehr Aufschläge auf Ihrer stärkeren Seite annehmen zu können. Diese Anpassungen werden in den Diagrammen unten gezeigt, sowohl für das rechte als auch für das linke Aufschlagfeld. Wollen Sie lieber Vorhand spielen, stellen Sie sich etwas mehr zur Rückhandseite – und umgekehrt.

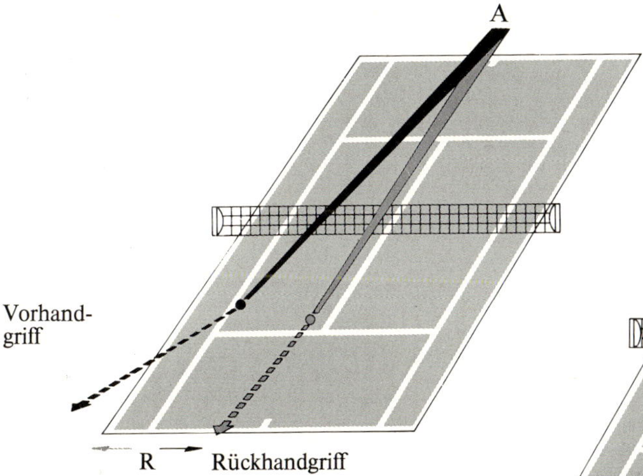

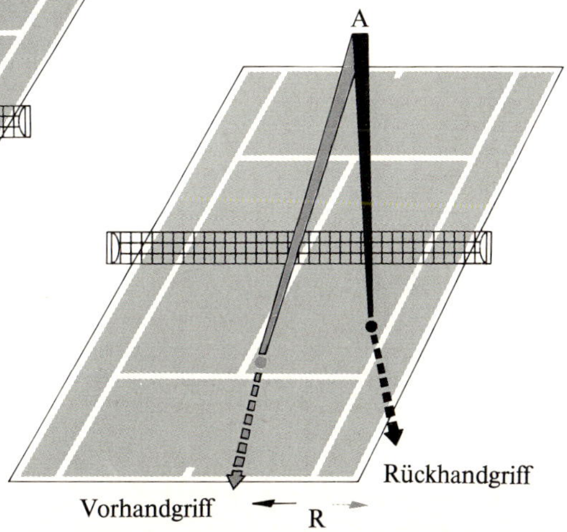

Die Anpassung der Schlagführung

Wenn der Gegner aufschlägt, geht der Rückschläger in Seitstellung und nimmt den Schläger zurück, noch bevor der Ball das Netz überquert. Um einen guten Return zu schlagen, muß man den Ball tatsächlich aufspringen sehen. Ab dieser Phase entspricht die Schlagführung weitgehend dem Grundschlag, die Schärfe und Geschwindigkeit des anfliegenden Balls natürlich einbezogen. Die Ausholbewegung muß wahrscheinlich sowohl auf der Vor- als auch auf der Rückhandseite beträchtlich verkürzt werden. Aber unabhängig davon, ist es unbedingt erforderlich, daß der Schläger nach dem Treffpunkt dem Ball noch ungefähr einen Meter folgt. Der Block-Return (ein volleyartiger Schlag mit kurzer Ausholbewegung) bewährt sich gegen schnelle Aufschläge und einige Spin-Varianten. Der Chip-Return (ein verkürzter Vor- oder Rückhand-Slice-Drive, vgl. rechts) ist erfolgreich bei hoch aufspringenen Aufschlägen; er läßt den Ball im Bereich der gegnerischen Aufschlaglinie auftreffen.

Stan Smith

Der Return von geraden Aufschlägen

Um einen schnellen geraden Aufschlag erfolgreich retournieren zu können, muß man ihn vorausdeuten, weil man sonst drei bis vier Zehntelsekunden verschenkt, bevor man überhaupt zu reagieren beginnt. Und das kann sich niemand leisten, wenn bereits ein durchschnittlicher Junior den Ball mit einer Geschwindigkeit von fast hundert Stundenkilometern servieren kann, der in ungefähr einer Sekunde den Schläger des Gegners erreicht. Der schnelle gerade Aufschlag eines männlichen Spitzenspielers erreicht sogar die doppelte Geschwindigkeit und ist kaum noch zurückzuschlagen. Bei einem solchen Service muß man weit genug hinter der Grundlinie stehen, um etwas Zeit zu gewinnen und abwarten zu können.

Der Return von Spin-Aufschlägen

Verhindern Sie, daß der Ball zu hoch übers Netz geht und spielen Sie - in Hüfthöhe oder darüber - einen Chip unten und »durch« den steigenden Ball. Dabei steht man knapp vor der Grundlinie, um den Ball nehmen zu können, bevor er zu weit nach links auf die Rückhandseite oder auf der Vorhandseite zu nahe zum Körper abspringt. Sidespin- oder Slice-Aufschläge lassen den Ball nach dem Abprall jeweils mit umgekehrtem Spin von den Saiten rotieren. Darauf muß man sowohl bei Vor- als auch bei Rückhand-Returns achten. Man stellt sich vor der Grundlinie auf, um zu verhindern, daß der Ball auf der Vorhandseite zu weit nach außen oder auf der Rückhandseite zu nah auf den Körper springt.

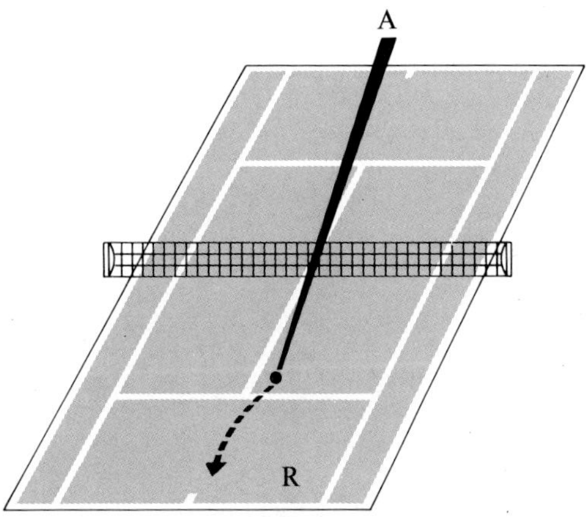

Ausgangsstellung beim Return eines Spin-Service
Beim Return von Topspin- oder Slice-Aufschlägen stellt man sich unmittelbar vor der Grundlinie auf, wie unten gezeigt. In dieser Stellung kann man den Ball früher schlagen.

Wählen Sie den richtigen Return

Die sechs Diagramme auf der gegenüberliegenden Seite zeigen die verschiedenen Returns auf den geraden, den Topspin- und den Slice-Aufschlag, und zwar sowohl von der rechten als auch von der linken Seite in das jeweils entsprechende Aufschlagfeld. Jeder Return orientiert sich an der Art und Qualität des Aufschlags. Ein sehr tiefer und kräftiger Aufschlag, gleichgültig, ob gerade oder mit Spin gespielt, verlangt in jedem Fall Return a; ein mittelmäßiger Aufschlag Return b, und für einen schlechten Aufschlag bietet sich die Möglichkeit c.
Einem an der Grundlinie stehenden Aufschläger werden nur selten Longline-Returns zugespielt und niemals, wenn der Aufschlag stark cross geschlagen war. Das liegt daran, daß nach solchen Returns, entsprechend der Theorie der mittleren Position (S. 195), nur sehr schwer wieder eine günstige Position für den nächsten Schlag gefunden werden kann, weil man zu schnell und zu weit laufen muß.

1. **Linkes Aufschlagfeld:** Ein gerader starker Aufschlag auf die Rückhand wird in umgekehrter Aufschlagrichtung scharf zurückgespielt; ein mittelmäßiger mit einer Slice-Rückhand crosscourt; ein schwacher als Cross-Drive.

2. **Linkes Aufschlagfeld:** Ein Slice-Aufschlag auf die Vorhand des Rückschlägers. Der nach rechts ausbrechende Ball sollte scharf in Richtung Mitte der gegnerischen Grundlinie. Einen schwächeren Aufschlag schlägt man tief in die Rückhandecke; einen schwachen mit einem tiefen Drive auf die Vorhand.

3. **Linkes Aufschlagfeld:** Ein Topspin-Aufschlag, der nach dem Aufprall Richtung Grundlinie weiterfliegt und in Richtung Rückhand ausbricht. Er wird am besten in umgekehrter Aufschlagrichtung zurückgespielt. Schwächere Aufschläge können in die Rückhandecke des Aufschlägers, schwache sogar cross ins halbe Feld geschlagen werden.

4. **Rechtes Aufschlagfeld:** Ein gerader Aufschlag direkt auf den Rückschläger, tief plaziert und kräftig geschlagen. Er sollte weit in umgekehrter Aufschlagrichtung zurückgeschlagen werden. Ein mittelmäßiger Aufschlag kann scharf cross, ein schwacher kurzer longline gespielt werden.

5. **Rechtes Aufschlagfeld:** Ein Slice-Aufschlag auf die Vorhand des Rückschlägers. Schlagen Sie den Return möglichst crosscourt; einen schwächeren Ball direkt auf den Mann; einen schwachen cross ins halbe Feld.

6. **Rechtes Aufschlagfeld:** Ein Topspin-Aufschlag auf die Rückhand. Der Ball sollte dem Aufschläger scharf vor die Füße gespielt werden. Ist der Aufschlag mittelmäßig, sollte man ihn leicht cross, tief in die Rückhandecke des Aufschlägers schlagen; mit einem schwachen Aufschlag läßt sich, stärker cross geschlagen, wahrscheinlich ein Punkt erzielen.

1

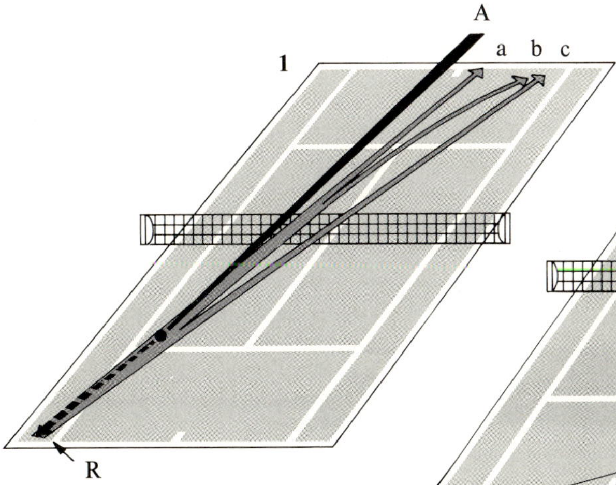

2

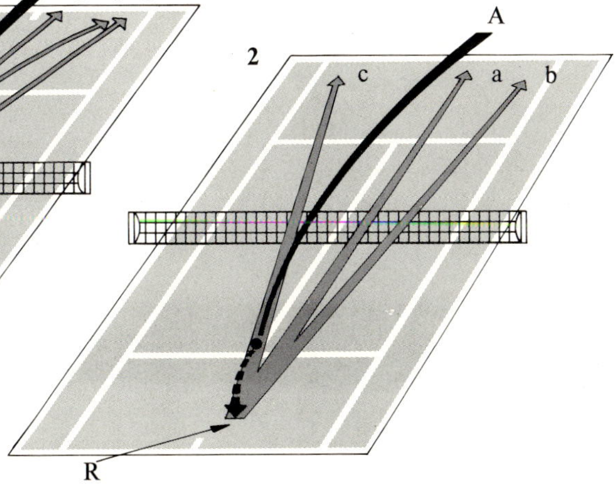

3

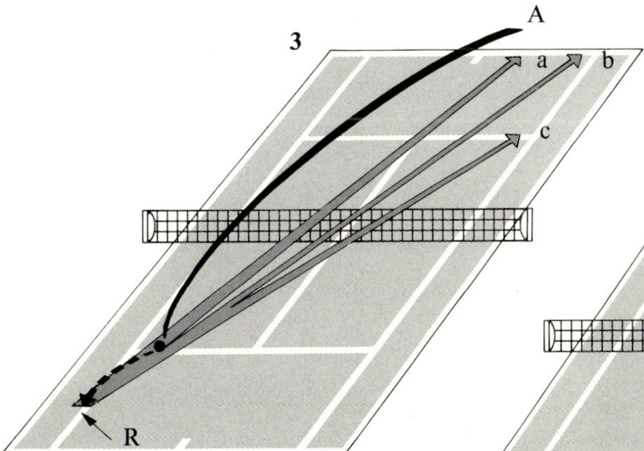

4

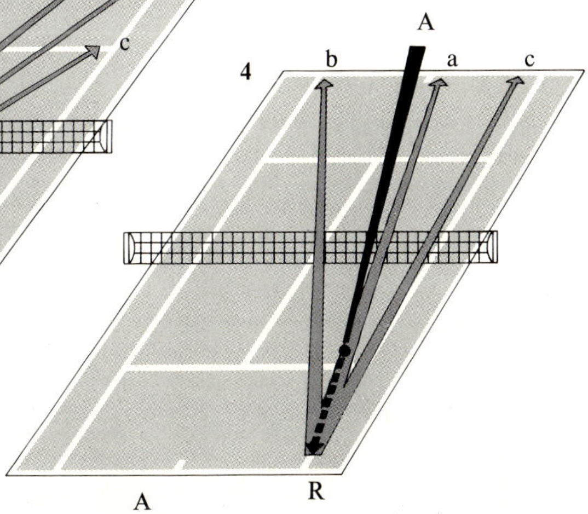

5

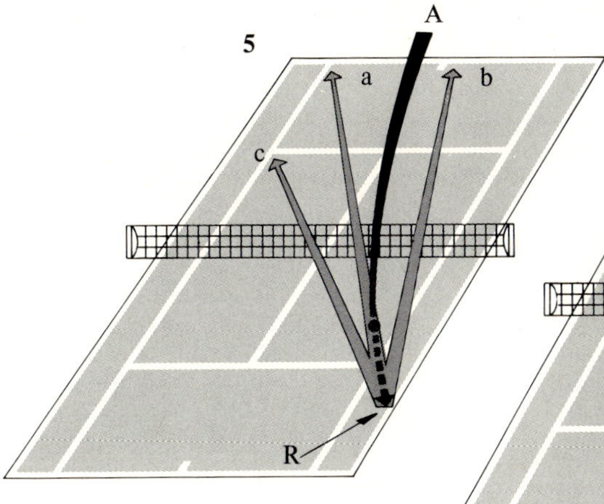

6

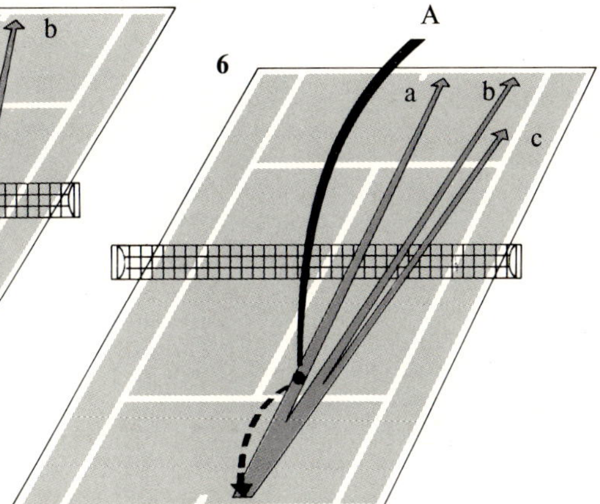

Die Aufschlag-Volley-Taktik

Eine sehr wichtige Taktik im modernen Tennis ist, nach dem eigenen Aufschlag sofort ans Netz zu gehen, um von dort mit einem Volley einen Punkt zu erzielen. Der Aufschlag-Volley-Taktiker versucht, am Netz eine beherrschende Position zu beziehen, aus der er Flugbälle schlagen kann, die unerreichbar für den Gegner sind. Diese Angriffstaktik ergänzt den Vorteil des Aufschlags. Allerdings ist sie nur erfolgreich, wenn man den geeigneten Service wählt und schnell genug ist, dem eigenen Aufschlag bis an die Aufschlaglinie oder darüber hinaus zu folgen, um den Return als Volley spielen zu können. Erreicht der erste Volley nicht sein Ziel, kann man weiter vorn einen riskanteren Ball versuchen. Die Aufschlag-Volley-Taktik setzt den Gegner unter Druck, da er den Service schnell, nieder und außer Reichweite des zum Netz eilenden Aufschlägers zurückschlagen muß. Folgen Sie nie einem Service, der für diese Taktik nicht geeignet ist.

Aufschlag und Vorrücken ans Netz

Die für einen Angriff sehr geeignete Aufschlag-Volley-Taktik verführt unerfahrene Spieler dazu, gleich dem ersten, geraden Aufschlag ans Netz zu folgen. Spielt der Gegner dann einen guten Rückschlag, kommt der Ball besonders schnell zurück, vor allem wenn man ihm auch noch entgegenläuft. Um sich genügend Zeit zu lassen, in Richtung Netz vorzurücken und eine sichere Schlagposition zu suchen, sollte man erst seinem zweiten (Topspin- oder Slice-) Service ans Netz folgen. Ihre höhere Flugbahn verzögert den Rückschlag und gibt Zeit zum Vorlaufen. Allerdings darf man nicht an der Grundlinie abwarten, ob der Aufschlag tatsächlich geglückt ist, bevor man dann überhastet zum Netz spurtet. Der im Ausschwung des Aufschlags nach vorn kommende Fuß sollte der erste Schritt auf dem Weg zum Netz sein – wie rechts demonstriert.

Dabei folgt man genau der Flugbahn des Aufschlags, um in eine Position zwischen den beiden möglichen Returns zu kommen, von wo aus man nach beiden Seiten gleich schnell starten kann. Mit etwa sieben Schritten sollte der Aufschläger seine eigene Aufschlaglinie erreichen und dann für den ersten Flugball in einer günstigen Position stehen (vgl. Diagramm gegenüber). Wie weit man im Einzelfall nach vorn gehen kann, hängt nicht nur von der eigenen Schnelligkeit, der Tiefe und Genauigkeit des Aufschlags ab, sondern auch von der Geschwindigkeit und Präzision des Returns. In dem Moment, in dem der Gegner den Ball nimmt, muß man die Vorwärtsbewegung stoppen und die Füße im sogenannten Split-Stepping (Drehscheibenposition) in Grundstellung bringen, um dann sofort die dem anfliegenden Ball entsprechende Seitstellung einzunehmen, so daß man den Volley gut ausbalanciert schlagen kann.

Dick Stockton

Das Schlagen des ersten Volleys

Richtung und Tiefe Ihres ersten Volleys hängen von der Qualität des gegnerischen Rückschlags ab. Ist er langsam und der Ball noch auf Ihrer Seite über Netzhöhe, ist das die Chance für einen Cross- oder Longline-Volley, der außerhalb der gegnerischen Reichweite bleibt und sofort einen Punkt erzielt. Ein guter Return aber kommt nieder und schnell übers Netz. Man muß ihn tief Richtung gegnerische Vor- oder Rückhandecke zu spielen versuchen. Die drei Diagramme unten zeigen die maximalen Schlagwinkel der Returns, die der Rückschläger vom rechten oder vom linken Aufschlagfeld bringen kann. Spielen Sie als Vorbereitungsschlag (vgl. S. 214) einen Volley entlang derselben Seitenlinie, an die der Return geschlagen wurde. Kam er weit auf Ihre Vorhandseite, plazieren Sie ihn tief entlang der rechten Seitenlinie in die gegnerische Rückhandecke. Einen tadellosen niederen Aufschlag-Return kann man nur schlagen, wenn der Ball in oder unter Netzhöhe gefallen ist, was Sie zwingt, ihn mit entsprechend geöffneter Schlagfläche und Underspin zurückzuspielen. Wird dieser zu stark, dringt der Ball nicht tief genug ins gegnerische Feld ein.

Rechte Aufschlagseite

Z Zone für ersten Volley

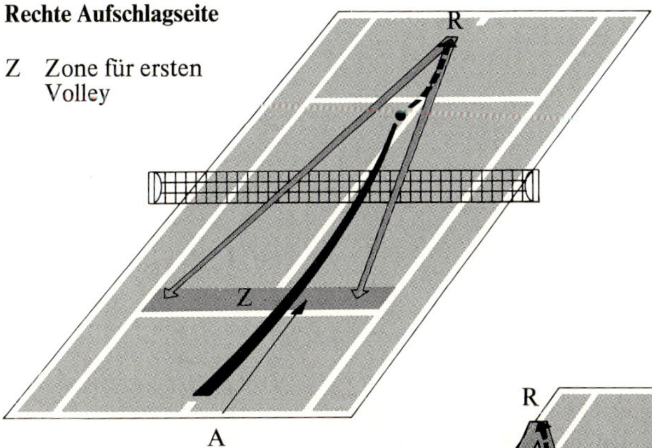

Topspin-Aufschlag auf die Rückhand

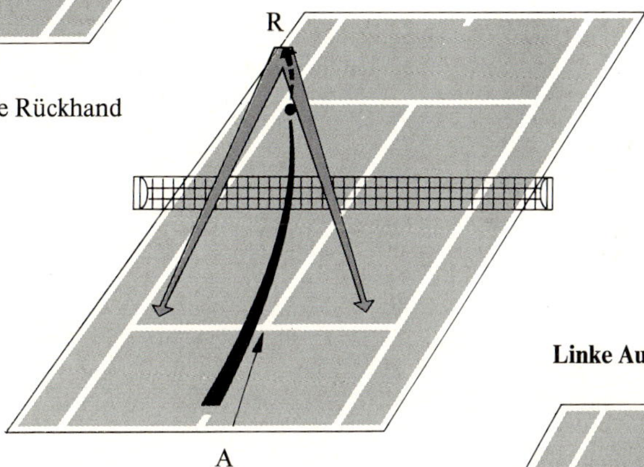

Slice-Aufschlag auf die Vorhand

Linke Aufschlagseite

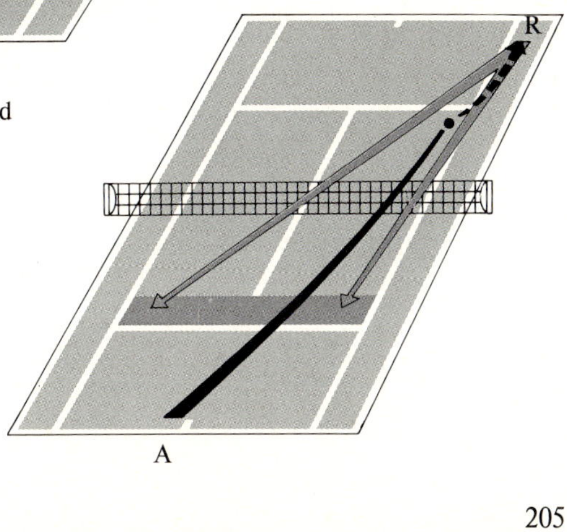

Topspin-Aufschlag auf die Rückhand

Das Schlagen des zweiten Volleys

Sobald Sie den ersten Volley gespielt haben (vgl. Diagramm 2), gehen Sie vor in die Zone für den zweiten Volley, die ungefähr 3 m vor dem Netz liegt (vgl. Diagramm 4). Von hier aus können Sie den Ball über Netzhöhe nehmen und von oben nach unten »durch« den Ball schlagen. Gelingt Ihnen der Punktgewinn damit nicht, kann sich die Nähe zum Netz als sehr nachteilig erweisen, wenn Ihr Gegner zum Lob oder Passierschlag ansetzt. Sie sollten sich dann wieder in die mittlere Position begeben (leicht seitlich, um vor allem den geraden Passierschlag abzudecken), damit Sie Ihren Volley auf beiden Seiten gleich sicher schlagen können. Vorausgesetzt, Ihr erster Volley war tief genug, dann kann ein cross geschlagener Volley außerhalb der gegnerischen Reichweite häufig den Punkt bringen.

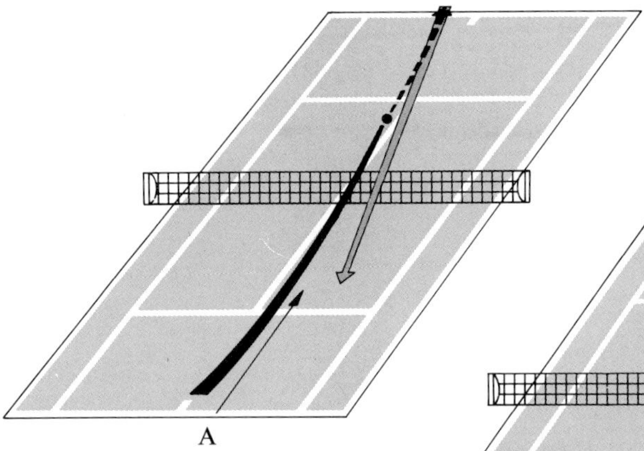

1 Aufschlag, Vorrücken, Return

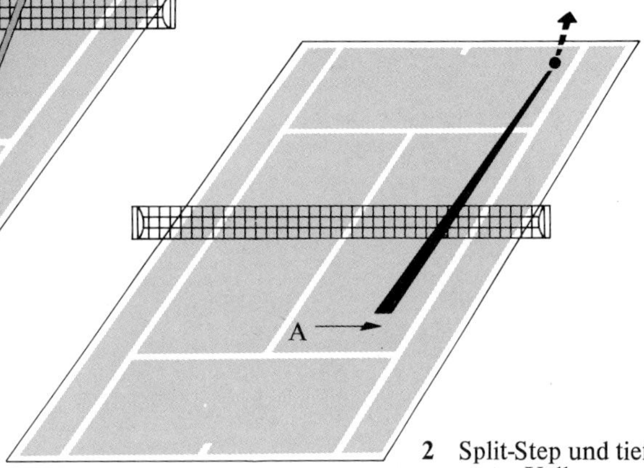

2 Split-Step und tiefer erster Volley

3 Gegner schlägt zurück

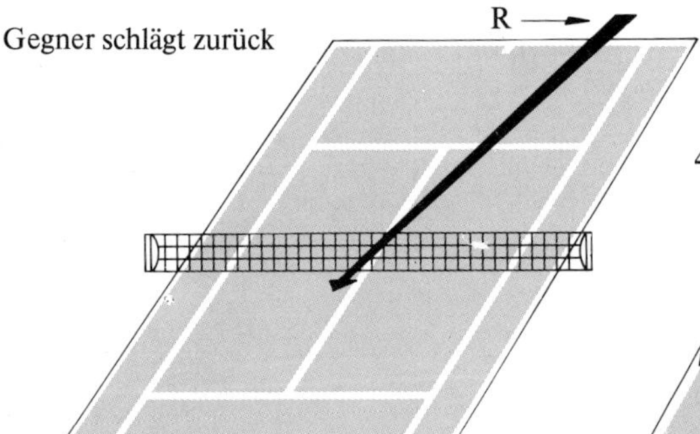

4 Ein aus zweiter Volley-Position cross geschlagener Flugball

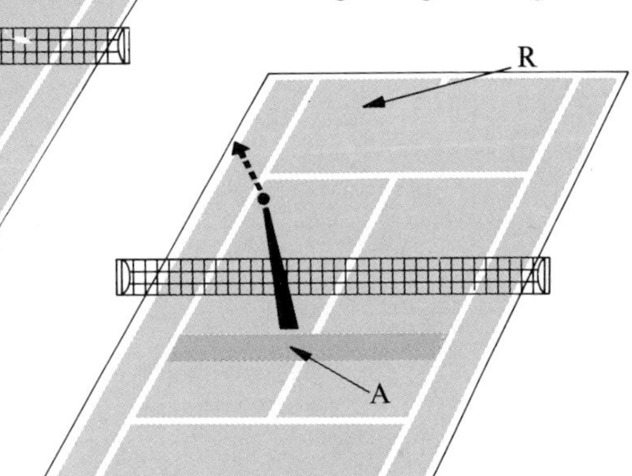

Zweite Volley-Zone

Den Gegner auf dem falschen Fuß überraschen

Gleichgültig, wie kühn und schnell man die Aufschlag-Volley-Technik beherrscht, ein erfahrener Gegner kann sie durchschauen. Vermutet er, daß Sie Ihren zweiten Volley cross schlagen, können Sie ihn vielleicht dadurch täuschen, daß Sie den Ball genau dorthin plazieren, wo er losgelaufen ist - und ihn auf dem falschen Fuß überraschen (vgl. Diagramm 2 rechts).

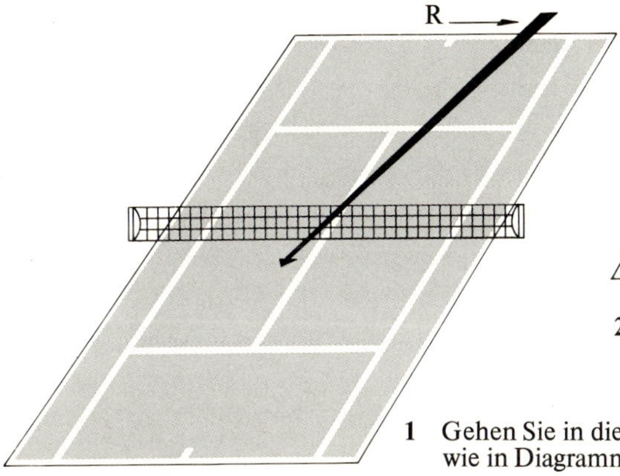

1 Gehen Sie in die zweite Volley-Zone, um den Ball wie in Diagramm 4 zurückzuschlagen

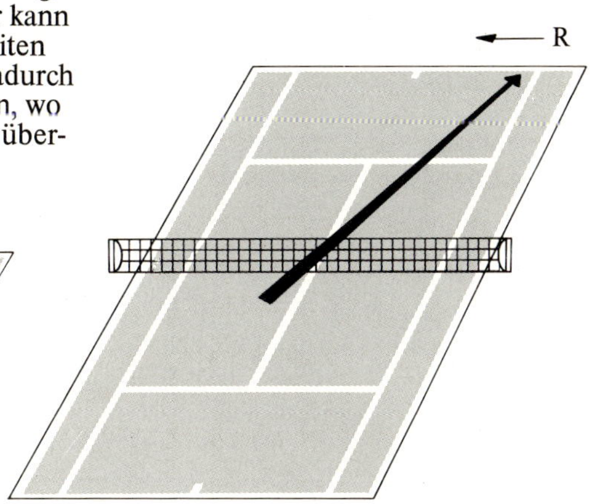

2 Vollieren Sie auf die Rückhand des Gegners, wenn er den Ball auf der Vorhand erwartet

Üben mit Partner

Trainieren Sie auf dem Platz das Vorlaufen zum Netz und den zweiten (Spin)-Aufschlag. Zählen Sie den nach vorn kommenden Fuß beim Aufschlag als Schritt eins, um zu sehen, mit wie vielen Schritten Sie die erste Volley-Zone erreichen. Bleibt die Zahl konstant und haben Sie das Gefühl, Ihre Aktion ist schnell und geschmeidig, lassen Sie Ihren Partner das Vorlaufen mit einer Stoppuhr festhalten. Versuchen Sie, die Zeit zu verbessern, ohne Timing und Balance Ihres Aufschlags zu vernachlässigen. Fühlen Sie sich sicher genug, können Sie sich an die im folgenden beschriebene Übung wagen. Benutzen Sie dabei nur die Hälfte des Doppel-Spielfelds für Ihre Aufschlag-Volley-Taktik und versuchen Sie mit dem zweiten Volley den Punkt zu machen. Der Aufschläger postiert sich hinter der Grundlinie zwischen Mittelzeichen und Doppelecke und serviert gerade ins gegenüberliegende Aufschlagfeld. Dabei wird entsprechend der folgenden Regeln numerisch gezählt. Der Aufschläger darf keinen der Returns zwischen seiner Aufschlag- und Grundlinie aufspringen lassen, und sein erster Volley muß zwischen der gegnerischen Aufschlag- und Grundlinie landen. Der Rückschläger darf den ersten Return nicht als Lob spielen. Die Übung wird bis zu zehn Punkten gespielt, dann tauschen Sie die Rollen. Diese Übung fördert das Gefühl für Tiefe und Genauigkeit, während der Rückschläger gezwungen ist, den Aufschläger durch seine Returns zu verunsichern und zu Fehlern zu verleiten, anstatt Punkte zu machen.

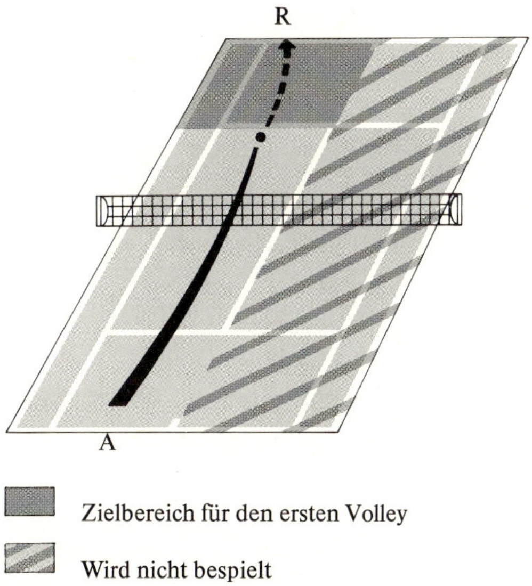

Der Gegner ist ein Netzstürmer

Der überlegene Aufschlag-Volley-Taktiker wird nur nach einem tief und gut plazierten Aufschlag zum Netz vorgehen, während der Netzstürmer grundsätzlich nach jedem Service vorstürzt, um den Gegner zu Returns zu provozieren, die sich problemlos zurückschlagen lassen. Die beste Waffe gegen solche Spieler sind Passierschläge, Chip-Shot und Lobs.

Behält man seinen kühlen Kopf, setzt man gegen die meist zu kurzen Aufschläge des Netzstürmers Passierschläge ein. Kommen die Aufschläge wiederholt relativ schwach, kann man sogar etwas vorgehen und Cross-Passierschläge riskieren, bevor der Aufschläger die erste Volley-Position erreicht hat. Oder man umläuft den Ball und spielt auf seiner stärkeren Seite Longline-Passierschläge. Allerdings sind die Gelegenheiten nicht gerade häufig, sofort mit dem Aufschlag-Return gegen einen einigermaßen sicheren Service-Volley-Taktiker einen Punkt zu erzielen, weil Schnelligkeit, Tiefe und Spin des Aufschlags die eigenen Möglichkeiten begrenzen. Ein Richtung Seitenlinien oder dem Gegner direkt vor die Füße gespielter Chip-Return kann sehr effektiv sein, obwohl auch damit nicht gleich ein Punkt gewonnen wird, dafür aber eine defensive Reaktion des auf Angriff bedachten Aufschlägers erzwingt. Die letzte Rettung vor gefährlichen Netzattacken aber ist ein hoher, tiefer Lob.

Der Passierschlag

Im Diagramm unten links geht der Aufschläger nach einem zu kurzen Service, dem es an Schnelligkeit und Spin fehlt, zum Netz vor. Als Rückschläger können Sie in einem solchen Fall ebenfalls vorrücken und den Ball schlagen, bevor Ihr Gegner seine Aufschlaglinie erreicht hat. Dabei haben Sie die Wahl, entweder einen Longline- oder sogar einen Cross-Passierschlag zu spielen.

Mit wachsender Erfahrung können Sie Netzstürmer noch wirksamer stoppen, wenn Sie Ihren Passierschlag mit Spin spielen, wie unten rechts demonstriert. Der Grundschlag-Return wurde dabei so von außen nach innen angeschnitten, daß dieser Longline-Passierschlag den Ball oberhalb des Korridors das Netz überqueren läßt, bevor er kurz vor der gegnerischen Grundlinie wieder auf den Platz zutriftet.

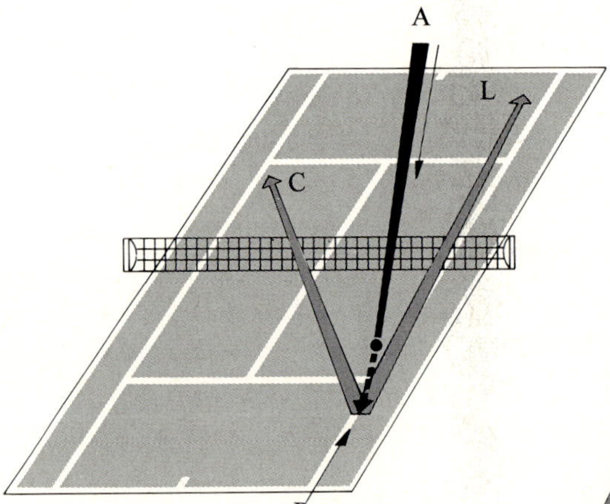

Longline- (L) und Cross-Passierschläge (C) (grau)

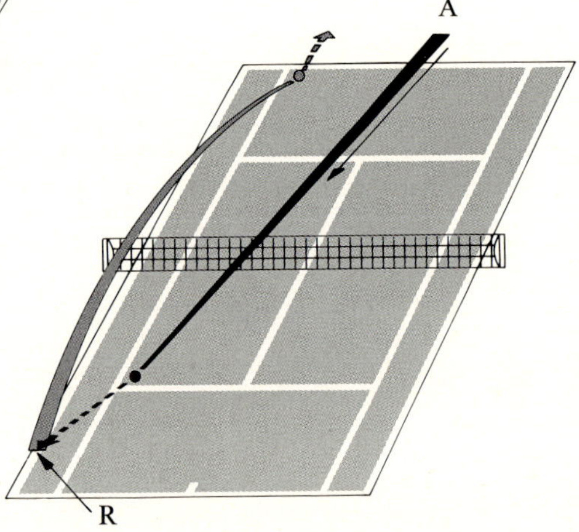

Ein mit Sidespin gespielter Rückhand-Passierschlag (grau)

Der Chip-Return

Um einen Aufschlag-Volley-Taktiker daran zu hindern, jeden über Netzhöhe ankommenden Return im Vorderhof als Volley zurückzuspielen, muß man den Ball nieder und ihm direkt vor die Füße oder an eine der Seitenlinien schlagen, wie unten links gezeigt. Gelingt es damit, einen schwachen Half-Volley zu erzwingen, kann man nach vorn laufen und mit einem Passierschlag einen Punkt erzielen. Wird man beim Ballwechsel durch einen Vorbereitungsschlag weit zur Seite hinausgetrieben, wie im Diagramm unten rechts gezeigt, kann ein cross geschlagener Dink-Shot (s. S. 76) aus der Defensive heraus den Angriff einleiten.

Chip-Returns (grau)

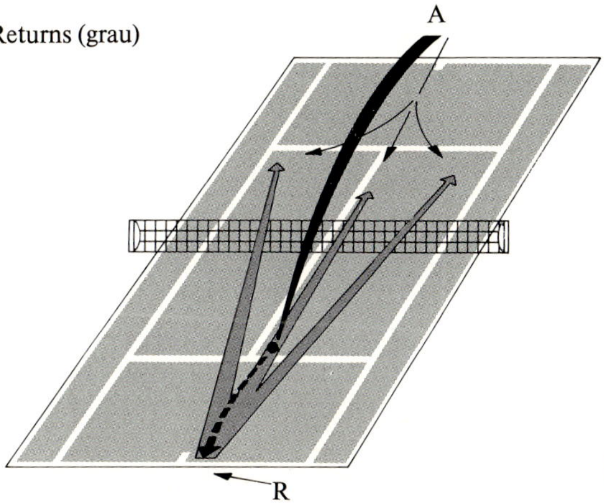

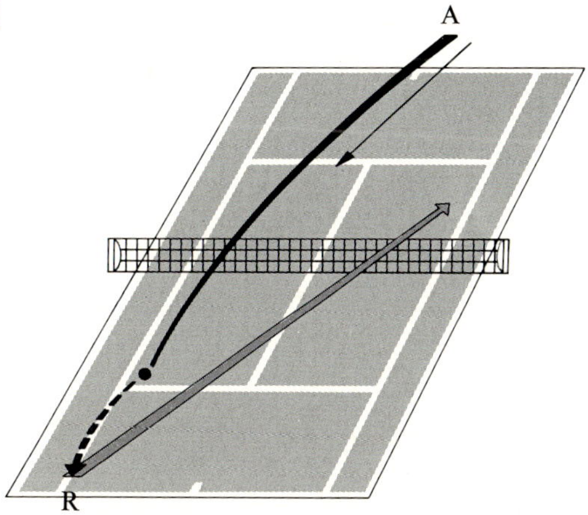

Dink-Shot (grau) in die ungedeckte Platzhälfte

Der Lob

Ein tief plazierter Lob, ob mit oder ohne Spin, ob cross oder longline, vor allem aber über die gegnerische Rückhandschulter gespielt, entmutigt den eifrigsten Netzstürmer. Auch wenn man es mit einem erfahrenen Aufschlag-Volley-Taktiker zu tun hat, ist der Lob die richtige und zugleich die sicherste Reaktion auf dieses Spiel. Voraussetzung für den erfolgreichen Gegenangriff ist allerdings eine ausgereifte Lob-Technik. Im Diagramm rechts hat der Aufschläger den Rückschläger mit einem tief plazierten Ball weit nach rechts hinausgetrieben. Er steht vor seiner Aufschlaglinie in Split-Stepping-Position, während der Rückschläger zum Return ansetzt. Der sicherste Schlag ist ein Lob, möglichst cross in die am weitesten entfernte Ecke. Er wird den Gegner vom Netz nach hinten zwingen und damit genügend Zeit schaffen, sich in eine günstige Mittelposition für die Rückschlagalternativen zu begeben.

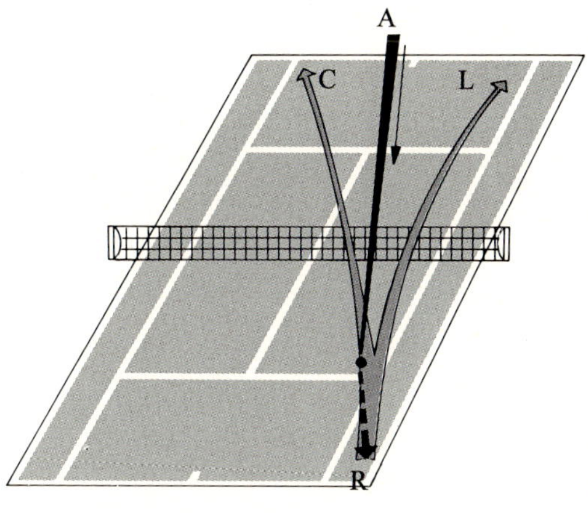

Longline- oder Cross-Lobs
Der Cross-Lob (C) ist der sicherste Return; der Longline-Lob (L) aber kann sofort zum Punkt führen, sofern man seine Absichten nicht zu früh preisgibt.

Das Grundlinienspiel

Wenn Sie weder nach dem Aufschlag noch nach dem Aufschlag-Return vorgehen, entscheiden Sie sich für das Grundlinienspiel und versuchen von dort aus Punkte zu erzielen. Diese Taktik kann sehr erfolgreich sein, denn selbst bei großen Wettkämpfen werden mehr Punkte dadurch erzielt, daß man wartet, bis die Gegenseite Fehler macht, und nicht durch riskante Aktionen, die einen Punkt erzwingen sollen. Obwohl das Spiel an der Grundlinie defensiven Charakter hat, heißt das nicht, daß man lediglich versucht, den Ball im Spiel zu halten, und darauf hofft, daß der Gegner Fehler macht. Ein guter Grundlinienspieler nutzt vielmehr die gesamte Länge und Breite des Platzes für aggressive Grundschläge, um den Gegner zu ermüden und zu Fehlern zu verleiten. Der Aufschlag allerdings muß tief, präzis und sicher sein und ebenso der Aufschlag-Return. Die Theorie der mittleren Position (s. S. 195) spielt dabei eine wichtige Rolle.

Die spiegelbildliche Reaktion

Einen Cross-Schlag als Antwort auf einen Cross-Drive ist beim Ballwechsel an der Grundlinie der sicherste Weg, den Ball im Spiel zu halten. Dabei wird seine Flugrichtung nicht grundsätzlich geändert, sondern lediglich umgekehrt. Außerdem wählt man die am weitesten entfernte Ecke und schlägt den Ball trotzdem über die niederste Stelle des Netzes. Sollte der Gegner beim nächsten Schlag die Flugrichtung ändern und einen Longline-Ball schlagen, kann man ebenfalls mit einem Longline- oder aber mit einem Cross-Ball reagieren – beide Alternativen sind weniger riskant als der gegnerische Schlag mit seinem Wechsel von Cross- zum Longline-Ball. Diese Taktik nimmt dem Gegner zwar nicht die Initiative, reicht aber aus, um die eigene Position zu behaupten.

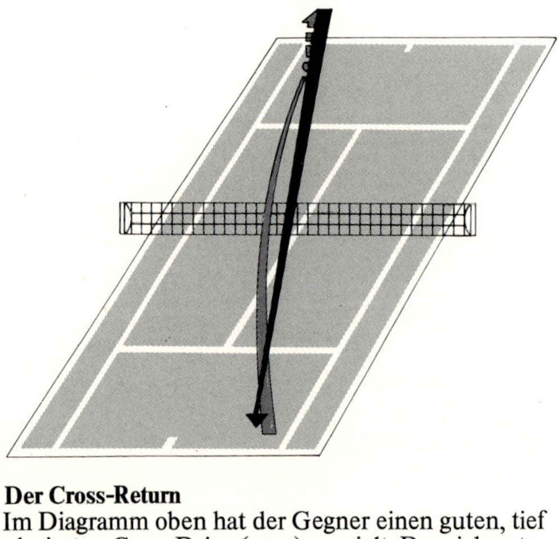

Der Cross-Return
Im Diagramm oben hat der Gegner einen guten, tief plazierten Cross-Drive (grau) gespielt. Der sicherste Return ist ein Cross-Ball entlang derselben Linie (schwarz) und über den niedersten Teil des Netzes.

Das Ändern der Flugrichtung

Die Taktik des Grundlinienspiels besteht neben der Nutzung des Spielfeldes darin, den Gegner laufen zu lassen und dabei seine Schwächen zu erkennen und auszunutzen. Das gelingt vor allem dann, wenn er einen zu kurzen Cross-Ball schlägt, den man problemlos umlaufen und auf der stärkeren Seite zurückschlagen kann. Falls es notwendig sein sollte, ändert man in einer solchen Situation auch die Flugrichtung des Balls und versucht den Schlag tief auf die schwächere Seite des Gegners, meist auf die Rückhand, zu spielen. Bei einer Richtungsänderung muß der Gegner für seinen Return die ganze Breite der Grundlinie entlanglaufen. Ein erfolgreiches Grundlinienspiel basiert im geschickten Ausnutzen all dieser Möglichkeiten.

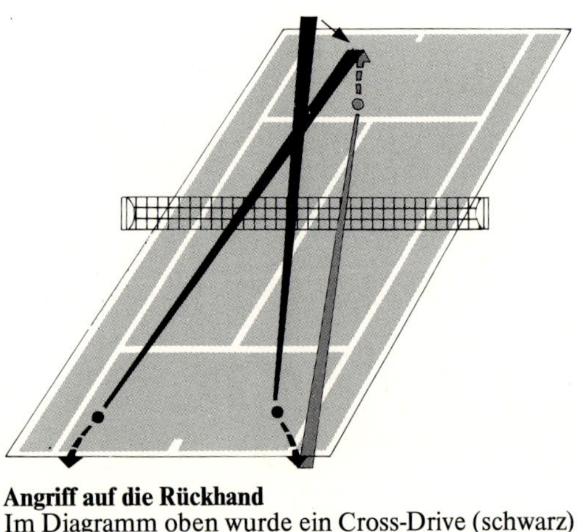

Angriff auf die Rückhand
Im Diagramm oben wurde ein Cross-Drive (schwarz) zu kurz vom Gegner zurückgespielt (grau). Dadurch ergibt sich die Chance vorzugehen und den Ball scharf und weit in die Rückhandecke zu schlagen.

Die Fehler bei der Ausgangsstellung

Beim Ballwechsel an der Grundlinie, bei dem man den Gegner von der einen Platzecke in die andere laufen läßt, ergibt sich immer wieder die Gelegenheit, ihn auf dem falschen Fuß zu überraschen. So kann man beispielsweise genau in die Ecke schlagen, von der er sich gerade abwendet, um eine andere Position einzunehmen. Das gelingt besonders dann, wenn man so spielt, daß der Gegner möglichst weit laufen muß, um die mittlere Position zu erreichen.

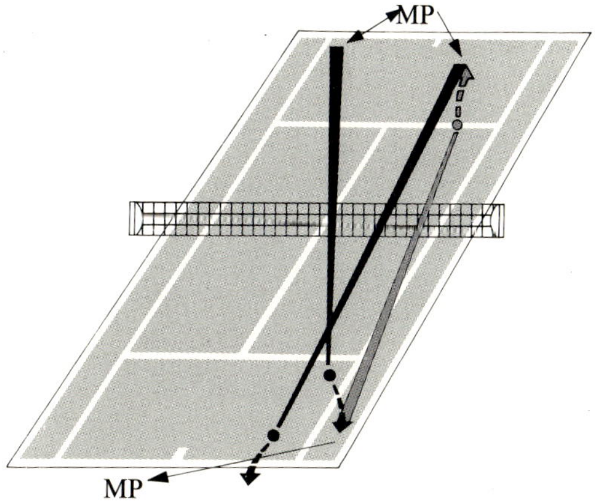

Unvorhergesehener Ball auf die Vorhand
Ihr Gegner (rechts) wurde über die Seitenlinie hinausgetrieben. Die mittlere Position (MP) für den erwarteten tiefen Return in die Rückhandecke liegt jenseits des Mittelzeichens - doch Sie spielen überraschend noch einmal auf die Vorhand (schwarz).

Wechsel der Angriffstaktik

Beim Grundlinienspiel in einem Match müssen nicht nur Stärke und Höhe der Drives, sondern auch Länge, Winkel und Art des Spins variiert werden. Die Diagramme rechts und unten zeigen verschiedene Schläge, die sowohl einzeln als auch kombiniert eingesetzt werden können. Beachten Sie, aus welcher Platzregion und wohin sie gespielt werden. Wenn Sie das Diagramm mit den verschiedenen Platzzonen auf S. 195 anschauen, können sie beurteilen, ob es sich um Angriffs- oder Abwehrschläge handelt. Einige davon werden ein gutes Stück vor der Grundlinie gespielt, und zwar immer dann, wenn der Gegner zu kurz zurückgeschlagen oder Sie auf andere Weise nach vorn gelockt hat. Sie müssen versuchen, die geometrischen Gegebenheiten des Platzes zu nutzen.

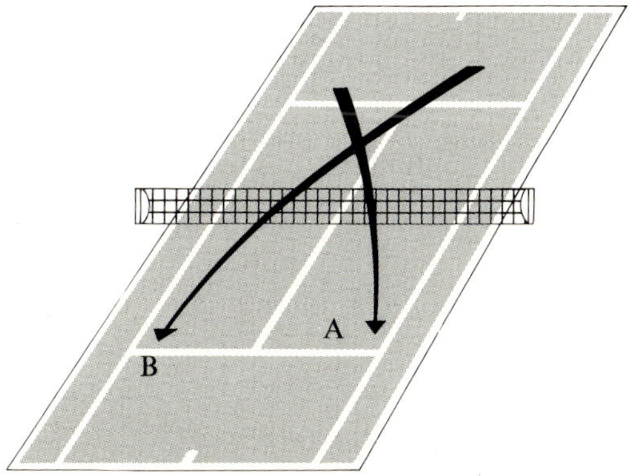

A Eine cross geschlagene Topspin-Vorhand von Ihrer Aufschlaglinie ins rechte gegnerische Aufschlagfeld.
B Ein cross geschlagener Rückhand-Slice von der Aufschlaglinie ins linke gegnerische Aufschlagfeld.

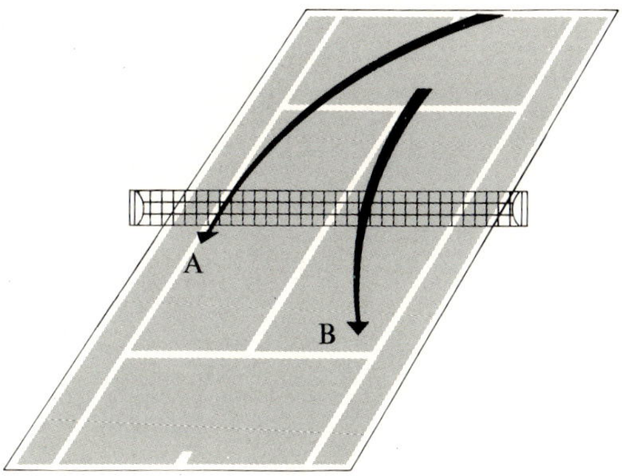

A Ein stark cross geschlagener Rückhand-Dink-Shot, der den Gegner ans Netz lockt.
B Eine nach rechts abweichende Sidespin-Rückhand ins rechte gegnerische Aufschlagfeld.

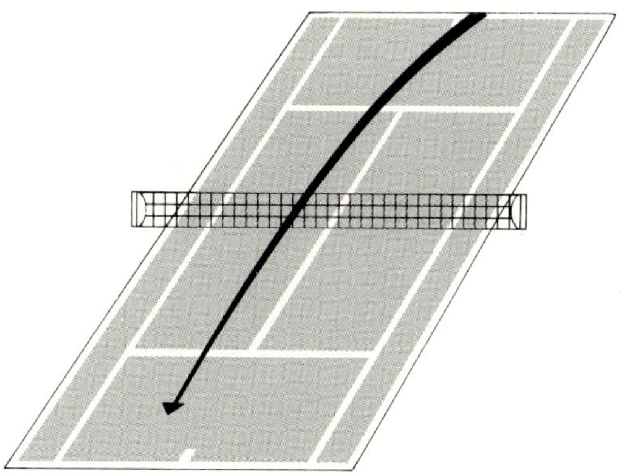

Ein weiter Treibschlag von Grundlinie zu Grundlinie durch die Platzmitte, der knapp neben dem Mittelzeichen der gegnerischen Rückhandseite auftrifft.

Der Gegner ist ein Grundlinienspieler

Wenn Sie sich auf das Grundlinienspiel Ihres Gegners einlassen und hinter der eigenen Grundlinie bleiben, führt das meist zu langen Ballwechseln. Um einen Gegenangriff starten zu können, muß man lernen, den Rhythmus des Gegners zu durchbrechen. Weiß man, daß der Gegner gleich gut oder besser spielt, variiert man seine Grundschläge mit tiefen, halb gelobbten Drives bzw. »Null«-Bällen, wie anschließend beschrieben, die den Gegner zwingen, hart zu schlagen, um einen einigermaßen kräftigen Return zu erreichen. Indem man seine Bälle tief und nur ungefähr einen Meter links oder rechts vom Mittelzeichen plaziert, erschwert man dem Gegner tiefe, cross geschlagene Drives. Auch langsamere Rückhand-Slices oder Sidespin-Vorhand-Treibschläge können Rhythmus und Timing des andern empfindlich stören.

Die Taktik des »Null«-Balls

Falls Ihr Gegner Ihre tiefen Drives, die ungefähr bis in Hüfthöhe aufspringen, mühelos und sicher zurückschlägt, kann man seinen Rhythmus durch halb gelobbte Bälle durchbrechen. Diese Returns sollten langsamer sein und ungefähr bis Schulterhöhe aufspringen, wodurch Ihr Gegner zu einer völlig anderen Schlagtechnik gezwungen wird, vor allem muß er den Schlag neu timen. Während schnellere Drives sich problemlos retournieren lassen, muß ein »Null«-Ball mit einer langsamer getimten Durchziehbewegung gespielt werden, um Durchschlagskraft zu bekommen. Nur wenige Spieler verstehen mit diesem in der Luft hängenden Ball richtig umzugehen. Er muß tief plaziert werden, damit der Gegner keine Chance hat, ihn bis unter Schulterhöhe fallen zu lassen, um ihn dann zu schlagen. Zielen Sie dabei auf die schwache Seite des Gegners.

Der Einsatz von Slice und Sidespin

Auch mit langsameren Slice-Rückhand- oder Sidespin-Vorhand-Drives läßt sich der Schlagrhythmus eines Grundlinienspielers wirksam durchbrechen. Versuchen Sie jeden vierten oder fünften Ball auf diese Weise zu spielen und plazieren Sie dabei den Ball gelegentlich in die Aufschlag- und nicht in die Grundlinienekken. Gleichgültig, wie perfekt Ihr Gegner seine Schläge beherrscht – durch überraschende Veränderungen von Geschwindigkeit, Spin und Länge der Bälle lassen sich Konzentration und Timing empfindlich stören. Antwortet man auf einen Cross-Treibschlag mit einem Sidespin-Vorhand-Drive, dann hat man nicht nur den Vorteil, daß es der Gegner mit einem Ball zu tun hat, der vor und nach dem Aufschlag weit auf die Rückhandseite abspringt, sondern er muß auch die ganze Breite der Grundlinie überwinden, um ihn zu erreichen.

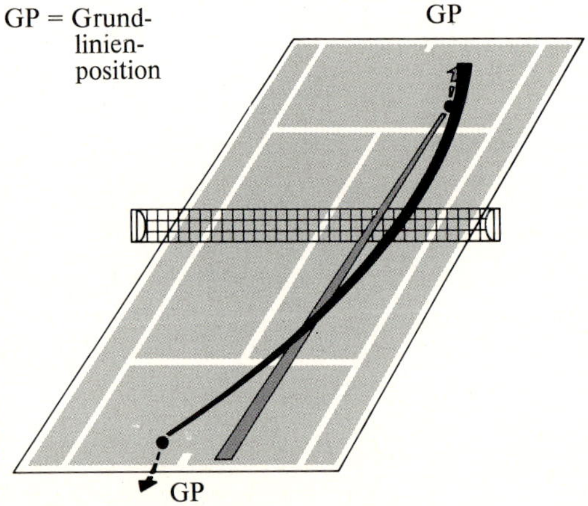

Durchbrechen des Rhythmus
Ihr Gegner spielt einen Treibschlag an die Grundlinie (grau), auf den Sie mit einem halb gelobbten Ball auf seine Rückhand antworten (schwarz).

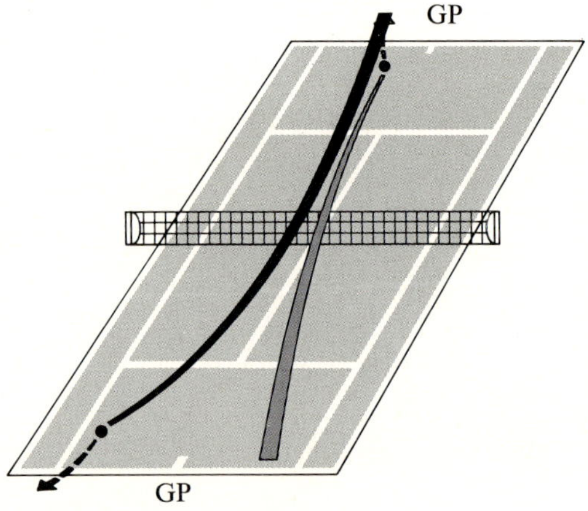

Sidespin-Vorhand-Treibschlag
Nach einem Ball durch die Platzmitte (grau), spielen Sie einen Sidespin-Vorhand-Treibschlag (schwarz), der den Ball weit abtriften läßt.

Der Einsatz von Stopball und Stop-Volley

Richtig gespielt, läßt der knapp hinterm Netz und schwach aufspringende Stopball oder Stop-Volley dem an der Grundlinie stehenden Gegner keine Chance. Beim Grundlinienspiel kann der Stopball vor allem als Antwort auf einen kürzeren Drive des Gegners eingesetzt werden, den dieser aus einer Position von weit hinten an der Seitenlinie gespielt hat. Am besten schlägt man dann cross, so daß der Ball im vom Gegner weiter entfernten Aufschlagfeld auftrifft. Ein Stopball muß sorgfältig vorbereitet werden (vgl. S. 214). Der Gegner muß an der Grundlinie festgehalten werden, während man selbst näher ans Netz geht (vgl. unten).

Vorbereitung und Einsatz des Stop-Volleys

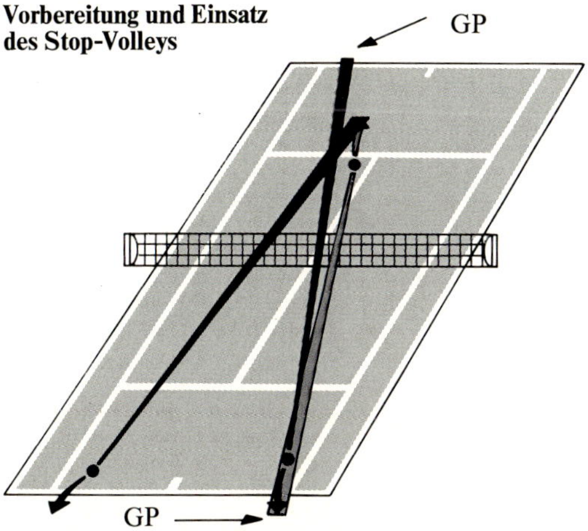

1. Ihr Vorhand-Treibschlag, cross gespielt (schwarz), erzwingt einen schwachen Return in die Platzmitte (grau), den Sie tief in die Rückhandecke schlagen.

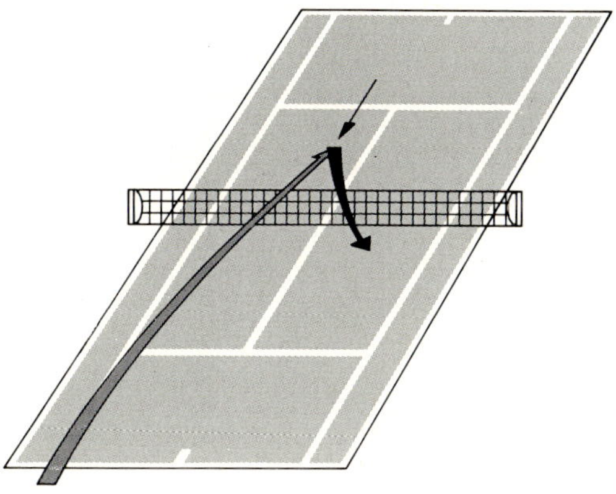

2. Um den nächsten Ball zu erreichen, gehen sie nach vorn und schlagen den unvermeidlich schwachen Return (grau) als Stop-Volley (schwarz).

Trainieren Sie das Angriffsspiel

Nachdem Sie jetzt die Taktiken zum Aufbrechen der Grundlinienposition des Gegners kennen, gilt es, andere Kampfmethoden weiterzuentwickeln. Falls Sie zum Grundlinienspiel tendieren, wird Ihr nächster Schritt darin bestehen, das All-Court-Play (vgl. S 313) zu trainieren, das einzige Mittel, gegen Grundlinienspieler erfolgreich zu kämpfen. Vor allem müssen sie den taktischen Einsatz von Stopball und Stop-Volley weiterentwickeln und in Ihr Angriffsspiel auch den Passierschlag und den Lob einbeziehen. Selbst wenn Sie die betreffenden Schläge technisch beherrschen, bedarf es großer Erfahrung, Konzentration und Nerven, sie genau zum richtigen Zeitpunkt einzusetzen. Trainieren Sie das unter Spielbedingungen mit Ihrem Partner und spielen Sie Schlagsequenzen, die zu Stopbällen führen.

Gelingt Ihnen das, setzen Sie Passierschläge ein, die den Ball außerhalb der Reichweite des Gegners sicher und tief in die gegnerische Hälfte plazieren und den Punkt machen. Ihre Passierschläge sind gegenüber dem »Netzstürmer« sehr viel riskanter (vgl. S. 210), da dieser entschlossen ist, den Ball zu vollieren. Der Grundlinienspieler dagegen geht nur nach vorn, weil ihm keine andere Möglichkeit bleibt. Wäre in der Spielsituation, wie in den beiden Diagrammen links dargestellt, der abschließende Stop-Volley zu weit geflogen und der Rückschläger hätte ihn aus dem Mittelfeld noch zurückspielen können, wäre er durch einen nachfolgenden Passierschlag endgültig unerreichbar gewesen.

Chris Lloyd, eine Spielerin, die den ganzen Platz nutzt.

Die Vorbereitungsschläge

Unter Vorbereitungsschlägen versteht man Grundschläge, denen man ans Netz folgt, um eine günstige Ausgangsstellung zum Vollieren zu beziehen. Das Diagramm rechts zeigt, von wo aus man sie spielt und wo nicht. Selbst wenn Sie ein Grundlinienspieler sind, müssen Sie kurze Bälle mit Vorbereitungsschlägen und Volleys attackieren. Eine konstruktive Grundlinientaktik zielt darauf ab, den Gegner zu kurzen Returns zu bringen. Schlägt er sie dann, kann man sie nicht einfach ignorieren und zur Grundlinie zurückkehren.

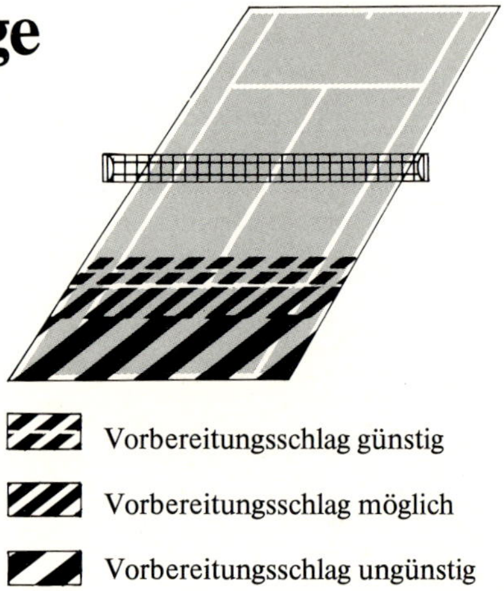

Schlagvarianten

Sie können – je nach der Höhe, in der Sie den Ball zu schlagen vermögen, und entsprechend Ihrer Position auf dem Platz – gerade, Topspin-, Underspin- oder Sidespin-Vorbereitungsschläge einsetzen. Modifizieren Sie Ihre Schläge durch ein Abkürzen der Ausholbewegung. Da Sie ans Netz vorgehen, wird die Ballflugbahn kürzer, so daß der Ball auch so genug Schwung bekommt. Gehen Ihre Vorbereitungsschläge häufig über die gegnerische Grundlinie hinaus oder ins Netz, dann kontrollieren Sie Ihre Ausholbewegung, die Neigung der Schlagfläche und die Stärke des Spins. Gewöhnen Sie sich nicht an, alle Rückhand-Vorbereitungsschläge mit Slice und alle Vorhandschläge mit Topspin zu spielen. Versuchen Sie ab und zu auch mit der Vorhand einen modifizierten Slice. Dabei wird nur die Ausholbewegung verkürzt und der Ball früher genommen – und unterschnitten. Diese kürzeren Schläge verlangen nicht ganz die präzise Fußarbeit wie die Grundschläge, so daß man ihnen leichter zum Netz folgen kann. Ob bei Vorbereitungsschlägen oder bei nachfolgenden Volleys – werden Sie unmittelbar vor dem Schlag um so viel langsamer, als Sie Zeit benötigen, um nach beiden Seiten ausbalanciert reagieren zu können, je nach Schlagrichtung des Gegners. Läuft man noch vorwärts, wenn der Gegner schlägt, hat man nicht mehr die Zeit, eine günstige Ausgangsstellung zu finden.

Vorbereitungsschläge von nahe der Mittellinie

Vorbereitungsschläge gelingen am besten mit Bällen, die vor der eigenen Aufschlaglinie und in Nähe der Mittellinie auftreffen. Je höher sie springen, desto leichter sind sie zu schlagen. Obwohl es etwas sicherer wäre, den Ball in die nächstgelegene gegnerische Platzecke zu spielen (der mittlere Punkt zwischen den beiden extremen Returns des Gegners läge dann etwas näher), erlaubt Ihnen Ihre zentrale Position, jede der beiden Ecken anzuspielen, wie das Diagramm rechts zeigt. Sind Sie rasch zum Netz vorgerückt und können einen Ball in oder über Netzhöhe nehmen, greifen Sie mit einem Cross-Ball an, um vielleicht Ihren Gegner auf dem falschen Bein zu erwischen, der einen Longline-Vorbereitungsschlag erwartet hat. Ist der Ball niedriger, ist es besser, die Rückhand des Gegners anzuspielen, um den schwächeren Rückhand-Return als Volley zu schlagen.

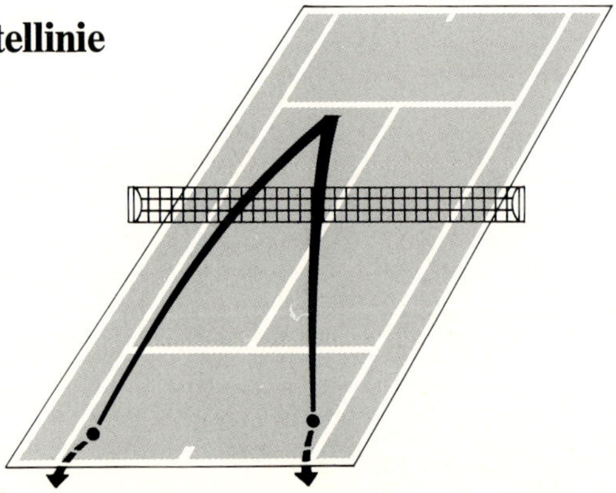

Der Angriff auf eine der beiden Ecken
Falls der für den Vorbereitungsschlag vorgesehene Ball nahe der Mittellinie aufspringt, kann man jede der beiden gegnerischen Platzecken für seinen Angriff wählen: der Gegner ist in der Verteidigung.

Vorbereitungsschläge von nahe der Seitenlinien

Steht man näher bei den Seitenlinien, ist es taktisch klüger, den Vorbereitungsschlag gerade und parallel zu der nächstgelegenen Seitenlinie zu schlagen. Spielt man aus dieser Position cross, dann öffnet man seine Platzhälfte für einen gegnerischen Passierschlag, weil die mittlere Position weit entfernt ist (unten links). Das Diagramm rechts zeigt, wie bei einem geraden Schlag dieser mittlere Punkt um einiges näher liegt, so daß man die Initiative nicht vergibt. Eine Ausnahme besteht dann, wenn der Gegner über eine besonders starke Rückhand verfügt. In diesem Fall spielt man ihm einen cross geschlagenen Vorbereitungsball auf die Vorhand.

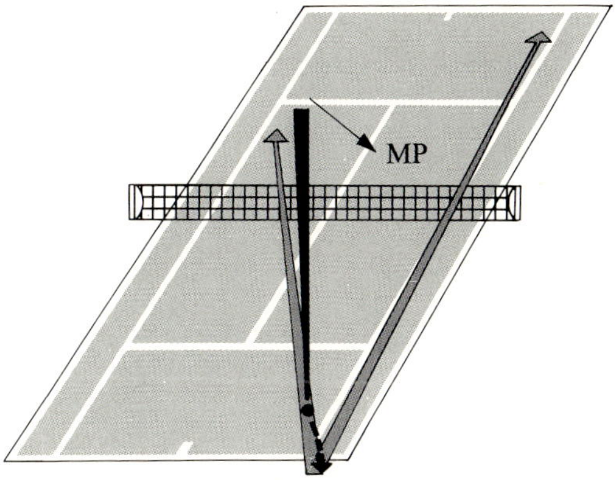

Cross-Vorbereitungsschlag (schwarz)

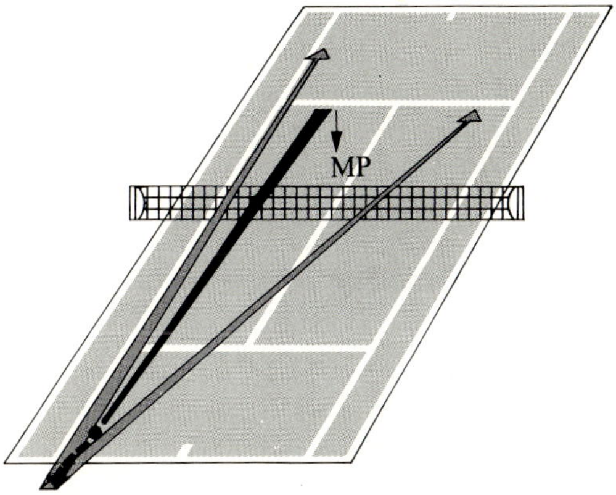

Longline-Vorbereitungsschlag (schwarz)

Eine Folge aggressiver Vorbereitungsschläge

Jeder zu kurze Longline-Return des Gegners, der Sie nicht zu weit seitlich hinaustreibt, kann durch die in den beiden Diagrammen unten dargestellte Schlagfolge zu Ihrem Vorteil ausgenutzt werden. Dazu setzen Sie zunächst einen schnellen Vorbereitungsschlag cross in die rechte Ecke des rechten gegnerischen Aufschlagfelds. Selbst wenn Ihr Gegner diesen Ball noch erlaufen kann, wird er ihn wahrscheinlich nur noch relativ kurz entlang der Seitenlinie in Ihr Mittelfeld zurückbringen (grau). Sie können dann einen Rückhand-Drive oder -Slice (entsprechend der Höhe des Balls) tief crosscourt spielen. Sollte Ihr Gegner auch noch diesen Ball erlaufen, bringt Ihnen ein stark cross gespielter Volley bestimmt einen Punkt.

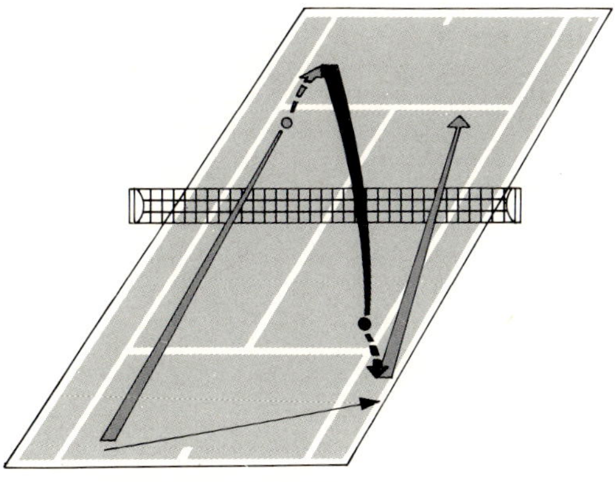

1. Cross-Vorhand (schwarz)

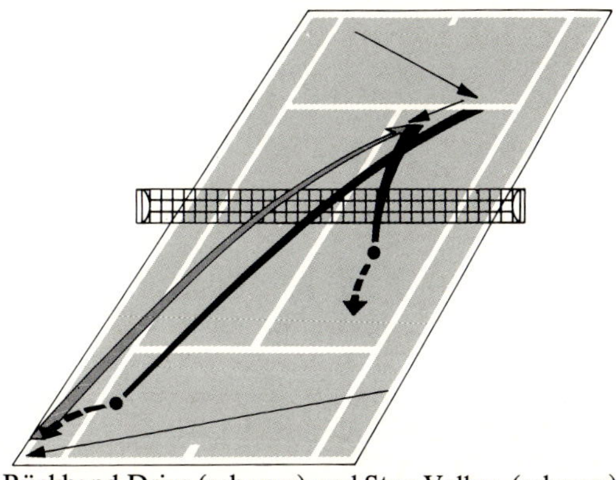

2. Rückhand-Drive (schwarz) und Stop-Volley (schwarz)

Der Lob

Der Lob kann in all seinen Varianten auch im Einzel eine wichtige Rolle spielen, doch er wird meist nur als letzte Rettung eingesetzt. So dient der Lob-Grundschlag zum Kontern von Angriffsschlägen, während der Underspin-Lob als letzte erfolgversprechende Verteidigung eingesetzt wird. Der Topspin-Lob hilft unter Umständen auch, einen Angriff vorzubereiten.
Trotzdem bleibt der Lob unter strategischen Gesichtspunkten ein Verteidigungsschlag. Begeht man während des Spiels einen taktischen Fehler und befindet sich in ungünstiger Ausgangsstellung, aus der ein Return fast aussichtslos erscheint, dann blockt ein Lob-Grundschlag oder ein Underspin-Lob den gegnerischen Angriff ab, da er den Angreifer an die Grundlinie zurückzwingt. Da der Ball lange in der Luft bleibt, hat der Verteidiger Zeit, sich wieder in die mittlere Schlagposition zu begeben. Darüber hinaus ist ein hinter der Grundlinie gespielter defensiver Lob der einzig erfolgversprechende Schlag gegen einen besonders scharfen Schmetterball. Seltener wird der Lob zum Angriff bzw. zur Angriffsvorbereitung eingesetzt.

Defensives Lobben

Jeder Spieler kommt in Situationen, in denen er Lobben muß, oder der Punkt geht verloren. Kann man beispielsweise einen scharf geschlagenen Drive oder Smash nur noch durch einen verzweifelten Ausfall erreichen, dann ist ein hoher, unterschnittener Lob, tief ins gegnerische Feld plaziert, die letzte Möglichkeit, sich aus der Situation zu retten. Sonst dient er dazu, wieder in eine günstige Ausgangsstellung zu laufen oder einen besonders gefährlichen Schlag des Gegners zu kontern, wie unten gezeigt. Außerdem kann der Lob das Spiel eines Grundlinienspielers durchbrechen sowie den Aufschlag-Volley-Rhythmus eines Gegners stören. Hat der Gegner grundsätzliche Probleme mit seinem Überkopfspiel, können hohe Lobs offensiven Charakter bekommen. Am besten überlobbt man die Rückhandschulter des Gegners und zwingt ihn dadurch, einen Vorhand-Smash zu erlaufen oder den schwierigen Rückhand-Smash zu riskieren, Returns also, die leicht zu verwandeln sind.

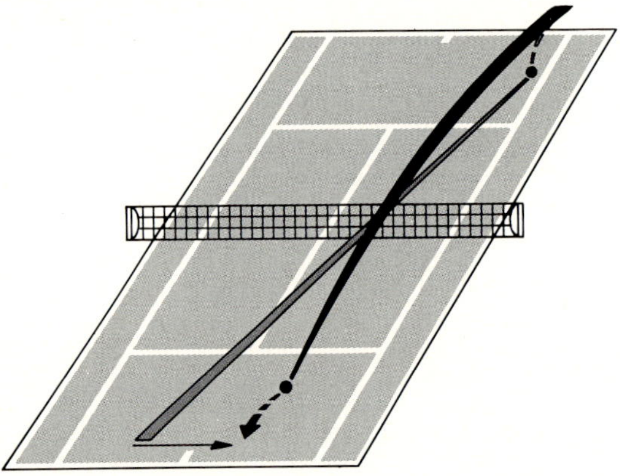

1. Der Gegner schlägt einen scharfen Rückhand-Drive cross (grau), den Sie mit der Rückhand entlang der Seitenlinie zurücklobben (schwarz).

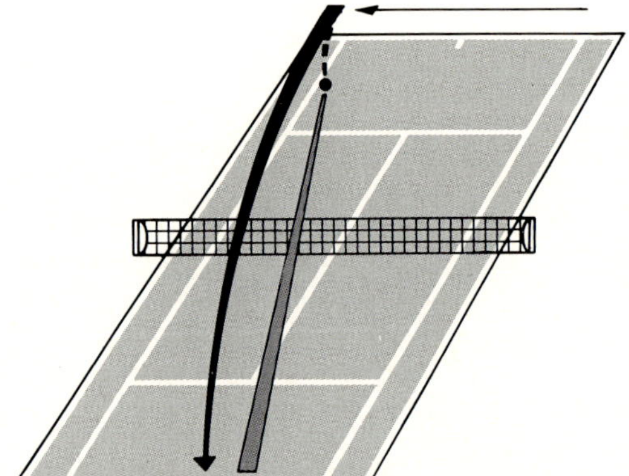

2. Ihr Gegner hat Ihre Taktik durchschaut und schlägt eine starke Cross-Vorhand (grau), die Sie gerade noch erreichen können. Ihr Lob (schwarz) geht tief in Richtung des gegnerischen Mittelzeichens.

Ein offensiver Lob mit Topspin

In der unten gezeigten Schlagfolge können Sie sehen, wie man einen halbherzig gespielten Volley für sich ausnutzt. Ihr Gegner ist nach einem guten Aufschlag in eine beherrschende Volley-Position aufgerückt, aber Ihr Return zwingt ihn zu einem schwachen Flugball. Wenn Sie in dieser Situation einen überraschenden Topspin-Lob schlagen und in die weitest entfernte Ecke plazieren, wird dem Gegner kaum noch die Chance für einen Return bleiben.

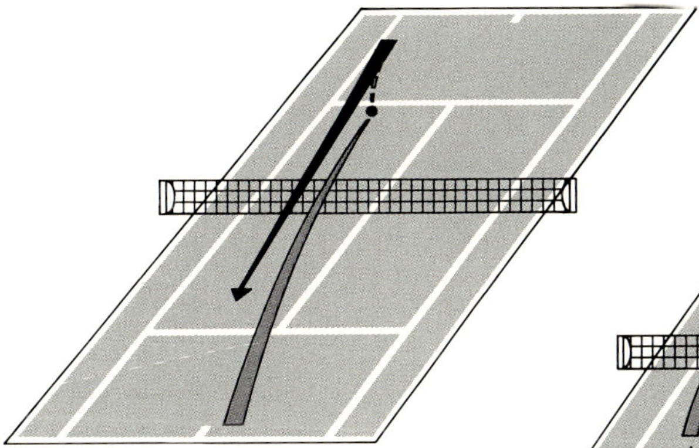

1. Gegnerischer Aufschlag (grau), Return (schwarz)

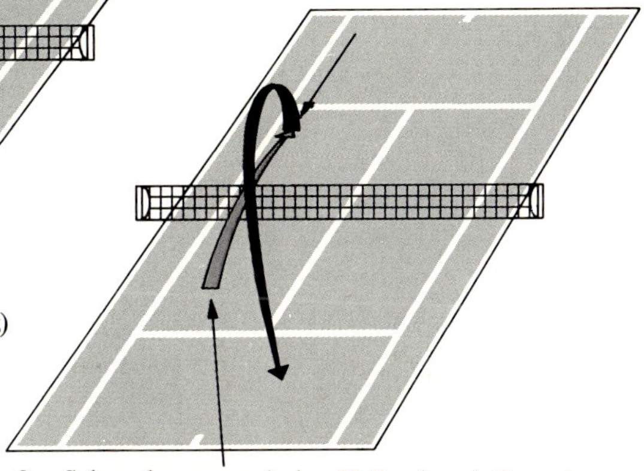

2. Schwacher gegnerischer Volley (grau), Topspin Lob (schwarz).

Testen Sie die Ausdauer des Gegners

Mit dem Lob kann man die volle Tiefe der gegnerischen Platzhälfte ausnutzen und damit die gegnerische Ausdauer auf die Probe stellen. Die Sequenz unten demonstriert, wie man einen tiefen Grundlinien-Drive und einen Stopball mit einem Lob-Grundschlag kombiniert, um auch einen sehr fitten Spieler außer Atem zu bringen. Und zwar muß der Spieler zuerst weit nach links außen und dann quer durch das Spielfeld zum Netz laufen. Falls er dann aufatmet und zum Vollieren vorgeht, überlobben Sie ihn diagonal.

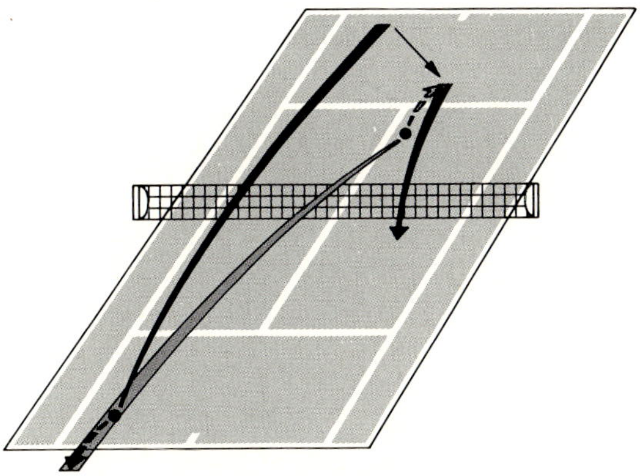

1. Ihr Longline-Vorhand-Drive (schwarz) provoziert einen schwachen cross geschlagenen Rückhand-Return (grau), den Sie mit einem Stopball kontern (schwarz).

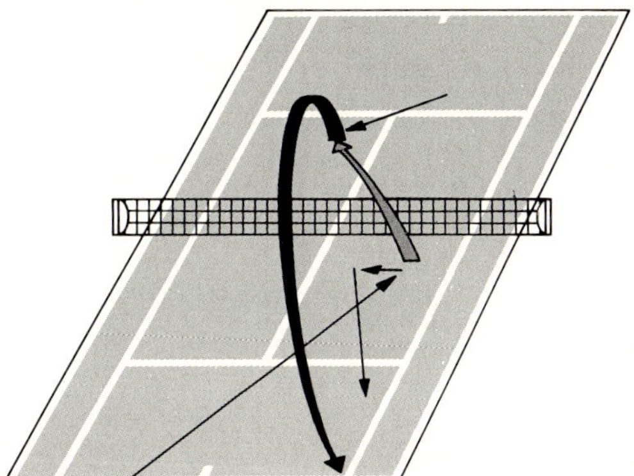

2. Ihr Gegner muß quer über das Spielfeld zum Netz laufen, um zurückschlagen zu können (grau). Anstatt des erwarteten Volleys schlagen Sie einen Topspin-Lob (schwarz).

Das Überkopf-Spiel

Je näher man bei einem Aufschlag-Volley-Angriff ans Netz geht, desto wahrscheinlicher reagiert der Gegner mit einem Lob. Vom Überschreiten der eigenen Aufschlaglinie an sollte man stets darauf gefaßt sein. Verfügt man über starke Überkopfschläge, ist dies eher ein Vorteil, weil ein Schmetterball oft direkt zum Punktgewinn führt. Schwache Lobs kann man dadurch erzwingen, daß man in einem Match entweder von der Grundlinie aus oder vom Vorderhof die schwache Seite des Gegners attackiert. Manchmal allerdings ist der beste Schlag auf der schwachen Seite ein Lob, der als Retter in der Not am besten entwickelt wurde. Anstelle eines schwachen Lobs sieht man sich dann überraschend mit einem sehr guten Ball konfrontiert, auf den es sich einzustellen gilt. Lobs, die man einem verteidigenden Gegner abgezwungen hat und die im Vorderhof oder Niemandsland auftreffen, müssen entschlossen gespielt werden. Schmettern Sie aus dem Niemandsland tief in Richtung der gegnerischen Grundlinie. Geht der Lob aber in den Vorderhof, schlagen Sie ihn cross, und zwar so, daß der Gegner ihn nicht mehr erreichen kann. Aggressives Überkopfspiel aus der vorderen Platzhälfte wird öfter den im Sprung geschlagenen Smash erfordern, wenn man den Ball nicht in Richtung Grundlinie mühsam umlaufen will, um ihn dann erst zu schlagen.
Hat man einen Gegner, der den Lob als Angriffsschlag beherrscht, muß der eigene Schmetterball sicher sein, um zumindest die Initiative in einem Ballwechsel zu behalten. Gute Lobs werden Sie manchmal hinter Ihre Grundlinie zurücktreiben.

Wie man beim Aufschlag die Initiative behält

Ihr Gegner wird natürlich versuchen, Ihre Aufschlag-Volley-Taktik zu durchbrechen. Die beiden Diagramme rechts zeigen, wie Sie die Lobs ihrer Stärke entsprechend zurückschmettern sollten. In beiden Fällen schlagen Sie auf, und Ihr erster Volley beantwortet der Gegner mit einem Lob. Im ersten Diagramm hat Ihr erster starker Volley einen schwachen Lob zur Folge. Sie können ihn ohne große Mühe im Vorderhof abwehren, so daß ein cross geschlagener Smash, außerhalb der gegnerischen Reichweite plaziert, Ihnen den Punkt sichern sollte. Im zweiten Diagramm ist der Lob besser plaziert und zwingt Sie, ins Niemandsland zurückzugehen und zu schmettern – die beste Gelegenheit für einen tief in die gegnerische Rückhandecke plazierten Überkopfschlag, um dann erneut vorzugehen. Seien Sie dabei vor weiteren Lobs auf der Hut.

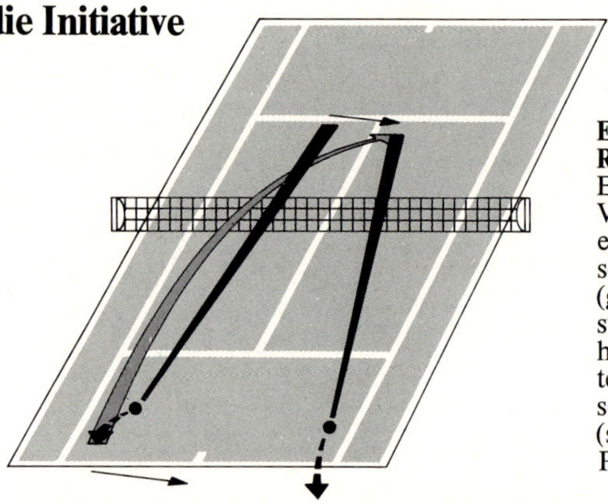

Ein schwacher Lob-Return (links)
Ein starker erster Volley (schwarz) erzwingt einen schwachen Lob (grau), den Sie stark cross, außerhalb der Reichweite des Gegners, schmettern können (schwarz), um den Punkt zu gewinnen.

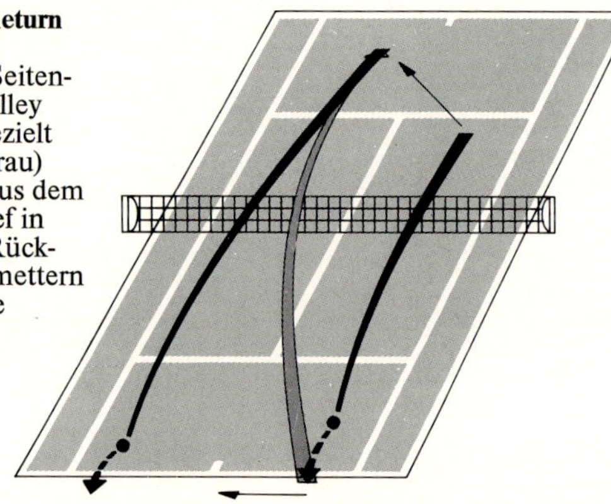

Ein starker Lob-Return (rechts)
Der entlang der Seitenlinie gespielte Volley (schwarz) wird gezielt zurückgelobbt (grau) und zwingt Sie, aus dem Niemandsland tief in die gegnerische Rückhandecke zu schmettern (schwarz), um die Initiative zu behalten.

Wie kontert man einen aggressiven Lob

Falls der andere ein guter Grundlinienspieler ist, müssen sie mit überraschenden Lobs rechnen, die Sie aus der Netzposition zur Grundlinie zurücktreiben.
Das Diagramm rechts zeigt die besten Möglichkeiten, einen solchen Angriff zu kontern. Nachdem Sie aus einer günstigen Ausgangsstellung am Netz Ihren zweiten Volley cross gespielt haben, schlägt Ihr Gegner, der Ihren Ball richtig vorausberechnet und erlaufen hat, überraschend einen sehr guten, hohen Lob mit Underspin über Sie hinweg. Wenn Sie jetzt einen Moment zögern, ist der Punkt für Sie verloren. Sie müssen sofort zurücklaufen, um den Ball nach dem Aufprall zu schmettern. Dabei kommt es weniger auf Kraft als auf genaue Plazierung an. Es ist am besten, den Ball tief cross in die am weitesten entfernte Ecke zu schmettern, wobei Sie außerdem die Chance haben, den Gegner auf dem falschen Fuß zu überraschen, falls er einen Longline-Drive oder Smash erwartet hat.

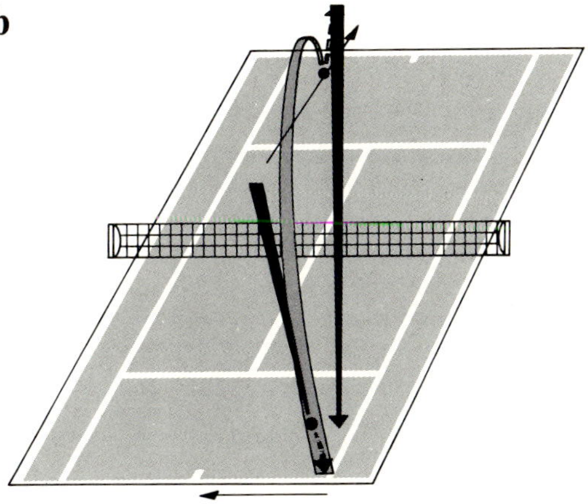

Der nach dem Aufprall geschlagene Schmetterball als Befreiungsschlag
Nach einem gelungenen Volley (schwarz) spielt Ihr Gegner einen sehr schwierigen Cross-Lob (grau). Sie sprinten zurück zur Grundlinie und schlagen einen Cross-Smash nach dem Aufprall (schwarz).

Vitas Gerulaitis schlägt nahe der Aufschlaglinie im Sprung einen Schmetterball. Im Spitzentennis von heute spielt der Überkopfschlag eine große Rolle, so daß Lobs, die im Vorderhof abgewehrt werden, meist Punkte ergeben. Jimmy Connors' schnelles Spiel zwingt Gerulaitis, optimal zu plazieren.

DOPPELTAKTIK

Das Tennis-Doppel ist ein Mannschaftsspiel. Die beiden Partner müssen sich bereits vor dem Match über die Taktik einig sein und während des Kampfes ihr Spiel dem Gegner entsprechend korrigieren. Doppel ist Teamwork, und es kommt nicht so sehr auf die individuelle Leistung an, sondern vielmehr auf das Zusammenspiel. Wenn Spieler aufgrund ihres guten Zusammenspiels Erfolg haben, dann hält diese Partnerschaft oft Jahre an.
Sie sollten verschiedene Partner testen, bis Sie jemanden finden, dessen technisches Können Ihres ergänzt und mit dem Sie sich auf und außerhalb des Platzes freundschaftlich verbunden fühlen. Schlagen Sie beispielsweise lieber von rechts auf, sollte Ihr Partner das linke Aufschlagfeld bevorzugen – oder umgekehrt. Beim Doppel lassen sich aus der Position am Netz am leichtesten Punkte erzielen, wie rechts gezeigt. Es hat also keinen Sinn, wenn ein Aufschlag-Volley-Taktiker sich mit jemanden zusammentut, der nicht gern ans Netz geht. Grundsätzlich muß jedes Team versuchen, vor dem Gegner eine günstige Position am Netz zu erreichen, um von dort aus Punkte zu erzielen. Das Paar mit der besten Doppelkombination wird das Spiel weitgehend beherrschen.
Im Doppel ist das Team, das den Aufschlag hat, eindeutig im Vorteil, weil es zuerst zum Netz vorgehen und vollieren kann. Deshalb sollte es Ihr Ziel sein, keines Ihrer Aufschlagspiele zu verlieren und einmal pro Satz den Aufschlag des Gegners zu durchbrechen. Ihr Erfolg im Doppel wird davon abhängen, wie geschickt Sie Ihre Ausgangsstellung wählen, während Ihr Partner schlägt. Und umgekehrt.

Individuelle Anforderungen

Zu einem guten Doppel gehört ein aggressiver Spin-Aufschlag, dem man ohne Risiko ans Netz folgen kann. Diesen Service muß man beim ersten und beim zweiten Versuch beherrschen. Ebenso verläßlich muß der Aufschlag-Return sein. Er wird meist cross geschlagen und soll den Aufschläger zwingen, unter Netzhöhe zu vollieren, um den eigenen Partner keinem Volley-Angriff auszusetzen. Wichtig sind natürlich gute Kondition und rasches Reaktionsvermögen, um aus jeder Position im Vorderhof Volleys schlagen zu können. Auch das Überkopfspiel muß zuverlässig sein. Gerade im Doppel gibt es häufig spektakuläre Duelle am Netz, die nur mit genauer Ballberechnung und gutem Reaktionsvermögen gemeistert werden können; denn keiner der vier Spieler ist mehr als fünf oder sechs Meter vom anderen entfernt.
Auch im Doppel spielen Grundschläge eine Rolle; vor allem gilt es, die Treibschläge flach übers Netz zu spielen. Stehen die Gegner am Netz, muß man mit Lobs abwehren und auch angreifen können. Allerdings werden immer weniger Grundschläge angewandt. Im Spitzentennis gilt für das Doppel nach wie vor das taktische Grundmuster: Aufschlag, Return, Volley, Volley, Volley … Das bedeutet, daß ein sicherer Aufschlag, ein zuverlässiger Aufschlag-Return und perfektes Netzspiel von entscheidender Bedeutung sind.

Anforderungen an das Team

In den meisten Teams spielen ein »Power«- und ein technisch zuverlässiger Spieler zusammen. Letzterer hat dabei die Aufgabe, die Gegner in Situationen zu manövrieren, die sein Partner für den Punktgewinn ausnutzen kann. Trotzdem sollte der Unterschied in der Spielstärke der Partner nicht zu groß sein. Da beide das gleiche Ziel verfolgen, sind sehr große gemeinsame Bemühungen erforderlich, d. h., jedes Team muß seine Stärken gegen die Schwächen des Gegners ins Spiel zu bringen versuchen.
Im Idealfall sollte der rechts spielende Partner über einen starken Cross-Aufschlag-Return und einen sicheren Rückhand-Volley verfügen, wohingegen der links spielende Partner Rückhand-Returns bevorzugen und starke Vorhand-Volleys schlagen sollte. Darüber hinaus muß der links spielende Partner Überkopfschläge gut beherrschen, denn er muß sowohl im Mittelfeld als auch auf seiner Seite häufig Lobs abwehren. Und überhaupt sollte er der stärkere Spieler sein, denn die kritischen Punkte im Match entscheidet meist der Rückschläger auf der linken Aufschlagseite, z. B. beim Spielstand von 15:30, 30:15, 30:40 und 40:30, bzw. den »Vorteil«-Punkt. Falls Sie Linkshänder sind, sollten Sie auf jeden Fall links spielen, wo Ihre Cross-Vorhand am wirksamsten eingesetzt werden kann.

Die Ausgangspositionen der Spieler beim Doppel

Aufschläger (A): Fast in der Mitte zwischen Mittelzeichen und Doppelseitenlinie. Von hier aus kann man am besten aufschlagen und zum Netz vorgehen.

Partner des Aufschlägers (PA): Ungefähr 3 m vor dem Netz und 2,5 m von der Mittellinie entfernt sowie 3 m von der Doppelseitenlinie.

Rückschläger (R_1, R_2): In der Defensive die gleiche Position wie die des Rückschlägers im Einzel (R_1). Ich empfehle aber, offensive Returns aus der Position R_2 zu schlagen.

Partner des Rückschlägers (PR): Eine nicht beneidenswerte Position unmittelbar vor der Aufschlaglinie und 2 bis 2,5 m neben der Mittellinie. In dieser Situation muß man sich auf seine schnellen Reaktionen verlassen können.

Rechte Aufschlagseite

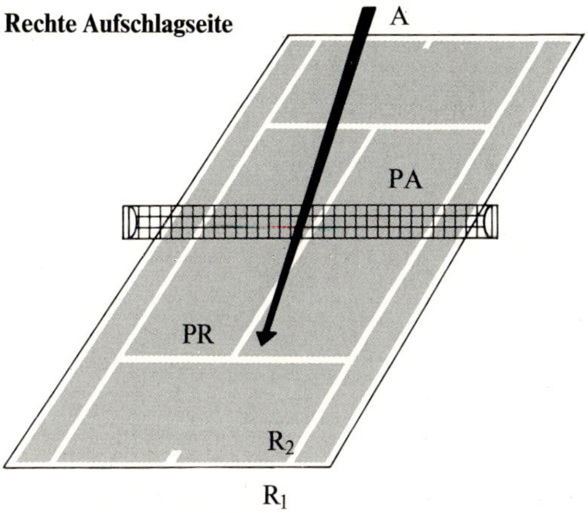

Linke Aufschlagseite

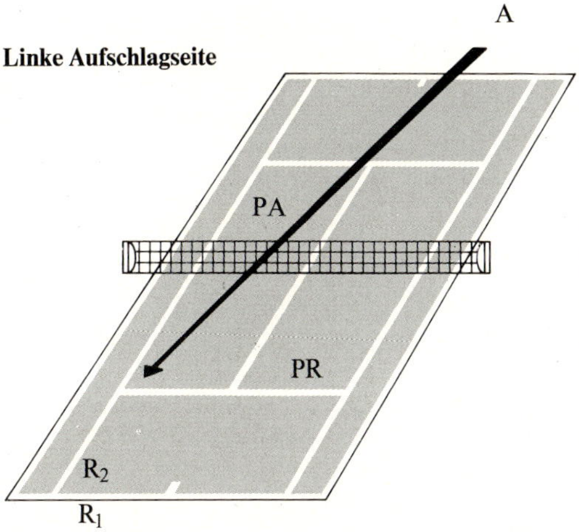

Der Vorteil der Netzposition

Obwohl Einzelkämpfe oft mit einer defensiven Taktik gewonnen werden, können Doppelspieler normalerweise nur im Angriff gewinnen. Die Diagramme unten zeigen, warum. Sehr deutlich wird dabei der Vorteil der Netzposition im Doppel, und zwar für den Auf- und für den Rückschläger. Gelingt es dem aufschlagenden Team, die Gegner hinter der Grundlinie festzunageln, ist ein großer Teil des Spielfelds nicht abgedeckt (unten). Aus der Sicht der Verteidiger dagegen (ganz unten), sind die Zielbereiche sehr begrenzt: ihnen bleiben lediglich schwierige Passierschläge entlang der Seitenlinien oder durch die sehr schmale Lücke zwischen den beiden Netzspielern. Eine etwas breitere Zielzone ist vor der Grundlinie, die aber nur durch sehr gute Lobs der Verteidiger erreichbar ist.

Zielbereiche vom Netz aus

Zielbereiche von der Grundlinie aus

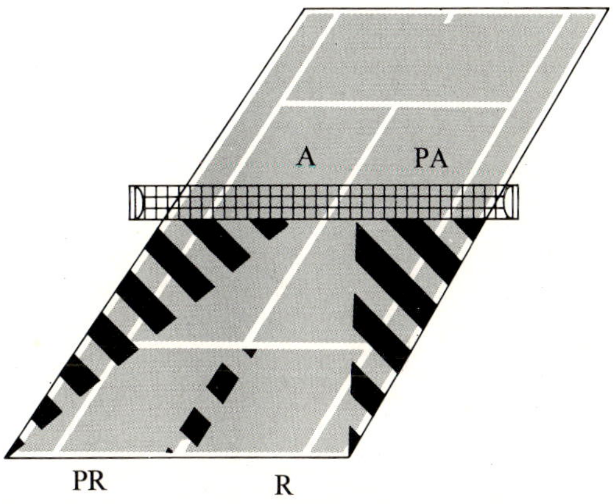

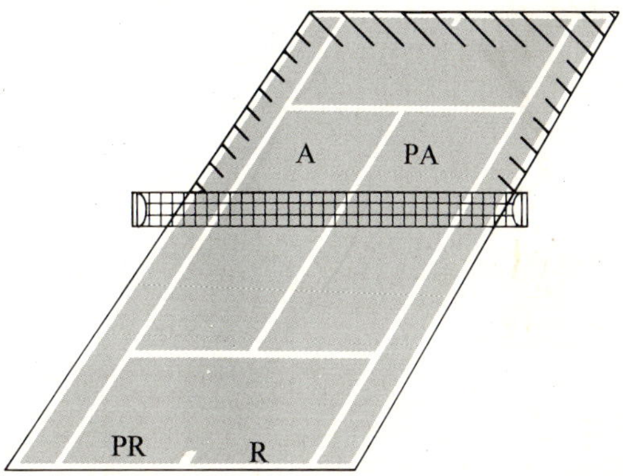

Der Aufschlag

Sollte man beim Einzel 70 Prozent seiner ersten Aufschläge durchbringen, so müssen es beim Doppel zumindest 75 Prozent sein. Diese Zahl ist deswegen so hoch, weil man hinter jedem Aufschlag zum Netz vorgehen muß. Schlägt der erste Versuch fehl, muß man trotzdem dem zweiten Aufschlag ans Netz folgen, weil man nur so mit dem Partner durch das Spielen von Volleys Punkte machen kann. Auch wenn Sie die Netzposition erst nach dem zweiten Aufschlag beherrschen, bleibt die taktische Balance doch ungefähr erhalten. Statistisch gesehen allerdings werden nach dem zweiten Aufschlag im Vergleich zum ersten sehr viel weniger Punkte erzielt.

Genau wie beim Einzel muß die Mehrzahl der Bälle tief in die gegnerische Rückhandekke plaziert werden, weil sie meist schwächer gedeckt ist. Wie oft Sie andere Aufschlag-Varianten benutzen, sollte von den Stärken bzw. Schwächen des Rückschlägers abhängen. Das grundsätzliche Ziel ist immer, einen schwachen Return zu erzwingen, den man aggressiv vollieren kann, um die Initiative zu behalten.

Wann setzt man welchen Aufschlag ein

Da die wichtigste Taktik beim Doppel das Aufschlag-Volley-Spiel ist, sollte man dafür auch dieselbe Technik wie beim Aufschlagen und Vollieren im Einzel anwenden; d.h., man geht am sichersten nach einem Spin-Aufschlag ans Netz, der mit mehr Geschwindigkeit und weniger Spin als der übliche zweite Einzel-Aufschlag gespielt wird. Meiner Meinung nach eignet sich ein modifizierter Topspin-Aufschlag am besten für das Doppel. Dazu wirft man den Ball ein wenig weiter vor sich, aber nicht ganz so weit in Richtung der linken Schulter in die Höhe, was einen aggressiven Topspin-Aufschlag ermöglicht. Beim zweiten Versuch sollten Sie nicht soviel riskieren, trotzdem muß Ihr Aufschlag noch hart genug sein, einen schwachen Return zu erzwingen bzw. dem Gegner keine Gelegenheit zum Gegenangriff zu bieten.

Die Aufschlagwahl

Wenn Sie die Wahl haben, entscheiden Sie sich wie beim Einzel für den ersten Aufschlag. Dadurch sind Sie im ersten Satz dem Gegner immer ein Spiel voraus, sofern Sie das erste für sich entscheiden und er Ihren Aufschlag nicht durchbricht. Eröffnen Sie das Spiel mit Ihrer stärksten Aufschlagkombination, was nicht bedeutet, daß der bessere Aufschläger den ersten Service übernehmen soll, sondern der, dessen Aufschlag sich am besten für die Aufschlag-Volley-Taktik eignet. Das garantiert auch, daß Sie den Kampf in dieser Aufstellung absolvieren.

Denken Sie daran, daß Sie den Satz mit der besten Aufschlagkombination beenden und den nächsten damit beginnen können.

Stan Smith und **Bob Lutz** nehmen die klassischen Positionen ein. Smith' erster Aufschlag im Doppel entspricht fast seinem zweiten im Einzel.

Der Aufschlag ins rechte Aufschlagfeld

Obwohl der modifizierte Topspin-Aufschlag auf die Rückhand im Doppel am wichtigsten ist, sollte man beim Servieren ins rechte Aufschlagfeld ab und zu einen Slice-Aufschlag spielen, der seitlich von der Vorhand eines rechtshändigen Rückschlägers abspringt. Die beiden Diagramme rechts zeigen die verschiedenen Positionen des Aufschlag-Teams beim Servieren durch die Platzmitte auf die Rückhand des Rückschlägers und beim Slice-Aufschlag auf dessen Vorhand. Die Aufschläger behalten für beide Varianten die übliche Doppel-Position bei. Würde sich der Aufschläger näher am Mittelzeichen plazieren, um leichter auf die Rückhand servieren zu können, wäre der Rückschläger gewarnt. Behält er aber seine Position, rechnet der Rückschläger mit einem Slice auf seine Vorhand. Nach diesem Aufschlag muß der Spieler näher ans Netz als bei der anderen Variante, bei der sein Partner näher an der Seitenlinie steht.

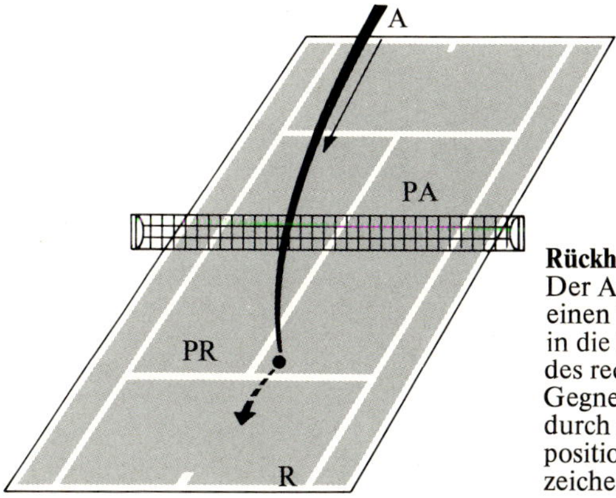

Rückhand
Der Aufschläger spielt einen Topspin-Service in die Rückhandecke des rechten Felds. Der Gegner soll nicht durch die Aufschlagposition am Mittelzeichen gewarnt werden.

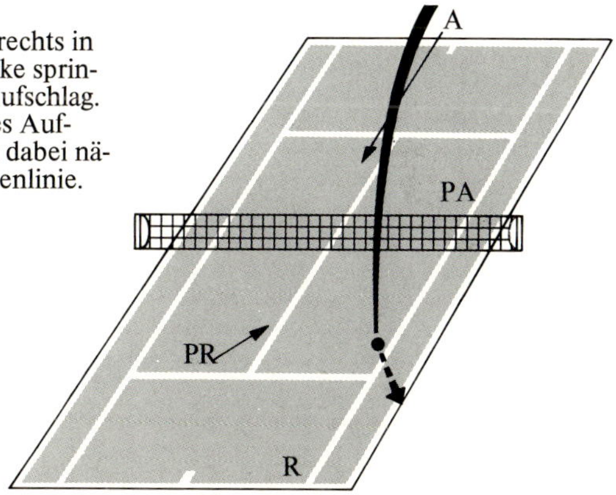

Vorhand
Ein weit nach rechts in die Vorhandecke springender Slice-Aufschlag. Der Partner des Aufschlägers steht dabei näher an der Seitenlinie.

Der Aufschlag ins linke Aufschlagfeld

Wenn Sie einem rechtshändigen Rückschläger ins linke Aufschlagfeld servieren, sollten die Bälle tief in dessen Rückhandecke plaziert werden, wie rechts gezeigt. Setzen Sie auch dafür den Topspin-Service ein. Um zu variieren oder um bestimmte gegnerische Schwächen ausfindig zu machen, sollten Sie verschiedene Aufschlagsvarianten benutzen. Steht Ihr Gegner beispielsweise näher an seiner Seitenlinie und versucht, Ihren Aufschlag zu umlaufen und als Vorhand zu schlagen, servieren Sie am besten durch die Platzmitte weit auf seine Vorhand. Diese Alternative können Sie häufiger anwenden, wenn Ihr Gegner auf der Rückhandseite besonders stark oder Linkshänder ist. Auch auf die Rückhand kann der Slice-Aufschlag Erfolg haben; denn der Ball läßt sich so schlagen, daß er überraschend auf den rechtshändigen Gegner zuspringt und ihm den Return beträchtlich erschwert.

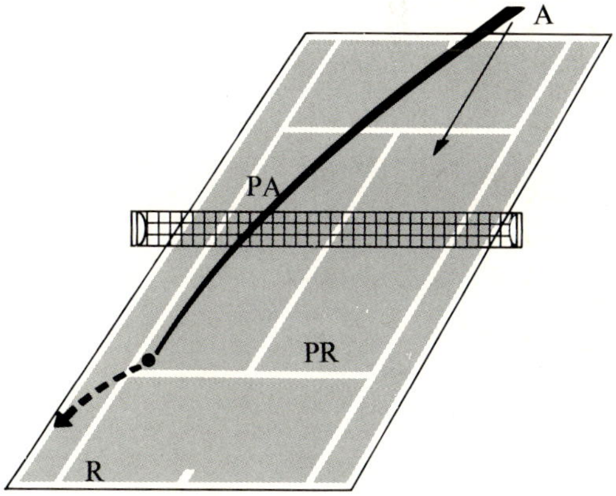

Rückhand
Ein tief in die linke Ecke des Aufschlagfelds gespielter Topspin-Service, relativ stark cross geschlagen, da der Partner des Aufschlägers die rechte Seitenlinie deckt, während dieser zum Netz vorläuft.

Der Aufschlag-Return

Wenn beide Seiten im Doppel die Aufschlag-Volley-Taktik perfekt beherrschen, so daß keine fähig ist, den Aufschlag der anderen zu durchbrechen, kommt es nicht selten zum Patt. Bevor die Tie-Break-Regel eingeführt wurde, zog sich ein Match in solch einem Fall so lange hin, bis es einem Team gelang, durch besonders aggressive Returns das Aufschlagspiel der andern für sich zu entscheiden. Genau wie im Einzel muß der Rückschläger vor allem den Ball im Spiel halten. Um ein Doppel aber zu gewinnen, müssen die Returns so gut sein, daß sie immer wieder schwache Volleys des Aufschlägers erzwingen und ihm und seinem Partner die Initiative nehmen.

Die Ausgangsstellung des Rückschlägers im Doppel

Auf S. 221 haben Sie gesehen, daß die beim Einzel übliche Position des Rückschlägers, nämlich hinter der Grundlinie, für das Doppel keineswegs immer ideal ist. Bei einem kampfstarken Doppel ist der erste Aufschlag nicht übermäßig kräftig, da sich der Aufschläger bemüht, gleich den ersten Service ins Ziel zu bringen, um ihm ans Netz folgen zu können. Wahrscheinlich spielt er ihn mit Spin. Um als Rückschläger die Chance zu aggressiven Returns zu haben, sollte man ein gewisses Risiko eingehen und sich knapp vor der Grundlinie postieren. Dadurch kann man den Ball nehmen, bevor ihn der Spin abtriften läßt. Vielleicht erreicht man den vorgehenden Gegner, noch ehe er seine Ausgangsstellung nahe am Netz erlangt hat, um seinen ersten Return zu schlagen.
Schlägt der erste Versuch fehl, kann der Rückschläger für den zweiten Aufschlag noch etwas weiter vorrücken.

Returns crosscourt oder longline

Obwohl Longline-Returns erfolgreicher sind als allgemein angenommen, sind Crossbälle als Return im Doppel doch empfehlenswerter. Versucht man einen Longline gegen den Netzspieler, kann der Punkt sofort verlorengehen, da er die Möglichkeit hat, einen kräftig cross geschlagenen Ball zwischen Sie und Ihren Partner zu spielen. Gut plazierte Longline-Returns aber können Punkte bringen. Die beiden Diagramme rechts zeigen, daß sich die beste Gelegenheit für einen Longline nach einem weit seitlich auftreffenden Aufschlag bietet, der den Rückschläger weit über die Seitenlinie hinausgetrieben hat. Das läßt sich einfach verdeutlichen, wenn man sich hinter dem Netzspieler ein auf der Grundlinie stehendes Ziel-Dreieck vorstellt, das immer größer wird, je weiter der Rückschläger außerhalb des Platzes steht.

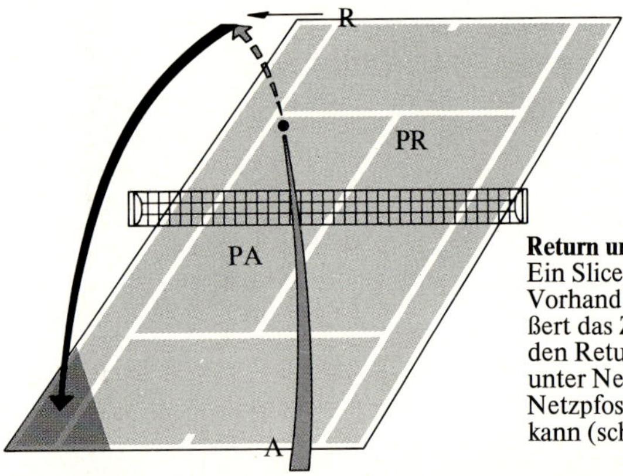

Return um den Pfosten
Ein Slice-Service auf die Vorhand (grau) vergrößert das Zieldreieck für den Return, der sogar unter Netzhöhe um den Netzpfosten herum kann (schwarz).

Longline-Passierschlag
Ein gerader Aufschlag auf die Vorhand (grau) provoziert einen Longline-Passierschlag (schwarz) in das Zieldreieck.

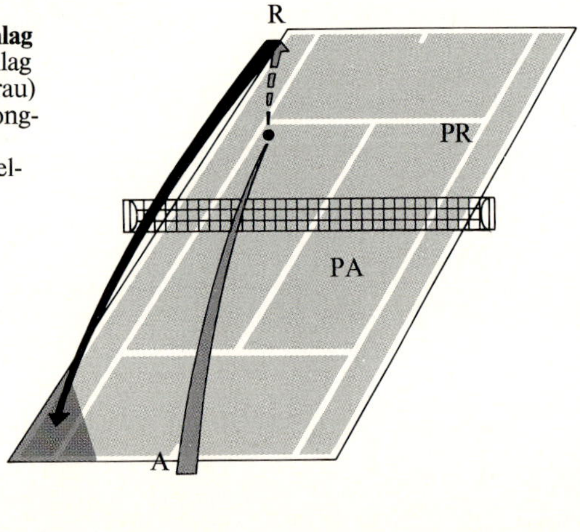

Wann spielt man welchen Aufschlag-Return

Die vier Diagramme unten zeigen Aufschläge auf Vor- und Rückhand sowohl im rechten als auch im linken Aufschlagfeld und die dem Rückschläger sich bietenden Möglichkeiten. Verglichen mit dem Aufschlag-Return im Einzel, haben die Rückschläger im Doppel weniger aggressive Möglichkeiten, vor allem, wenn die Aufschläge auf beiden Seiten gleich stark sind. Wie Sie sehen, läßt Ihnen ein guter Aufschlag keine andere Möglichkeit zu retournieren als a – also nieder zurück übers Netz. Weniger wirksame Aufschläge lassen vielleicht Return b, besonders schwache Return c zu. Die Entscheidung über den Rückschlag hängt auch von den Stärken und Schwächen des Aufschlagpartners ab. Attacken auf den Netzspieler sind natürlich erfolgversprechender, wenn dieser offen Schwachstellen anbietet.

Rechtes Aufschlagfeld

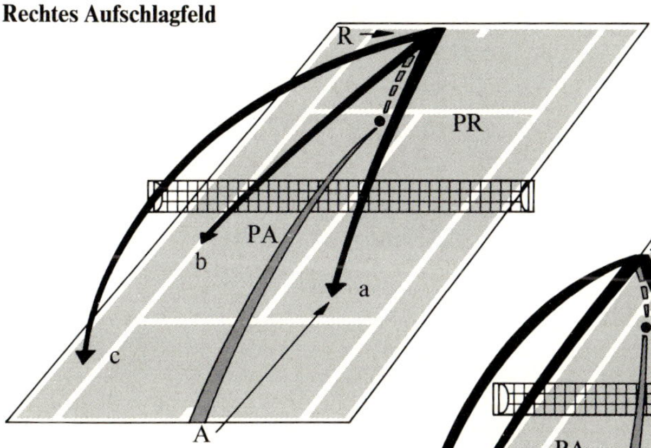

Aufschlag auf die Vorhand
a Cross vor die Füße des zum Netz eilenden Aufschlägers
b Longline an der Rückhand des Netzspielers vorbei
c Longline-Lob

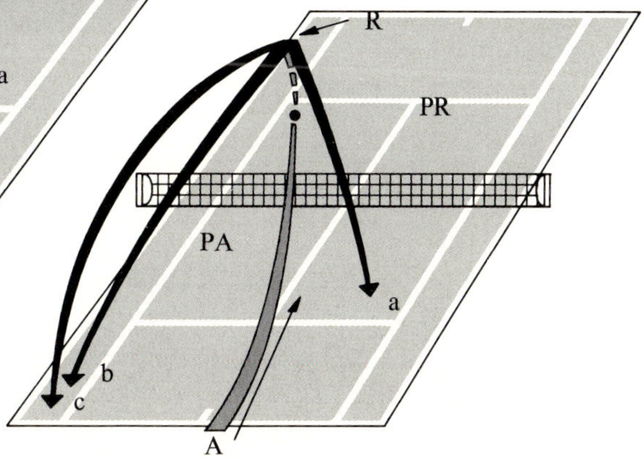

Aufschlag auf die Rückhand
a Cross vor die Füße des Aufschlägers
b Longline an der Rückhand des Netzspielers vorbei
c Lob über den Netzspieler

Linkes Aufschlagfeld

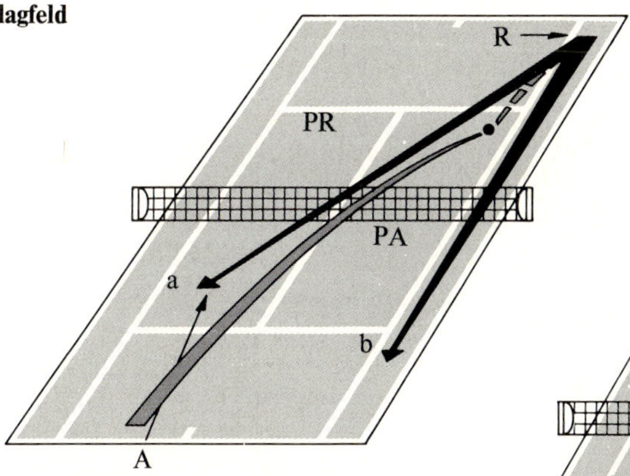

Aufschlag auf die Rückhand
a Cross vor die Füße des Aufschlägers
b Longline-Passierschlag an der Rückhand des Netzspielers vorbei

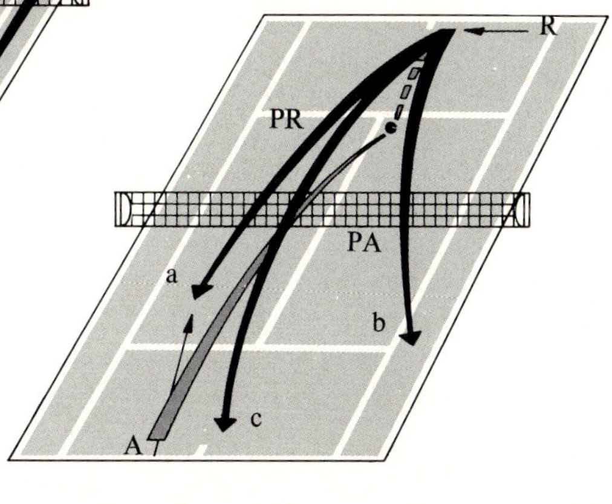

Aufschlag auf die Vorhand
a Cross vor die Füße des Aufschlägers
b Leicht cross am Netzspieler vorbei
c Lob Richtung Mittelzeichen

Das Netzspiel

Das Netzspiel bildet den Kern der Doppeltaktik. Erfolgreiche Aktionen im Vorderhof entscheiden normalerweise den Ausgang eines Matches. Der erste Volley des Aufschlägers sollte die Netzattacke seines Teams vorbereiten, wie unten gezeigt. Spielt der Rückschläger auf den Partner des Aufschlägers, ist dieser am Netz sofort in der Lage, einen Punkt zu erzielen. Jeder Ball, der nicht gerade gefährlich ist, sollte verwandelt werden, wie unten rechts demonstriert. Wird ins rechte Aufschlagfeld serviert, muß ein rechtshändiger Partner am Netz mit seinem Vorhand-Volley die Platzmitte decken. Beim Service ins linke Aufschlagfeld ist die Absprache zwischen den Partnern maßgebend, wer welchen Ball nimmt.
Der Partner des Rückschlägers hat eine ähnliche Aufgabe, sofern der Return gut genug ist, dem Aufschlagteam die Initiative zu nehmen. Er muß dann noch weiter nach vorn, um jeden schwachen Ball zu vollieren, während der Rückschläger - von ihm gedeckt - ebenfalls vorgeht.

Die Rolle des Aufschlägers

Hat ein Aufschlag sein Ziel erreicht und vom Rückschläger einen schwachen Return erzwungen, muß der Aufschläger sofort in eine günstige Angriffsposition ans Netz (s. S. 205). Man folgt dabei nicht exakt der Flugbahn des Balls, sondern durch die Mitte der Aufschlagseite leicht zur Mittellinie. Der erste Volley des Aufschlägers muß tief in die Ecke des Rückschlägers plaziert werden. Man sollte versuchen, den Volley so zu spielen, daß man damit den Rückschläger hinter der Grundlinie festhält, oder aber man spielt den Ball dem Gegner vor die Füße. Dadurch kann der Aufschläger noch weiter vorrücken.

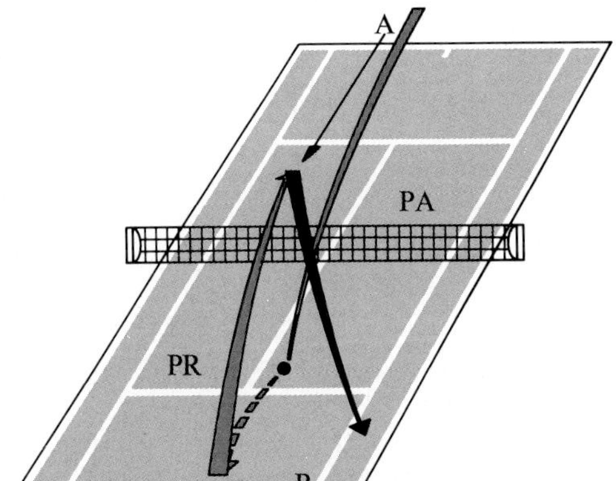

Erster Volley des Aufschlägers
Nach einem Service auf die Rückhand läuft der Aufschläger nach vorn, um den Return (grau) als Volley tief cross in die gegnerische Vorhandecke zu schlagen (schwarz).

Die Rolle des Aufschlagpartners

Der Partner des Aufschlägers muß vor allem den Vorderhof Richtung Platzmitte decken. Deshalb sollte er auch näher an der Mittellinie stehen, wo er Crosschläge abwehren kann, die auf seiner Seite über das Netz kommen. Wenn ihm das gelingt, kann der Aufschläger besser gedeckt vorrücken.
Der Netzspieler soll auch in der Lage sein, den Rückschläger-Return im rechten Aufschlagfeld zu nehmen. Als Rechtshänder kann er diesen Ball als Vorhand-Volley schlagen, bevor er unter Netzhöhe fällt. Die Bälle, die er nicht als Volley spielen kann, übernimmt sein Partner.

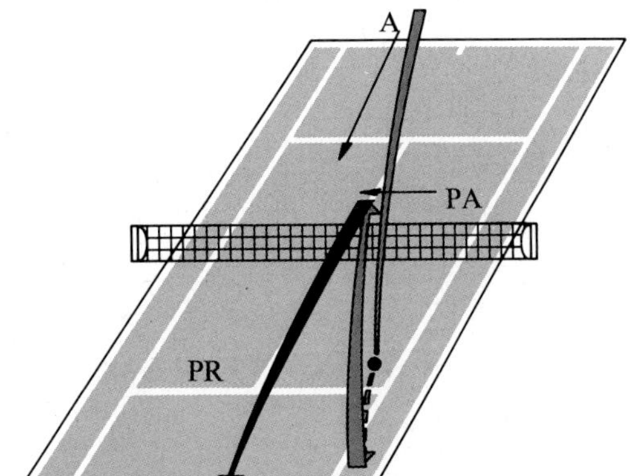

Abwehren des Aufschlag-Returns
Ein tief plazierter Service hat einen scharfen Cross-Drive provoziert (grau). Der Aufschlagpartner durchschaut die Absicht und schlägt einen Volley zwischen die beiden Gegner (schwarz).

Die Rolle des Rückschlagpartners

Der Partner des Rückschlägers ist immer in Gefahr, überrascht zu werden, genau wie der Partner des Aufschlägers, der dann vielleicht den falschen Ball annimmt (vgl. gegenüber). Er muß dem Spielverlauf ebenso genau folgen und sich entsprechend postieren. Und genau wie der Partner des Aufschlägers muß er versuchen, die richtigen Bälle abzuwehren, vor allem, wenn ein gelungener Angriffsschlag seines Partners den Gegnern die Initiative nimmt, wie im Beispiel rechts. Die plötzliche Umstellung von der Verteidigung zum Angriff erfordert viel Geistesgegenwart. Als Partner des Rückschlägers kann man nur dann wirksame Volleys schlagen, wenn man weit vor ans Netz geht, und das zum richtigen Zeitpunkt.

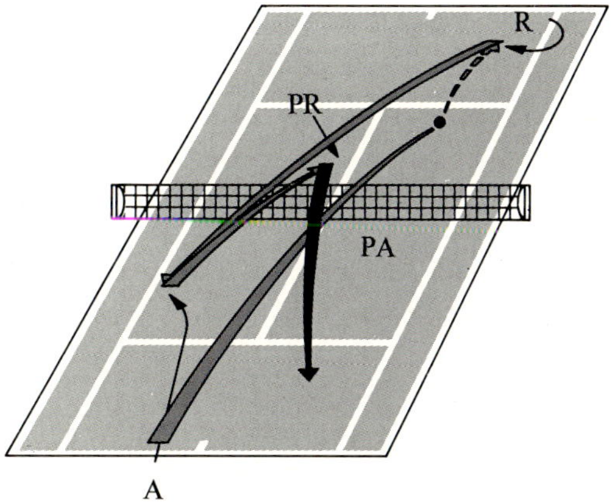

Der Partner des Rückschlägers wehrt den Ball ab
Ein kürzerer Aufschlag gibt dem Rückschläger die Möglichkeit, einen aggressiven Topspin-Return stark cross zu schlagen (grau). Sein Partner erkennt die Chance, geht nach vorn und wehrt ab (schwarz).

David Lloyd und **Mark Cox** am Netz, in vorbildlicher Tandem-Stellung. Sie decken die Platzmitte gut ab, wobei der rechtshändige Lloyd sich auf einen Schmetterball vorbereitet. Cox konzentriert sich ganz aufs Spiel, bereit, jederzeit zurückzulaufen, falls der Gegner mit einem tiefen Lob kontert.

Vier Spieler am Netz

Bei spielstarken Kämpfen versuchen immer beide Teams am Netz zu dominieren, und nicht selten stehen sich alle vier Spieler im Volley-Duell gegenüber. Aufgrund der Schnelligkeit, mit der die Flugbälle das Netz überqueren, dauern solche Duelle meist nur wenige Sekunden. Jeder der vier Spieler versucht, eine Lücke in der gegnerischen Abwehr zu finden oder einen Fehler zu erzwingen. Dazu eignet sich besonders ein Ball direkt auf den Körper des Gegners. Der Punkt ist allerdings verloren, wenn dieser, wie im Beispiel unten, reflexartig reagiert - und richtig. Diese Returns gelingen meist mit der Rückhand, also sollte man auf die »Vorhandhüfte« des Gegners zielen.

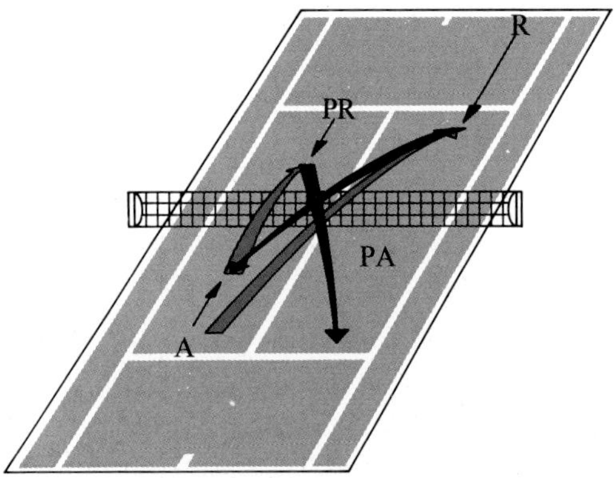

Der Partner des Rückschlägers reagiert reflexartig
Der Rückschläger reagiert defensiv (schwarz) auf einen starken Volley des Aufschlägers (grau), doch dann spielt der Partner des Rückschlägers auf den zweiten scharfen Flugball (grau) einen Reflex-Volley (schwarz) und erzielt damit den Punkt.

Reflex-Volleys

Die meisten Schläge im Tennis sind die Folge einer bestimmten Reaktion, mit der der Spieler auf einen gegnerischen Schlag antwortet und den Körper zu den entsprechenden Gegenmaßnahmen veranlaßt. Ein Reflex-Volley dagegen entsteht wie das unwillkürliche Zusammenkneifen der Augen, wenn sich ihnen ein Fremdkörper nähert. Zielt ein Ball scharf auf den Körper, reagiert dieser reflexartig, d.h. unabhängig vom Willen. Am leichtesten läßt sich der Ball mit der Rückhand abwehren.

Den Gegner täuschen

Das Täuschen des Gegners gehört zu jedem Kampf. Vor allem der Partner des Aufschlägers kann sich dieser Taktik bedienen, wie in den beiden Diagrammen unten demonstriert. Zum Beispiel, indem er einen Schritt Richtung Mittellinie geht oder nur das Gewicht auf den liniennahen Fuß verlagert, veranlaßt er den Rückschläger, einen Longline-Ball zu spielen, weil dieser annimmt, der Gegner am Netz erwartet einen Cross-Ball. Dieser aber nimmt unerwartet die alte Position ein und schlägt den Ball cross zwischen den beiden Gegnern durch. Man darf sich bei einem solchen Täuschungsmanöver nicht zu weit aus der mittleren Position wagen.

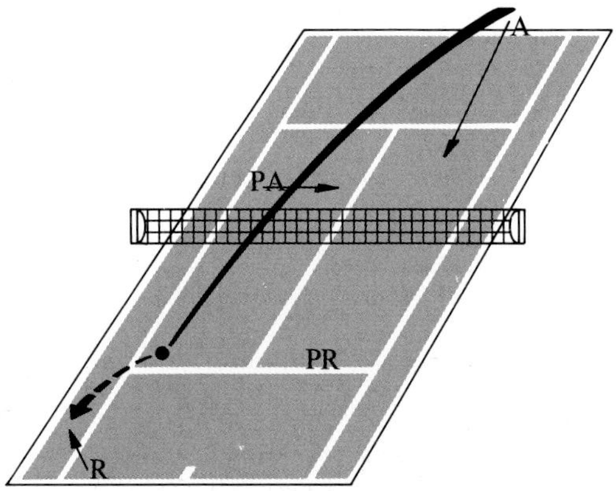

1. Während der Aufschläger zum Netz läuft, täuscht sein Partner einen Stellungswechsel Richtung Rückhand vor. Der Rückschläger setzt seinen Schlag entsprechend an.

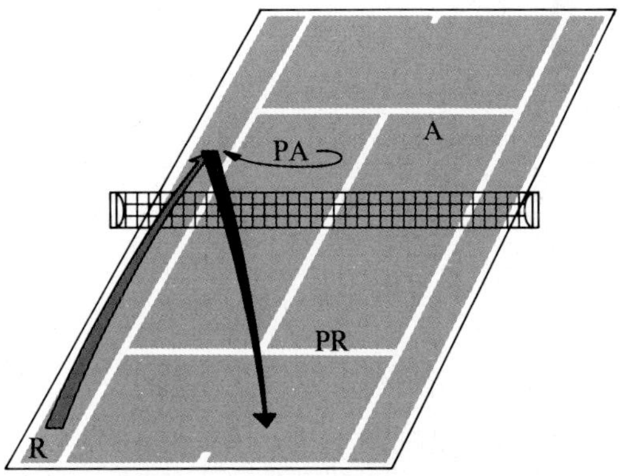

2. Der Rückschläger schlägt longline (grau), aber der Partner des Aufschlägers bricht seine vorgetäuschte Bewegung rechtzeitig ab, um den Ball als Vorhand-Volley cross (schwarz) zwischen die beiden Gegner zu schlagen.

Der Ball durch die Mitte

Da der Ballwechsel beim Doppel hauptsächlich über die Netzmitte und durch die Platzmitte erfolgt, ist es wichtig, daß sich die Partner am Netz nicht in die Quere kommen, sondern der besser postierte Spieler – oder für einen bestimmten Schlag besser geeignete – den Ball annimmt.
Ein durch die Platzmitte kommender Ball sollte, wenn möglich, von dem Partner angenommen werden, der ihn mit der Vorhand zurückschlagen kann. Crossbälle dagegen übernimmt besser der schräg gegenüberstehende Partner, außer es bietet sich ihm eine außergewöhnliche Chance. Lobs über die Platzmitte sollte der links plazierte Spieler nehmen, vorausgesetzt, er ist Rechtshänder. Andernfalls sollte der am nächsten stehende oder der bessere Überkopfspieler den Ball zurückschmettern. Stehen beide Spieler in Reichweite des Balls, gilt die Regel, daß der, der den vorausgegangenen Ball geschlagen hat, auch diesen spielen soll und nicht der »kalte« Partner. Der größte Fehler im Doppel ist, wenn ein Partner dem andern den Ball überläßt. Es ist besser, man schlägt sich einmal gegenseitig auf den Schläger und bringt den Ball trotzdem zurück, als ihm nachzusehen.

Die Verständigung während des Spiels

Die großen Turnierspieler wissen genau, was der Partner vorhat. Solange man noch dabei ist, ein solches Einverständnis aufzubauen, sollte man seinem Partner durch Zurufe seine Absichten zu verstehen geben, vor allem in kritischen Netzsituationen. Der Partner muß wissen, ob man selbst schlagen oder den Ball ihm überlassen will. Oder man macht ihn darauf aufmerksam, daß ein Ball ins Aus geht und nicht angenommen werden soll. Vielleicht wünscht man in einer bestimmten Situation einen Seitenwechsel, den man ihm signalisiert. Am besten legt man vor dem Match kurze Kommandoworte dafür fest. Beispielsweise kann man »meiner« rufen, wenn man einen bestimmten Ball glaubt besser schlagen zu können, bzw. »deiner«, wenn der Partner ihn spielen soll. Geht ein Ball ins Aus, ruft man kurz »aus« oder »out«, und »Wechsel«, wenn man die Seiten tauschen will. Der erfahrenere Spieler kann seinen Partner auch durch »vor« oder »zurück« in Angriffs- bzw. Verteidigungspositionen steuern; oder er ruft »halt«, wenn dieser einen Ball abgewehrt hat und er will, daß der Partner wieder auf seine ursprüngliche Seite zurückgeht.

John McEnroe und **Peter Fleming** sind ein gutes Team am Netz. McEnroe hat einen über die Netzmitte kommenden Ball geschickt als Stop-Volley zurückgeschlagen. Es bestand keine Gefahr, daß Fleming ebenfalls schlagen würde. McEnroe spielt hier die dominierende Rolle, während Fleming ihn deckt.

Der Lob

Der Lob ist nicht nur der sicherste, sondern in seinen verschiedenen Formen auch einer der vielseitigsten Schläge im Doppel. Genau wie im Einzel wird er beim Angriff und beim Gegenangriff eingesetzt, hauptsächlich aber in der Verteidigung. Da der Doppelwettkampf meist durch offensives Spiel am Netz entschieden wird, deutet defensives Lobben von der Grundlinie darauf hin, daß man ausmanövriert wurde. Dann kann der Lob dazu dienen, Zeit zu gewinnen und vielleicht sogar dem Gegner die Initiative zu nehmen, um selbst wieder ans Netz vorzugehen. Sieht man sich zum Zurückgehen gezwungen, muß auch der Partner mit an die Grundlinie gehen, damit man gemeinsam die gegnerischen Schmetterbälle aus dem Vorderhof abwehren kann. Zeigt einer oder auch beide Gegner Unsicherheiten im Überkopfspiel, ist das Lobben ein gutes taktisches Mittel, den Gegner zu demoralisieren. Der tief plazierte Lob wird nur dann das Selbstvertrauen eines Spielers nicht untergraben können, wenn er die Überkopftechnik perfekt beherrscht.

Der Konter-Lob ist ideal, um den ans Netz stürmenden Gegner wieder zurückzutreiben. Mit diesem Schlag kann man einen schwachen Defensiv-Lob erzwingen, der dann als Smash gespielt wird. Der ausschließlich eingesetzte Topspin-Lob, mit dem man direkt einen Punkt zu erzielen versucht, sollte nicht zu weit hinten im Feld geschlagen werden, weil er sonst abkippt, bevor er die Gegner außerhalb ihrer Reichweite überflogen hat.

Der defensive Lob

Wie man in den Diagrammen rechts sehen kann, postieren sich beide Partner hinter der Grundlinie, um die voraussichtlichen Schmetterbälle des Gegners abwehren zu können. Häufig wird der Punkt in dieser Position - ein Team lobbt, das andere schmettert - auch entschieden. Die rechts gezeigten Beispiele defensiver Lobs zeigen die wirksamste Taktik gegen Aufschläge ins rechte und ins linke Aufschlagfeld. In beiden Fällen ist der Rückschläger weiter als gewöhnlich hinter die Grundlinie zurückgegangen, um den besonders aggressiven Aufschlag von dort aus zu retournieren. Sein Partner deckt in derselben Position die andere Seite des Spielfeldes ab. Beim Aufschlag ins rechte Aufschlagfeld spielt man den Ball am besten dem Gegner am Netz über die linke Schulter longline tief ins gegnerische Feld zurück. Auch im linken Aufschlagfeld sollte man besser den Longline wählen - statt einen Cross-Lob auf den nach vorn gehenden Aufschläger.

Rechtes Aufschlagfeld
Der Aufschlag (grau) wird spät genommen, und der gegnerische Lob (schwarz) geht über den Partner des Aufschlägers hinweg tief ins gegnerische Feld.

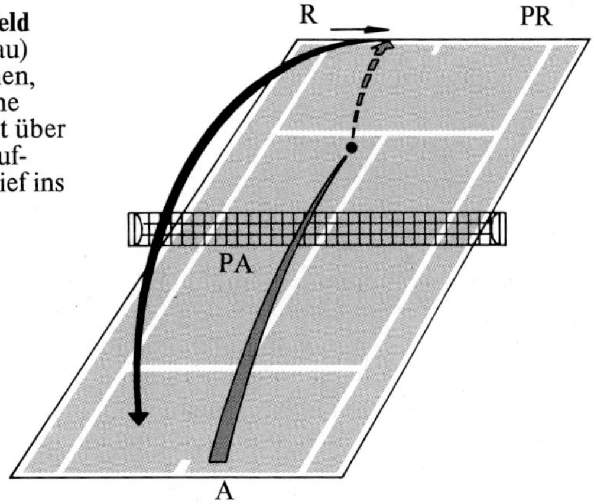

Linkes Aufschlagfeld
Der Aufschlag auf die Rückhand (grau) wird über den Partner des Aufschlägers am Netz (schwarz) in die gegnerische Rückhandecke gelobbt.

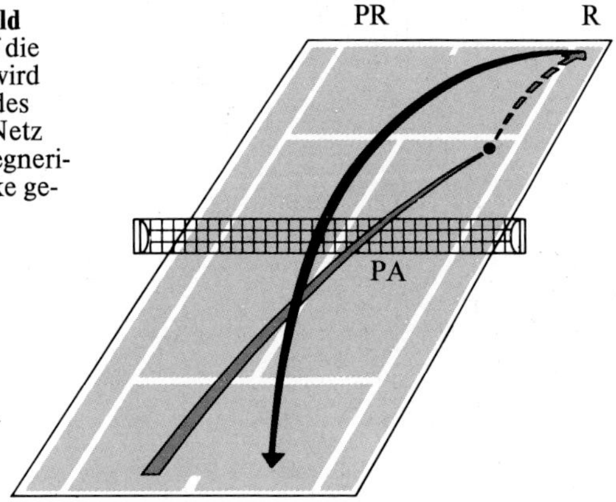

Der gekonterte Lob

Auch gegen ein ans Netz vorgehendes Team können Sie sehr erfolgreich sein, vor allem dann, wenn der Aufschlag-Return Schwächen zeigt. Ein Konter-Lob ist gegen einen Netzspieler sehr viel effektiver als ein schwacher, hoher Drive oder Cut, der leicht attackiert werden kann. Erfolgreiche Konter-Lobs geben dem Rückschlägerteam die Chance, seinerseits ans Netz vorzugehen und von hier aus die wahrscheinlich defensiven Bälle der Gegner zu spielen. Das Diagramm unten zeigt, wie anstelle eines Drive-Returns ein Lob-Grundschlag zum Gegenangriff verwendet wird. Er soll den Gegner am Netz zwingen zurückzulaufen und den Ball erst nach dem Aufprall zu schlagen. Sobald dessen Partner sieht, daß er den Lob nicht mehr zu schmettern vermag, muß er ans Netz. Auf der anderen Seite wird der Aufschläger sein Vorlaufen zu stoppen versuchen und mit seinem Partner in Verteidigungsposition an die Grundlinie gehen, während der Rückschläger seinem Partner ans Netz folgt. Vor allem von der rechten Seite aus bietet der Konter-Lob als Return Aussicht auf Erfolg, weil er über die Rückhandschulter eines rechtshändigen Netzspielers geschlagen werden kann.
Durch das Wechseln zwischen niederen Aufschlag-Returns und überraschenden Konter-Lobs kann man die Gegenseite ziemlich in Verwirrung versetzen; denn häufig ist es so, daß der Aufschläger für den Lob in der besseren Position steht, aber er muß die Seite wechseln, und sein Partner deckt den Vorderhof - ein nicht ganz risikoloses Manöver.

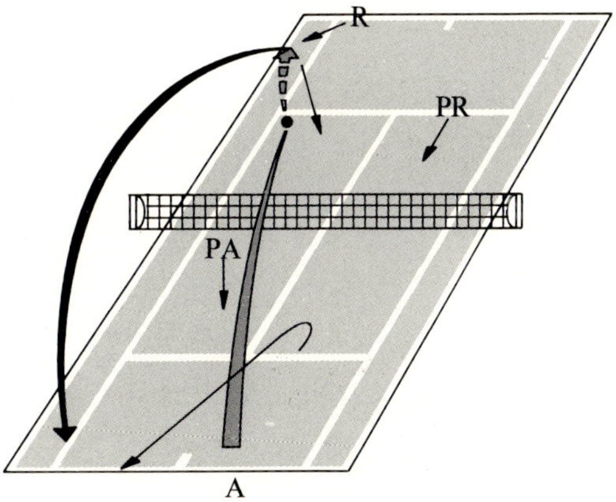

Der gekonterte Lob als Aufschlag-Return
Ein Service auf die Vorhand (grau), dem der Aufschläger ans Netz folgt. Ein tiefer Lob (schwarz) über die linke Schulter des Netzspielers zwingt beide Gegner zurück und macht den Weg frei zum Netz.

Der offensive Lob

Der mit starkem Topspin gespielte offensive Lob kann wie der Konter-Lob auch als Aufschlag-Return verwendet werden, aber nur gegen schwache, kurze Bälle. Häufiger wird er als Antwort auf andere kurze Bälle gespielt, denen man entgegenläuft, um sie in Hüfthöhe zu nehmen. Das angreifende Team, überzeugt, das Spielfeld zu decken, wie im Diagramm unten, kann dadurch leicht überrascht werden. Nach gutem Aufschlag- und Vorbereitungsspiel stehen beide in Volley-Position am Netz. Doch dann spielt der Aufschläger einen nicht tief genug plazierten Volley (grau). Der Rückschläger, der an der Grundlinie festgehalten wurde, kann vorlaufen und den Ball nehmen. Er nutzt aus, daß beide Gegner etwas zu nahe am Netz stehen und spielt einen Topspin-Lob, den er cross über die linke Schulter des Aufschlägers bringt, wodurch ihm der Punkt sicher sein dürfte.
Selbst wenn der rechtshändige Aufschläger den Ball noch erreicht, ist er sehr schwer zu schmettern; denn er hätte nach hinten und links außen laufen müssen.
Ein offensiver Lob muß perfekt gespielt werden – oder gar nicht. Hat die Gegenseite Gelegenheit zu einem Schmetterball, verliert man nicht nur den Punkt, sondern hilft dem Selbstvertrauen der andern kräftig nach. Dasselbe gilt für defensive und Konter-Lobs, doch bei offensiven Lobs ist das Risiko am größten.

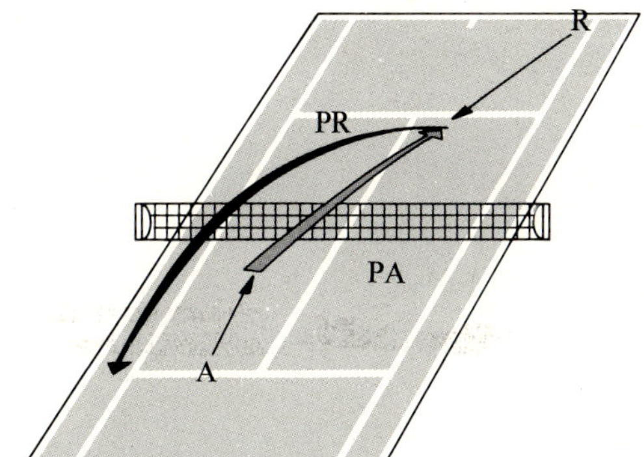

Rückschläger lobbt und gewinnt den Punkt
Der Aufschläger bringt beim Duell am Netz einen schwachen Volley (grau); der Rückschläger läuft vor, schlägt einen unerwarteten Topspin-Lob cross über die Rückhandschulter des Aufschlägers (schwarz).

Das Überkopfspiel

Wenn Sie und Ihr Partner in Ausgangsstellung am Netz stehen (also beide 2–3 m vor dem Netz und 2,5 m von der Mittellinie), sind Sie für direkte Attacken ideal postiert. Wie auf Seite 221 gezeigt, bleibt den Gegnern nur ein schmaler Streifen zwischen Ihnen und entlang der Seitenlinien als Zielbereich. Das ändert sich aber, sobald sich der Gegner zum Lobben entschließt. Ihre Spielformation muß dann beweglich sein, d. h., Sie stehen locker und startbereit auf den Fußballen und beobachten aufmerksam sowohl die Schlagvorbereitung als auch die Ausgangsstellungen beider Gegner, um sofort reagieren und nach allen Seiten starten zu können. Gibt es keinen zwingenden Grund, sich anders zu verhalten, sollten Sie und Ihr Partner immer auf derselben Höhe bleiben. Setzt dann einer der Gegner zum Lob an, gehen Sie parallel einige Schritte zurück und bereiten sich auf einen Smash vor.
An diesem Punkt gilt es, die beiden goldenen Regeln fürs Schmettern im Doppel zu beachten: 1. Laß nie einen Lob über deinen Kopf hinweggehen, ohne ihn zu schmettern; und 2., schmettere grundsätzlich nur die Lobs auf der eigenen Seite; denn Räubern in diesem Fall ist immer gefährlich.
Außerdem sollte man daran denken, daß der tief plazierte und cross geschlagene Smash (s. gegenüber) im Doppel die meisten Punkte erzielt.

Den Ball berechnen

Ein gutes Spiel im Vorderhof hängt von der richtigen Vorausberechnung des Balls ab; nur dann kann man die gegnerischen Absichten durchkreuzen. Die beiden Diagramme rechts zeigen, wie ein Paar zusammenspielen muß, um der Attacke des Gegners zu begegnen. Spielt er einen Lob, geht man, wie oben rechts demonstriert, zusammen zurück. Geschlagen wird der Ball aber von dem Partner, auf dessen Seite er auftrifft. Fällt er zwischen die Partner, gelten dieselben Regeln wie fürs Netzspiel (s. S. 229).
Wenn Ihr Spiel die beiden Gegner auf die eine oder andere Seite ihrer Platzhälfte zwingt, sorgen Sie dafür, daß Ihr Team weiterhin eine gemeinsame Front bildet. Das kann ein Einschwenken erforderlich machen, so daß Sie und Ihr Partner wieder auf einer imaginären Achse stehen, die senkrecht zur Spielrichtung ist, wie rechts unten gezeigt. Auf diese Art bleiben Sie in der besten Position für Überkopfschläge, die Ihre Gegner weit hinten festhält.

Gleichzeitiges Zurückgehen
Ein Volley zwingt Rückschläger und Partner zum Rückzug. In Erwartung eines Lobs gehen auch Aufschläger und Partner gleichzeitig nach hinten.

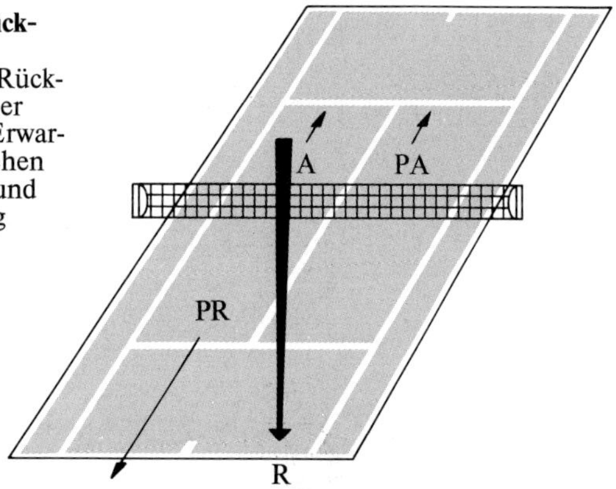

Einschwenken
Ein cross geschlagener Volley treibt den Rückschläger weit über die Seitenlinie hinaus. Aufschläger und Partner formieren sich neu.

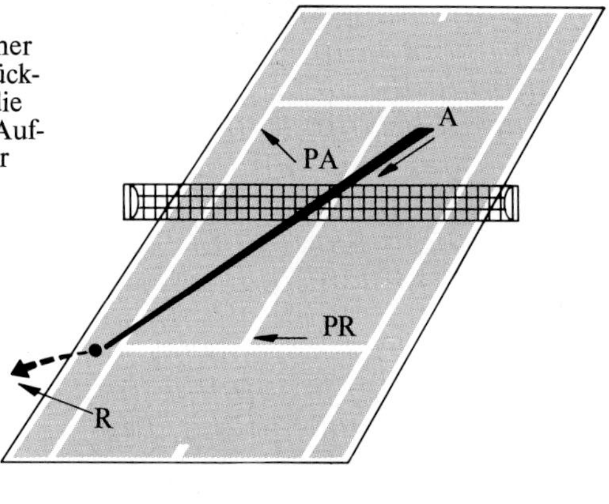

Das Wechseln auf die Partnerseite

Es gibt Ausnahmesituationen, in denen man einen auf der Seite des Partners auftreffenden Lob nehmen sollte. Eine dieser Situationen wird in den beiden Diagrammen unten gezeigt. Denken Sie daran, daß Ihr Partner auf Ihre Seite wechseln muß, wenn Sie aus seiner den Ball zurückschmettern. Der Ballwechsel (vgl. unten), beginnt damit, daß der Rückschläger einen schwachen, kurzen Ball spielt, von dem der Aufschläger annimmt, daß sein Partner ihn aus der Netzposition verwandeln kann. Doch dann muß er erkennen, daß sich der Rückschläger wieder fängt und wahrscheinlich einen tiefen Abwehrlob schlägt, deshalb geht er etwas zurück, bereit, die Seite zu wechseln. Auch sein Partner geht diagonal zurück, um an der Grundlinie die Verteidigungsposition des Aufschlägers zu übernehmen.

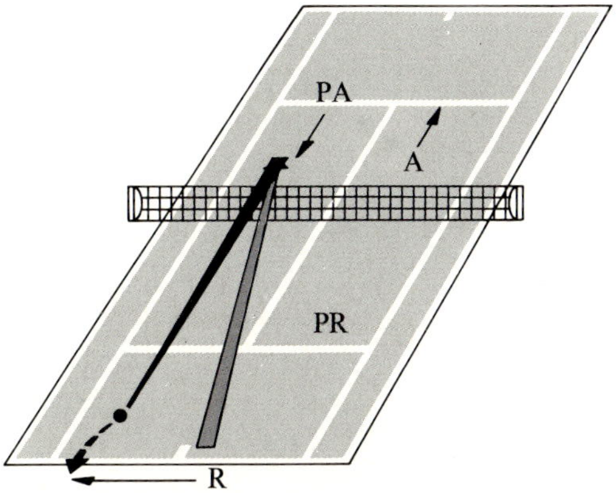

1. Der Aufschlagpartner schlägt einen schwachen Return (grau) als Volley (schwarz), den der Rückschläger erläuft. Der Aufschläger muß zurück.

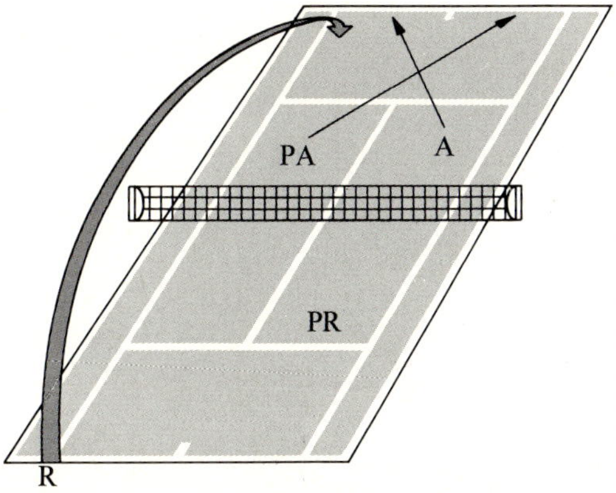

2. Der Rückschläger spielt einen tiefen Abwehrlob (grau); der Aufschläger geht diagonal nach hinten, um ihn zu nehmen, sein Partner wechselt die Seite.

Das Plazieren der Schmetterbälle

Alle in dem Kapitel »Der Schmetterball« genannten Schläge finden im Doppel ihre Anwendung. Am besten werden sie scharf cross zwischen Einzel- und Doppelseitenlinie gespielt, oder man plaziert sie zwischen die beiden Gegner, tief Richtung Grundlinie. Beide Möglichkeiten werden unten demonstriert.
Es kommt vor allem darauf an, den Ball außerhalb der Reichweite der beiden Gegner zu spielen. So ist der stark cross geschlagene Smash häufig die einzige Möglichkeit, zwei an der Grundlinie lobbende Gegner auszutricksen, wie unten gezeigt. Eine gute Gelegenheit für einen tiefen Smash in Richtung Grundlinie ergibt sich vor allem, während die Gegner zum Netz vorgehen. Ein guter Lob-Volley schafft die Voraussetzung, die Formation des Gegners aufzubrechen (ganz unten).

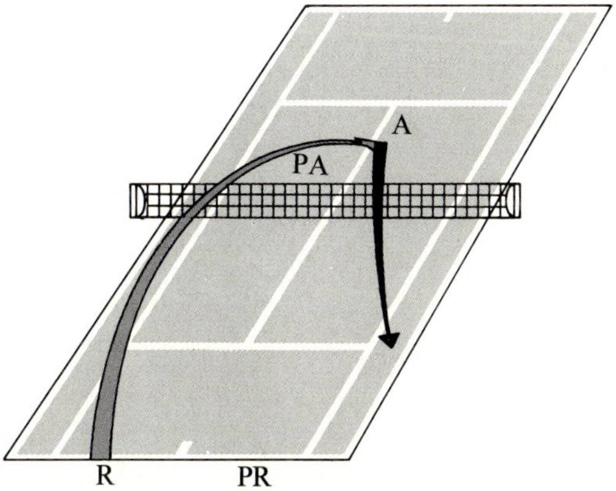

Ein cross geschlagener Smash erzielt den Punkt
Ein kurzer Lob (grau) provoziert einen stark cross geschlagenen Smash (schwarz), der den Punkt erzielt.

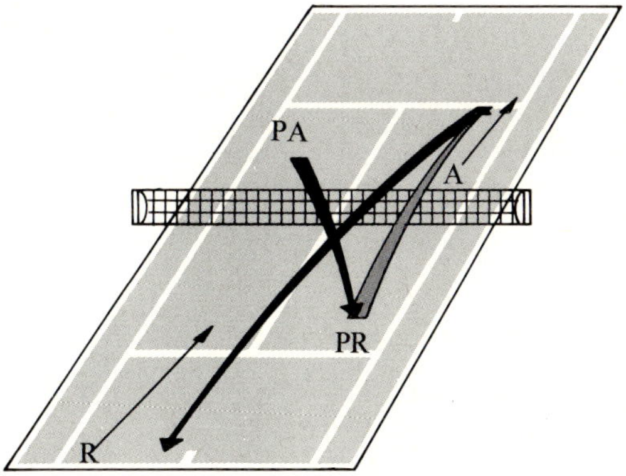

Ein tief plazierter Smash erzielt den Punkt
Ein Lob Volley (grau) veranlaßt den Rückschläger, ans Netz zu gehen, aber der Aufschläger schmettert den Ball zwischen den Gegnern durch (schwarz).

Aufstellung und Taktik

Die verschiedenen Aufstellungen sollen dazu dienen, Schwächen der Gegenseite auszunutzen oder ihre Stärken nicht zur Geltung kommen zu lassen. Gleichzeitig versucht man, dadurch die eigenen Schwächen auszugleichen und eigene Stärken auszuspielen. Beim ersten Doppel im Rasentennis standen sich die beiden Paare an den Grundlinien gegenüber. Heute wird das als reine Verteidigungsstellung betrachtet, und nur noch in Ausnahmefällen bleiben beide Spieler eines Teams hinten – vielleicht, um durch überlegenes Lobben das gegnerische Selbstvertrauen zu erschüttern. Es waren die Brüder Doherty aus Großbritannien, die zu Anfang unseres Jahrhunderts die heute allgemein übliche Aufstellung einführten, bei der ein Spieler an der Grundlinie und einer knapp vor der Aufschlaglinie postiert ist.

Theoretisch gibt es viele vorstellbare Formationen und taktische Züge. Die erfolgreichste und am häufigsten benutzte Grundaufstellung ist aber die unten und gegenüber beschriebene Australische Formation. Diese Aufstellung beim Doppel und die Taktik, sich durch Signale zu verständigen, sowie das Räubern und die Scheinangriffe werden von den meisten Teams bei Turnieren und Meisterschaftsspielen noch heute bevorzugt. Sie könnte durchaus auch in Tennisschulen und Clubs bei der Einübung und Weiterentwicklung von Spieltechniken mehr Beachtung finden.

Ist die Taktik zu kompliziert im Doppel, kann das gefährlich werden. Man sollte immer daran denken, daß der Erfolg jeder Formation von einer möglichst einfachen Verständigung unter den Partnern abhängt.

Die Aufstellung im Doppel einst und heute
Die Diagramme rechts zeigen die erste Doppelformation in der Geschichte des Tennis – nämlich beide Paare an der Grundlinie. Und zum Vergleich die heute übliche Aufstellung – ein Spieler vorn, einer hinten. In einem defensiven Spiel hat auch die historische Formation heute noch ihre Bedeutung.

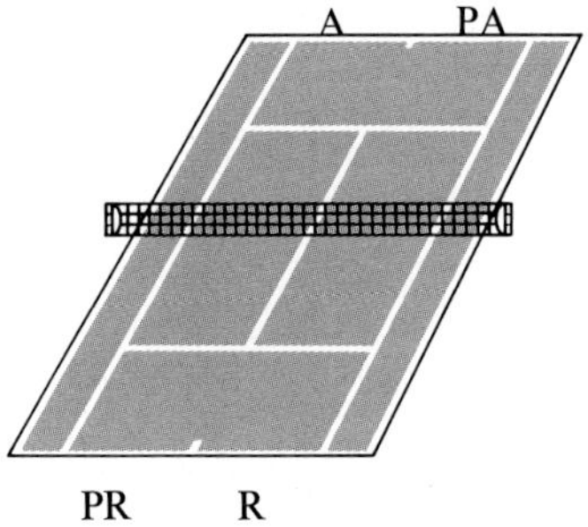

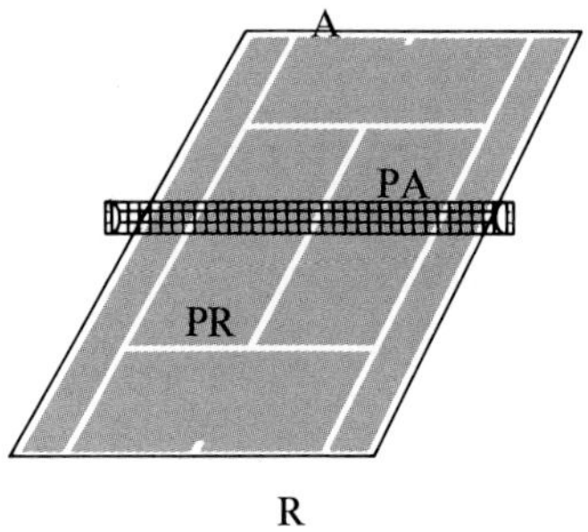

Die Australische Formation

Das Aufschlägerteam kann sich für die Australische oder Tandem-Formation entscheiden. Dabei steht der Partner des Aufschlägers nicht im schräg davor liegenden Aufschlagfeld, sondern auf derselben Seite wie er. Diese Aufstellung kann gegenüber einem Rückschläger, der über einen besonders guten Schlag, aber nur in eine Richtung, verfügt, erfolgreich sein. Oder aber gegen einen Spieler, der den Ball nur schwach und hoch übers Netz zurückzubringen vermag. Bei der Australischen Formation ist die rechte oder linke Platzhälfte absichtlich offen, während die andere durch den Spieler am Netz besonders gut gedeckt wird. Sie soll einen bestimmten Ball provozieren und den Gegner von dem starken Return abhalten, der einen schnellen Stellungswechsel erfordert. Da Aufschläger und Partner auf derselben Seite stehen, muß ersterer so nahe wie möglich am Mittelzeichen postiert sein, um schnell in die ungedeckte Platzhälfte laufen zu können. Sein Partner steht weiter vom Netz entfernt und näher an der Mittellinie als sonst, um Cross-Returns und Lobs abzuwehren.

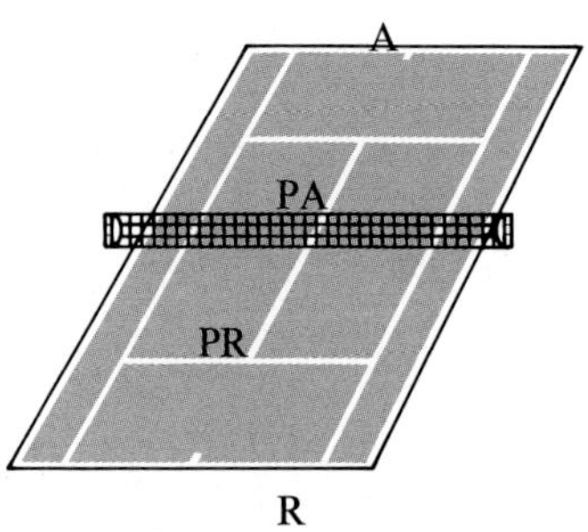

Australische Formation auf der rechten Seite
Der rechtshändige Aufschläger steht nahe am Mittelzeichen; sein Partner postiert sich im rechten Aufschlagfeld, dem gegnerischen Netzspieler gegenüber.

Die Australische Formation im Spiel

Die drei Diagramme unten zeigen die Australische Formation in verschiedenen Situationen. Im ersten hat der rechtshändige Rückschläger dem nach vorn gehenden Aufschläger mit einem scharfen Rückhand-Cross-Return den Punkt genommen. Daraufhin nimmt das Aufschlägerteam die Australische Formation ein, so daß der Aufschlagpartner eine gute Chance hat, einen weiteren Crossball abzuwehren. Dadurch wird der Rückschläger gezwungen, einen schwächeren Longline auf die Vorhandseite des nach vorn gehenden Aufschlägers zu spielen, der ihn als kräftigen Volley zurückgibt. Der Rückschläger könnte jetzt einen Cross-Lob spielen (häufig der Untergang der Australischen Formation), den der Partner des Aufschlägers allerdings abwehren kann, wenn er etwas weiter vom Netz zurückgeht.
Das zweite und dritte Diagramm, wieder von links ins linke Aufschlagfeld, zeigen die Australische Formation im Spiel gegen einen linkshändigen Rückschläger, der nur auf der Rückhand einen schwachen Slice schlägt. Der Aufschläger serviert ihm einen Slice auf die Rückhand und folgt dem Ball ans Netz in Erwartung eines leichten Vorhand-Volleys.

Rechtshändiger Rückschläger
Die Australische Formation des aufschlagenden Teams und ein Slice-Aufschlag (schwarz) auf die Rückhand sollen einen Longline-Return erzwingen, den der Aufschläger als Volley zurückspielen kann (grau). Sein Partner muß sich vor einem Cross-Lob (gestrichelt) in acht nehmen.

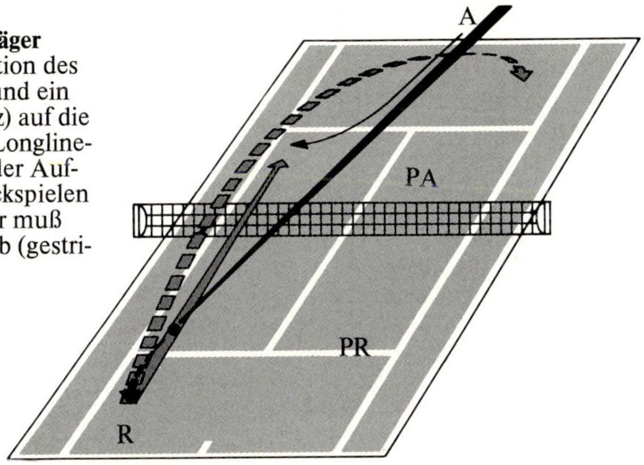

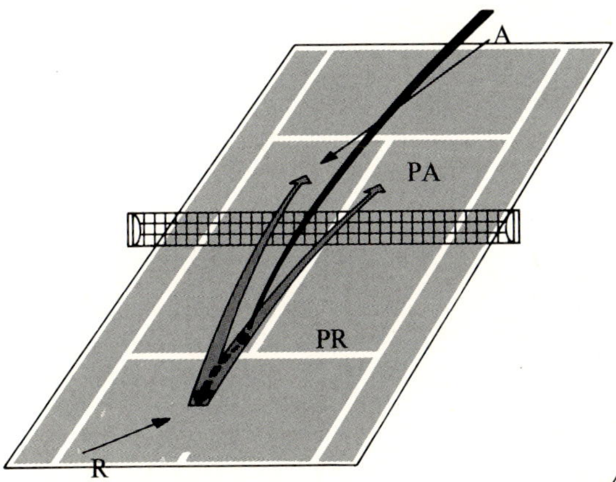

Linkshändiger Rückschläger
1. Das aufschlagende Team in Australischer Formation und ein Slice-Aufschlag (schwarz) auf die Rückhand soll einen schwachen Slice- oder Dink-Return (grau) erzwingen, den der Aufschläger oder sein Partner als Volley spielen können.

2. In der oben gezeigten Situation müssen sich Aufschläger und Partner vor einem überraschenden Lob oder einem guten Dink-Shot weit auf die Rückhand des Netzspielers in acht nehmen (beide gestrichelt). Falls der Rückschläger keinen dieser beiden Schläge anbringen kann, muß der Partner zurückgehen, wie rechts gezeigt.

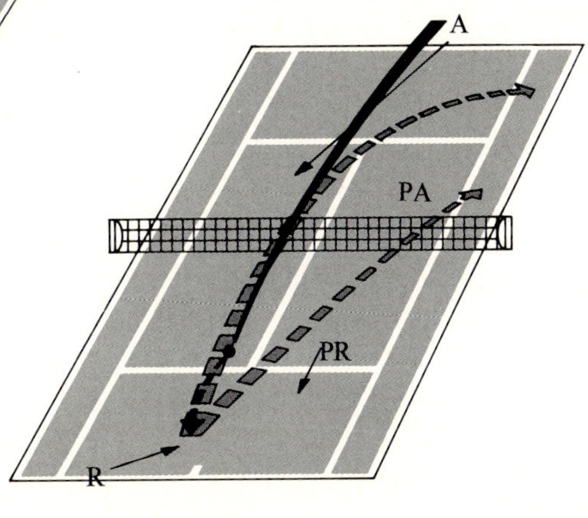

Die Verständigung zwischen den Partnern

Der Netzspieler kann leicht hinter seinem Rükken dem Partner Zeichen geben, ohne daß die Gegenseite aufmerksam wird. Vor allem beim Räubern, aber auch bei einem Täuschungsmanöver ist Verständigung unerläßlich. Man kann mit dem Partner Signale verabreden; wichtig ist aber, daß sie einfach und unmißverständlich sind – und vom Gegner möglichst nicht gesehen, auf keinen Fall aber entziffert werden können. Als sich Bob Hewitt und Fred Stolle ihre Titel im Doppel holten, weckte ihr Signalsystem die Aufmerksamkeit des Publikums. So bedeutete eine geschlossene Faust hinter dem Rücken, daß der Netzmann seine Position hält.

John Newcombe serviert, während sein Partner **Tony Roche** am Netz steht. Aus dieser Perspektive erkennt man, daß der Netzspieler dem Partner Signale geben kann, die von der Gegenseite nicht bemerkt werden können. Dazu taugt jedes Zeichen, das man mit der freien Hand hinter dem Rücken machen kann. Allerdings muß das System einfach und klar sein. Nachdem man seine Absicht signalisiert hat, darf man sie auf keinen Fall wieder ändern.

Das Räubern

Nimmt man am Netz einen Ball an, den eigentlich der Partner hätte schlagen müssen, nennt man das Räubern. Eine solche Aktion muß dem andern signalisiert werden. Nach dem Schlag übernimmt man ganz die Seite des Aufschlägers, während dieser auf die Seite des »Räubers« wechselt.
Das Räubern ermöglicht dem Netzspieler besonders scharfe Volleys. Die beiden Diagramme unten zeigen diese Taktik sowohl vom rechten wie vom linken Aufschlagfeld aus. Im oberen ist der »Räuber« Rechts-, im unteren Linkshänder.

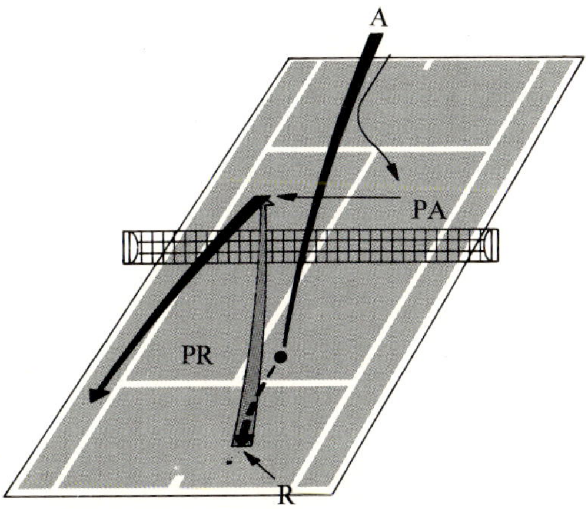

Ein Rechtshänder räubert
Aufschlagpartner signalisiert Absicht. Aufschläger serviert auf Rückhand und geht vor, sein Partner wechselt die Seite und schlägt Volley. Aufschläger wechselt nach links.

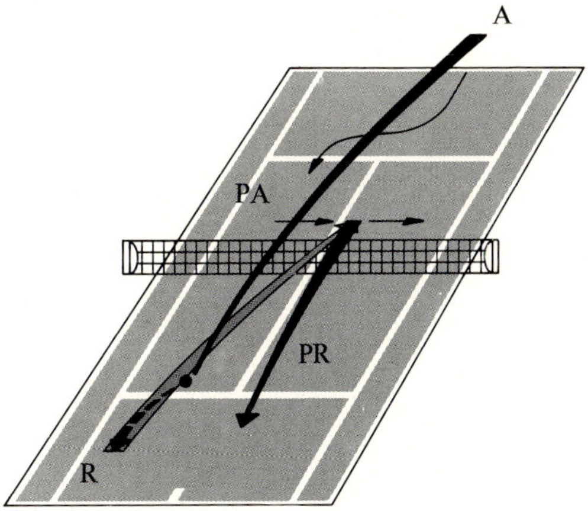

Ein Linkshänder räubert
Aufschlagpartner signalisiert Absicht. Aufschläger zielt auf den Mann und geht vor. Sein Partner schlägt Volley zwischen die Gegner. Die Partner tauschen die Positionen.

Den Gegner täuschen

Wenn das Räubern im Doppel eine Rolle spielt, können Täuschungsmanöver sehr wichtig sein. Man tut dabei so, als ob man einen Ball abwehren wolle, geht aber statt dessen wieder in die übliche Position. Während bei einem vorgetäuschten Abwehren (s. S. 228) der Spieler am Netz allein verantwortlich ist, kann der Partner in diesem Fall bei der Durchführung helfen (sofern man ihm die Absicht rechtzeitig signalisiert). Wie im oberen Diagramm gezeigt, kann der Aufschläger das Täuschungsmanöver unterstützen, indem er so zum Netz vorgeht, als ob sein Partner zu räubern beabsichtige. Wenn dieser aber den gewünschten Return als Volley zurückschlägt, geht er rasch in die übliche Netzposition. Das Diagramm darunter demonstriert, wie Räubern und Täuschen sich gegen das Aufschlagteam kehren können, wenn ein schwacher Aufschlag dem Rückschläger die Möglichkeit zu einem starken Longline-Passierschlag gibt.

Erfolgreiches Täuschungsmanöver

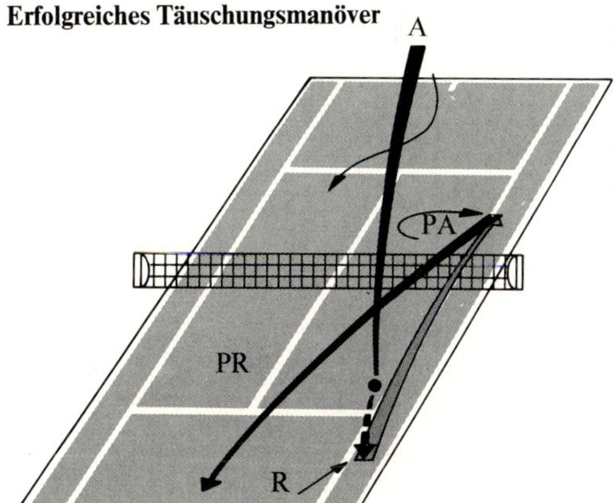

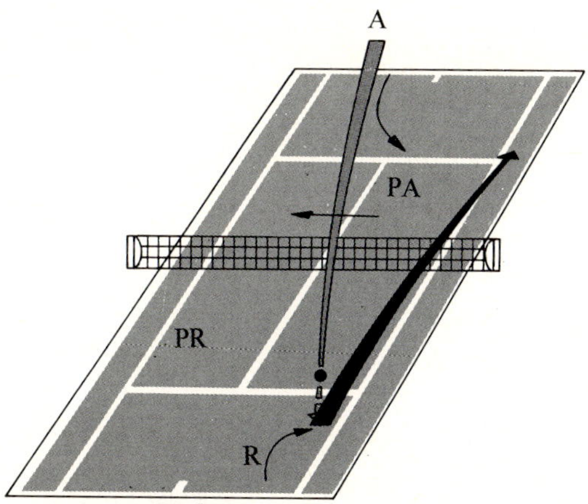

Mißlungenes Räubern

Das gemischte Doppel

Grundsätzlich sollten gemischte Doppel wie jedes andere gespielt werden, d.h. mit beiden Partnern am Netz. Doch obwohl viele Damen heute am Netz durchaus ihren Mann stehen, ist es besser, sie spielen von der Grundlinie aus und gehen nur vor, wenn ein zu kurzer Ball sie dazu einlädt, es sei denn, ihr Aufschlag und ihr Aufschlag-Return sind wirklich so stark, daß man ihnen einfach zum Netz folgen muß. Der männliche Partner soll auf jeden Fall die Netzposition verteidigen. Bei gemischten Doppeln spielt man, wo immer es geht, den weiblichen Partner an. Für ein möglichst starkes Team sollte der Herr die linke Seite übernehmen, falls die Dame keine Linkshänderin ist und auf dieser Seite stärker schlägt, zumindest aber soll sie ungefähr gleich stark wie der Partner spielen.

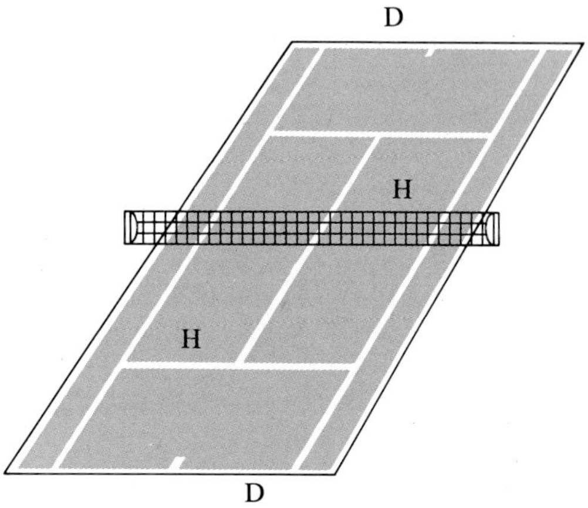

H = Herr D = Dame

Die klassische Formation im gemischten Doppel
Das Diagramm oben zeigt die klassische Formation rechtshändiger Damen und Herren bei Beginn eines neuen Punktes im gemischten Doppel.

Die Dame hat den Aufschlag

Schlägt die Dame rechts auf, sollte sie durch die Mitte auf die Rückhand der Dame servieren, damit ihr Partner am Netz mehr Abwehrmöglichkeiten hat. Er muß der Dame scharfe Volleys zuspielen und bei jeder Gelegenheit räubern. Doch selbst wenn er die Returns nicht abwehrt, dürften sie für die Aufschlägerin kein Problem darstellen, da sie sie mit der Vorhand – und das ist meist die stärkere Seite – zurückschlagen kann. Je nach Schnelligkeit kann die Aufschlägerin beim Service von rechts näher am Mittelzeichen stehen, wie im Diagramm oben rechts gezeigt.
Auch von der linken Seite aus sollte die Aufschlägerin auf die Rückhand des Herrn servieren, um schwache Returns zu erzwingen. Um das zu erleichtern, kann sie sich näher an die Seitenlinie stellen, wodurch ihre Rückhandseite besser gedeckt ist. Aus dieser Position ist es auch einfach, ihren Vorhand-Drive gut gegen einen Return einzusetzen.

Rechtes Aufschlagfeld
Die Dame soll von nahe dem Mittelzeichen durch die Mitte auf die Rückhand ihrer Gegenspielerin servieren.

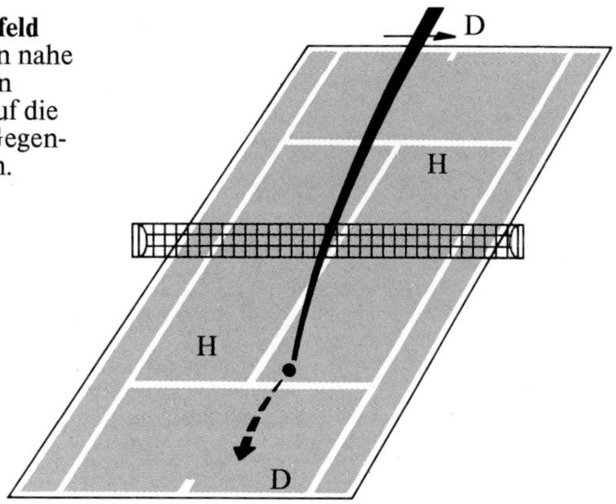

Linkes Aufschlagfeld
Die Dame serviert auf die Rückhand des Gegners, wobei sie sich etwas näher an die Seitenlinie postieren kann.

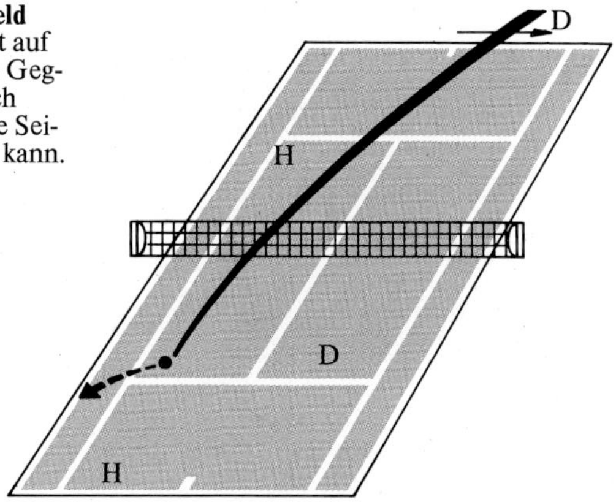

Die Dame am Netz

Wenn der Herr aufschlägt, ist es wichtig, daß die Dame am Netz die Longline-Returns abwehrt, weshalb sie näher an der Seitenlinie postiert sein sollte. Der Aufschläger ist dann im Mittelfeld sicherer und kann nach dem Service ans Netz vorgehen, um zu vollieren. Die Dame muß vor allem auf Lobs achten, die der Rückschläger über sie hinwegspielen könnte. Auch der ans Netz vorgehende Aufschläger darf diese Möglichkeit nie außer acht lassen, um eventuell jene Bälle nehmen zu können, die seine Partnerin nicht schmettern kann. In einem solchen Fall muß auch Sie die Seite wechseln.

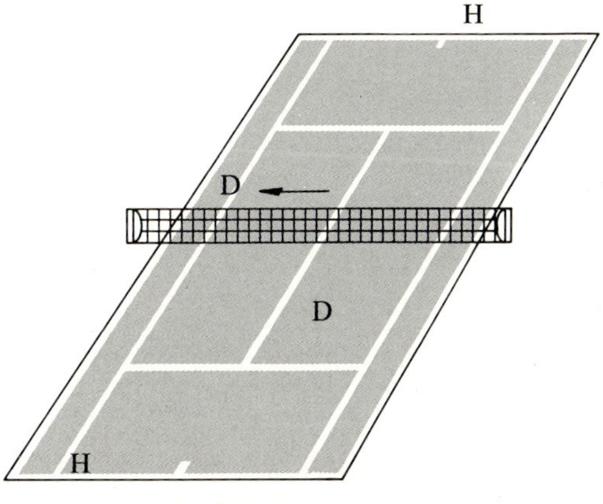

Die Dame in Netzposition
Schlägt der Herr auf, stellt sich die Dame näher zur Seitenlinie, um Longline-Bälle besser abwehren zu können.

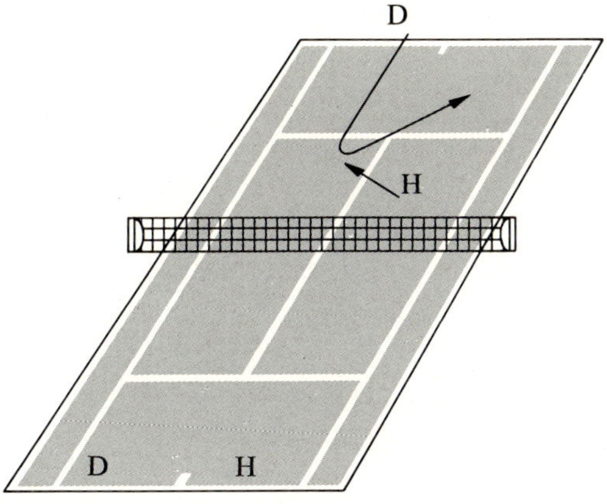

Seitenwechsel
Wenn ein Partner die Seite wechselt, muß es auch der andere tun, z.B., wenn die Dame am Netz überlobbt wird und auf die andere Seite geht, schlägt ihr Partner von ihrer Seite aus zurück.

Die Dame retourniert den Aufschlag

Solange die Dame sichere Returns schlägt, bleibt der Herr am Netz und volliert. Hat sie aber Schwierigkeiten, sollte der Partner zur Grundlinie zurückgehen.
Grundsätzlich sollte die Dame tief cross und außerhalb der Reichweite des gegnerischen Netzspielers retournieren. Steht ihr am Netz die andere Dame gegenüber, kann sie auch einen Lob schlagen, wodurch der männliche Gegner hinten bleiben und den Ball erlaufen muß. Nach einem erfolgreichen Lob-Return muß der Herr zum Eingreifen bereit sein und den Punkt erzielen.

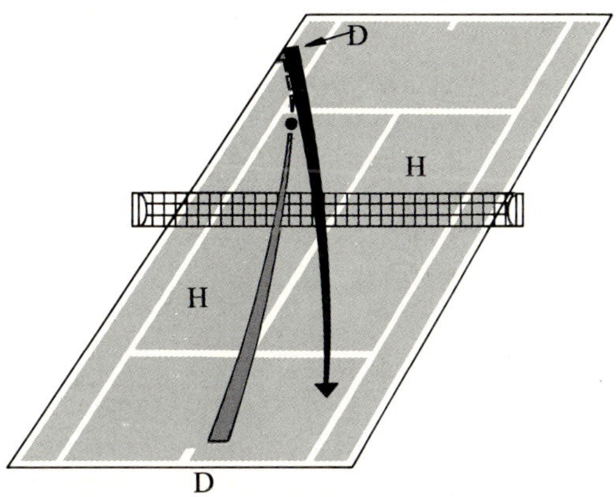

Cross-Return
Es ist sehr wichtig, daß die Dame ihre Returns cross schlägt (schwarz), vor allem wenn sie den Aufschlag der gegnerischen Dame retourniert und den männlichen Gegenspieler am Netz umgehen möchte.

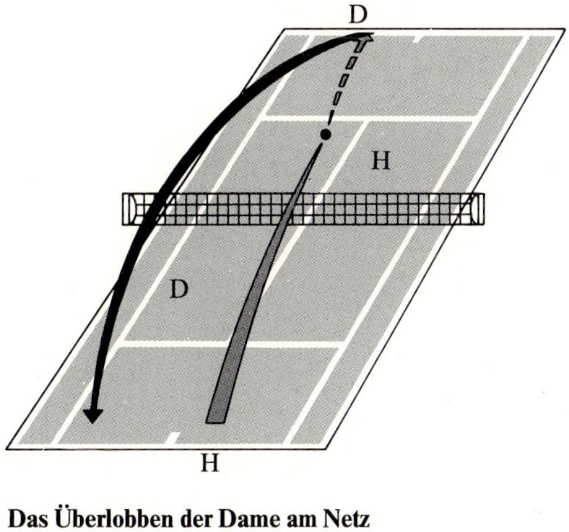

Das Überlobben der Dame am Netz
Muß die Dame den Aufschlag des Herrn retournieren, sollte sie, wann immer möglich, lobben, so daß der Gegner die Seite wechseln muß, um für die überlobbte Partnerin den Ball zu schlagen.

Verschiedene Spielsituationen

Die vier Diagramme unten beweisen die Vielzahl taktischer Möglichkeiten beim Auf- und Rückschlag im gemischten Doppel.
In den oberen zwei Beispielen ist die Aufschlägerin linkshändig; sie und ihr Partner haben sich beim ersten Aufschlag für die Australische Aufstellung entschieden (vgl. S. 234). Ihr Aufschlag tief durch die Mitte auf die Rückhandseite erzwingt einen zu kurzen Return, den die Aufschlägerin mit ihrer starken Vorhand mit Sidespin zurückschlägt, der den Ball weit in die Allee abtriften läßt. Die Rückschlägerin spielt eine Cross-Vorhand, die mühelos vom gegnerischen Netzspieler abgewehrt wird. In den unteren Diagrammen attackiert das rückschlagende Team einen schwachen Aufschlag. Die Rückschlägerin umläuft den Ball, um eine aggressive Cross-Vorhand zu schlagen.

Angriff auf die Rückschlägerin

1

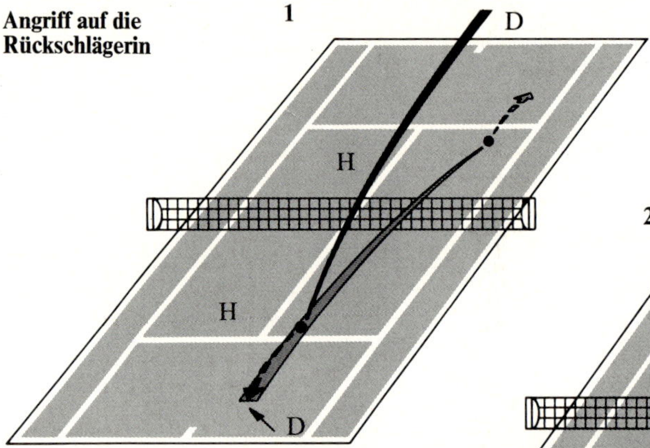

1. Aufschlag (schwarz) erzwingt kurzen Return außerhalb der Reichweite des Netzspielers (grau).

2

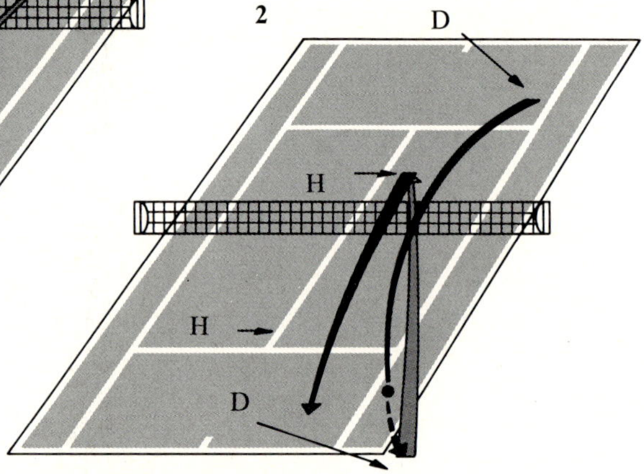

2. Slice-Vorhand (schwarz) erzwingt einen schwachen Crossball auf der Vorhand (grau), den der Netzspieler abwehrt (schwarz).

Angriff auf die Aufschlägerin

1

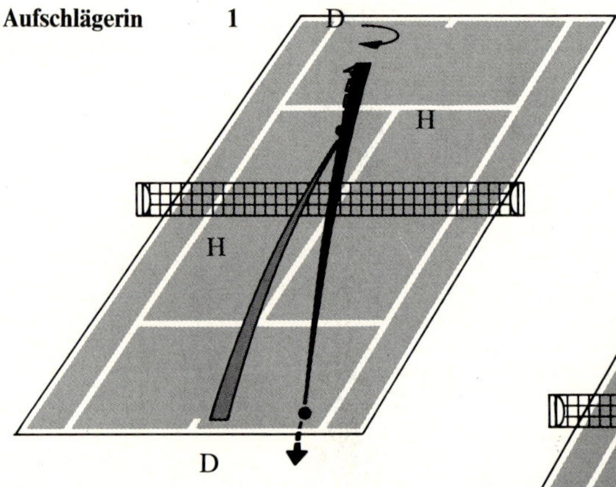

1. Aufschlag (grau) erlaubt einen scharfen Return crosscourt (schwarz).

2

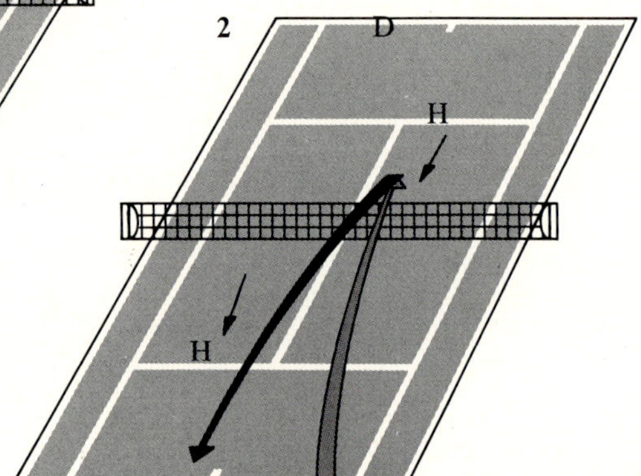

2. Die Aufschlägerin ist gezwungen, einen defensiven Lob zurückzuschlagen (grau), den der gegnerische Spieler am Netz volliert (schwarz).

Anpassung des Spiels an äußere Umstände

Tennis bei jedem Wetter

Spielt man Tennis im Freien, werden die Wetterbedingungen nur selten ideal sein. Deshalb muß man lernen, Technik und Taktik seines Spiels den jeweiligen Gegebenheiten anzupassen. Beispielsweise muß man wissen, wie die Windverhältnisse das Spiel beeinflussen. Hat man den Wind im Rücken, kommt er von vorn oder weht er schräg über den Platz. Auch der Stand der Sonne an einem wolkenlosen Himmel oder Regenschauer können spielentscheidende Faktoren sein.
Ein kampfstarker Tennisspieler - oder ein gutes Doppelteam - versucht, seine Verhaltensweise nicht nur den verschiedenen Spielertypen, mit denen er konfrontiert wird, anzupassen, sondern auch den Wetterverhältnissen (vgl. S. 245).

Den Wind im Rücken

Im allgemeinen ist es günstiger, gegen den Wind zu spielen als mit ihm, weil die Gefahr, daß die Bälle ins Aus abgetrieben werden, geringer ist. Aber das muß nicht so sein, wenn man den Rückenwind richtig einschätzt. Er gibt den eigenen Schlägen mehr Wucht und verkürzt die Schlagvorbereitung des Gegners. Andererseits kann sich dies zum Nachteil auswirken, wenn die Bälle sozusagen über die Grundlinie hinaussegeln; eine Gefahr, die vor allem beim Vollieren am Netz droht. Es empfiehlt sich also, die Bälle weniger kräftig und dafür kontrollierter zu schlagen. Das bedeutet, kürzer auszuholen, dem Schlag mehr Spin zu geben und den Ausschwung zu verlängern. Außerdem sollte man jede Chance nutzen, ans Netz vorzugehen, da Volleys weniger windempfindlich sind. Vor allem aber werden die gegnerischen Passierschläge durch den Gegenwind verlangsamt, was einen nicht zu unterschätzenden Vorteil bedeutet. Variieren Sie die Vorbereitungsschläge, und falls Sie in die Verteidigung gedrängt werden, spielen Sie Passierschläge und keine Lobs.

Gegen den Wind spielen

Ein Vorteil im Spielen gegen den Wind besteht darin, daß man den Ball sehr scharf schlagen kann, ohne daß er ins Aus zu gehen droht.
Man muß den Ball sogar mit mehr Kraft spielen, weil die Schläge sonst kaum noch Wirkung zeigen. Es ist wichtig, frühzeitig in Position zu laufen, um von den Bällen, die mit dem Wind treiben, nicht überrascht zu werden.
Mit Hilfe einiger Lobs sollte man versuchen, in Netzposition zu kommen. Da die eigenen Passierschläge durch den Wind verlangsamt werden, schlägt man, sobald der Gegner am Netz steht, einen hohen Lob tief an die Grundlinie und folgt ihm unverzüglich ans Netz. Ein Topspin-Lob ist bei Gegenwind besser als ein Underspin-Lob. Die Treibschläge halten den Gegner hinter der Grundlinie fest.

Lobben gegen den Wind

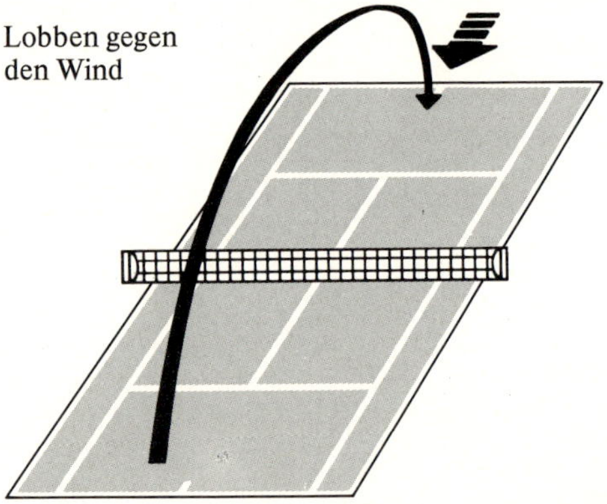

Ein Stopball gegen den Wind

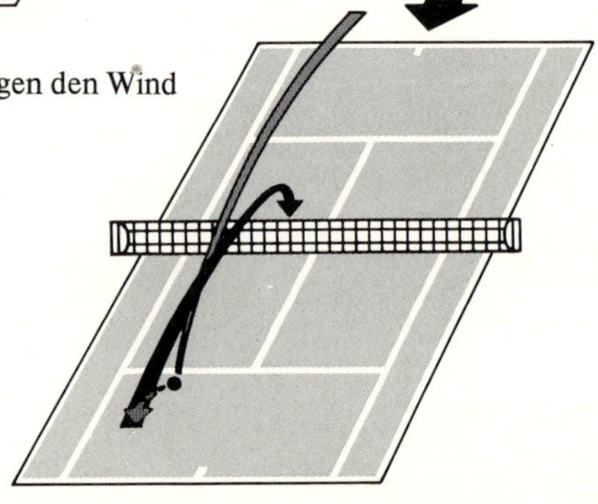

Der Wind kommt von der Seite

Grundsätzlich sollte man versuchen, den Wind beim Angriff auszunutzen. Schlägt man beispielsweise rechts auf, bei von rechts nach links wehendem Wind, verwendet man einen Slice-Aufschlag, so daß der Wind die Wirkung des Spins noch verstärkt und den Ball weit nach rechts abtreiben läßt. Bei Vorbereitungsschlägen läßt der Wind den Ball mit Sidespin vom Grundlinienspieler wegtriften. Man kann aber auch mit Drives Sidespin gegen den Wind spielen, um danach ans Netz vorzugehen.

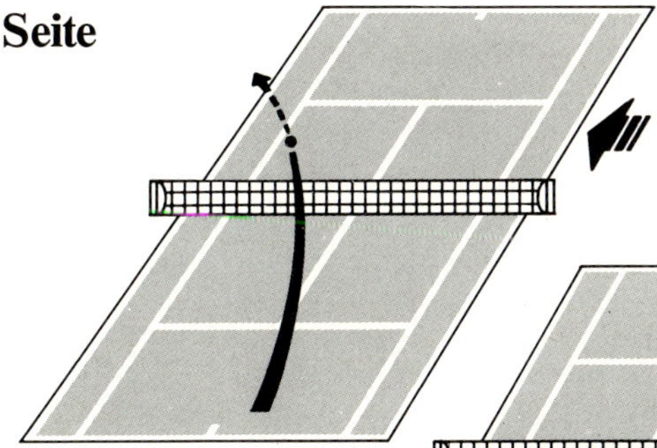

Slice-Aufschlag mit dem Wind

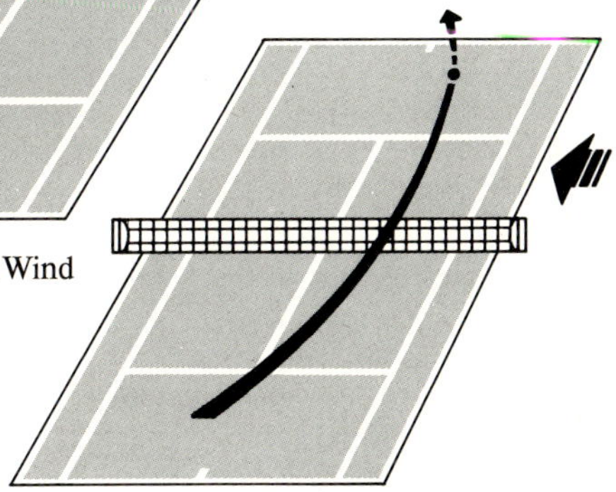

Rückhand-Slice unterstützt von Seitenwind

Anpassung des Ballwurfs beim Aufschlag

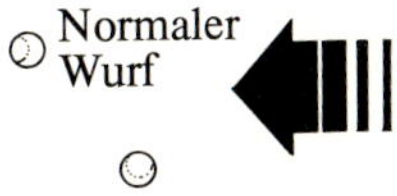

Seitenwind kann das genaue Werfen des Balls ziemlich erschweren. Das läßt sich meist verhindern, wenn man den Ball nicht ganz so hoch und leicht gegen den Wind in die Höhe wirft, wie rechts gezeigt.

Spielen im Regen

Nasses Wetter wirkt sich negativ auf die Darmsaiten des Schlägers aus; also sollten Sie immer einen Schläger mit guter synthetischer Bespannung zur Hand haben. Die Feuchtigkeit verändert auch die Platzoberflächen: Gras oder gestrichener Asphalt werden rutschig, Aschen- und Sandplätze nachgiebig und schwer. In beiden Fällen wird präzise Fußarbeit zum Problem. Man muß den Schläger niedriger zurücknehmen und den Ausschwung verlängern. Bei schlüpfriger Oberfläche ist es besser, die Bälle mit Spin zu schlagen.

Aufschlagen gegen die Sonne

Steht die Sonne in der direkten Verlängerung des hochgeworfenen Balls, muß man entweder die Position so verändern, daß man das Plazieren besser verfolgen kann, oder den Ball niedriger als sonst werfen. Außerdem muß man mehr erste Aufschläge durchbringen. Hat sich der Gegner bei der Wahl für den Aufschlag entschieden, sollte man ihm erlauben, im Schatten zu servieren, damit man anschließend selbst im Schatten aufschlagen kann. Spielt man im Doppel mit einem Linkshänder, arrangiert man es so, daß er von der Seite aus serviert, die für den Rechtshänder problematisch wäre. Auf diese Weise können beide vermeiden, in die Sonne aufschlagen zu müssen. Macht die Sonne beiden Partnern gleich stark zu schaffen, sollte der schwächere Aufschläger in die Sonne servieren, damit der stärkere Spieler die Spielchancen besser nutzen kann.

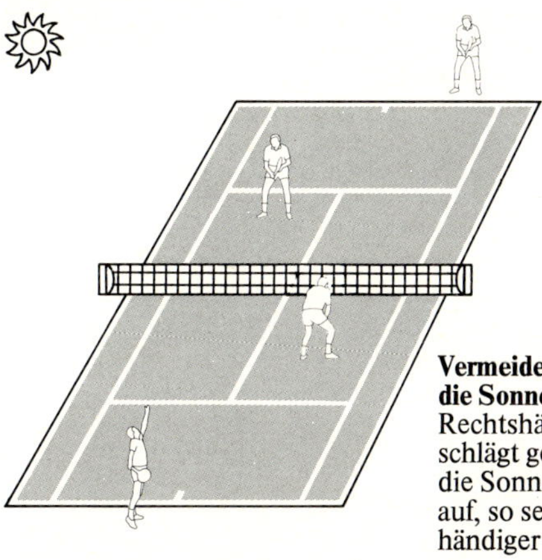

Vermeiden Sie die Sonne
Rechtshänder schlägt gegen die Sonne auf, so sein linkshändiger Partner.

Das Spiel auf den verschiedenen Platzbelägen

Eine glatte Oberfläche und ein dichter, elastischer Untergrund (vgl. S. 268) lassen den Ball nicht so hoch aufspringen, danach aber relativ weit fliegen. Eine rauhere Oberfläche über einem weniger dichten Unterbau bezweckt, daß der Ball zwar steiler aufspringt, aber nicht mehr so weit fliegt. Jeder Tennisplatz besitzt diese Eigenschaften auf ganz spezifische Weise, wodurch das Spiel schneller oder langsamer wird.

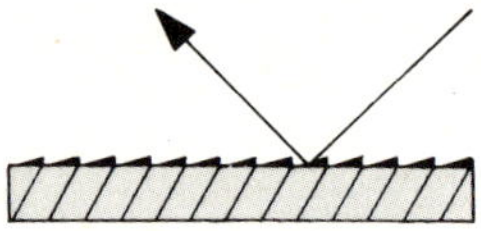

Langsame Oberflächen
Ein poröser Platz mit rauher Oberfläche bietet dem Ball mehr Reibungswiderstand, läßt ihn langsamer werden und steiler abspringen.

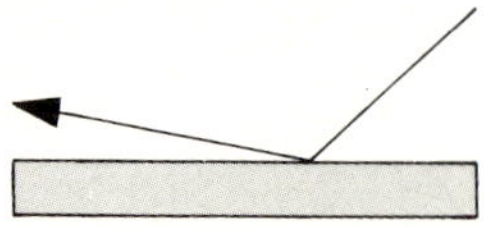

Schnelle Oberflächen
Eine harte, elastische Oberfläche mit glattem Finish verringert den Reibungswiderstand und läßt den Ball flach, aber weit springen.

Die Eigenschaften der verschiedenen Beläge

Asphalt und andere wetterfeste Materialien: Sie werden hauptsächlich für Freiluftplätze in Schulen und Parks verwendet. Ihre teerähnliche Oberfläche verlangsamt das Spiel. Ist die Oberfläche mit grüner Spezialfarbe gestrichen, wird der Platz mittelschnell, d.h., der Ball springt etwas weniger hoch auf. Plätze aus porösem Beton sind solide, etwas langsam; sie sind unmittelbar nach dem Regen wieder bespielbar.

Zement: Diese schnellen Plätze sind besonders für das Aufschlag-Volley-Spiel geeignet. Ist die Oberfläche rauh, sind die Bälle viel langsamer als bei glatten oder gestrichenen Plätzen.

Asche: Plätze aus hartem roten sand- bzw. aschenähnlichen Material haben ähnliche Eigenschaften. Sie bestehen aus mehreren Schichten unter einer losen Oberfläche. Diese muß regelmäßig gespritzt und abgezogen werden, um gleichmäßige Spielbedingungen zu gewährleisten. Frost kann diesen Plätzen ziemlich zusetzen, sie aufweichen und schlammig machen. In gutem Zustand zählen sie zu den langsamen bis mittelschnellen Plätzen. Für den Spieler sind sie nicht besonders anstrengend, aber Bälle und Saiten werden stark strapaziert. Die lose Oberfläche hält den Ball sozusagen fest, was ihn weniger hoch springen läßt. Dadurch sind Plätze dieser Art fürs Grundlinienspiel geeignet (vgl. S. 210). Man spielt lange, harte Bälle, jederzeit bereit, die Position zu wechseln, geht aber erst ans Netz, wenn man seines Erfolgs ganz sicher ist. Auf diesen langsamen Plätzen muß man den Aufschlag immer wieder variieren, um die gegnerische Position aufzubrechen oder einen kurzen Return zu erzwingen, der dann das Vorgehen erlaubt (s. S. 214). Da man weniger Schwierigkeiten mit dem Laufen hat als auf den vergleichsweise schnelleren Plätzen, kommt es auf eine genaue Plazierung an.

Gras: Grasplätze haben sehr unterschiedliche Oberflächen. Es gibt harte Plätze mit kurzgeschnittenem Gras und solche mit höherem, die das Spiel beträchtlich verlangsamen. Im allgemeinen aber sind Grasplätze schnell und deshalb für die Aufschlag-Volley-Taktik (vgl. S. 204) eher geeignet als fürs Grundlinienspiel. Wie für alle schnellen Plätze sind auch für Grasplätze besonders straff bespannte Schläger besser (S. 270); die Ballkontrolle darf darunter allerdings nicht leiden.

Synthetische Materialien: Heute schon haben die meisten Hallenplätze synthetische Oberflächen, und in Zukunft dürften diese auch weitgehend die Freiluftplätze erobern. Es gibt sie auch als Bodenbelag, den man nach Belieben verlegen kann. Sie sind regen-, schnee- und frostfest und gewährleisten draußen wie drinnen ein gleichmäßiges Springen des Balls. Die spezifischen Eigenschaften einer synthetischen Oberfläche hängen von der Beschaffenheit des Unterbodens und des Oberflächenfinishs ab. Eine harte mattenähnliche Oberfläche auf Betonboden ergibt einen mittleren bis schnellen Platz, während eine weichere, teppichähnliche Oberfläche auf Holz den Ball langsamer macht. Die meisten synthetischen Materialien sind rutschfest, so daß man sich erst daran gewöhnen muß, vor allem, wenn man nur Gras- oder Sandplätze gewöhnt ist. Fühlt man sich auf einem bestimmten Boden unsicher, kann das Punkte kosten. Eine zu feste Haftung dagegen ist ebenso ärgerlich wie eine zu glatte Oberfläche.

Holz: Oberflächen aus Holz werden selten, weil sie zu teuer sind. Sie sind allgemein schnell und begünstigen das Aufschlag-Volley-Spiel. Durch die Oberflächenbehandlung kann die Platzqualität sehr beeinträchtigt werden. Auch für diesen Platz benutzt man einen straff bespannten Schläger.

Die verschiedenen Spieler-Typen als Gegner

Es ist für jeden Spieler wichtig, eine individuelle Spielweise zu entwickeln, gleichgültig, wie stark sie im Einzelfall angepaßt werden muß. Einem routinierten Spieler sollte es möglich sein, sein Spiel entsprechend zu verändern, ohne seine Identität als Spieler zu verlieren.
Jüngere und nicht so erfahrene Spieler sind entweder zu vorsichtig oder sie machen aus jedem Ball eine Kanonenkugel. Beide Extreme sind gleich schlecht: Der vorsichtige Typus muß lernen, Angriffschancen zu nutzen, und der hitzige darf nicht vergessen, den Ball sicher und kontrolliert zu schlagen.
Erst wenn man zu einem eigenen Spiel gefunden hat, ist man fähig, es im Einzelfall so zu modifizieren, daß man den unten skizzierten Spieler-Typen gerecht wird.

Die persönliche Einstellung zum Gegner

Zu einem starken Gegner: Wenn man weiß, daß man es mit einem sehr viel stärkeren Gegner zu tun hat, muß man der Versuchung widerstehen, mit verzweifelter Gewalt gegen ihn anzugehen. Sehr viel besser ist es, sein eigenes Spiel zu finden und sich an die schnelleren, schärferen Schläge des anderen zu gewöhnen, bevor man sich weiter vorwagt.

Zu einem schwachen Gegner: In diesem Fall besteht die Hauptgefahr darin, daß man unbewußt sein eigenes Spiel vernachlässigt. Man sollte immer etwas schneller als der schwächere Gegner spielen und auf keinen Fall unkonzentriert oder gar leichtsinnig werden. Man ist dem Gegner den Respekt schuldig, ihn mit dem höchst möglichen Ergebnis zu schlagen.

Zu einem gleichstarken Gegner: Es bedarf besonderer Konzentration, sein eigenes Spiel entsprechend der vorher überlegten Taktik durchzusetzen. Lassen Sie sich nicht entmutigen, falls der annähernd gleichstarke Gegner zunächst immer gewinnt. Bleiben Sie bei Ihrem Spiel und verbessern Sie es, entsprechend der taktischen Ratschläge (vgl. S. 194–219), indem Sie bei jedem neuen Treffen eine andere Taktik ausprobieren.

Zu einem verbissenen Gegner – auch »Bringer« genannt:
Dieser Typus, der sich nur darauf konzentriert, die Bälle wiederzubringen, ist schwer zu schlagen. Treiben Sie ihn – wann immer Sie können – vom Netz aus in die Enge. Und noch bevor er sich an der Grundlinie neu postiert, spielen Sie einen Stopball oder Lob. Ein Bringer hat keinen Angriffsschlag, und wenn Sie die Geduld nicht verlieren und das Spiel nicht zu schnell beenden wollen, können Sie gewinnen. Die Schläge eines solchen Spielers sind nie scharf.

Die Fußstellung in gefährlichen Situationen

Es gibt Situationen, in denen man einen gegnerischen Ball nur unter größten Schwierigkeiten zurückschlagen kann, weil einfach die Zeit für korrekte Fußarbeit fehlt. Versucht man beispielsweise einen weit nach rechts oder links abweichenden Aufschlag zu retournieren oder wurde man vom Gegner auf dem falschen Fuß überrascht, muß man den Ball auch aus dieser Stellung schlagen können. In solchen Situationen nimmt man, wie unten gezeigt, den Ball in offener Fußstellung an. Der ballnahe Fuß wird noch weiter in dessen Richtung gesetzt und der Schläger durchgezogen, wobei sich der Oberkörper dreht.

John McEnroe

Einen Linkshänder als Gegner

Hat man es mit einem Linkshänder zu tun, muß man die Taktik entsprechend ändern. Man attackiert nicht bevorzugt die linke Seite, weil man aus dieser Richtung mit einem cross oder longline geschlagenen Topspin-Drive rechnen muß, den man besser vermeidet. Deshalb sollte man den Ball so oft wie möglich auf die vermutlich schwächere Rückhand auf der rechten Seite plazieren, wie im Diagramm unten gezeigt. Von hinter der Grundlinie sollte man seine Vorhand immer cross und die Rückhand longline schlagen. Beim Aufschlag von rechts empfiehlt es sich, den Ball weit nach außen auf die Rückhand des linkshändigen Spielers zu setzen, ebenso beim Aufschlag von links durch die Mitte. Der mit Slice gespielte Aufschlag wird den Ball vor und nach dem Aufprall seitlich abtriften lassen.

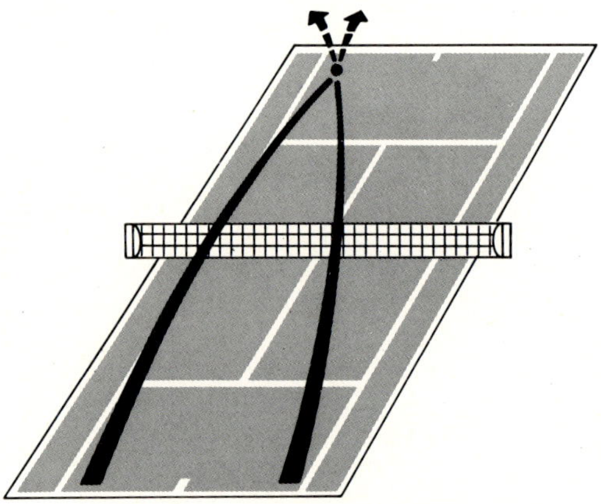

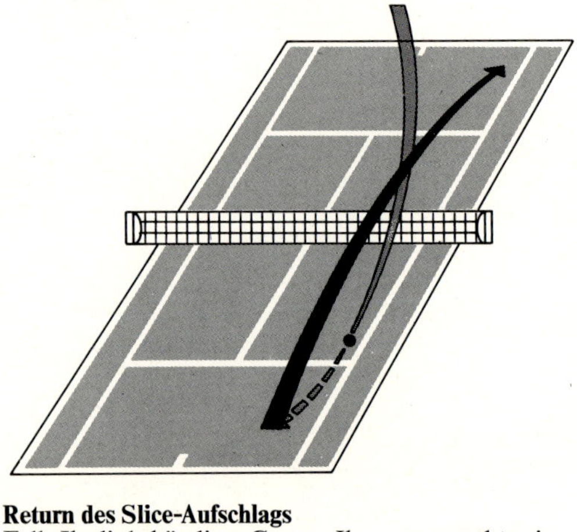

Return des Slice-Aufschlags
Falls Ihr linkshändiger Gegner Ihnen von rechts einen Slice-Aufschlag auf die Vorhand spielt, dann hat der Ball Sidespin und sollte mehr in Richtung Platzmitte geschlagen werden.

Einen Beidhänder als Gegner

Spielt man gegen einen guten Beidhänder, muß man daran denken, daß seine Schläge auf jeden Fall hart sind. Deshalb sollte man ihn sooft wie möglich zwingen, nur mit einer Hand zu schlagen, was vermutlich einen schwächeren Ball zur Folge hat. Am besten plaziert man den Ball weit in Richtung Seitenlinie, so daß sich der Gegner strecken muß, um ihn zu schlagen. Dafür eignen sich besonders kurze, flache Bälle auf die Rückhandseite. Ein solcher Ball braucht normalerweise starken Underspin, um übers Netz zu gehen, und ein Beidhänder ist gezwungen, die Stützhand zu lösen.

Ein flacher, kurzer Ball auf die Rückhand eines Beidhänders

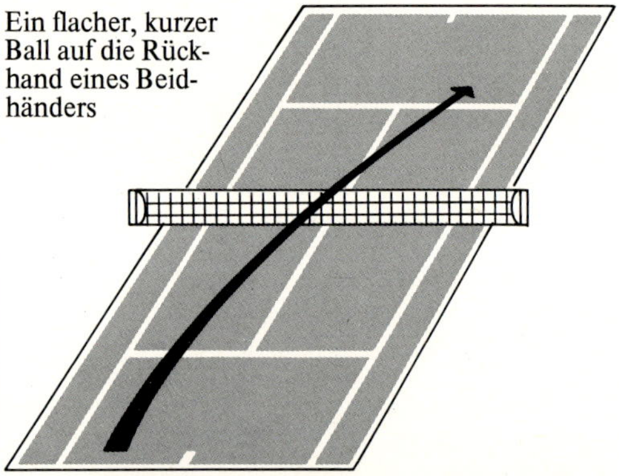

Chris Lloyd nach einem typischen beidhändigen Rückhand-Drive. Die Gefährlichkeit dieser Griffvariante ist hier gut zu erkennen.

Siegen

Positives Denken

Manche Spieler scheinen den Sieg gepachtet zu haben, andere dagegen zeigen nur bei Übungsspielen ihre Bestform. Für die meisten aber bedeutet Tennis unter Wettkampfbedingungen eine unkalkulierbare Kette von Siegen und Niederlagen, wobei der Dauererfolg eine Illusion bleiben muß.
Die Entwicklung von psychischen Steuermechanismen ist ebenso wichtig wie die Verbesserung der körperlichen Leistungsfähigkeit; denn häufig liegt bei hart umkämpften Spielen der Schlüssel für Sieg oder Niederlage einzig in der positiven Einstellung. Natürlich können äußere Umstände diese Einstellung beeinflussen, aber es ist immer möglich, sie zu kontrollieren und zu verändern. Einige Möglichkeiten, diese Kontrolle zu entwickeln, sollen hier beschrieben werden.

Der Wille zum Sieg

Das persönliche Temperament und die Einstellung zum Spiel bilden die mentale Basis für den Sieg. Entscheidend dabei ist der feste Wille, seine physischen und psychischen Möglichkeiten zur Erreichung dieses Ziels voll einzusetzen. Zuerst muß man sich klarmachen, was man persönlich vom Tennis erhofft, um dann mit allen Mitteln zu versuchen, dies zu realisieren. Vielleicht entwirft man einen Plan, der zu dem gewünschten Ziel führt und den man in Etappen nacheinander absolviert. Vor allem darf man nie zu sehr mit sich zufrieden sein, so gut eine einzelne Leistung auch gewesen sein mag.

Gewinnen Sie eine optimistische Einstellung

Die Reaktion auf bestimmte Situationen wird häufig durch konkrete Vorstellungen beeinflußt; das bedeutet aber auch, daß man Reaktionen durch positive Vorstellungen steuern kann. Hat beispielsweise ein Gegner die Angewohnheit, vor jedem Aufschlag den Ball sechs-, siebenmal aufspringen zu lassen, kann man das als psychologische Kriegführung empfinden, was die Konzentration auf einen guten Return stört. Stellt man sich dagegen vor, dieses Verhalten beruhe auf Nervosität und der Gegner versuche sich dadurch lediglich zu beruhigen, spielt man selbstbewußter.

Halten Sie sich immer den Sieg vor Augen

Man kann sich selbst für bessere Leistungen programmieren, wenn man besonders gelungene Schläge oder bestimmte Spielsituationen wie einen Film in der eigenen Vorstellung ablaufen läßt. Zum Beispiel, wenn man Schwierigkeiten mit einem bestimmten Schlag hat, stellt man sich ihn in allen Einzelheiten und unter Wettkampfbedingungen perfekt gespielt vor.

Wie man die Nerven behält

Wutausbrüche während des Spiels müssen unter allen Umständen vermieden werden. Nicht nur, weil sie Gegner und Publikum gegenüber unhöflich wären, sondern weil sie zuviel Energie verbrauchen und die Leistungsfähigkeit schwächen. Außerdem bekommt der Gegner Auftrieb, wenn er merkt, daß man kurz davor ist, die Nerven zu verlieren. Es gibt einen winzigen Augenblick, in dem man entscheiden muß, ob man seine Energien mit Wutausbrüchen vergeuden oder sich zusammenreißen will, um sein Spiel zu verbessern und den Gegner zu schlagen.

Der echte Kampfgeist

Nur wer über sichere und zuverlässige Schläge verfügt, kann echten Kampfgeist entwickeln. Innere Unruhe und Angst deuten darauf hin, daß man kein Vertrauen in sich und seine Schläge hat. Dann hilft nichts, als die Schwächen zu beheben. Denn nur mit zuverlässiger Schlagtechnik und taktischem Geschick kann man selbstbewußt und entspannt spielen.

Psychologische Tricks und Fair Play

Es gibt ein ungeschriebenes Gesetz des Fair Play im Tennis. Einige Spieler glauben es vernachlässigen zu können und betrachten psychologische Kriegführung als Bestandteil des Spiels. Sie nehmen sich das Recht, auch mit anderen Mitteln als mit Schläger und Ball den Sieg anzustreben.
Solche psychologischen Tricks sind bewußter Betrug und nicht zu akzeptieren. Dazu gehören simple Verzögerungstaktiken wie das Richten von Schuhbändern, die eigentlich völlig in Ordnung sind, genauso wie verbale Attacken, um einen Gegner einzuschüchtern und zu verwirren, so daß sein Angriffsgeist gebrochen wird.

Anne Hobbs macht einen Freudensprung, nachdem sie mit 4:6; 6:4; 6:2 über Kathy Jordan, die zehnte in der Weltrangliste von 1980, gesiegt hat. Der Sieg über einen favorisierten Gegner stärkt das Selbstvertrauen beträchtlich; man spielt auf bisher unerreichbar scheinendem Niveau mit.

Konzentration

Es genügt im Tennis nicht, lediglich den Ball im Auge zu behalten; Sie müssen vielmehr Ihre ganze Aufmerksamkeit aufs Spiel richten, so daß nichts Sie abzulenken vermag. Unter Wettkampfbedingungen kann das recht schwer sein, denn Nervosität und ängstliche Spannung wirken sich oft gerade im entscheidenden Augenblick negativ auf die Konzentration aus. Wie man das vermeiden kann, wird im folgenden beschrieben.

Konzentration beim Ballwechsel

Um sich vor Ablenkung zu schützen, kann man bei längeren Ballwechseln zählen. Dadurch unterstützt man zugleich Rhythmus und Timing der Schläge. Man zählt beispielsweise beim Grundlinienspiel »eins«, wenn der andere den Ball schlägt, »zwei«, wenn er im eigenen Feld aufspringt, und »drei«, wenn man selbst schlägt. Übt man, können Partner oder Trainer das Zählen übernehmen; im Match macht man das selbst.
Denselben Zweck würde auch die Wortfolge »Schlag-Aufsprung-Schlag« erfüllen.
Die 1-2-3-Methode hat den Nachteil, daß man vielleicht nur noch automatisch zählt und dadurch erst recht abgelenkt wird. Um das zu vermeiden, bietet sich die Zählweise »3-2-1« an.

Jimmy Connors demonstriert, wie ein Weltklassespieler seine ganze Konzentration auf den Ball richtet. Während des Ballwechsels läßt er ihn keinen Moment aus den Augen.

Konzentration während des Seitenwechsels

Der Seitenwechsel gibt Gelegenheit, sich körperlich und geistig zu entspannen und neue Kraft für das nächste Spiel zu sammeln. Die kurze Pause soll genutzt werden, die taktisch notwendigen Maßnahmen zu überlegen, die für einen Sieg erforderlich sind. Geht man wieder auf den Platz, richtet man Augen und Aufmerksamkeit ausschließlich auf den Ball und versucht seine Taktik zu verwirklichen. Wenn man so jeden Schritt bedenkt, bevor man ihn ausführt, leitet man damit die verschiedenen Spielzüge fast automatisch ein.

Wie man geistige Energie spart

Fühlt man sich während des Spiels müde, braucht das nicht unbedingt körperliche Ursachen zu haben. Vielleicht bildet man sich auch nur ein, müde zu sein. Das kann daher rühren, daß man sich durch zu viele Nebensächlichkeiten ablenken läßt oder einfach mit seinem Spiel nicht zufrieden ist. Gleichzeitig stellt man fest, wie frisch im Vergleich der Gegner noch ist. Läßt man dieser Stimmung die Oberhand, wird man immer mehr abbauen. Man wird sich über Entscheidungen des Schiedsrichters aufregen und so seine geistige Energie vergeuden. Sowohl physisch wie psychisch gilt dann, einen neuen Anfang zu machen. Wir alle kennen das Gefühl, völlig abgespannt zu sein. Bekommt man aber eine neue interessante Aufgabe, spürt man plötzlich ungeahnte Energien in sich aufsteigen. Im Tennis ist es nicht anders. Man muß sich neu sammeln und selbst positiv motivieren. Es hat keinen Sinn, darauf zu warten, bis ein phantastischer Schlag gelingt. Wichtig ist in diesem Augenblick, mit allen Mitteln um den nächsten Punkt zu kämpfen. Die Taktik richtet sich nach den während des Spiels gemachten Erfahrungen, gleichgültig, ob man gerade aufschlägt oder retourniert. Die meiste psychische Energie geht verloren, wenn man seine Gedanken ziellos schweifen läßt. Sich über einen verlorenen Punkt zu grämen, den man hätte gewinnen können, oder über eine Fehlentscheidung im fünften Spiel, ist vergeudete Energie. Es kommt allein darauf an, sich auf das Hier und Jetzt - sprich auf den Ball - zu konzentrieren. Gelingt das nicht, sind die Energiereserven rasch endgültig verbraucht.

Die Aufmerksamkeit steigern

Man kann sich vor Ablenkung schützen, wenn man versucht, sich ausschließlich auf eine Sache zu konzentrieren. Studieren Sie die Naht des Balls zum Beispiel, vielleicht hilft es Ihnen . Eine sehr gute Konzentrationsübung ist natürlich das Schachspiel.

Zur Übung der Augen gibt es ebenfalls verschiedene Möglichkeiten. Vielleicht versucht man, Autokennzeichen oder Verkehrsschilder aus immer größeren Entfernungen abzulesen. Verschwimmen die Ziffern und Buchstaben, kann eine ganz bewußte Anspannung von Auge und Bewußtsein die Sicht verbessern. Unten werden zwei weitere Übungen dieser Art beschrieben; natürlich können Sie selbst neue entdecken.

Übung 1
Konzentrieren Sie sich lediglich auf den Ball und auf die Saiten, ohne den Rahmen zu beachten.

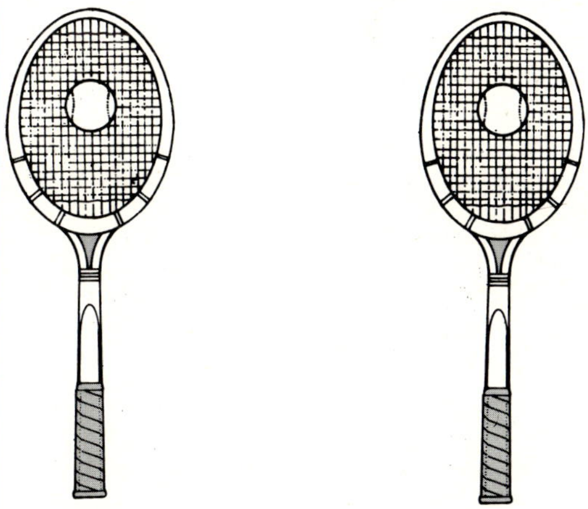

Übung 2
Stelllen Sie ein 12 mm dickes Buch senkrecht zwischen die abgebildeten Schläger; legen Sie Stirn und Nase auf den Buchrücken und versuchen Sie, die Bälle miteinander verschmelzen zu lassen.

Verbessern Sie Ihre Erfolgschancen

Gleichgültig, wie gut sie geistig und körperlich in Form sind – nutzen Sie alles, was zu Ihrem Sieg beitragen kann. Das Aufwärmen vor dem Spiel ist dabei genauso wichtig wie die Fähigkeit, sich während des Kampfes physisch und psychisch immer wieder zu entspannen und das Spiel genau zu berechnen (vgl. unten).

Sich warm spielen

Nur in Ausnahmefällen sollte es länger als vier Minuten in Anspruch nehmen. Brauchen Sie länger, um warm zu werden, müssen Sie die entsprechenden Vorkehrungen vor dem Kampf treffen. Nützen Sie die dafür vorgesehene Zeit, sich an die Bälle, den Platz und die Schlagtechnik des Gegners zu gewöhnen. Treffen Sie die Seiten- bzw. Aufschlagwahl, bevor Sie sich warmspielen, um auf der Platzseite beginnen zu können, auf der Sie das erste Spiel spielen. Achten Sie auf etwaige Schwächen des Gegners und versuchen Sie gleichzeitig, die eigenen zu verdecken. Auch zeigt man vor Spielbeginn nicht seine volle Stärke. Vielleicht wird der andere versuchen, Ihnen eine Schwäche vorzuspielen; trauen Sie deshalb nicht dem ersten Anschein, sondern wägen Sie alles genau ab. Nachdem man Grundschläge geübt hat, spielt man sich abwechselnd Volleys und Schmetterbälle zu. Und mindestens eine Minute sollte man aufschlagen. Schon manches erste Aufschlagspiel ging verloren, weil der Aufschläger seinen Service noch nicht richtig im Griff hatte.

Das kalkulierte Spiel

Damit meint man grundsätzlich die Wahl des richtigen Schlags zum richtigen Zeitpunkt. Das bedeutet, daß man seine eigenen Stärken und Schwächen genau kennt und seine Taktik danach richtet.
Beim Kalkulieren des Spiels achtet man besonders auf die Bälle, die das Match, den Satz oder das Spiel entscheiden, sowie auf Punkte, die einen für das Spiel entscheidenden Ball – für oder gegen einen – nach sich ziehen – so z. B. bei einem Spielstand von 15:30 oder 30:15. Manche Spieler messen auch dem ersten Punkt im Spiel eine besondere psychologische Bedeutung bei. Da mehr Matches von dem Spieler gewonnen werden, der weniger Fehler macht, und nicht von dem, der die spektakulärsten Punkte erzielt, sind ein genauer Überblick über den Spielverlauf und ein entsprechendes Verhalten unerläßlich. Das heißt, daß man bei wirklich entscheidenden Punkten nur seine stärksten Schläge einsetzt und nur ein Risiko eingeht, wenn man deutlich im Vorteil ist. Genaueres darüber auf den Seiten 194–240.

Sich entspannen

Nur ein Schlag, der ebenso entspannt wie präzise gespielt wird, erzielt eine maximale Wirkung bei minimalem Energieverlust. Schlägt man zu lässig, fehlt es an Ballkontrolle, und die Plazierung ist ungenau; ist man aber zu angespannt oder verkrampft, werden Haltung und Schlagbewegungen steif und man verbraucht unnötig Kraft und viel Energie. Spürt man, daß man sich verkrampft, vielleicht vor einem gefürchteten Aufschlag, hilft es, den Mund ein wenig zu öffnen, um die Kiefermuskulatur zu lockern. Und hat man das Gefühl, den Schläger zu fest zu umklammern, lockert man zwischen den Schlägen bewußt den Griff. Wenn man sich während des Seitenwechsels erholen möchte, setzt man sich völlig bewegungslos auf einen Stuhl mit gerader Lehne und entspannt die Muskeln. Das läßt sich gut vor einem Spiegel üben. Beobachten Sie sich konzentriert und registrieren Sie die kleinste Körperbewegung, außer dem Lidschlag. Dehnen Sie die Übung immer länger aus, bis Sie 15 Minuten völlig bewegungslos dasitzen können.

Tracy Austin

Kondition und Training

KONDITION UND TRAINING

Um Tennis auf höchstem Wettkampfniveau spielen zu können, muß man physisch und psychisch in Höchstform sein. Ermüdete Muskeln verkrampfen sich unter der Anspannung und behindern Arm- und Beinbewegungen, und schlechte Nerven führen vor wichtigen Spielen zu schlaflosen Nächten. Deshalb legen erfolgreiche Spieler ihr Konditions- und Trainingsprogramm so an, daß sie während des entscheidenden Turniers ihre Spitzenleistung erreichen. Möchte man für den Kampf wirklich rundum fit sein, muß man Ausdauer und Schnelligkeit, Stärke und Beweglichkeit gleichermaßen trainieren. Wie man das macht, soll hier kurz dargestellt werden.

Das Aufwärmen

Es ist ratsam, sich vor jedem Match oder jedem anstrengenden Konditionstraining zehn Minuten lang aufzuwärmen. Dafür gibt es verschiedene Möglichkeiten. Vor einem Match sind Massage und Streckübungen recht nützlich. Auch vor einem Dauerlauf lockert man sich am besten durch Bewegungsübungen.
Trainiert man mit Gewichten, empfiehlt es sich ebenfalls, vorher einige Streckübungen zu machen und sich warmzulaufen. Danach arbeitet man zunächst mit den Hanteln, wobei man allerdings nicht mehr als ein Viertel seiner Maximalleistung erbringen sollte. Beenden Sie Ihr Training mit noch leichteren Gewichten.

Die Ausdauer

Ein hartes, sich über mehrere Sätze hinziehendes Tennismatch verlangt ein sehr gesundes und starkes Herz, gute Lungen und kräftige Beine – also Ausdauer. Das beste Training dafür ist Laufen, vor allem wird dadurch die Kapazität der Lungen gesteigert.

Das Laufen

Jedes Lauftraining sollte längere Strecken zur Steigerung der Ausdauer und Sprints zur Steigerung der Schnelligkeit berücksichtigen. Dabei wird zugleich auch die Erholungsfähigkeit des Organismus gesteigert. Vorausgesetzt, Sie sind in guter gesunder Verfassung, dann können Sie ohne weiteres für den Anfang mehrere Male pro Woche im bequemen Laufschritt 1500 m laufen.
Markieren Sie sich in einem nahegelegenen Park einen 1500-Meter-Kurs oder laufen Sie um Ihren Häuserblock. Auf Asphalt allerdings sollten Sie Ihre Füße durch eine weiche Einlegesohle schützen. Vergewissern Sie sich anhand einer Stoppuhr über die gemachten Fortschritte. Verlängern Sie die Laufstrecke allmählich auf 3000 m und darüber; oder laufen Sie zumindest zwei- bis dreimal in der Woche 30 Minuten ohne Pause.

Das Atmen

Tiefes Ein- und Ausatmen an jedem Morgen sowie vor und nach jeder körperlichen Anstrengung, wie beispielsweise zwischen einem scharfen Ballwechsel, haben nicht nur einen psychologischen Effekt, sondern helfen auch der Lunge und damit dem Körper, sich schnell zu erholen. Atmen Sie tief mit Hilfe des Zwerchfells ein und heben Sie nicht nur die Brust. Die Luft muß zuerst tief eingesogen werden, bevor sie die Lunge füllt, damit der Organismus möglichst viel Sauerstoff bekommt.

Der Puls

Der Pulsschlag pro Minute kann Auskunft über den allgemeinen Zustand des Körpers geben. Durchschnittlich liegt die Zahl aber zwischen 70 und 80; sie wird aber durch vielerlei Faktoren beeinflußt. Allgemein jedoch gilt: je niedriger der Puls, desto fitter der Körper. Ein Beispiel dafür ist Björn Borg, dessen Puls bei ruhendem Körper angeblich nur vierzigmal schlägt.
Sofern Ihr Puls normal ist, können Sie Ihre Fitness gleichmäßig steigern. Bei Werten, nicht allzuviel über 60, sind Sie fit genug, sich nach dem Aufwärmen körperlich auszuarbeiten. Versuchen Sie bei Ihrem Dauerlauftraining Werte zwischen 140 und 150 zu erreichen und nicht zu überschreiten. Messen Sie den Puls vor und nach dem Laufen und dann noch einmal 10 Minuten später. Innerhalb dieser Zeit sollte er auf ungefähr 100 gefallen sein. Sind Sie topfit, zeigt er sogar wieder Normalwert.

Die Schnelligkeit

Wenn Ihre Ausdauer nach regelmäßigem Konditionstraining die ersten Erfolge zeigt, muß Ihr Körper lernen, sich nach einer andauernden Belastung wieder schnell zu erholen; denn nur so kann er über längere Zeit gut reagieren. Dazu bieten sich Übungen an wie Sprints in Intervallen oder ein Nonstop-Ballwechsel, wobei die Belastung immer weiter erhöht und die Erholungspausen immer mehr verkürzt werden.

Sprints in Intervallen

Schnelligkeit und die Fähigkeit, sich körperlich zu regenerieren, lassen sich besonders gut durch Sprints in Intervallen üben. Sprinten Sie mit vollem Einsatz zwischen zwei Laternen eines Parks, bevor Sie sich kurz im Laufschritt erholen und neu zum Sprint ansetzen. Die Stoppuhr mißt die erzielten Werte, wobei die Erholungspausen zwischen den Sprints immer weiter verkürzt werden.

Das Drei-Bälle-Sprinten. Legen Sie drei Bälle auf die Einzellinie (s. unten). Sie starten hinter der gegenüberliegenden Einzellinie, greifen sich einen der Bälle und bringen ihn zum Startpunkt zurück. Ein Partner stoppt die Zeit. Holen Sie dann den zweiten und den dritten Ball, die Sie neben dem ersten auf der Seitenlinie aufreihen. Männer sollten dabei unter 12 Sekunden bleiben, Frauen unter 13. Verlängern Sie die Übung, indem Sie zunächst sechs und dann neun Bälle verwenden. Die letzte Übung sollte in 40 Sekunden absolviert werden.

Das Fünf-Bälle-Sprinten. Stellen Sie einen leeren Eimer aufs Mittelzeichen und legen Sie auf jeden Schnittpunkt von Grund- und Seitenlinien sowie Aufschlag-, Mittel- und Seitenlinien einen Ball. Starten Sie vom Mittelzeichen und holen Sie nacheinander die Bälle, wobei Sie rückwärts wieder zum Eimer laufen.

Drei-Bälle-Sprinten

Nonstop-Ballwechsel

Bestimmte Tennis-Taktiken, die besondere Aufmerksamkeit, schnelle Beinarbeit und frühzeitiges Reagieren erfordern, sind für das Streß-Training gut geeignet. Jeder Schlag oder jede Schlagfolge können dazu verwendet werden, den Trainierenden unter Druck zu setzen, sofern er bereit ist, sie mit ganzem Einsatz zu spielen. Nach einer kurzen Erholungspause wiederholt man die betreffende Sequenz.

Nonstop-Schmettern. Von der Grundlinie aus setzt ein Partner den Netzspieler unter Druck, indem er einen Ball nach dem andern lobbt. Der Netzspieler schmettert die Bälle zurück, aber zwischen jedem Schlag läuft er zum Netz, um es mit dem Schläger zu berühren, wie unten gezeigt. Die Übung sollte fünf Minuten fortgesetzt werden.

Schmettern und Vollieren. Ein Netzspieler muß abwechselnd die von zwei Partnern an der Grundlinie geschlagenen Drives und Lobs als Volleys oder Schmetterbälle zurückspielen.

Nonstop-Vollieren. Zwei Partner stellen sich in der Vor- bzw. Rückhandecke des Einzelfeldes auf und spielen dem Partner am Netz abwechselnd Bälle zu, die dieser vollieren muß. Dabei muß er zwischen jedem Schlag die gesamte Breite des Einzelfeldes überqueren.

Nonstop-Schmettern

Kraft

Kraft hängt von Tonus, Belastbarkeit und Stärke der Muskeln ab. Der Muskeltonus (Spannungszustand des Muskelgewebes) und die Dauerleistung der Muskeln können durch Training gesteigert werden; dazu gehört auch das Üben mit Gewichten, wobei mit leichten Gewichten und vielen Wiederholungen gearbeitet wird. Die Stärke eines Muskels hängt von der Zahl und dem Umfang der Faserbündel im Muskelgewebe ab. Auch diese Fasern können durch Üben mit Gewichten kräftiger und dicker werden.

Allround-Training

Stellen Sie sich einen Übungsplan auf, so daß nicht zwei Übungen hintereinander dieselbe Körperpartie trainieren. Wiederholen Sie jede der Übungen, sooft Sie können, und pausieren Sie dann 45 Sekunden. Die Hälfte des dabei erreichten Maximums ist die Richtzahl für das ganze Übungsprogramm. Durchlaufen Sie es zweimal ohne Pause und stoppen Sie dabei die Zeit, um Ihre Fortschritte zu messen. Die Aufstellung rechts zeigt einen solchen Übungsplan, der auf drei Fitness-Ebenen absolviert werden kann.

Übungsprogramm

Übung	Wiederholungen (3 Schwierigkeitsgrade)		
Liegestütze	10	25	50
Aufsitzen	10	25	50
Treppensteigen	8	20	40
Beineheben	10	25	50
Springen	10	25	50
Bauchwippe	3	5	10
Hockstütze	15	30	60

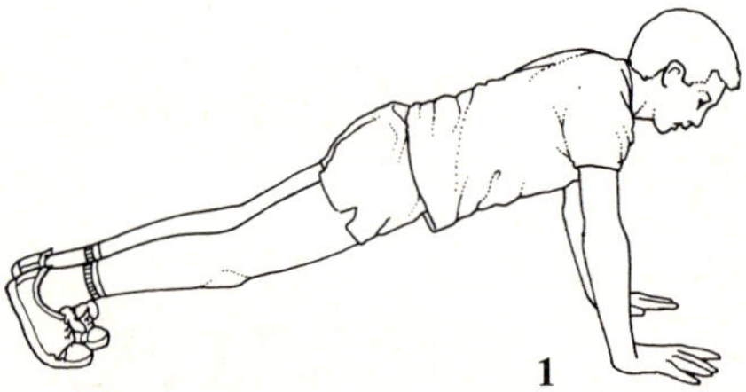

1

1. Liegestütze. In Vorlingshaltung die Handflächen unter den Schultern, den Körper gestreckt: Beugen und strecken Sie die Arme, ohne mit den Knien den Boden zu berühren.

2. Aufsitzen. Flach auf den Rücken legen, Beine strecken (evtl. Füße unter Schrank verankern), Hände im Nacken: Oberkörper nach vorn oben schnellen (Nase berührt Knie), langsam nach hinten sinken, ohne den Boden zu berühren.

3

3. Treppensteigen. Steigen Sie mit dem rechten Fuß auf eine ca. 50 cm hohe Bank und wieder zurück. Wiederholen Sie die Übung mit beiden Füßen gleich oft.

5

5. Springen. Gehen Sie mit aneinandergepreßten Knien in die Hocke und versuchen Sie, beim Hochspringen die Knie an die Brust zu reißen. Legen Sie keine Pause zwischen den Sprüngen ein.

2/4

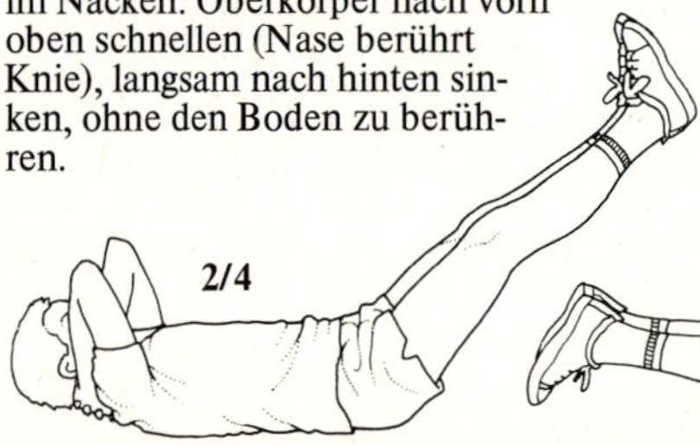

6

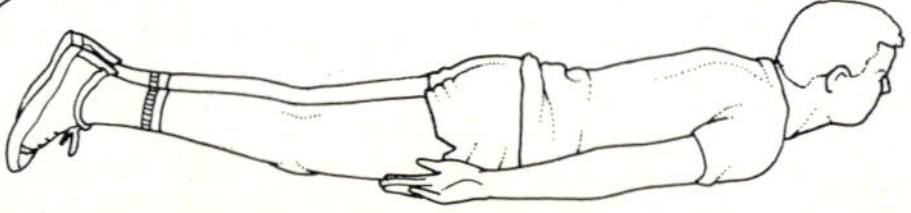

7

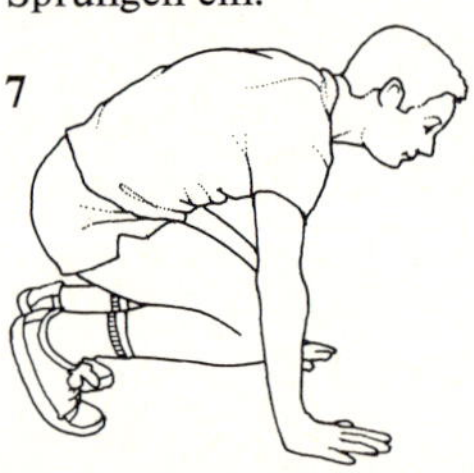

4. Beineheben. Flach auf den Rücken legen, Hände im Nacken: Beine heben, bis sie rechten Winkel zum Körper bilden, langsam zurücksinken lassen.

6. Bauchwippe. Flach auf den Bauch legen, Arme mit nach oben gekehrten Handflächen Kopf, Oberkörper sowie gestreckte Beine gleichzeitig heben.

7. Hockstütze. Mit den Armen zu beiden Seiten der Knie abstützen: Beine nach hinten stoßen, bis der Körper gestreckt ist, und wieder zurück in Hockstellung.

Gewichtheben

Aus Sicherheitsgründen braucht man dazu eine korrekte Ausrüstung. Die Grundausstattung besteht aus einer 1,5–2 m langen und 9 kg schweren Hantel, dazu ein Paar leichte Übungshanteln und eine Auswahl von Gewichtsscheiben von insgesamt 79 kg.
Heben Sie nie Gewichte mit gebeugtem Rükken oder ohne aufgewärmt zu sein. Bei größeren Lasten sollte man einen Partner haben, der hilft, die Hantel vom Ständer zu nehmen und wieder zurückzulegen. Jede Übung besteht aus Wiederholungen, und wiederholt man eine bestimmte Zahl von Übungen, dann nennt man das einen Satz. Viele Wiederholungen umfassende Sätze mit leichten Gewichten sind ausgezeichnet für die Steigerung der muskulären Dauerleistung.
Wärmen Sie sich grundsätzlich vor jeder Trainingsstunde auf und beenden Sie jede Übung durch einen schnellen Satz mit acht Wiederholungen, wobei Sie ein Drittel Ihrer Maximallast bewegen. Die den Übungsbeschreibungen folgende Zusammenstellung ist ein Programmvorschlag, wobei die Zahl der Wiederholungen in Zusammenhang mit der jeweiligen Gewichtssteigerung angegeben ist.

1 2 3 4 5

1. Ausgangsposition. Nehmen Sie aufrechte Stellung ein, die Schultern zurück und die Füße unter der Hantel schulterbreit auseinander. Beugen Sie mit geradem Oberkörper die Knie, bis die Hände die Hantelstange erreichen. Die Arme werden rechts und links der Knie geführt und bleiben gestreckt, während die Hände die Stange der Hantel von oben umgreifen. Beugen Sie auf keinen Fall den Rücken!

2. Brustlage (Rücken, Beine). Ausgangsposition einnehmen; Beine strecken und Hantel mit einer Bewegung bis zur Brust hochnehmen. Dann bis Hüfthöhe und schließlich auf den Boden absetzen.

3. Überkopf-Drücken (Oberkörper). Die Hantel wird aus der Brustlage nach oben gedrückt, bis die Arme ganz gestreckt sind. Halten Sie sie eine Sekunde und nehmen Sie sie dann in Brusthöhe zurück. Wiederholen Sie das Drücken, dann setzen Sie die Hantel über Brust und Hüfte zurück auf den Boden.

4. Schenkellage (Rücken). Ausgangsposition einnehmen; eine Hand greift die Hantel von oben, eine von unten. Rücken gerade, Schultern zurück. Strecken Sie die Beine – die Arme bleiben gerade – und ziehen Sie die Hantel in Oberschenkellage, während Sie sich aufrichten.

5. Halbhocke (Oberschenkel). Die Hantel wird quer über den Klappenmuskel, der die Schultern mit der Wirbelsäule verbindet, gelegt. Wieder muß der Rücken gerade gehalten werden, während man soweit in die Hocke geht, daß die Knie leicht nach außen zeigen und die Oberschenkel fast einen rechten Winkel mit den Unterschenkeln bilden. Eine anstrengende, aber sehr nützliche Übung.

6. Drücken in Rückenlage (Brust, Schultern, Arme). Auf Übungsbank legen (bei gebeugten Knien berühren die Zehen zu beiden Seiten den Boden). Die quer über der Brust liegende Hantel mit breitem Griff so oft wie möglich von unten nach oben drücken.

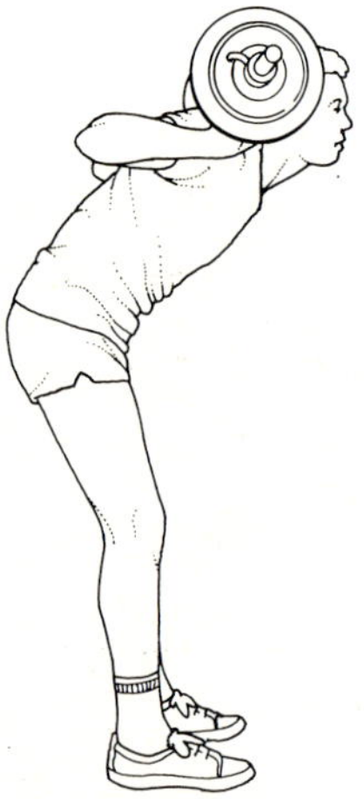

7. Hantel zur Brust (Bauch, Rücken, Arme). Umfassen Sie die Hantel von unten und richten Sie sich mit hängenden Armen auf. Heben Sie die Hantel mit geradem Rücken bis zur Brust, indem Sie die fest gegen die Körperseite gepreßten Arme beugen.

8. Hantel-Verbeugungen (untere Rückenhälfte). Nehmen Sie mit auseinandergestellten Füßen Aufstellung, die Hantel quer über den Schultern, hinter dem Nacken. Beugen Sie den Oberkörper, bis er fast parallel zum Boden ist. Richten Sie sich wieder auf und wiederholen Sie die Übung.

9. Klimmzüge (Arme, Schultern). Hängen Sie sich mit gestreckten Armen an eine Stange oder einen Balken und ziehen Sie sich hoch, bis Sie mit dem Kinn über der Stange sind, und wiederholen Sie.

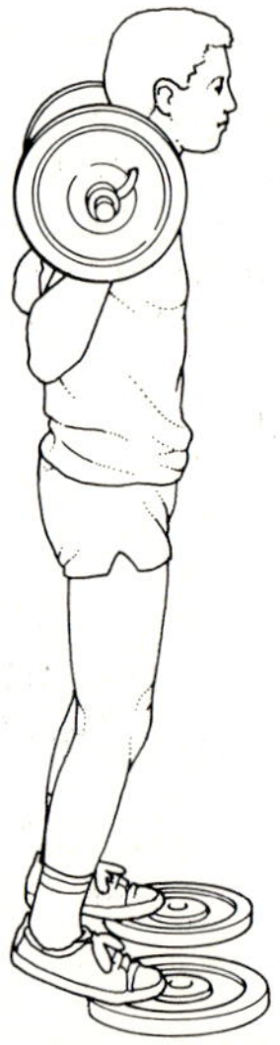

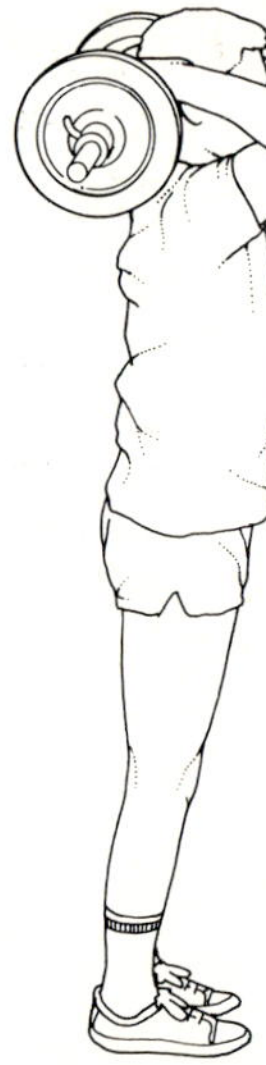

10. Fersenheben (Waden, Knöchel). Aufstellung wie bei Übung 8. Mit beiden Füßen auf dickste Gewichtsscheibe treten, ohne die Fersen vom Boden zu heben. Auf Fußballen hoch aufrichten und Waden strecken. Absetzen und wiederholen.

11. Trizepsübung (Arme). Mit den Handflächen nach vorn wird die Hantel umfaßt und hinter den Kopf geführt. Die Oberarme bleiben eng am Kopf und nach vorn gerichtet, während die Unterarme die Hantel hinter dem Kopf auf und ab bewegen.

12. Aufrichten in Schräglage (Bauch). Verankern Sie die Füße unter einem Gurt am oberen Ende einer schräg gestellten Bank. Lassen Sie sich dann die Hantel über die Schultern legen und den Oberkörper nach hinten sinken. Wiederholen Sie die Übung mehrere Male.

13. Handgelenks- und Unterarmübung. Befestigen Sie ein Gewicht an einer Schnur und hängen Sie es an den Schlägerhals eines alten Rackets. Umfassen Sie den Griff mit beiden Händen und wickeln Sie die Schnur jeweils durch Drehen einer Hand ganz auf und wieder ab.

Übungsprogramm

Übung	Sätze	Wiederholungen	Gewichtssteigerung
Schenkellage	3	4, 3, 2	4,5 kg
Drücken in Rückenlage	3	4, 3, 2	4,5 kg
Halbhocke	3	4	2,0 kg
Aufrichten in Schräglage	3	6	2,0 kg
Brustlage	3	4, 3, 2	4,5 kg
Fersenheben	3	6	4,5 kg

Gelenkigkeit

Alle Trainingsprogramme sollten Gelenkigkeitsübungen umfassen, die man vor einem schwereren Training oder vor einem anstrengenden Match absolviert, um sich warm zu machen. Mit Hilfe von Popmusik machen sie außerdem noch Spaß.

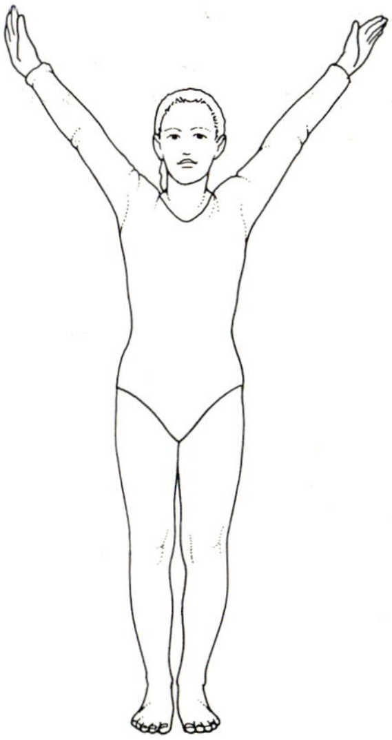

1. Armekreisen. Mit schulterbreit auseinandergesetzten Füßen und seitlich gestreckten Armen beschreibt man jeweils zehn Kreise nach vorn und zehn nach hinten.

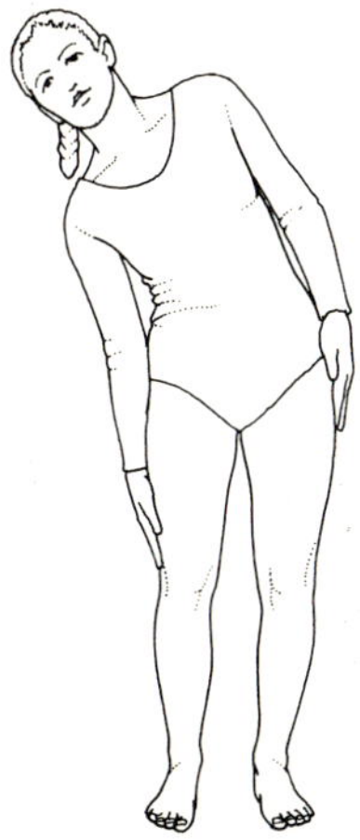

2. Seitwärtsbeugen. Lassen Sie die rechte Hand so weit wie möglich den rechten Schenkel hinabgleiten. Aufrichten und links wiederholen. Fünfmal auf jeder Seite.

3. Ausfallschritt. Mit auseinandergestellten Beinen nach rechts und links einen Ausfallschritt, wobei ein Knie gebeugt, das andere gestreckt wird. Wiederholen.

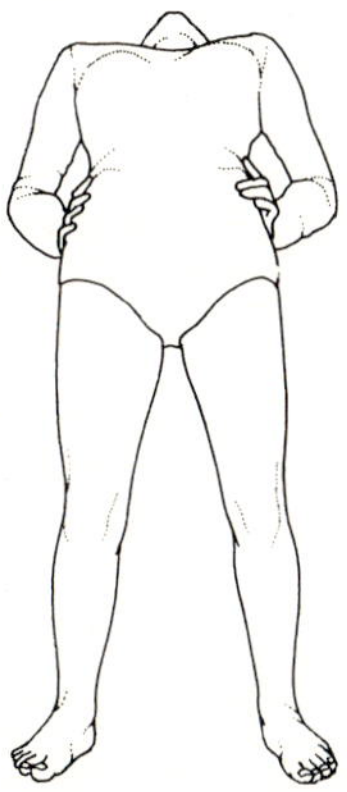

4. Rumpfbeugen. Füße auseinander, Hände an die Hüften. Bei gestreckten Beinen mit Oberkörper kreisen, zuerst rechts – dann linksherum.

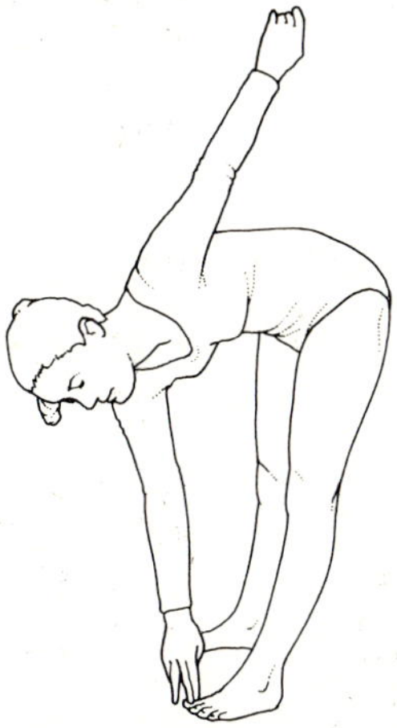

5. Zehenkontakt. Mit gegrätschten Beinen nach hinten oben schwingen, mit der anderen Hand die gegenüberliegenden Zehen berühren. 5 mal wiederholen.

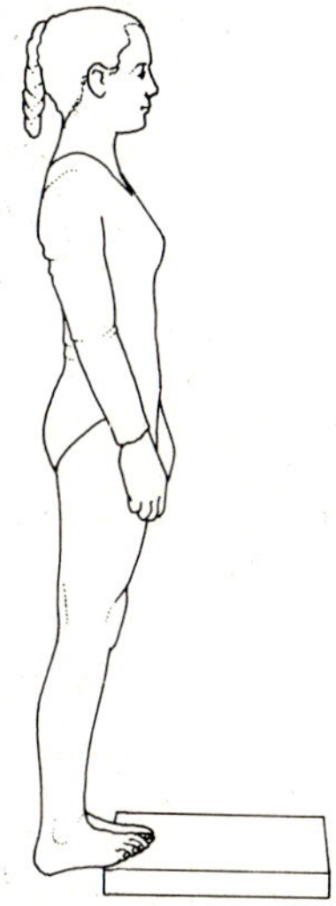

6. Knöchelstrecken. Mit den Fußballen auf einem 5 cm dicken Brett, läßt man die Fersen langsam sinken. Fersen wieder heben, Körper strecken. 5 mal wiederholen.

Gewicht und Ernährung

Fitness hängt weitgehend vom richtigen Körpergewicht ab. Das wiederum hängt von Energiezufuhr (Nahrungsaufnahme) und Energieverbrauch (Stoffwechsel, Bewegung) ab. Der Grundumsatz beim Stoffwechsel bestimmt, wie schnell die aufgenommenen Kalorien verbrannt werden; er steigert sich bei jeder körperlichen Anstrengung.
Wichtig zur Aufrechterhaltung dieses Gleichgewichts ist auch die richtige Zusammenstellung der Nahrungsmittel. Eine gesunde Ernährung muß bestimmte Mengen von Proteinen, Eiweißkörpern, Vitaminen und Mineralien sowie Kohlehydraten und Fetten enthalten. Welche Nährstoffe in welchen Nahrungsmitteln enthalten sind, wird unten aufgeführt; ebenso die ungefähre Zusammensetzung einer gesunden Ernährung.

Proteine	**Vitamine und Mineralien**	**Kohlehydrate und Fette**
Mageres Fleisch	Früchte	Milchprodukte
Fisch	Kartoffeln	Öl
Geflügel	Gemüse	Schokolade
Wild	Brot	Fettes Fleisch
Eier	Milch	Brot
Käse		Kuchen und Backwerk
Hülsenfrüchte		Nüsse
Erdnüsse		

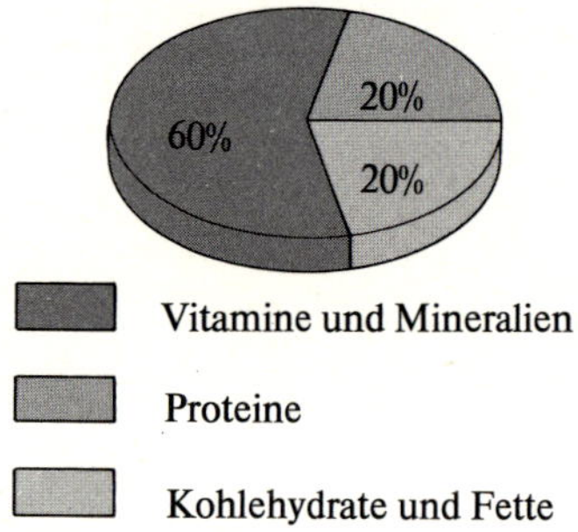

Vor dem Match

Zwei Stunden vor einem Match sollte man keine feste Nahrung mehr zu sich nehmen. Hat man ausgiebig gefrühstückt, reicht zwischen 11 Uhr 30 und 12 Uhr ein bescheidener Lunch mit energiereichen Kohlehydraten (aber kein Fett!) und ausreichend Flüssigkeit (Milch und Säfte) völlig aus, um gegen 14 Uhr in bester Form auf den Platz zu gehen. Wer zur Nervosität neigt, läßt das Essen am besten ganz ausfallen und trinkt nur ein oder zwei Gläser entrahmte Milch. Auf jeden Fall spielt man mit leerem Magen bedeutend besser als mit etwas zu vollem, ganz zu schweigen von den Krämpfen und Verdauungsstörungen, die sich durch Enthaltsamkeit vermeiden lassen.
Wer Ernährungsprobleme hat, sollte sich von einem Fachmann über die für ihn beste Diät beraten lassen.

Während und nach dem Match

Ein hartes Match führt zu vorübergehendem Gewichtsverlust. Dabei kann der Grundumsatz den Normalwert um das Zehnfache übersteigen, so daß bis zu 600 Kalorien pro Stunde verbrannt werden. Das meiste ist dabei auf Flüssigkeitsausscheidungen zurückzuführen, die bereits während und nach dem Spiel kompensiert werden können. Die Spieler trinken heute während des Seitenwechsels Wasser, Säfte oder kohlesäurehaltige Getränke, um diesen Verlust auszugleichen. Man kann auch Traubenzucker zu sich nehmen, der sofort gelöst wird und den Muskeln neue Energie zuführt. Dabei sollte man daran denken, daß Zucker weder Vitamine noch Proteine enthält. Neigt man zu starkem Schwitzen oder spielt man in heißen Zonen, können Salztabletten während des Spiels vor zu starkem Flüssigkeitsverlust schützen und so vielleicht Krämpfe vermeiden helfen. Allerdings beeinträchtigen sie nicht selten das Verdauungssystem. Besser ist es, einige Stunden vor dem Match entsprechend salzreiche Kost und Getränke zu sich zu nehmen. Auf jeden Fall aber sollte man Gebratenes und Fettes vor dem Spiel meiden.
Während eines Turniers nehmen die meisten Teilnehmer ihre Hauptmahlzeit abends zu sich, um für den kommenden Tag wieder über genügend Energiereserven zu verfügen. Im übrigen gibt es eine Vielzahl von Spezialitäten und Ernährungsplänen. So gibt es beispielsweise Diäten, bei denen drei Tage lang viel Protein und Fett mit wenig Kohlehydraten empfohlen werden, und dann drei Tage mit nur Kohlehydraten. Die Absicht ist, den Glykogengehalt der Muskeln zu steigern, um den Spieler während einer Reihe von anstrengenden Matches mit besonders viel Zucker zu versorgen und in Höchstform zu halten.

Verletzungen und Behandlungsmethoden

Verletzungen und Behandlungsmethoden

Verletzungen drohen vor allem dann, wenn man erschöpft ist. Körperliche Fitness hat deshalb bei jedem seriösen Tennisspieler absolute Priorität. Entsprechende Vorkehrungen können Sie vor den meisten schwereren Schäden bewahren. Vor allem Zement-, Asphalt- und Synthetik-Plätze mit ihren rauhen, harten Oberflächen bergen mehr Gefahren, sich zu verletzen, als Sand- oder Grasplätze. Unelastische Oberflächen belasten außerdem Knie- und Knöchelgelenke in sehr viel stärkerem Maß, auch die Wirbelsäule muß härtere Stöße abfangen.
Die typischen Tennisverletzungen reichen von harmlosen, wenn auch lästigen Blasen bis zu schweren Verstauchungen der Gelenke, die ärztliche Hilfe verlangen und nur langsam heilen. Jeder Schmerz ist ein Warnsignal, auch wenn die Verletzung gering erscheint. Versuchen Sie deshalb die Ursache zu entdecken, statt zu schmerzstillenden Mitteln zu greifen, selbst wenn Sie dadurch noch ein Match bestreiten könnten – der Schaden wird höchstwahrscheinlich dadurch noch größer. Müssen Sie vorübergehend mit dem Spiel aussetzen, versuchen Sie, Ihr Gewicht zu halten, denn eine Gewichtszunahme würde ein verletztes Gelenk noch stärker belasten. Nach Gelenk- oder Gewebeverletzungen können Verwachsungen (das Aneinanderkleben von Gewebe aufgrund von Entzündungen) zu Behinderungen der Bewegungen führen. Durch vorsichtige Streck- und Beugeübungen kann einer Dauerschädigung vorgebeugt werden.
Im folgenden werden einige der alltäglichen Verletzungsgefahren sowie Vorbeuge- und einfache Behandlungsmethoden erörtert.

Abschürfungen

Hautabschürfungen dürften zu den häufigsten Verletzungen beim Tennisspiel gehören. Normalerweise ist nur die oberste Hautschicht davon betroffen, so daß es reicht, die Stelle mit einem Antiseptikum zu reinigen und mit einem nicht klebenden Verband zu schützen. Tiefere Schnitte und Fleischwunden sollten dem Arzt gezeigt werden.

Blasen

Dabei sammelt sich unter der Haut eine wäßrige Flüßigkeit, hervorgerufen durch Schwitzen, Druck oder Reibung. Frotteegefütterte Taschen oder Gelenkbänder aus Frottee halten Hand und Griff trocken, genau wie Sägemehl oder pulverisierte Kreide auf dem Schlägergriff. Blasen können entstehen, wenn man den Schläger zu fest umklammert. In einem solchen Fall kann man Finger und Handfläche durch Pflaster entsprechend schützen oder einen Tennishandschuh tragen, bis die Hand sich wieder erholt hat. Zu weiche Haut auf Händen und Fußsohlen kann durch Baden in essigsaurer Tonerde oder Methylalkohol gehärtet werden. Eine zu starke Verhärtung wird durch Auftragen einer Salbe oder Lösung vermieden. Normalerweise trocknen Blasen nach einiger Zeit von allein aus. Muß man aber eine größere Blase öffnen, sticht man sie mit einer sterilisierten Nadel am Rande an und preßt vorsichtig die Flüssigkeit heraus, bevor man die Wunde mit einem sauberen, trockenen Verband schützt. Es ist besser, die lose Haut nicht zu entfernen, damit sich die darunterliegende Schicht nicht infizieren kann. Geschieht es trotzdem, trägt man Jod oder ein anderes Antiseptikum auf und schützt die Wunde wieder durch einen trockenen, saugfähigen Verband. Falls ein wasserdichter Verband notwendig ist, kann die Wunde wässern und aufweichen. Der Verband muß dann häufiger gewechselt werden, vor allem sollte genügend Luft an die Wunde kommen, damit sie trocknen kann.

Quetschungen

Sie entstehen durch Verletzungen des Hautgewebes, wobei Blutgefäße sowie Muskelscheiden und -fasern beschädigt werden können. Blutungen unter der Haut führen zu Schwellungen, Verfärbungen und Schmerzen. Kleinere Quetschungen können durch kalte Kompressen oder Eisbeutel behandelt werden. Bei stärkeren Schmerzen empfiehlt es sich, einen Arzt aufzusuchen.

Krämpfe und Versteifungen

Ein Krampf resultiert aus einer plötzlichen Muskelkontraktion, was zu schmerzhaften Zukkungen in Bauch, Beinen und Füßen führen kann. Die Ursache können Müdigkeit, falsches Training, zu großer Salz- und Flüssigkeitsverlust des Körpers, übermäßiges Rauchen oder auch eine falsche Diät sein, durch die der Säurehaushalt aus dem Gleichgewicht geraten ist.

Als Vorbeugemaßnahmen empfehlen sich regelmäßiges Training und gute Spielvorbereitung, sowie die Einnahme von genügend Salz und Flüssigkeit unmittelbar vor dem Spiel.
Tritt der Krampf während des Spiels auf, gibt es sehr wirksame Behandlungsmethoden. Bei Krämpfen in Schenkel, Wade oder Fuß legt man den Spieler flach auf den Rücken und streckt das betreffende Bein mit fest gegen die Erde gedrückten Fersen und nach oben gerichteten Zehen. Ein Krampf in der Hand kann durch energisches Langziehen der Finger kuriert werden. Bei Magenkrämpfen preßt man die Handballen von beiden Seiten gegen den Bauch und massiert mit den aneinandergelegten Fingern die Magenmuskulatur.
Ist ein Bein steif, legt man sich auf den Rücken, umfaßt es unterhalb des Wadenmuskels mit beiden Händen und massiert mit leichtem Druck Richtung Knie und weiter über den Oberschenkel. Tritt die Versteifung erst mehrere Stunden nach einem Match auf, kann es sich um eine Gelenksentzündung handeln. Auf keinen Fall darf man dann das Bein mit Gewalt zu strecken versuchen. Es ist besser, sich an einen Arzt zu wenden.

Bluterguß

Dabei wurde Hautgewebe oder ein Muskel stark gequetscht oder gar teilweise zerstört. Das betroffene Gliedmaß muß mit kalten Kompressen behandelt und hochgelagert werden. Die volle Beweglichkeit sollte man durch vorsichtiges Üben wiederherstellen. Bei schweren Blutergüssen sind dazu physiotherapeutische Maßnahmen, vielleicht sogar eine Behandlung mit Ultraschall notwendig.

Verstauchungen

Die körperliche Beanspruchung im Tennis führt in manchen Fällen zu Gelenkverletzungen. Wird ein Gelenk über den normalen Bewegungsspielraum hinaus beansprucht, spricht man von einer Verrenkung oder Verstauchung. Dabei können die das Gelenk verbindenden und stützenden Bänder und Sehnen überdehnt und verletzt werden, was sehr schmerzhaft ist. Bei stärkeren Verstauchungen ist ärztliche Hilfe angezeigt.
Die meisten Muskelverletzungen brauchen nach dem akuten Stadium zum völligen Ausheilen viel Bewegung. Bänderzerrungen dagegen erfordern die Ruhigstellung des betreffenden Glieds. Die abgebildeten Stütz- und Schienvorrichtungen sollen die Heilung unterstützen, nicht aber dazu verleiten, vorzeitig wieder auf den Platz zu gehen.

Der Knöchel

Durch das Tragen solider Tennisschuhe (S. 19) und ein bis zwei Paar dicker Tennissocken wird das Risiko einer Bänderzerrung am Sprunggelenk beträchtlich verringert. Rutschen Sie mit dem Fuß im Schuh hin und her, können Einlegesohlen und Fersenpolster nützlich sein. Auch Stützsocken (S. 264) unter den normalen Tennissocken haben sich bewährt.
Bei einer leichten Bänderzerrung werden kalte Umschläge den Schmerz sofort mildern sowie stärkere Schwellungen und Blutungen unter der Haut vermeiden. Eis sollte nicht direkt auf die Haut aufgelegt werden, da es zu ähnlichen Symptomen wie bei Erfrierungen kommen kann. Man bandagiert den Fuß, wobei man unter der Sohle beginnt und die Binde von hinten nach vorn in Achterbewegungen um Fuß und Knöchel wickelt. Die Binde wird an der Knöchelaußenseite fixiert. Auch Wechselbäder können bei Bänderzerrungen sehr wohltuend wirken; sie regen die Durchblutung an und reduzieren die Schwellung. Zuerst taucht man den Fuß ungefähr 15 Sekunden in sehr kaltes, aber nicht eisiges Wasser, und das wiederholt man mehrere Male.
Selbst eine leichte Bänderzerrung am Sprunggelenk kann sehr schmerzhaft sein und führt fast immer zum Anschwellen des Knöchels. Normalerweise sind sie in zwei bis drei Tagen abgeklungen. Ist jedoch keine Schwellung mehr zu erkennen und die Schmerzen sind noch immer heftig, sollte man sich an einen Arzt wenden. In solchen Fällen kann es zu einem blutigen Gelenkserguß gekommen sein.

Das Knie

Das Knie ist das bei Sportunfällen am häufigsten verletzte Gelenk. Aufgrund seiner komplizierten Struktur ist es besonders anfällig. Jede Schwellung in diesem Bereich muß ernstgenommen und sorgfältig behandelt werden. Eine falsche Diagnose oder mangelnde Pflege lassen Verletzungen nicht richtig ausheilen und können zu Dauerschäden im Gelenk und der benachbarten Muskulatur führen. Man sollte sich den Unfallverlauf genau merken, um angeben zu können, auf welche Weise das Gelenk über seinen normalen Bewegungsspielraum hinaus belastet wurde. Das erleichtert dem Arzt die Diagnose. Grundsätzlich gilt, daß ein sehr schnelles Anschwellen ein Symptom für einen blutigen Gelenkserguß im Knie sein könnte – ein Hinweis jedenfalls auf eine ernstere Verletzung. Schwillt das Gelenk dagegen langsam an, dürfte es auch eine leichtere Verletzung sein, die wie ein verstauchter Knöchel behandelt werden kann. Beim Bandagieren beginnt man unterhalb des Knies und führt die Binde von hinten nach vorn kreuzweise in Form einer Acht über die Kniekappe.

Das Handgelenk

Die Behandlung eines verstauchten Handgelenks muß vor allem die volle Beweglichkeit wiederherstellen. Zuerst sollte man das Gelenk ein paar Tage lang völlig ruhigstellen. Dann beginnt man mit leichten Lockerungsübungen, bevor das Gelenk durch andere Übungen wieder gekräftigt wird. Bei zu starken Schmerzen müssen die Übungen abgebrochen werden. Durch die auf Seite 258 beschriebenen Übungen zur Kräftigung von Gelenk und Unterarm kann man solchen Verletzungen vorbeugen. Leichte Verstauchungen sollten in zwei bis drei Wochen geheilt sein. Falls nicht, muß ein Arzt aufgesucht werden.
Eine Bandage sollte das Handgelenk entsprechend stützen, ohne die Blutzirkulation zu behindern. Dazu eignet sich die unten gezeigte Manschette. Sie ermöglicht, bei sehr leichten Verrenkungen weiterzuspielen; außerdem dient sie bei der Wiederaufnahme des Spiels nach einer ernsteren Verletzung als physische und psychische Stütze. Viele heute angebotenen Stützmanschetten haben eine schweißabsorbierende Außenseite.

Stützmanschetten und Schienen

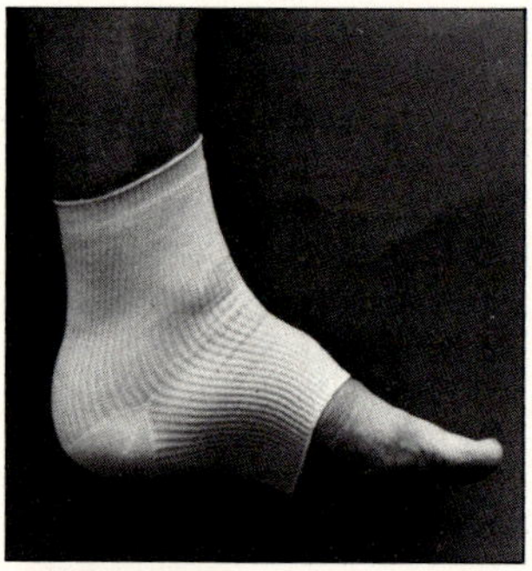
Knöchelstütze

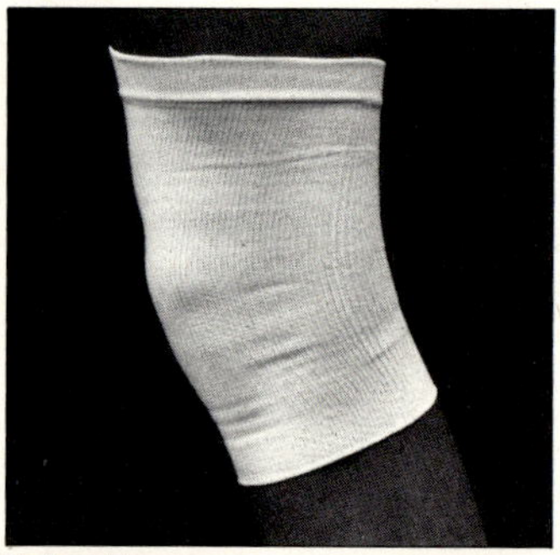
Kniestütze

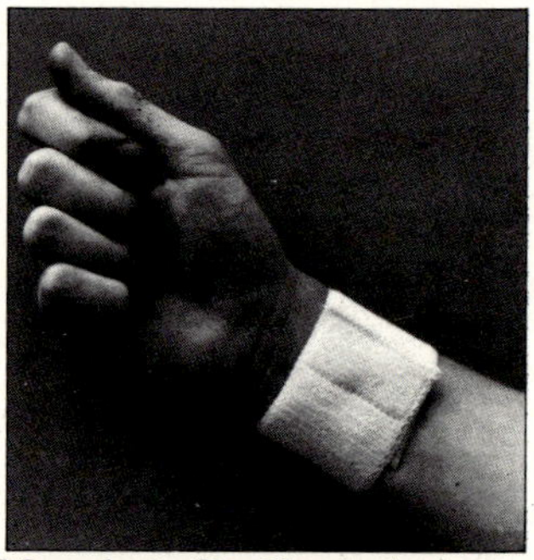
Manschette fürs Handgelenk

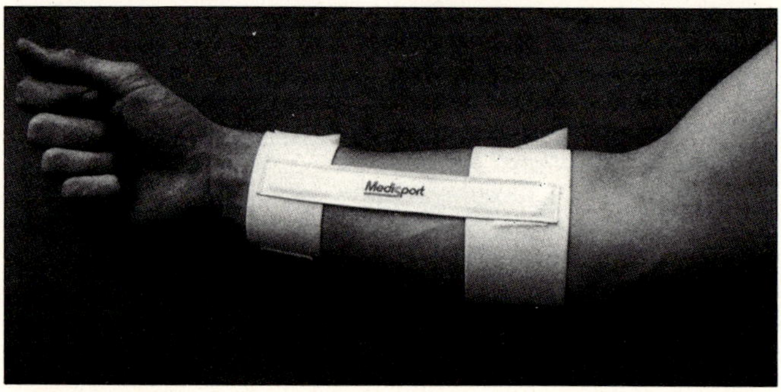

Ellbogenschiene

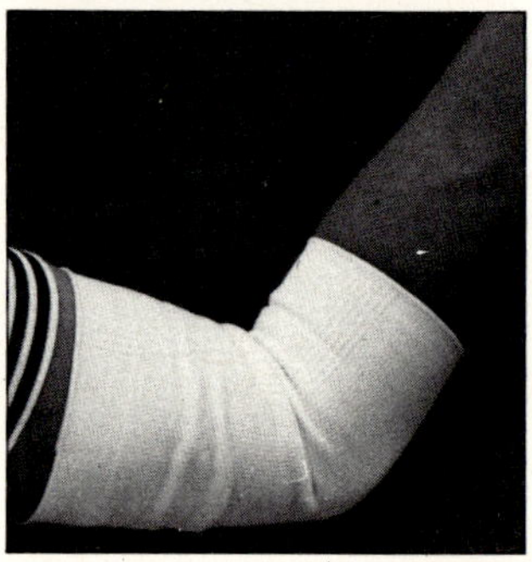
Manschette für den Ellbogen

Sehnenverletzungen

Die Sehnen verbinden die Muskeln mit den Knochen; sie setzen also das Spannen und Strecken der Muskulatur in Gliederbewegungen um. Sehnenverletzungen können im Tennis die Folge von Überbeanspruchung oder falscher Belastung sein. Das kann zum völligen oder teilweisen Reißen von Sehnen führen und zu einer Sehnenscheidenentzündung (Tendinitis). In manchen Fällen können nur operative Eingriffe helfen. Sehnenverletzungen heilen besonders langsam, da die Blutversorgung dieser Gewebe nicht sehr gut ist.

Achillessehne

Die Achillessehne verbindet den Wadenmuskel mit dem Fersenbein. Sie kann z. B. beim Spielen eines im Sprung geschlagenen Schmetterballs verletzt werden, vor allem, wenn das gesamte Körpergewicht nach dem Schlag auf den Fersen landet. Gute Tennisschuhe und Stützsocken beugen dem aber vor. Auch eine dämpfende Ferseneinlage ist sehr nützlich. Bei zu hartem Aufsetzen auf den Fußballen wird die Achillessehne ebenfalls einer extremen Belastung ausgesetzt, die zum völligen Reißen führen kann. Eine Ruptur hört sich wie ein Pistolenschuß an, da die Sehne wie ein Gummiband reißt. Sie hat einen völligen Funktionsverlust zur Folge und erfordert einen sofortigen chirurgischen Eingriff. Ist die Sehne nur eingerissen, bleibt eine beschränkte Bewegungsfähigkeit erhalten, wenn auch unter starken Schmerzen. Bei völliger Ruhigstellung wird eine so verletzte Sehne allmählich ausheilen. Um den Prozeß zu beschleunigen und die völlige Heilung zu garantieren, sind auch in diesem Fall häufig operative Maßnahmen notwendig.
Chronische Schmerzen im Bereich der Achillessehne können durch Ruhigstellung, Ultraschall und andere physiotherapeutische Methoden behandelt werden. Doch da es sehr unterschiedliche Sehnenverletzungen gibt, wie Entzündungen des umliegenden Gewebes (Peritendinitis) oder Degenerationserscheinungen, muß für die richtige Diagnose und Therapie ein Arzt konsultiert werden. Treten während eines Spiels Schmerzen im Bereich der Achillessehne auf, stellt man den Fuß ruhig, bis eine fachmännische Untersuchung erfolgt ist.

Tennisarm

Der Tennisarm dürfte die berüchtigste Tenniskrankheit sein, obwohl daran sehr viel weniger Spieler leiden als allgemein angenommen. Häufig bezeichnet man mit diesem Begriff auch leichte Entzündungen und Schmerzen an der Außenseite des Ellbogengelenks, die mit dem Tennisarm nichts zu tun haben. Der wirkliche Tennisarm hat seine Ursache in zu starken Drehbewegungen des Unterarms – wie man sie bei der Rückhand mancher Spieler beobachten kann. Einen Tennisarm riskiert man vor allem dann, wenn man in der Treffzone Handgelenk und Unterarm nicht stabil hält, so daß die Handfläche im Ausschwung nach oben zeigt und die Schlagfläche geschlossen oder stark verdreht ist.
Eine häufige Ursache des Tennisarms ist die Überbeanspruchung des Ansatzes der Sehne am Knochen, und zwar am unteren Ende des Oberarms, was zu einer Entzündung oder Epikondylitis führen kann. Andere Schädigungen sind die Überbeanspruchung der Elle und Speiche verbindenden Bänder und Sehnen sowie die Entzündungen des zwischen Speiche und Oberarmknochen liegenden Schleimbeutels.

Behandlung

Beruht der Tennisarm auf falscher Technik, läßt er sich in manchen Fällen durch das Einüben der korrekten Schlagführung kurieren; sie sorgt dafür, daß Gelenk und Muskeln nicht mehr überanstrengt werden. Physiotherapeutische Maßnahmen und Ultraschall können den Heilungsprozeß unterstützen.
Auch Stützmanschetten und Schienen helfen bei einem Tennisarm. Es gibt sie in allen Sport- und orthopädischen Fachgeschäften zu kaufen. Das verletzte Gelenk wird damit stabilisiert und warm gehalten. Allerdings dürfen sie nicht zu fest angelegt werden, um die Bewegungen nicht zu behindern. Man legt sie zehn bis fünfzehn Minuten vor dem Spiel an und nimmt sie danach wieder ab. Ellbogenschienen schränken die Bewegung stärker ein, erlauben aber das Spielen, obwohl das Gelenk noch ruhig gehalten werden muß. Eine einfache Stützmethode ist eine straffe Bandage um die direkt unter dem Ellbogen liegende Muskelhöhlung (um sie zu finden, streckt man den Arm und macht eine Faust).

Verletzungen im Bereich der Lendenwirbel

Schmerzen und Verletzungen in diesem Bereich haben nicht zuletzt ihre Ursache darin, daß immer mehr Tennis auf Kunststoffplätzen gespielt wird, die nicht elastisch genug sind. Fersenpolster können die schlimmsten Stöße auf die Wirbelsäule abfedern.
Am häufigsten ziehen sich Tennisspieler Verletzungen im Lendenbereich zu, wenn sie beim Topspin-Aufschlag den Rücken übertrieben weit nach hinten biegen. Beugt man sich so weit zurück, daß nur noch die gekrümmte Wirbelsäule den Oberkörper stützt und dann wieder nach oben schnellen läßt, ist das nicht nur eine momentane Überbelastung, sondern läßt auch frühere Rückenleiden wieder ausbrechen. Als Gegenmaßnahme empfiehlt sich, das Gewicht nach vorn auf die Fußballen zu verlagern, indem man die Knie beugt und die Fersen anhebt. Spieler, die bei Grundschlägen regelmäßig den vorderen Fuß zu sehr zur Seite anstatt nach vorn setzen, belasten besonders stark die Muskulatur und Bänder im Bereich des Kreuz- und Steißbeins.

Behandlung

Jede Rückenverletzung verlangt sorgfältige Pflege, denn sie kann sehr viele andere Körperbereiche in Mitleidenschaft ziehen. Verletzte Muskeln im Lendenbereich reagieren generell positiv auf physiotherapeutische Maßnahmen und auf Massagen. Doch nicht immer sind Wechselbäder und Massagen ausreichend. Hat man nach einem besonders unglücklichen Aufsprung oder einem Sturz das Gefühl, von tausend Nadeln durchbohrt zu werden, sollte man sehr vorsichtig sein, es könnten Nervenwurzeln beschädigt sein, was sofortiger fachärztlicher Hilfe bedarf.
In vielen Fällen können Orthopäden bei Rükkenverletzungen sofort helfen. Bei komplizierteren Fällen sind Röntgenuntersuchungen notwendig, um eine eventuelle Knochenfraktur oder eine Bandscheibenverletzung lokalisieren zu können. Wieder sind Ruhigstellung und möglicherweise operative Maßnahmen angezeigt. In extremen Fällen muß ein Neurologe bzw. ein orthopädischer Chirurg konsultiert werden, der über einen Krankenhausaufenthalt oder eine Operation entscheidet.

Massage

Kaum ein Spieler der Spitzenklasse könnte die Anstrengungen eines internationalen Wettkampfs ohne die Hilfe eines geschickten Masseurs überstehen. Massage kann nicht nur bei bestimmten Verletzungen helfen, sondern spielt auch vor und nach anstrengenden Trainingsstunden oder Matches eine wichtige Rolle. Viele Spieler werden auf diese Weise selbst zu guten Masseuren und können sich gegenseitig helfen. Amateure allerdings sollten vorsichtig sein; falsches Massieren kann sehr gefährlich sein. So ist die Annahme, eine Massage sei wirkungsvoller, wenn viel Kraft dahintersteckt, völlig falsch. Oft wird der Schaden dadurch nur noch größer.

Massage vor dem Spiel

Vor dem Spiel kann die Massage den Spieler körperlich lockern und geistig stimulieren. Spielern, die längere Anlaufzeit benötigen, hilft sie nicht selten, sofort mit vollem Einsatz zu spielen. Zwei Minuten Walken und Kneten genügen, um einen Spieler – in Verbindung mit einigen Streckübungen – für das Spiel fit zu machen. Ist ein Spieler übermäßig nervös, massiert man sanfter und rhythmischer, um ihn zu beruhigen.

Massage nach dem Spiel

Die Massage hat nach dem Spiel die Aufgabe, der Verkrampfung und Versteifung der überanstrengten Muskeln entgegenzuwirken. Man lagert die Gliedmaßen hoch und massiert sie mit langsamen, leichten Bewegungen, um die Schadstoffe zu verteilen und den Blutkreislauf zu normalisieren. Die Massage erfolgt immer Richtung Herz. Löst sich die Verkrampfung, kann man das Massieren intensivieren, bis die Muskeln ganz lokker sind und der Spieler völlig entspannt ist.
Muß der Spieler noch einmal auf den Platz, beendet man das Massieren auf dieselbe stimulierende Art wie vor einem Spiel.

ANHANG

Tennisplätze

Tennis kann man im Freien und in der Halle spielen, und zwar auf Plätzen mit sehr unterschiedlichen Oberflächen, die heute vor allem von wirtschaftlichen Gesichtspunkten bestimmt werden. Rasenplätze, wie sie früher üblich waren, sind heute in Bau und Unterhalt so teuer geworden, daß sie immer häufiger durch Kunststoffplätze ersetzt werden, die billiger und leichter zu pflegen sind. Jeder Platz besteht aus mehreren Schichten verschiedenen Materials, darunter einer Drainageschicht, um das Regenwasser abzuleiten.

Netz, Seitenpfosten und Stütze für Einzelspiel (Singlestangen)

Das Netz wird durch ein Seil gespannt, das an beiden Enden über die Netzpfosten geführt wird. Es kann stärker oder schwächer angezogen werden. Beim Einzelspiel muß das Netz durch zwei zusätzliche Stützen, Singlestangen genannt, gestützt werden.

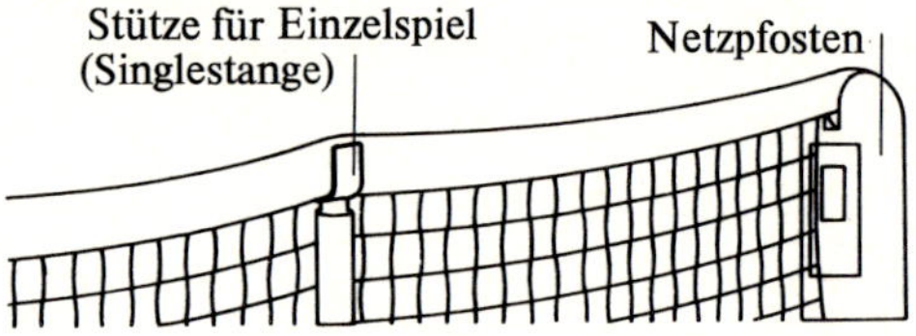

Rasenplätze

Rasenplätze werden immer seltener, weil der Unterhalt zu viel Geld und Zeit verschlingt. Bei solchen Anlagen ist eine gute Drainage besonders wichtig. Das Diagramm rechts zeigt einen Querschnitt durch einen typischen Rasenplatz. Die Deckschicht besteht aus 7,5 cm Speziallehm und einer 15 cm dicken Drainageschicht. Darunter folgen zwei wasserdurchlässige non-woven Vliese, getrennt durch eine Lage Rollkies. Den Abschluß bildet ein 44 cm breiter Drainagekanal. Eingefaßt wird das Ganze durch eine Betonverschalung auf Betonfundamenten.

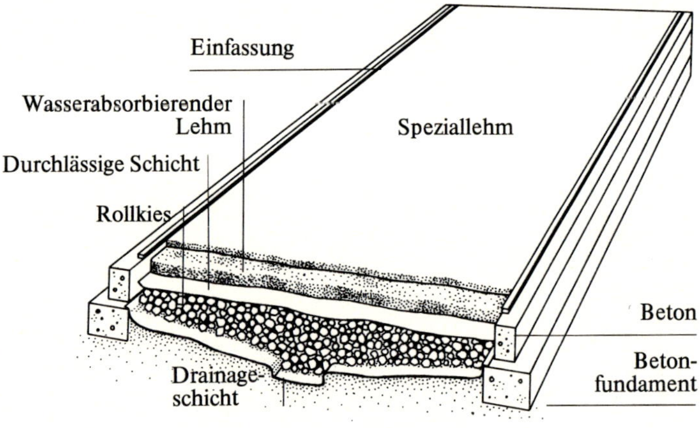

Hart- oder Sandplätze

Auch Hartplätze müssen regelmäßig gewartet werden, und Reparaturen können sehr teuer werden. Das Diagramm rechts zeigt einen Querschnitt durch einen gut konstruierten Hartplatz. Das Oberflächenmaterial kann von 19 mm bis zu 4 cm dick sein; darauf folgt eine Ziegelmehl- oder Sandschicht, eine durchlässige Schicht von 12,5 cm Dicke und ein Drainagerohr mit 7,5 cm Durchmesser in einer 22,5 cm tiefen Einkerbung über dem Untergrund. Die Einfassung besteht aus Beton.

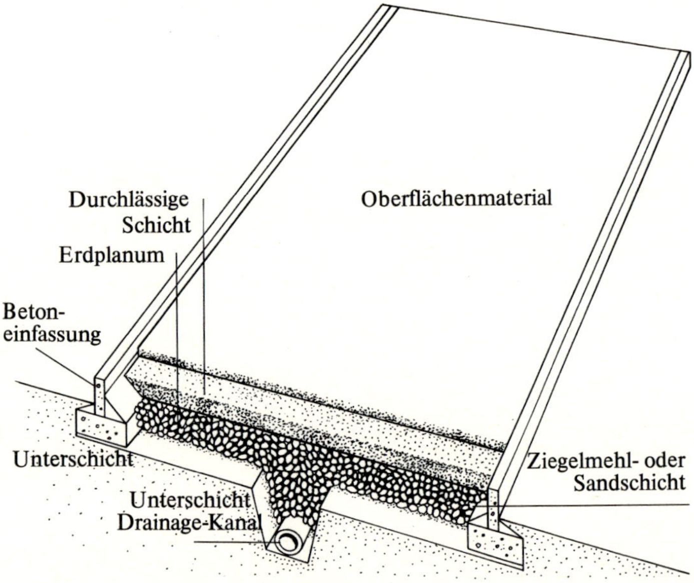

Allwetterplätze

Die meisten Allwetterplätze erfordern nicht mehr Pflege als gelegentlich einen neuen Anstrich. Sie haben normalerweise eine Oberfläche aus Asphalt, die mit Spezialfarbe gestrichen sein kann. Im Diagramm rechts werden zwei solcher Plätze gezeigt. Der »Tennisquick«-Court zum Beispiel besitzt eine patentierte Oberfläche, darunter zementgebundenen Schotter und eine Grundlage aus Kies. Ein anderes Beispiel, der »Grassphalte«-Court, besteht aus drei Schichten. Den Untergrund bildet eine 15 cm dicke Kies- oder Schotterschicht oder auch eine Kombination von beidem. Sie wird mit einer schweren Walze planiert, bevor zwei Lagen Asphalt darüberkommen, wobei die Deckschicht etwas feiner ist als die zweite Lage.

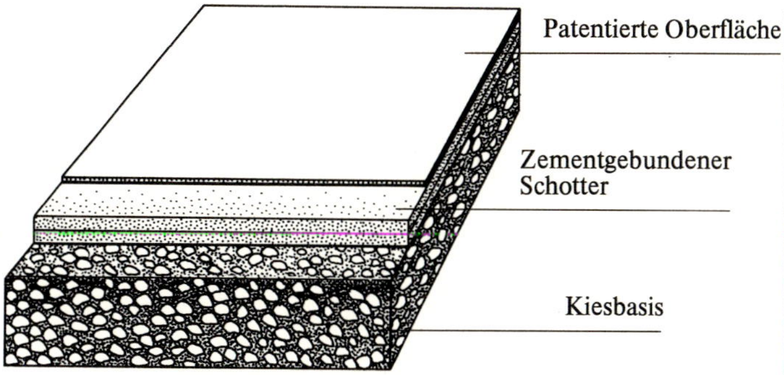

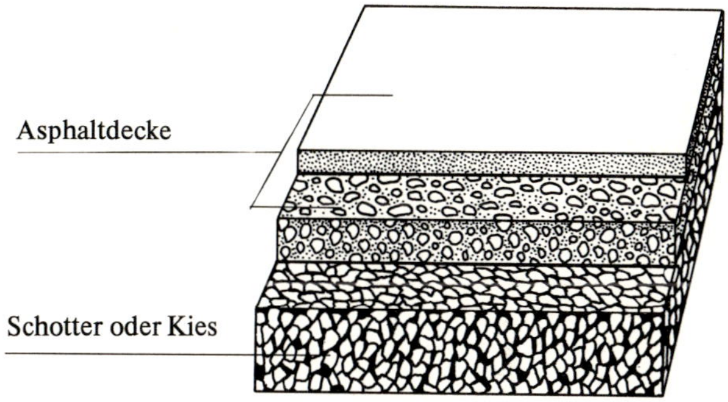

Kunststoffplätze

Sie werden immer populärer, weil sie leicht zu warten sind. Dabei gibt es die verschiedensten Verfahren. Der »Grassphalte«-Court rechts hat beispielsweise eine Oberfläche, die hauptsächlich aus feinem Gummigranulat besteht, das durch Epoxydharze gebunden und mit einer Polyurethanschicht überzogen wird. Die Asphalt-Tragschicht ruht auf einem durchlässigen Fundament.

Das Bioflex-System, ganz unten, besteht aus miteinander verbundenen Kunststoffgittern und bildet eine elastische, gelenk- und bandscheibenfreundliche Oberfläche, die gut bespielbar ist. Dieses System ist extremen klimatischen Bedingungen gegenüber besonders resistent und außerdem pflegeleicht. Selbst unter Turnierbelastung behält es über lange Zeit seine positiven Eigenschaften.

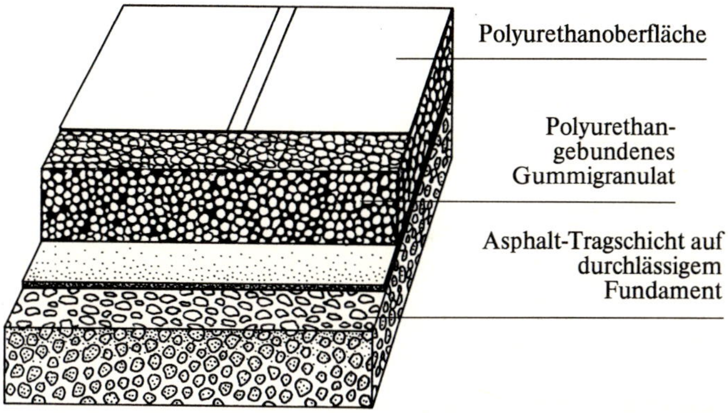

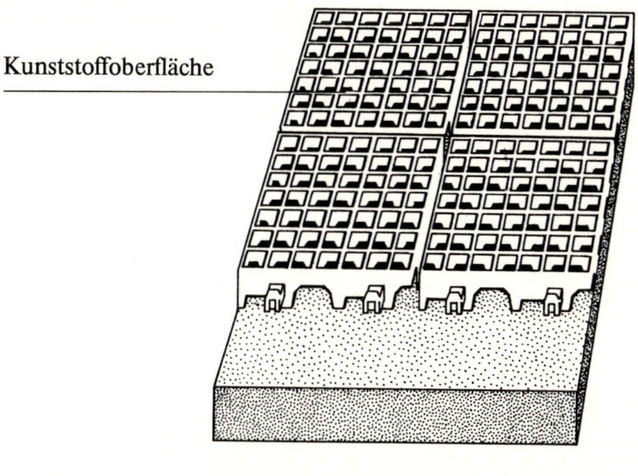

Tennisschläger

Die Auswahl der heute zur Verfügung stehenden Tennisschläger ist fast endlos. Die am meisten verbreiteten Rahmen werden immer noch aus Holz gemacht, sind jedoch oft mit Graphite und Fiberglasstreifen verstärkt. Schläger in Verbundbauweise, die aus Carbon, Graphite, Kunststoff, Fiberglas, Polyurethan, Vulkanfiber und anderen Materialien hergestellt werden, sind momentan in Mode, aber auch Stahl- und Aluminiumrahmen sind sehr gebräuchlich. Ihre Herstellung wird nachstehend beschrieben.

Die Herstellung der Holzschläger

Der moderne Holzschläger wird aus mit Dampf vorbehandelten und getrockneten Hölzern hergestellt, die Buche, Esche, Hickory, Mahagoni, Ahorn, Abachi, Platane und Weißbuche einschließen. Die Stabilität der heutigen Schläger beruht hauptsächlich auf Esche, aber auch Buche spielt eine große Rolle. Im Bereich des Schlägerhalses wird meistens Platane oder Mahagoni verwendet, mit Abachi als Zwischenstück im Schaft.

Die Hölzer, die durch eine Behandlung einen Feuchtigkeitsgehalt bis zu 10% erreichen, der eine gleichmäßige Spannung gewährleistet, werden dann zu mehrfachen Rahmen zusammengesetzt. Holzstämme werden in Furniere geschält und nach der Dampfbehandlung entlang der Maserung (Faserverlauf) in der dreifachen Schlägerbreite zugeschnitten. Das übrige Holz wird in Bretter geschnitten, im Ofen getrocknet und für die Fertigung anderer Teile des Schlägers verwendet. Die Hölzer werden immer so gelegt, daß die Maserung immer der Biegung des Schlägers entspricht, um das Beste aus ihren verschiedenen Eigenschaften herauszuholen und den Nachteil einer Quermaserung zu vermeiden. Laminierte Rahmen reduzieren die Gefahr, daß sich der Schlägerrahmen verzieht – eine bekannte Eigenschaft des alten massiven Eschenrahmens. Der Mittelpunkt der Konstruktion ist ein dreiwinkliges (eckiges) Teil, bekannt als »Hals«. Bei einigen Rahmen ist der Hals aus zwei keilförmigen Mahagoniteilen gemacht. Diese sind mit einem Eschenfurnier verbunden, das in der Mitte liegt. Ein dünner Keil Abachi liegt zur Verbreiterung und Verstärkung zwischen den laminierten Lagen des Schafts. Die Schultern des Schlägers werden jeweils an der gebogenen Innenseite und am Außen-Oberflächenbelag verstärkt. In beiden Fällen wird das Holz nach der Dampfbehandlung geformt. Esche und Buche werden mit der Maschine geschnitten, um eine halbmondartige Form für die Schultern zu erhalten.

Die eingeweichten und geformten Blöcke des Holzes werden dann in Scheiben in der erforderlichen Breite gesägt. Platanen- und Mahagoniauflagen werden verwendet, um dem Schaft Festigkeit zu verleihen. Die verschiedenen Bestandteile – außer den Griff- und Schulterauflagen – werden mit einem Kunstharzkleber versehen und ihrer Form entsprechend in Spannrahmen eingelegt. Dann wird hydraulischer Druck angewandt, um die Holzstreifen in die herkömmliche Schlägerkontur zu biegen. Das alles zusammen wird durch einen Ofen geleitet, um den Kleber aushärten zu lassen. Da die Rahmenrohlinge dreifach sind, werden sie auf einer Sondermaschine automatisch in Rahmen von gleicher Stärke zugeschnitten. Dann werden Außenstreifen auf Schaft und Schultern jedes Schlägerrahmens geklebt, der dann einer Reihe von Arbeitsgängen zum Formen und Schleifen unterzogen wird (siehe gegenüber).

Auf einer Vielspindel-Bohrmaschine, die mit 30 Spezial-Bohrköpfen ausgerüstet ist, werden in zwei einfachen Arbeitsgängen 64 Besaitungslöcher in den Rahmen gebohrt. Vier dieser Löcher müssen separat gebohrt werden, weil die Maschine nicht an die verschiedenen Winkel dieser vier Bohrungen angepaßt werden kann. Nuten bzw. Rillen, welche die Saiten während des Spiels vor Beschädigungen schützen, werden manuell gefräst. Farbauftrag, Lackierung und das Anbringen von Schriften und Mustern vervollständigen den Herstellungsvorgang.

Der Rahmen wird mit 18 Längs- und 19 Quersaiten bespannt und in einigen Fällen am Kopf und Hals mit einem gefärbten und gewachsten Baumwollfaden, bekannt als Trebling, versehen. Obwohl die Saite per Hand eingezogen wird, wird sie maschinell gespannt und von einer speziell dafür vorgesehenen Spannvorrichtung gehalten, um eine gleichmäßige Spannung zu gewährleisten. Nach einer gründlichen Kontrolle des Schlägers wird ein Endenstück am Griff befestigt und ein Lederband um den Griff gewickelt.

Maße und Herstellung der Tennisschläger unterliegen seit dem 8. Juli 1981 den von der Generalversammlung der International Tennis Federation (ITF) verabschiedeten Regeln.

Vielspindel-Bohrmaschine

Composite-Rackets

(Schläger in Verbundbauweise)
Die am weitesten entwickelten Composite-Rahmen sind aus einer Kombination von Graphite und thermoplastischem Kunststoff (Nylon) hergestellt. Der Rahmen ist mit Polyurethanschaum ausgeschäumt, um die Vibration zu reduzieren, wobei im Schaft und Griffbereich der Schaum höher verdichtet sein kann. Composite-Schläger verleihen gute Kontrolle beim Spiel, ohne Kraftverlust, und sind weniger steif als Voll-Graphite-Schläger.

Schläger aus Aluminiumlegierungen

Aus Metall geformte Rahmen, welche aus stranggepreßtem Aluminium gemacht sind, ermöglichen ein besonders kraftvolles Spiel, da sie außergewöhnlich leicht und mühelos zu handhaben sind. Minimale Vibration und Flexibilität machen sie zum idealen Tennisrahmen für den offensiven Spieler. Aluminium-Schläger haben einen großen Marktanteil eingenommen, aber Käufer sollten mit ihrer Wahl vorsichtig sein, da einige Rahmen aus minderwertigeren Legierungen gemacht werden, die weder die Leistung noch die Lebensdauer der extrudierten Arten ermöglichen.

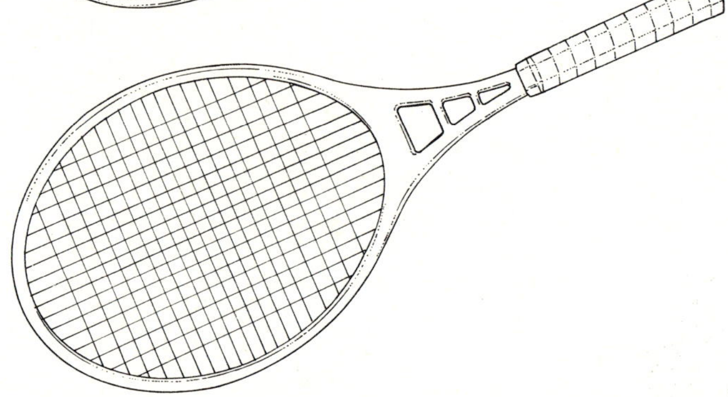

Stahlschläger

Leichtgewichtige Rahmen aus Stahllegierungen werden von Spielern, die einen sehr steifen Rahmen für maximale Kraftentwicklung und Beweglichkeit wünschen, bevorzugt. Sie bieten in diesen Bereichen Außergewöhnliches, und wenn sie mit einem offenen Herz ausgeführt sind, ermöglichen sie eine Kopfgeschwindigkeit, die der von Aluminium- und Composite-Rahmen entspricht.

Bespannung

Die Wahl der Bespannung ist eine Entscheidung zwischen Naturdarm und Kunstbespannung. Fortgeschrittene Spieler ziehen Darmsaiten vor, weil ihre Elastizität um etwa 20% höher ist als die der Kunstbespannung. Diese ist allerdings weitaus dauerhafter. Um genau die richtige für Ihr Spiel zu finden, müssen Sie experimentieren.

Naturbesaitung

Darmsaiten werden von den meisten Berufsspielern wegen ihrer Reaktion und Elastizität bevorzugt. Sie geben dem Schlag mehr Schärfe, als von irgendeiner Kuntsaite bis jetzt erreicht wurde. Sie sind jedoch teurer als Kunstsaiten (obwohl dies auch unterschiedlich ist, entsprechend der Qualität des Darms, der verwendet wird) und empfindlicher gegenüber äußeren Bedingungen, wie Feuchtigkeit und extreme Hitze.

Natursaiten werden aus Därmen von Schafen, Kühen oder Schweinen hergestellt und entsprechend ihrer Qualität eingeteilt: Die Spitzenklasse wird mit »Championship« (Meisterschaft) bezeichnet, andere sind einfach »zweite Klasse«, »dritte Klasse« usw. Die beste Qualität ist blaß-gold in der Farbe, und bei genauer Untersuchung sollte der Drall in der Saite fast nicht erkennbar sein. Sie sollte auch frei von Fehlern sein und über die ganze Länge einen gleichmäßigen Durchmesser haben. Die besten Saiten kommen aus Australien, aber auch in den Vereinigten Staaten und Europa werden ausgezeichnete Darmsaiten hergestellt. Indien ist noch dafür bekannt, Darmsaiten von guter Qualität zu liefern.

Man braucht 10,05 m (33 ft) Darm, um einen Schläger zu bespannen. Er besteht gewöhnlich aus zwei Längen von Saiten - von 6,7 m (22 ft) und 3,35 m (11 ft) -, und zwar wegen einer leichteren Handhabung beim Bespannen. Weil jede Saite einzeln gemacht wird, gibt es keine Großrollen. Darm wird in einer Stärke von 15 und 16 gauge (= Standardmaß) gekauft. Bei normalen Tennisschlägerbespannungen wird die stärkere Saite von 15 gauge verwendet, die sich für die meisten Anforderungen des Spiels als ausreichend erweist. Die feinere Besaitung von 16 gauge ist noch elastischer, und Gefühl und Leistung werden entsprechend verbessert, aber ihre Spieldauer ist kurz.

Kunstbesaitung

Die erste künstlich hergestellte Saite für Tennisschläger kam vom Einfaser-Nylon. Sie war billig und extrem dauerhaft, aber Leistung und Grundkontrolle waren gering. Auch Kunstseide und Seide wurden versucht und fanden Anklang, aber die hochentwickelteren modernen Kunstsaiten werden aus extrudierten Materialien hergestellt. Sie können sehr unterschiedlich sein. Einige synthetische Saiten haben innen feste Kerne mit vielen Untergliederungen (eine Reihe von kleinen Kernen, die sich um den tatsächlichen Kern bilden), während andere einen Innenaufbau aus vielen feinen Fasern oder zusammengesetzte Saiten haben. Die letzteren können Nachteile haben, weil sie oft aus ungeeigneten Fäden gemacht werden. Die Anzahl der Fasern, die das Fadenbündel bilden, sind für die Steife verantwortlich. Andere Typen der Kunststoffsaiten haben einen Ölkern, was manchmal Sprödigkeit vereiteln kann. Drei beliebte Kunstsaiten werden unten gezeigt.

Kunstbesaitung ist billiger als Naturdarm. Sie hat andere Vorteile gegenüber dem Naturdarm, weil sie feuchtigkeitsunempfindlich und langlebiger ist. Sie ist jedoch weit weniger lebendig.

Saite mit festem Kern

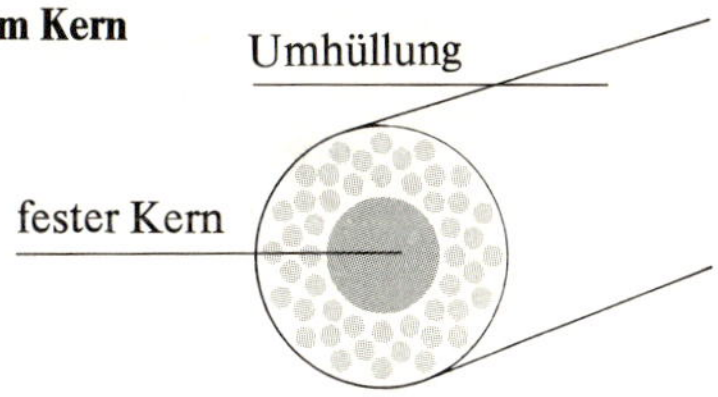

Saite mit Ölkern

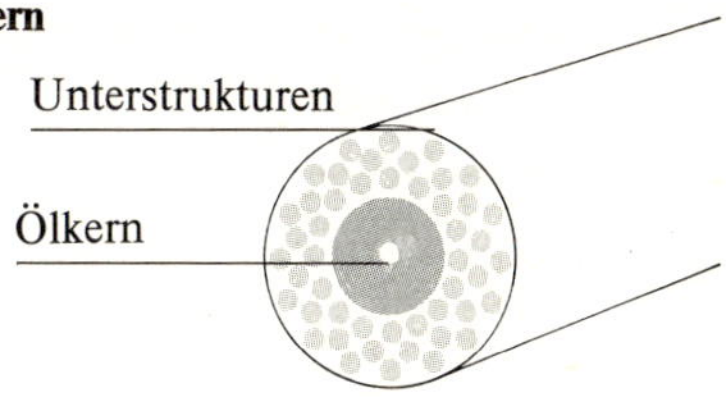

Zusammengesetzte Saite

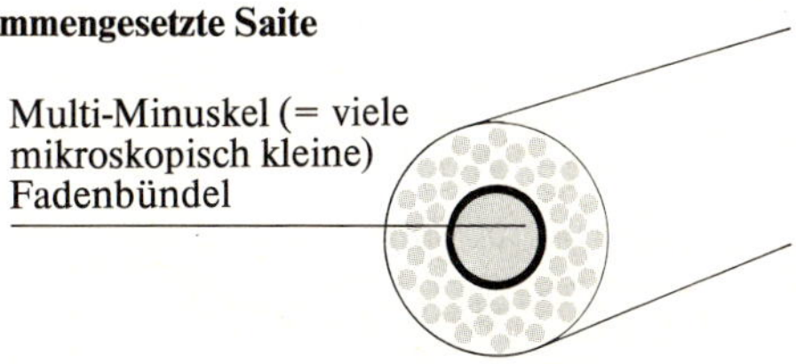

Neubesaitung

Verwendet man Natursaite, ist eine Bespannhärte von ca. 24 kg (ca. 65 lb) für einen offensiven Spieler geeignet, 20–24 kg (ca. 54–60 lb) dagegen sind für den Allcourt Player ausreichend. Kunstsaiten sollten mit etwas geringerer Spannung eingezogen werden.
Bevor Sie einen Rahmen neu besaiten, prüfen Sie den Holzrahmen auf Laminatrisse. Biegen Sie ihn vorsichtig über Ihrem Knie; gibt der Rahmen sehr nach, kann er sich verziehen, wenn Sie den Schläger zu fest bespannen. Metallschläger sollten auf Risse und abgenutzte oder kaputte Ösen in den Saitenlöchern untersucht werden. Spannen Sie die Längssaiten zuerst, arbeiten Sie von innen nach außen. Bei den Quersaiten fangen Sie entweder am Hals oder am Bogen an. Verflechten Sie die Saiten so, daß sie in den Nuten bzw. Rillen zu liegen kommen – nicht darüber! Ziehen Sie die Quersaiten nie gerade durch die Längssaiten, weil diese aufgerauht würden, sondern fädeln Sie sie abwechselnd von oben nach unten.
Für das Neubesaiten benötigen Sie eine Tischaufsatzmaschine, wie unten beschrieben, Bespann- und Schneidzangen sowie eine spitze und eine stumpfe Ahle.

Tischaufsatzmaschine

Die Abbildung unten zeigt eine tragbare Bespannmaschine, die auf jeden Tisch gestellt werden kann. Mit ihr kann man jeden Typ und jede Größe von Schläger neu bespannen oder reparieren. Eine Stützvorrichtung verhindert eine Rahmendeformation, und eine präzise Skala ermöglicht eine gleichmäßige Saitenspannung bis zu einem Maximum von ungefähr 29 kg (75 lb). Diese tragbare Maschine hat ein Gesamtgewicht zwischen 4 und 16 kg.

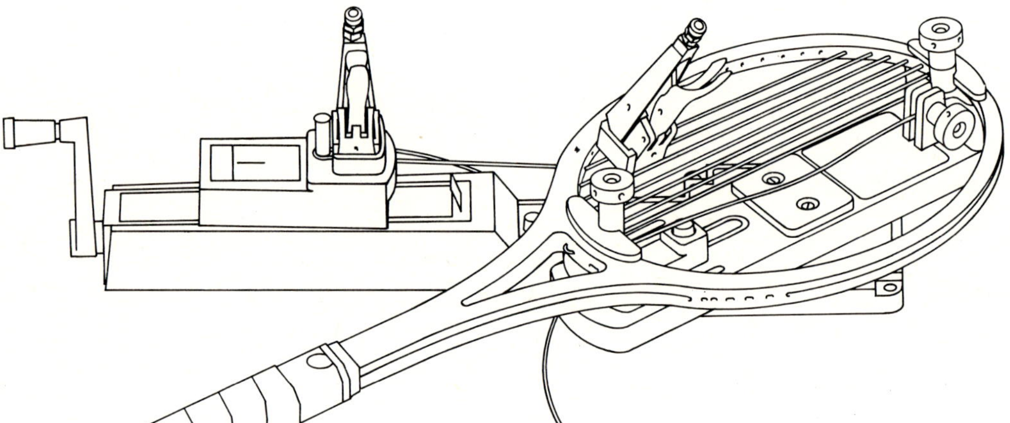

Laufende Reparaturen

Vergewissern Sie sich, daß die übrigen Saiten in gutem Zustand sind, bevor Sie eine gerissene Saite entfernen. Jede noch verbliebene Saite, die evtl. locker geworden ist, kann nachgespannt werden, bevor sie am nächsten Loch befestigt wird; vorzugsweise am Hals, weil sich das Befestigen an Rillen und Nuten nicht bewährt hat. Wählen Sie für Ihre Reparatur den gleichen Saitentyp wie die Originalsaite und verwenden Sie den Befestigungsknoten, wie rechts gezeigt.

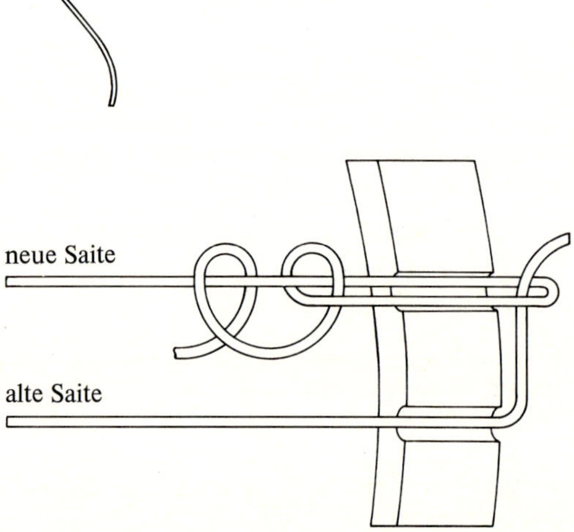

Bälle

Tennisbälle für Turniere und Meisterschaften (s. S. 279) unterliegen bestimmten Vorschriften. Sie lassen aber bei der Herstellung des Balls einen gewissen Spielraum, was die unterschiedlichen Fabrikate sowie Spieleigenschaften der Bälle erklärt.
Einige Ballausführungen springen höher und scheinen im allgemeinen lebendiger zu sein als andere. Das zeigt ein Testverfahren, das beim Zurückprallen fas 9% Schwankung erlaubt. Zum Beispiel, wenn der Ball aus einer Höhe von 25,4 m (100 ft) auf einen Betonboden fällt, springt er zwischen 1,35 m (53 in) und 1,45 m (58 in). Es gibt druckbeaufschlagte und drucklose Bälle. Die einzelnen Etappen der Herstellung eines druckbeaufschlagten Balles einer bekannten Firma wird unten dargelegt.

Herstellungsverfahren

1. Rohgummi wird mit Zutaten, die Schwefel und Ton einschließen, vermengt, um eine Mischung zu bekommen, die Tennisbälle mit einheitlichen Eigenschaften garantiert.

2. Das Gemisch wird in kleine Portionen geteilt, welche jeweils die Hälfte eines Balles bilden.

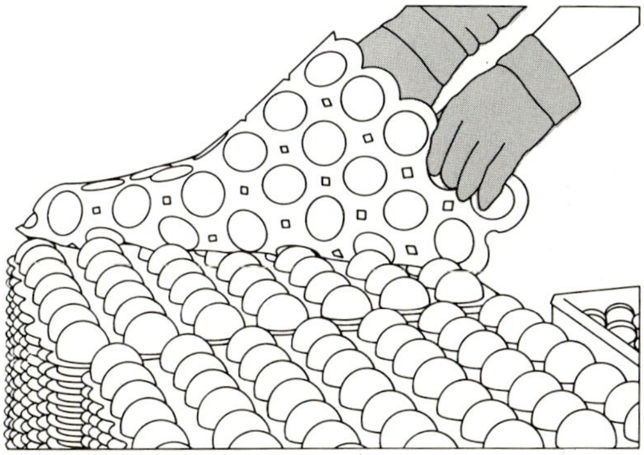

3. Hydraulischer Druck wird angewandt, um die Portionen in hohle Halbkugeln zu formen.

4. Diese Schalen werden entgratet (geputzt) und geglättet. Die Kanten werden mit Gummizement überzogen. Eine Kapsel, die bei Temperatur Druck entwickelt, wird dann hinzugefügt.

5. Die Schalen werden zusammengefügt, und über Temperaturkontrollen wird der richtige Innendruck hergestellt.

6. Der komplette Kern wird dann geglättet.

7. Der Überzug wird automatisch zugeschnitten und mit Klebstoff bestrichen.

8. Die Überzüge werden in Rahmen eingelegt und in Gummilösung eingetaucht, die die Naht des fertigen Balls ergibt.

9. Die Kerne werden nach Gewicht und Größe überprüft, mit Kleber bestrichen und jeder Ball mit zwei zusammengefügten Überzügen versehen.

10. Automatische Pressen formen das Gewebe um die Bälle und verschmelzen die Nähte.

11. Die Bälle werden entgratet (geputzt).

12. Der Druck jedes Balls wird vor dem Datieren und Verpacken geprüft, ob er den LTA- und ITF-Anforderungen entspricht (s. Regel 3, S. 279).

Trainingshilfen

Für den Fall, daß Sie weder Platz noch Partner finden, gibt es eine ganze Reihe von Trainingshilfen. Mit ihnen lassen sich Timing, korrekte Schlagführung und Reflexe verbessern sowie die Kondition steigern. Einige der gebräuchlichsten werden hier vorgestellt.

Tragbare Tenniswand

Sie besteht aus einem Stahlrahmen und einer elastischen Schaumstofffläche. Am unteren Rand, ungefähr 1 m über dem Boden, markiert ein weißer Streifen die obere Netzkante. Die Maße betragen 2,1 : 1,2 m und reichen für einen oder zwei Spieler.

Ballmaschine

Die unten abgebildete Ballmaschine mit besonders großem Fassungsvermögen kann mit Hilfe einer Nummernscheibe so programmiert werden, daß sie Bälle regelmäßig oder unregelmäßig sowohl auf die Vor- als auch auf die Rückhandseite schleudert. Auch Höhe und Geschwindigkeit lassen sich unterschiedlich einstellen – eine gute Trainingshilfe zur Weiterentwicklung der einzelnen Schläge und zur Perfektionierung des Timings (s. S. 165).

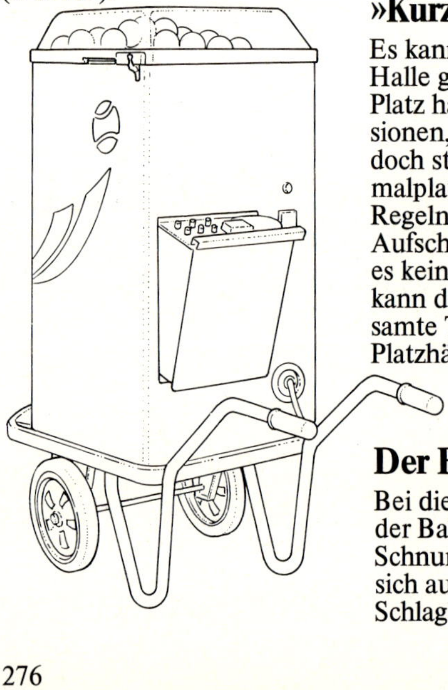

»Kurztennis«

Es kann im Freien oder in der Halle gespielt werden. Der Platz hat zwar kleinere Dimensionen, die Proportionen jedoch stimmen mit dem Normalplatz überein. Auch die Regeln sind die gleichen – der Aufschlag ausgenommen. Da es keine Aufschlaglinie gibt, kann der Aufschläger die gesamte Tiefe der gegnerischen Platzhälfte nutzen.

Der Ballrückholer

Bei diesem einfachen Gerät ist der Ball an einer elastischen Schnur befestigt. Damit läßt sich außerhalb des Platzes die Schlagkoordination trainieren.

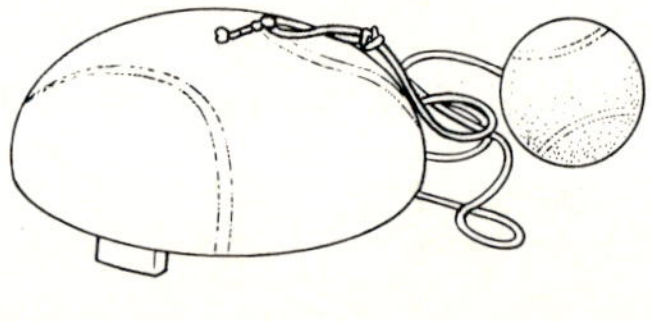

Verfahren bei Turnieren

Die Auslosung

Der Name eines jeden Spielers wird auf eine einzelne Karte oder ein Stück Papier geschrieben und in eine Schachtel oder einen Hut geworfen, bevor der Name blind gezogen wird. Alle Turnierteilnehmer haben das Recht, bei der Auslosung anwesend zu sein. Ist die Zahl der Teilnehmer 4, 8, 16, 32, 64 oder eine höhere Potenz von zwei, so gibt es in der ersten Runde keine Rast. Wenn die Anzahl der Nennungen keine Potenz von zwei ist, haben die Spieler, die übrigbleiben, eine Rast und brauchen erst in der zweiten Runde zu spielen. Die Zahl der Rasten ist gleich dem Unterschied zwischen der nächsthöheren Potenz von zwei und der Zahl der Spieler (s. Tafel unten).

Die Anzahl der Paarungen in der 1. Runde ist gleich der Differenz zwischen der Anzahl der Nennungen und der nächstniedrigen Potenz von zwei. Ist die Zahl der Rasten eine gerade, so werden sie je zur Hälfte auf die am Anfang und die am Ende der Liste stehenden Spieler verteilt. Ist die Zahl der Rasten eine ungerade, so erhält die untere Hälfte eine Rast mehr als die obere.

Tabelle der Rasten für bis zu 64 Teilnehmer

Zahl der Spieler	64	63	62	61	60	59	58	57	56	55	54	53	52	51	50	49	48	47	46	45	44	43	42	41	40	39	38	37	36	35	34	33
	32	31	30	29	28	27	26	25	24	23	22	21	20	19	18	17																
	16	15	14	13	12	11	10	9																								
	8	7	6	5																												
Rasten	0	1	2	3	4	5	6	7	8	9	10	11	12	13	14	15	16	17	18	19	20	21	22	23	24	25	26	27	28	29	30	31

Das Setzen

Das Setzen ist ein System, um die besten Spieler erst zu einem späteren Zeitpunkt des Wettbewerbs aufeinandertreffen zu lassen. Es wird durch den Turnierausschuß vorgenommen. Das Setzen der Spieler bei einem Wettbewerb ohne Vorgabe ist folgendermaßen festgelegt:

Zahl der Gesetzten	Zahl der Teilnehmer
2	Nicht weniger als 8 Nennungen pro Wettbewerb
4	Nicht weniger als 16 Nennungen pro Wettbewerb
6	Nicht weniger als 24 Nennungen pro Wettbewerb
8	Nicht weniger als 32 Nennungen pro Wettbewerb
12	Nicht weniger als 48 Nennungen pro Wettbewerb
16	Nicht weniger als 64 Nennungen pro Wettbewerb

Die Plazierung der Gesetzten bei der Auslosung

2 Gesetzte: Nummer 1 an die Spitze der oberen Hälfte. Nummer 2 an das Ende der unteren Hälfte.

4 Gesetzte: Nummer 1 und 2 wie oben. Nummer 3 und 4 werden durch das Los bestimmt. Der zuerst Gezogene wird an das Ende des 3. Viertels gesetzt, der an zweiter Stelle Gezogene an die Spitze des 2. Viertels.

6 Gesetzte: Nummer 1 bis 4 wie oben. Nummer 5 und 6 werden durch das Los gezogen. Der zuerst Gezogene kommt an das Ende des 7. Achtels, der als zweiter Gezogene an die Spitze des 2. Achtels.

8 Gesetzte: Nummer 1 bis 4 wie oben. Nummer 5 und 6 werden durch das Los gezogen. Der als erster Gezogene kommt an die oberste Stelle des 4. Achtels, der zweite an die unterste Stelle des 5. Achtels. Nummer 7 und 8 werden danach ausgelost. Der dabei zuerst Gezogene kommt auf den untersten Platz des 7. Achtels, der als zweiter Gezogene auf den obersten Platz des 2. Achtels.

12 Gesetzte: Nr. 1 bis 8 wie oben. Nr. 9 und 10 werden durch das Los gezogen. Der erste kommt oben ins 4. Sechzehntel, der zweite unten ins 13. Sechzehntel. Dann werden Nr. 11 und 12 ausgelost. Der zuerst Gezogene kommt unten in das 9. Sechzehntel, der zweite kommt oben in das 8. Sechzehntel. Verbleibende Nennungen werden ausgelost, wie oben beschrieben.

Die Tennisregeln

DAS EINZELSPIEL

1. Das Spielfeld bildet ein Rechteck von 23,77 m Länge und 8,23 m Breite. Es wird in der Mitte durch ein Netz geteilt, das an einem Seil oder Metallkabel mit einem Maximaldurchmesser von 0,8 cm aufgehängt ist. Die Enden sind am oberen Ende von zwei Pfosten befestigt oder darüber hinweggeführt. Diese Pfosten dürfen nicht mehr als 15 cm im Quadrat sein oder 15 cm Durchmesser haben. Sie müssen auf jeder Seite mit ihrer Mitte 0,91 m außerhalb des Spielfeldes stehen, und die Höhe der Pfosten muß mit Seil oder Metallkabel 1,07 m betragen.
Wenn die Netzpfosten außerhalb des Doppelspielfeldes angebracht sind, muß das Netz beim Einzel im Abstand von 0,91 m von der Seitenlinie des Einzelfeldes durch zwei Pfosten, Singlestützen genannt, die nicht mehr als 7,5 cm im Quadrat oder 7,5 cm Durchmesser haben dürfen, auf eine Höhe von 1,07 m gebracht werden.
Das Netz muß ganz ausgespannt sein, so daß es den Raum zwischen den beiden Pfosten ganz ausfüllt, und seine Maschen müssen eng genug sein, daß der Ball nicht hindurch kann. Die Höhe des Netzes beträgt in der Mitte 0,91 m, wo es durch einen Gurt von nicht mehr als 5 cm Breite und völlig weißer Farbe straff niedergehalten wird. Das Seil oder Metallkabel sowie der obere Teil des Netzes sollen durch ein Band von völlig weißer Farbe eingefaßt sein, das auf jeder Seite des Netzes nicht weniger als 5 cm und nicht mehr als 6,3 cm breit sein darf.
Auf Netz, Gurt, Band oder Singlestützen darf sich keine Werbung befinden.
Die Linien, die den Platz am Ende und an den Seiten begrenzen, werden als Grund- bzw. Seitenlinien bezeichnet. Auf beiden Seiten des Netzes, in einem Abstand von 6,40 m von ihm und parallel zu ihm, werden die Aufschlaglinien gezogen. Der Raum zwischen Netz und Aufschlaglinie, der von den Seitenlinien begrenzt wird, wird durch die Aufschlagmittellinie in zwei gleiche Felder, die Aufschlagfelder, geteilt. Die Aufschlagmittellinie ist 5 cm breit und wird genau in der Mitte von und parallel zu den Seitenlinien gezogen. Jede Grundlinie soll durch eine gedachte Fortsetzung der Aufschlagmittellinie in zwei gleiche Teile geteilt werden, durch eine 10 cm lange und 5 cm breite Linie. Alle Linien sollen 5 cm breit sein, außer der Grundlinie, die 10 cm breit sein darf.
Alle Abmessungen sind von den Außenkanten der Linien vorzunehmen.
Wenn Planen am Ende des Platzes angebracht sind, dürfen sie keine weiße, gelbe oder andere helle Farbe enthalten.

Anmerkung: Bei internationalen Tennismeisterschaften (Davis-Cup) oder anderen offiziellen Meisterschaften der internationalen Tennisföderation muß der Auslauf hinter der Grundlinie mindestens 6,40 m und an den Seitenlinien mindestens 3,66 m betragen.

2. Als ständige Einrichtungen des Platzes gelten nicht nur Netz, Pfosten, Singlestützen, Seil oder Metallkabel, Netzeinfassung oder Netzhalter, sondern auch, so vorhanden, hintere und seitliche Einzäunung, Tribünen, feste oder bewegliche Sitze oder Stühle um den Platz herum, mitsamt den Personen, die sie einnehmen, sowie alles andere feste Zubehör um den Platz herum und über ihm. Das gleiche gilt für Schiedsrichter, Netzrichter, Fußfehlerrichter, Linienrichter und Balljungen, wenn sie sich auf ihren entsprechenden Plätzen befinden.

Anmerkung: Das Wort »Schiedsrichter« schließt im Sinne dieser Regel neben dem Schiedsrichter auch die Personen ein, die einen Anspruch auf einen Sitz auf dem Platz haben, sowie alle diejenigen Personen, die ihm bei der Durchführung des Spiels behilflich sind.

3. Der Ball muß eine einheitliche äußere Oberfläche haben und von weißer oder gelber Farbe sein. Nähte dürfen keine Stiche haben.
Der Ball muß mehr als 6,35 cm und weniger als 6,67 cm im Durchmesser haben und mehr als 56,7 und weniger als 58,5 g schwer sein.
Der Ball muß eine Mindestsprunghöhe von 135 cm und eine höchste Sprunghöhe von 147 cm haben, wenn man ihn aus 254 cm Höhe auf eine harte Unterlage fallen läßt.
Der Ball soll eine Auf-Deformation von weingstens 0,56 cm und höchstens 0,74 cm haben, und andererseits eine Rück-Deformation von nicht weniger als 0,89 cm und höchstens 1,08 cm, bei einem Druck von 8,165 kg. Die beiden Deformationen sollen die Durchschnittsergebnisse von drei Einzelmessungen der drei Längsachsen des Balls sein, wobei keine zwei um mehr als 0,08 cm differieren dürfen.

4. (a) Die Schlagfläche des Schlägers besteht aus gekreuzten Saiten, die mit dem Rahmen verbunden sind. An ihrem Kreuzungspunkt müssen die Saiten abwechselnd verflochten oder verbunden sein. Der Abstand der einzelnen Saiten voneinander soll gleich sein, auf keinen Fall aber in der Mitte enger als irgendwo anders.
(b) Der Schlägerrahmen darf, einschließlich des Griffs, 81,28 cm Länge und 31,75 cm Breite nicht überschreiten. Die bespannte Schlagfläche darf 39,37 cm in der Länge und 29,21 cm in der Breite nicht überschreiten.
(c) Der Schlägerrahmen, einschließlich Griff und Saiten, soll
(i) frei sein von hinzugefügten Dingen, die anders sind als jene, die nur dazu dienen, Abnutzung und Vibration gering zu halten oder zu verhindern oder das Gewicht zu verteilen und die, was Größe und Anbringung betrifft, für diese Zwecke vertretbar sind;
(ii) frei sein von allen Hilfsmitteln, die es einem Spieler ermöglichen, die materielle Beschaffenheit des Schlägers zu verändern.

5. Die Spieler stellen sich auf den gegenüberliegenden Seiten des Netzes auf. Der Spieler, der den Ball ins Spiel bringt, wird Aufschläger genannt, der andere Rückschläger.

6. Seitenwahl und das Recht, Aufschläger oder Rückschläger zu sein, werden durch Wahl entschieden. Der die Wahl gewinnende Spieler kann selbst wählen oder seinen Gegner auffordern zu wählen:
(a) das Recht Aufschläger oder Rückschläger zu sein; in diesem Fall wählt der andere Spieler die Seite;
(b) die Seite; in diesem Fall hat der andere Spieler die Wahl, über Aufschlag oder Rückschlag zu entscheiden.

7. Der Aufschlag erfolgt auf folgende Weise: Unmittelbar vor dem Aufschlag muß der Aufschläger mit beiden Füßen in Ruhestellung hinter der Grundlinie (d. h., weiter vom Netz als die Grundlinie) zwischen der gedachten Verlängerung der Mittellinie und der Seitenlinie stehen. Der Aufschläger muß nun den Ball mit der Hand in beliebiger Richtung in die Luft werfen und ihn, bevor er den Boden berührt, mit dem Schläger treffen. In dem Moment, wenn sich Ball und Schläger berühren, gilt der Aufschlag als ausgeführt. Ein Spieler, der nur einen Arm benutzen kann, darf den Ball mit dem Schläger in die Luft werfen.

8. Während des Aufschlags darf der Aufschläger:
(a) seine Stellung weder durch Gehen noch durch Laufen verändern;
(b) mit keinem Fuß den Boden irgendwo anders berühren als hinter der Grundlinie zwischen der gedachten Verlängerung der Mittellinie und der Seitenlinie.

Anmerkung: Die folgende Erläuterung der Regel 8 wurde von der Internationalen Tennisföderation am 9. Juli 1958 gebilligt: zu (a): Unbedeutende Bewegungen der Füße, die sich nicht wesentlich auf die Stellung des Aufschlägers, die dieser ursprünglich eingenommen hat, auswirken, sollen nicht als »Veränderung seiner Stellung durch Gehen oder Laufen« angesehen werden.
zu (b): Unter »Fuß« ist im Sinne dieser Regel das untere Glied der Beine unterhalb der Knöchel zu verstehen.

9. (a) Beim Aufschlag muß der Aufschläger abwechselnd hinter der rechten und linken Hälfte des Platzes stehen, beginnend mit der rechten Seite in jedem Spiel. Wenn von einer falschen Hälfte des Platzes aufgeschlagen und dies nicht bemerkt wurde, so sollen alle aus diesem Aufschlag oder den Aufschlägen resultierenden Ergebnisse gültig sein, der falsche Standplatz aber in dem Moment, in dem er bemerkt wird, berichtigt werden.
(b) Der Aufschlagball muß das Netz überfliegen und den Boden des schräg gegenüberliegenden Aufschlagfeldes oder eine der Linien, die es begrenzen, berühren, bevor der Rückschläger den Ball zurückschlägt.

10. Der Aufschlag gilt als Fehler, wenn
(a) der Aufschläger gegen eine der Regeln 7, 8 oder 9 verstößt;
(b) er den Ball bei dem Versuch, ihn zu schlagen, nicht trifft;
(c) der Aufschlagball, bevor er den Boden berührt, eine der ständigen Einrichtungen des Platzes trifft (mit Ausnahme von Netz, Netzeinfassung, Netzhalter).

11. Nach einem Fehler (wenn es der erste ist) muß der Aufschläger von derselben Seite, von der er den Fehler gemacht hat, noch einmal aufschlagen, außer wenn der Aufschlag von der falschen Seite aus erfolgt war. In diesem Fall hat der Aufschläger, in Übereinstimmung mit Regel 9, das Recht auf nur einen Aufschlagball von der anderen Hälfte aus. Ein Fehler kann nicht mehr geltend gemacht werden, nachdem der nächste Aufschlag erfolgt ist.

12. Der Aufschläger darf nicht aufschlagen, bevor der Rückschläger spielbereit ist. Versucht dieser, den Aufschlag zurückzuspielen, so gilt er als spielbereit. Wenn jedoch der Rückschläger anzeigt, daß er nicht spielbereit ist, kann er keinen Aufschlagfehler geltend machen, wenn der Ball nicht den Boden des für den Aufschlag vorgesehenen Feldes berührt.

13. Alle Fälle, in denen gemäß den Regeln die Wiederholung eines Balls oder eine Spielunterbrechung gestattet ist, sollen wie folgt gehandhabt werden:
(a) Wenn die Entscheidung lediglich in bezug auf den Aufschlag erfolgt, soll nur ein Aufschlag nachgespielt werden.
(b) Erfolgt die Entscheidung in bezug auf irgendwelche anderen Umstände, soll der Punkt wiederholt werden.

14. Der Aufschlag ist zu wiederholen, wenn:
(a) der Aufschlagball das Netz, die Netzeinfassung oder den Netzhalter, den Rückschläger oder irgend etwas, das dieser trägt oder an sich hat, berührt, bevor er auf den Boden auftrifft;
(b) der Aufschlag, fehlerhaft oder nicht, ausgeführt wurde, bevor der Rückschläger spielbereit war (s. Regel 12).
Im Falle einer Wiederholung zählt dieser spezielle Aufschlag nicht und der Aufschläger muß ihn wiederholen; eine Wiederholung annulliert aber keinen vorhergegangenen Fehler.

15. Nach Beendigung des ersten Spiels wird der Rückschläger zum Aufschläger und der Aufschläger zum Rückschläger und so fort, abwechselnd für alle nachfolgenden Spiele einer Partie. Schlägt ein Spieler in falscher Reihenfolge auf, so soll derjenige Spieler, der mit dem Aufschlag an der Reihe gewesen wäre, aufschlagen, sobald der Fehler entdeckt wird. Alle vor dieser Entdeckung gemachten Punkte bleiben jedoch gültig. Ist ein Spiel bereits beendet, bevor der Irrtum entdeckt wird, bleibt die veränderte Aufschlagordnung bestehen. Wird der Irrtum nach dem ersten Aufschlag, der ein Fehlaufschlag war, entdeckt, soll dieser Fehler nicht zählen.

16. Die Spieler wechseln die Seiten nach dem ersten, dritten und jedem folgenden ungeraden Spiel eines jeden Satzes sowie am Ende eines jeden Satzes, außer wenn die Gesamtzahl der Spiele dieses Satzes eine gerade ist, in welchem Falle der Wechsel erst nach dem ersten Spiel des folgenden Satzes stattfindet.
Falls ein Fehler gemacht und die richtige Reihenfolge nicht eingehalten wurde, müssen die Spieler die richtige Aufstellung einnehmen, sobald der Fehler bemerkt wird, und die ursprüngliche Reihenfolge fortsetzen.

17. Ein Ball ist im Spiel, sobald er aufgeschlagen ist. Er bleibt im Spiel, bis der Punkt entschieden ist, ausgenommen bei einem Aufschlagfehler oder einem zu wiederholenden Ball.

18. Der Aufschläger gewinnt den Punkt, wenn
(a) der aufgeschlagene Ball, sofern er kein Netzball gemäß Regel 14 ist, den Rückschläger oder irgendeinen Gegenstand, den dieser an sich hat oder trägt, berührt, bevor er den Boden trifft;
(b) der Rückschläger den Punkt auf andere Weise gemäß Regel 20 verliert.

19. Der Rückschläger gewinnt den Punkt, wenn
(a) der Aufschläger zwei aufeinanderfolgende Fehler beim Aufschlag macht;
(b) der Aufschläger den Punkt auf andere Weise gemäß Regel 20 verliert.

20. Ein Spieler verliert den Punkt, wenn er
(a) den im Spiel befindlichen Ball nicht direkt über das Netz zurückschlägt, bevor er den Boden zweimal hintereinander berührt hat (ausgenommen die in Regel 24 (a) oder (c) aufgeführten Fälle); oder
(b) den im Spiel befindlichen Ball so zurückschlägt, daß der den Boden, eine ständige Einrichtung oder einen anderen Gegenstand trifft, der/die sich außerhalb der Linien, die das Spielfeld des Gegners begrenzen, befindet (ausgenommen die in Regel 24 (a) oder (c) aufgeführten Fälle); oder
(c) den Ball im Flug nimmt und einen Fehler macht, selbst wenn er außerhalb des Spielfeldes steht; oder
(d) den Ball mit seinem Schläger absichtlich trägt oder auffängt oder ihn mit dem Schläger absichtlich mehr als einmal berührt; oder
(e) sein Schläger (gleichgültig, ob er ihn in der Hand hält oder nicht) oder irgend etwas, das er an sich hat oder trägt, das Netz, die Pfosten, die Singlestützen, das Seil oder Metallkabel, die Netzeinfassung, den Netzhalter oder den Boden im Spielfeld seines Gegners berührt, wenn der Ball im Spiel ist; oder
(f) den Ball im Fluge nimmt, bevor dieser das Netz überquert hat; oder
(g) der sich im Spiel befindliche Ball ihn oder irgend etwas, das er an sich hat oder trägt, berührt, ausgenommen seinen Schläger.

21. Wenn ein Spieler eine Handlung begeht, die seinem Gegner an der Ausführung des Schlages hindert, dann verliert er, wenn dies absichtlich geschieht, den Punkt. War es unabsichtlich, muß der Punkt wiederholt werden.

22. Ein Ball, der auf die Linie fällt, gilt als in das von der Linie begrenzte Feld gefallen.

23. Berührt der sich im Spiel befindende Ball, nachdem er den Boden getroffen hat, eine ständige Einrichtung (außer Netz, Pfosten, Singlestützen, Seil oder Metallkabel, Netzeinfassung oder Netzhalter), gewinnt der Spieler, der ihn geschlagen hat, den Punkt; hat der Ball den Boden noch nicht berührt, gewinnt der Gegner den Punkt.

24. Ein Rückschlag gilt als gut, wenn
(a) der Ball Netz, Pfosten, Singlestützen, Seil oder Metallkabel, Netzeinfassung oder -halter trifft, vorausgesetzt, er geht über sie hinweg und trifft den Boden innerhalb des Spielfeldes; oder
(b) der Ball, aufgeschlagen oder zurückgeschlagen, den Boden des richtigen Spielfeldes trifft und über das Netz zurückspringt oder darüber zurückgeweht wird, und der Spieler, der an der Reihe ist zu schlagen, über das Netz reicht und den Ball spielt, vorausgesetzt, daß weder er noch irgend ein Teil seiner Kleidung oder seines Schlägers das Netz, die Pfosten, die Singlestützen, das Seil oder Metallkabel, die Netzeinfassung oder das Netzband oder den Boden des Spielfeldes seines Gegners berührt, und daß der Schlag in jeder anderen Hinsicht gut ist; oder
(c) der Ball außen an den Pfosten oder Singlestützen, sei es über oder unter der unteren Kante des Netzes, vorbeigespielt wird, auch wenn er die Pfosten oder die Singlestützen berührt; Voraussetzung ist, er berührt den Boden des richtigen Spielfeldes; oder
(d) der Schläger des Gegners über das Netz geführt wird, nachdem der Spieler den Ball geschlagen hat, vorausgesetzt, der Ball hatte bereits das Netz überflogen, bevor er getroffen wurde, und wurde auch sonst regelgemäß zurückgeschlagen; oder
(e) es einem Spieler gelingt, einen Ball zurückzuschlagen, der, gleich, ob gerade aufgeschlagen oder bereits im Spiel, einen im Spielfeld liegenden Ball getroffen hat.

Anmerkung zu Regel 24: In einem Einzelspiel, das auf einem Doppelfeld stattfindet, das mit Singlestützen für ein Einzel ausgerüstet ist, gelten die Doppelpfosten und jene Teile des Netzes, Seils oder Metallkabels und der Netzeinfassung, die außerhalb der Singlestützen angebracht sind, als ständige Einrichtungen des Platzes und sind nicht als Pfosten oder Teile des Netzes eines Einzelspiels zu betrachten.
Ein Rückschlag, der unter dem Netzseil zwischen Singlestützen und den Doppelpfosten hindurchgeht, ohne weder das Netzseil, Netz noch den Doppelpfosten zu berühren, und den Boden des richtigen Spielfeldes trifft, gilt als gut.

25. Wird einer der Spieler durch irgend etwas, auf das er keinen Einfluß hat, mit Ausnahme einer ständigen Einrichtung des Platzes oder durch eine der in Regel 21 genannten Bestimmungen, bei seinem Schlag behindert, soll der Punkt wiederholt werden.

26. Gewinnt ein Spieler den ersten Punkt, lautet sein Ergebnis 15; beim zweiten gewonnenen Punkt 30, beim dritten 40, und der vierte von diesem Spieler gewonnene Punkt gilt als Spielgewinn, mit den folgenden Ausnahmen:
Haben beide Spieler drei Punkte gewonnen, heißt der Spielstand Einstand, und der nächste von einem Spieler gemachte Punkt wird als Vorteil für diesen Spieler bezeichnet. Macht derselbe Spieler auch den nächsten Punkt, gewinnt er das Spiel. Gewinnt der andere Spieler den Punkt, ist der Spielstand wieder Einstand und so weiter, bis ein Spieler die beiden dem Einstand folgenden Punkte hintereinander gewinnt. Dann gilt das Spiel als von diesem Spieler gewonnen.

27. Ein Spieler (oder die Spieler) der (die) zuerst sechs Spiele gewinnt (gewinnen), gewinnt den Satz, aber er muß (sie müssen) einen Vorsprung von zwei

Spielen zu seinem (ihrem) Gegner haben. Wenn erforderlich, muß ein Satz so lange gespielt werden, bis dieser Vorsprung erreicht ist.

28. Die Höchstzahl der Sätze eines Matches beträgt fünf bzw. drei, wenn Damen teilnehmen.

29. Soweit nicht anders vereinbart, schließen diese Regeln da, wo vom männlichen Geschlecht die Rede ist, auch das weibliche Geschlecht ein.

30. In Wettspielen, wo ein Schiedsrichter ernannt ist, gilt seine Entscheidung als endgültig; gibt es aber einen Oberschiedsrichter, kann bei ihm ein Einspruch gegen eine Entscheidung des Schiedsrichters in Rechtsfragen eingelegt werden. In allen diesen Fällen ist die Entscheidung des Oberschiedsrichters endgültig.
In Spielen, wo der Schiedsrichter über Hilfskräfte verfügt (Linien-, Netz-, Fußfehlerrichter), soll deren Entscheidung bei Tatsachenentscheidungen endgültig sein. Ist der Schiedsrichter aber der Meinung, daß eine klare Fehlentscheidung getroffen wurde, darf er die Entscheidung eines Helfers revidieren oder eine Wiederholung anordnen. Kann der Helfer keine Entscheidung treffen, soll er dies unverzüglich dem Schiedsrichter anzeigen, der dann die Entscheidung fällt. Ist der Schiedsrichter nicht in der Lage, eine solche Tatsachenentscheidung zu treffen, soll er eine Wiederholung anordnen.
In Davis-Cup-Spielen oder anderen Mannschaftswettbewerben, wo ein Oberschiedsrichter auf dem Platz anwesend ist, kann jede Entscheidung durch diesen Oberschiedsrichter revidiert werden; dieser kann auch den Schiedsrichter anweisen, einen Punkt zu wiederholen. Der Oberschiedsrichter kann jederzeit nach eigenem Ermessen einen Spielaufschub aufgrund von Dunkelheit, Witterung und Platzbeschaffenheit anordnen. Bei jedem Aufschub bleiben der vorhergehende Spielstand und die bisherige Belegung der Plätze gültig, es sei denn, Oberschiedsrichter und Spieler einigen sich einstimmig anders.

31. Vom ersten Aufschlag bis zur Beendigung des Spiels soll ohne Unterbrechung gespielt werden.
(a) Jeder Spieler hat jedoch nach dem dritten Satz, oder, wo Damen mitspielen, dem zweiten Satz, den Anspruch auf eine Pause von nicht mehr als 10 Minuten; in Ländern, die zwischen 15° nördlicher und 15° südlicher Breite liegen, darf diese Pause 45 Minuten nicht überschreiten. Wenn Umstände, auf die die Spieler keinen Einfluß haben, es erforderlich machen, kann der Schiedsrichter das Spiel für einen Zeitraum unterbrechen, den er für richtig hält.
Wird ein Spiel unterbrochen und erst an einem späteren Tag wieder aufgenommen, darf die Pause erst nach dem dritten (bei Damen dem zweiten) an diesem Tag gespielten Satz eingelegt werden, wobei die Beendigung eines begonnenen Satzes als ein Satz gilt.
Wird ein Spiel unterbrochen und innerhalb der nächsten 10 Minuten am gleichen Tag nicht wieder aufgenommen, darf die Pause erst nach dem dritten (bei Damen dem zweiten) an diesem Tag gespielten Satz eingelegt werden, wobei die Beendigung eines begonnenen Satzes als ein Satz gilt.
Jede Nation kann diese Bestimmung ändern oder aus ihren Regeln für Turniere, Spiele oder Wettbewerbe, die in ihrem Lande abgehalten werden, streichen; das gilt jedoch nicht für internationale Tennismeisterschaften (Davis-Cup und Federation-Cup).
(b) Das Spiel darf niemals zu dem Zweck verzögert, unterbrochen oder gestört werden, um einen Spieler ausruhen oder wieder zu Atem kommen zu lassen.
Spätestens 30 Sekunden nach dem Ende eines Punktes muß der nächste Aufschlag erfolgen. Werden die Seiten gewechselt, muß der Aufschlag zum ersten Punkt des nächsten Spiels spätestens eine Minute und 30 Sekunden nach Ende des letzten Punktes des vorhergegangenen Spiels ausgeführt werden.
Allein der Schiedsrichter entscheidet über Störungen, die es dem Aufschläger unmöglich machen, innerhalb dieser Zeitspanne aufzuschlagen.
Diese Regeln müssen streng eingehalten werden.
Nur der Schiedsrichter entscheidet über Verzögerung, Unterbrechung oder Störung und kann den Schuldigen nach entsprechender Vorwarnung disqualifizieren.

Anmerkung: Der Turnierausschuß hat das Recht, die Zeitdauer des Einschlagens vor einem Wettspiel zu bestimmen. Es wird empfohlen, daß diese Zeit 5 Minuten nicht überschreitet.

32. Während eines Mannschaftswettkampfes darf ein Spieler Weisungen eines Mannschaftsführers, der auf dem Platz sitzt, nur beim Seitenwechsel (nicht aber beim Seitenwechsel während eines Tie-Break-Spiels) entgegennehmen.
Bei anderen als Mannschaftswettkämpfen dürfen keine Weisungen gegeben werden.
Diese Regel muß strikt eingehalten werden. Nach entsprechender Verwarnung kann ein Spieler, der gegen diese Regel verstößt, disqualifiziert werden.

Anmerkung: Das Wort »Weisungen« beinhaltet Ratschläge oder Anweisungen.

33. In Spielen, in denen die Bälle nach einer vorher vereinbarten Zahl von Spielen gewechselt werden, werden im Falle eines Fehlers die neuen Bälle dann ins Spiel gebracht, wenn der Spieler bzw. im Doppel das Paar, der/das mit den neuen Bällen hätte aufschlagen sollen, wieder Aufschlag hat.

DAS DOPPELSPIEL

34. Die obigen Regeln gelten auch für das Doppelspiel, mit folgenden Ausnahmen:

35. Für das Doppelspiel muß das Spielfeld 10,97 m breit sein, d.h., es muß auf jeder Seite 1,37 m mehr haben als das Feld des Einzelspiels. Diejenigen Teile der Seitenlinien des Einzelspielfeldes, die zwischen den beiden Aufschlaglinien liegen, nennt man Aufschlag-Seitenlinien. Ansonsten soll das Spielfeld genau das gleiche sein wie in Regel 1 beschrieben. Jedoch können die Teile der Einzelspielseitenlinien, die zwischen der Grundlinie und der Aufschlaglinie auf beiden Seiten des Netzes liegen, auf Wunsch weggelassen werden.

36. Die Reihenfolge des Aufschlags soll zu Beginn eines jeden Satzes wie folgt entschieden werden:
Das Paar, das im ersten Spiel eines jeden Satzes Aufschlag hat, muß entscheiden, welcher Partner mit dem Aufschlag beginnt. Das gegnerische Paar muß im zweiten Spiel die gleiche Entscheidung treffen. Der Partner desjenigen Spielers, der im ersten Spiel Aufschlag hatte, muß im dritten Spiel aufschlagen und so weiter, in derselben Reihenfolge aller folgenden Spiele eines Satzes.

37. Die Reihenfolge, wie der Aufschlag zurückzuschlagen ist, soll zu Beginn eines jeden Satzes wie folgt entschieden werden:
Das Paar, das im ersten Spiel den Aufschlag zurückzuschlagen hat, muß entscheiden, welcher Partner den ersten Aufschlag annimmt, und dieser Partner muß auch den ersten Aufschlag in jedem ungeraden Spiel des Satzes annehmen. Das gegnerische Paar muß sich auf die gleiche Weise entscheiden, welcher Partner den ersten Aufschlag im zweiten Spiel annimmt, und dieser Partner muß weiterhin jeweils den ersten Aufschlag in jedem geraden Spiel eines Satzes annehmen. Die Partner nehmen den gegnerischen Aufschlag das ganze Spiel hindurch abwechselnd an.

38. Wenn ein Partner außerhalb seiner Reihenfolge aufschlägt, soll sein Partner, der an der Reihe gewesen wäre, wieder aufschlagen, sobald der Irrtum entdeckt wurde. Jedoch zählen alle Punkte sowie bereits erfolgte Aufschlagfehler, die vor der Entdeckung des Irrtums erzielt wurden.
Ist ein Spiel beendet, bevor der Irrtum bemerkt wird, so soll die veränderte Reihenfolge des Aufschlags beibehalten werden.

39. Wird während eines Spiels die Reihenfolge im Annehmen des Aufschlags von den Rückschlägern geändert, so bleibt diese geänderte Reihenfolge bestehen, und zwar bis zum Ende des Spiels, in dem der Irrtum bemerkt wird. Die Partner müssen aber im nächsten Spiel des Satzes, in dem sie Rückschläger sind, die ursprüngliche Reihenfolge wieder aufnehmen.

40. Der Aufschlag gilt als Fehler, wie in Regel 10 aufgeführt, oder wenn der Ball den Partner des Aufschlägers berührt oder irgend etwas, was dieser trägt oder hält. Wenn jedoch der aufgeschlagene Ball den Partner des Rückschlägers trifft oder irgend etwas, was dieser trägt oder hält, ausgenommen ist ein Netzball nach Regel 14a, bevor er den Boden berührt, so gewinnt der Aufschläger den Punkt.

41. Der Ball soll abwechselnd von dem einen oder dem anderen Spieler der beiden gegnerischen Paare geschlagen werden. Wenn ein Spieler den im Spiel befindlichen Ball berührt und diese Regel mißachtet, so gewinnen seine Gegner den Punkt.

Das Tie-Break-System

Der Tie-Break wird angewendet, wenn der Spielstand 6:6 oder 8:8 lautet, und zwar in allen Sätzen, außer im dritten Satz eines Drei-Satz-Matches bzw. im fünften Satz eines Fünf-Satz-Matches. In diesen wird ein normaler Satz mit 2 Spielen Vorsprung gemäß Regel 27 gespielt.
Der Turnierausschuß muß vor Beginn eines jeden Turniers, Matches oder Wettbewerbs entscheiden und bekanntgeben, ob der Tie-Break beim Spielstand von 6:6 oder 8:8 angewendet wird.
Wenn die Entscheidung getroffen wurde, daß der Tie-Break beim Stande von 8:8 zur Anwendung kommt, kann der Turnierausschuß den Tie-Break in einer oder mehreren vollständigen Runden auch schon bei einem Spielstand von 6:6 spielen lassen, wenn seiner Meinung nach ein solches Verfahren im Interesse der ganzen Veranstaltung liegt.

Anmerkung: Bei Hallenturnieren (oder Veranstaltungen, die die besondere Genehmigung des nationalen Tennisverbandes des betreffenden Landes haben) kann der Tie-Break auch im letzten Satz angewendet werden.

Das Verfahren
Das Tie-Break-Spiel verläuft nach folgenden Regeln:

Im Einzel
(a) Der Spieler, der als erster 7 Punkte erreicht hat, gewinnt das Spiel und den Satz, vorausgesetzt, er hat 2 Punkte Vorsprung. Kommt es zu einem Punktestand von 6:6, dann wird das Spiel fortgesetzt, bis einer der Spieler einen Zwei-Punkte-Vorsprung erreicht hat. Die Punkte werden numerisch gezählt.
(b) Der Spieler, der mit dem Aufschlag an der Reihe ist, schlägt für den ersten Punkt auf, sein Gegner für den zweiten und dritten Punkt. Fortlaufend schlagen beide Spieler abwechselnd für jeweils 2 Punkte hintereinander auf, bis der Gewinner des Spiels, und damit auch des Satzes, feststeht.
(c) Vom ersten Punkt an wird abwechselnd von rechts und links aufgeschlagen, beginnend auf der rechten Platzseite.
(d) Seitenwechsel erfolgt nach je 6 Punkten und nach Beendigung des Tie-Break-Spiels.
(e) Das Tie-Break-Spiel zählt hinsichtlich der Ausgabe neuer Bälle als ein Spiel, es sei denn, die Bälle mußten zu Beginn des Tie-Break-Spiels gewechselt werden. In solch einem Fall erfolgt das Auswechseln erst beim zweiten Spiel des nächsten Satzes.

Im Doppel
Im Doppel wird das gleiche Verfahren wie im Einzel angewandt. Der Spieler, der mit dem Aufschlag an der Reihe ist, schlägt für den ersten Punkt auf. Danach haben alle Spieler in der gleichen Reihenfolge wie vorher in diesem Satz abwechselnd für jeweils zwei Punkte Aufschlag, bis die Gewinner des Spiels und des Satzes feststehen.

Aufschlagwechsel
Der Spieler (oder das Paar, im Falle eines Doppels), der im Tie-Break-Spiel als erster aufgeschlagen hat, wird im ersten Spiel des folgenden Satzes Rückschläger.

Eine andere Zählweise für den Tie-Break ist nicht zulässig.

Der Verhaltenskodex der Lawn Tennis Association

Jeder Teilnehmer an einem Turnier ist verpflichtet, täglich, sofort bei seinem Eintreffen, seine Anwesenheit in die Kontrollisten einzutragen.
Ebenso ist er verpflichtet, umgezogen und spielbereit zu sein, wenn sein/ihr Spiel aufgerufen wird.
Ein Spiel gilt als aufgerufen, wenn es in schriftlicher Form an einem vom Oberschiedsrichter bestimmten Platz ausgehängt wird. Zusätzlich können weitere Mittel benutzt werden, um den Turnierteilnehmer über den Spielbeginn in Kenntnis zu setzen, z.B. Lautsprecheransagen.
Jeder Teilnehmer, der nicht innerhalb von 15 Minuten nach Aufruf spielbereit ist, kann gestrichen werden.
In all den oben genannten Fällen ist die offizielle Uhr diejenige, die dazu vom Oberschiedsrichter bestimmt wurde.
Das Aufwärmen darf 4 Minuten nicht überschreiten.
Kein Spieler darf während eines Matches mehr als 90 Sekunden für den Seitenwechsel benötigen.
Jeder Spieler, der den Platz während des Matches ohne die Erlaubnis des Schiedsrichters (oder des Oberschiedsrichters, falls es keinen Schiedsrichter gibt) verläßt, kann gestrichen werden.
Jeder Spieler, der während eines Matches laut flucht und schimpft, obszöne Gesten macht oder im Zorn den Schläger oder den Ball tritt, schlägt oder wirft, kann einer Disziplinarstrafe durch den Oberschiedsrichter und/oder die Lawn Tennis Association unterworfen werden.
Kein Teilnehmer darf die Anlage verlassen, ohne sich vorher beim Oberschiedsrichter und/oder am Aushang vergewissert zu haben, wann er oder sie wieder antreten müssen.
Jeder Spieler, der nicht sein Bestes gibt, um ein Match zu gewinnen, kann einem Disziplinarverfahren unterworfen werden, das von der Lawn Tennis Association bestimmt wird.
Jeder Teilnehmer muß zum Spiel so gekleidet sein, wie es der Turnierausschuß vorgeschrieben hat.
Alle Spieler sollen sich jederzeit so benehmen, wie es sich für einen Tennisspieler gebührt und ein gutes Licht auf das Tennisspiel und ihre Mit-Tennisspieler wirft. Spieler, die sich nicht so benehmen, können einem von der Lawn Tennis Association zu bestimmenden Disziplinarverfahren unterworfen werden.

Register

Seitenzahlen in *kursiv* beziehen sich auf Bildunterschriften.

A

B

C

D

E

U

V

W

Z

Danksagung

Der Autor dankt folgenden Personen und Institutionen für die Mitwirkung an diesem Buch:
Dudley Cooper MSc. Dip. CC, A. D. Douglas, Pricilla Douglas, Lisa Downer, I. Gefen BA, Jan Harper BA, D. M. Jones C Chem. FRSC, Jack Lennard MSF, L. M. Naidoo DOMRO, J. E. Pryor PTCA, W. B. Robertson DOMRO, Stephanie Stevens, St. Maur's Convent, Molly Woodget BSc.
Cresta Ltd, Chevron Oil (UK) Ltd, Dunlop Sports Company Ltd, En-Tout-Cas Ltd, Grassphalte Ltd, The International Tennis Federation, Jet Enterprises Ltd, The Lawn Tennis Association, The Lawn Tennis Umpires Association, Medisport Developments, New Malden TS & B Club, D, Petri, Polifreem Ltd, Robinsons Services to Sport, Rosslyn Research Ltd, Slazenger Ltd, The Wimbledon Lawn Tennis Museum, Wingfield Sports

Dorling Kindersley dankt
Denis Brown, Jean Cooke, Teresa Cross, Lesley Gilbert, Ann Kramer, Graham Read (Scholl [UK] Ltd), Theodore Rowland-Entwhistle, Dr. Anthony Yates MDFRCP, Sandra Schneider

Bildquellenverzeichnis

Fotos
o = oben, u = unten, l = links, r = rechts
Colorsport 95 *(l),* 118, 183
Gerry Granham FIIP 2, 11, 14, 15, 19 *(ol),* 20 *(o),* 84, 88, 92, 94 *(o),* 96, 130, 131, 135, 138, 139, 141, 142, 143, 180 *(u),* 184 *(u),* 185, 188, 189, 192, 213, 219
David Lamb 20 *(u),* 33 *(l),* 51, 82, 85, 90, 103, 110, 129, 133 *(l),* 137, 140, 160, 197, 201, 204, 245,
Le-Roye Productions 6, 10, 13 *(u),* 16, 17, 18, 19 *(ul, r),* 20, 55, 59, 65, 72, 80, 86, 87, 94 *(u),* 95 *(r),* 107, 121, 128, 140, 144, 151, 155, 167, 171, 175, 178, 179, 181, 182, 186, 187, 190, 191 *(r),* 227, 229, 236, 246, 249, 250
London News Agency 12
Vision International 180 *(o)*
Wimbledon Lawn Tennis Museum 8–9, 13
Steve Wooster 91, 127, 132, 133 *(r),* 136, 184, 245

Illustrationen
Kuo Kang Chen, Andrew Farmer, Kevin Malloy, Coral Mula, Jim Robins, Venner Artists

Reproarbeiten
F. E. Burman Ltd, London